U0830538

世界古代史

主　编　顾銮斋　夏继果
副主编　孙丽芳

山东大学出版社
SHANDONG UNIVERSITY PRESS
·济南·

图书在版编目(CIP)数据

世界古代史 / 顾銮斋，夏继果主编 ；孙丽芳副主编
. — 济南 ：山东大学出版社，2024.8
ISBN 978-7-5607-7705-4

Ⅰ.①世… Ⅱ.①顾… ②夏… ③孙… Ⅲ.①世界史
—教材—15—16 世纪 Ⅳ.①K10

中国版本图书馆 CIP 数据核字(2022)第 248488 号

责任编辑 肖世伟
封面设计 王秋忆

世界古代史

SHIJIE GUDAISHI

出版发行 山东大学出版社
社　　址 山东省济南市山大南路 20 号
邮政编码 250100
发行热线 (0531)88363008
经　　销 新华书店
印　　刷 山东新华印务有限公司
规　　格 720 毫米×1000 毫米 1/16
29 印张 435 千字
版　　次 2024 年 8 月第 6 版
印　　次 2024 年 8 月第 1 次印刷
定　　价 69.00 元

前　言

本书的编写贯彻了整体世界史的历史观，揭示了人类社会由分散而整体的演化过程，包括自远古至15、16世纪之交的历史。

15、16世纪之交是世界历史发生重大变革的时代，我们之所以选择这个时代作为下限，是因为它一方面标志着前资本主义世界历史由分散而整体的演化过程的量的积累阶段的终结，另一方面又标志着一个新时代——资本主义世纪的起始。

15、16世纪之交之所以具有重大变革意义，首先在于它发生了震古铄今的历史事变——地理大发现。地理大发现是世界历史由分散到整体发展过程中的划时代的转折。此前，这一过程一直处在量的积累阶段，而地理大发现则是这一漫长积累过程的质的突变，本书所述正是这种量的积累。15、16世纪之交又是新时代的起点。从此，中古二元经济的格局开始迅速转变，自然经济的田园牧歌渐为市场经济的大潮所吞没。而率先告别中世纪的西欧各主要国家，怀着初期资本主义的极度贪婪和欲望，以其独有的坚船利炮所向披靡，开始了史无前例的殖民征服、掠夺和杀戮。这些不再是在区域内进行，而是在世界范围内全面展开了。而非洲、美洲、亚洲和澳洲也就相继被纳入了资本主义殖民体系。正是从这时起，资本主义开始用“血与火的文字”书写它们的发家史，开始在世界范围内占据统治地位。就此而言，本书所述又是前资本主义的历史。

原始社会是人类历史最漫长的阶段，由于生产力低下，人类交往受到极大限制。受此制约，各文明源点长期处于孤立状态，后来方如波动的涟漪由点到面扩展开来。也正是由于生产力的低下，原始人类的生产活动主要是采集与渔猎，而所有制也只能采取公有的形式。人们共同劳动，共同消费，没有阶级，没有压迫，同舟共济，平等相处。迨至新石器时代，欧亚大陆的南方部族进入了定居阶段，开始了农耕生活，而北方部族仍因循旧俗，逐水草迁徙。这种格局一经形成，各种形式的交往便频频发生，从而加速了人类历史由分散而整体的进程。随着生产力的进一步提高，金属工具得以发明推广并取代石器而发挥重要作用。这不仅促进了社会大分工的发展，而且使生产专业内部的分工更加细密多样。而分工的发展引起了私有制、阶级和国家的产生，最终导致了原始社会的瓦解。

欧亚大陆的南方部族率先走出野蛮时代，进入农耕文明。而北方部族仍然在野蛮与文明的分界线上徘徊。于是，欧亚大陆在新石器时代业已形成的模糊的区域性分工的基础上进一步形成了界限分明的南耕北牧的格局。这时人类历史已进入多线发展的上古时代。这个时代，巴尔干和亚平宁半岛因奴隶人数占据了生产者的多数并排挤了自由人劳动而衍生出发达的奴隶制。这种发达相对于其他地区来说是显而易见的。就其自身而言，则主要表现为奴隶制生产关系在社会诸生产关系中占据了统治或主导地位。对于这样的社会形态，称之为奴隶社会当无疑义。但在古代东方，包括埃及、西亚、南亚、中亚以及东亚，情况则迥然有别。虽不能否认奴隶的存在，但可以肯定奴隶的数量一直很少，劳动者中占主导地位的是小生产者。对于这样的社会形态，就不宜称为奴隶社会。而在北部广大的游牧地区，多数部族还处在原始社会，文明的曙光何时显露还遥遥无期。这样的社会自然更不宜称作奴隶社会。而从欧亚大陆的全局来看，各国家、各区域的发展呈现出一派不平衡的景观。这里所谓的不平衡是指总体历史一定发展阶段不同国家和地区的不同发展水平，而绝不意味着落后地区未来的发展必然或一定遵循先进地区发展的路径。这正是多线发展的含义。对于这样复杂的历史内容，用“奴隶社会”这一概念显然难以概括和包容。

上古时代，人类社会的发展可划分为初始文明、早期国家和晚期帝国三个阶段。初始文明包括埃及、西亚、印度等大河流域文明以及巴尔干、亚平宁半岛的滨海文明。由于生产尚欠发达，世界范围内的交往还十分有限。但是，文明区域虽狭，毕竟已经形成初步的辐射，而且在这种辐射的基础上，开始出现区域内的联合或统一，例如美尼斯统一上、下埃及，萨尔贡一世统一两河流域。进入早期国家阶段，文明交往的范围和规模有了显著扩展。与初始文明相比，这时远程战争更加频繁：喜克索斯人直入尼罗河三角洲建立政权，维持统治达一百多年，他们将用马和战车技术传入埃及；埃及法老跨越红海，频繁用兵两河流域，将埃及的礼俗和器物传入西亚；赫梯更倚恃优良装备，呼啸南下，与埃及争雄，将铁制兵器和用铁技术传入北非。正是这种远程战争，连同宗教、文化、贸易、外交等形式的和平交往，大大加强了文明区域间的联系，加速了人类历史由分散而整体的进程。在早期国家交往的基础上，人类历史进入了晚期帝国阶段，这个阶段的人类交往以其壮阔的气势、剧烈的激荡与早期国家阶段区别开来。如果说在早期国家阶段交往还主要限于地区内进行，那么帝国时代则更多地突破各洲界线，进行洲际交往，从而形成了史无前例的洲际帝国。贵霜、安息诸帝国的领土虽未突破亚洲界线，却雄踞东西方交通要冲，在东西方文化交流中发挥了重大作用。而横跨欧、亚、非三大洲的亚历山大和罗马帝国在吸收外来文化的同时，更将本土文化远播异国他乡。尤应指出，在这一阶段，宗教的发展与传播日益成为文化交流的重要形式，从而初步形成了以宗教文化为特色的文化区域——文化圈。犹太教在产生后很快在犹太人中传播开来，并由其中的一支演化出未来主宰欧洲精神世界的基督教。而基督教一经产生，更以强大的威力迅速发展。至公元 3 世纪中叶，其传播范围已超越小亚细亚地区和犹太群落，传遍罗马帝国，信徒达 600 万众，由此初步形成了基督教文化圈。在南亚次大陆，佛教产生后更以迅猛之势分大、小乘两派，南、北两路向外扩展，迅速传遍中亚、东亚、东南亚等广大地区，此又形成了地域广博的佛教文化圈。在我们看来，由初始文明的扩展到文化圈的形成，代表了人类历史的不同层次的发展，其基本意义都在于由个体到整合、由分散到整体的迈进。再看这时的宗教文化产品，很多业已包容多种文化因子。例如，贵霜文化全盛时期的卓越成就犍陀罗艺术，即在印度佛教艺术的基础上吸收了希腊、罗马现实主义造型艺术的表现手法，形成了自己独特的风格。这显然是亚历山大帝国、罗马帝国建立以来东西方文化交流的结果。这样，由初始文明经早期国家至晚期帝国的演变历程，更为清晰地展现出人类文明由分散到整体的发展趋势。

在上古人类文明发展整合的基础上,由分散而整体的趋势进入了迅速发展的阶段。大体说来,中古时代的交往方式仍然延续上古的特点,首先是远程战争发挥着重要作用。教皇纠集欧洲各主要国家的封建主,对近东地区发动了长达两个多世纪的侵略战争。这场战争给近东人民造成的灾难是难以形容的,但它却加深了东西方彼此的了解,将西欧封建制度输入近东,也将近东的一些生产技术、文化知识、风俗习惯传入欧洲。穆斯林军队对唐帝国发动的战争,将中国的许多发明传入阿拉伯,并由阿拉伯进一步西传,大大开发了欧洲的民智。没有中国四大发明的传入,欧洲文艺复兴甚至启蒙运动的发生是不可思议的;而没有阿拉伯数字的西传并辗转由西欧东传,东方文化的发展也是难以想象的。

中古时代,东西方历史的发展表现出一定的差异。西方中世纪封建割据严重,基本上没有形成庞大的帝国;东方则不然,专制帝国一直在国家形式中居于主导地位。假如我们将欧亚大陆视为一体,则不妨在一定意义上将这种差异看作文明发展与交融过程中经历的不同阶段。阿拉伯帝国形成之前为早期国家阶段,形成之后为帝国时代。在阿拉伯帝国形成之前,欧亚大陆各区域都是诸国并立。阿拉伯帝国形成之后,各帝国的中心主要在中亚,而欧亚大陆东、西两端仍基本维持着阿拉伯帝国形成之前的状态,是中亚各帝国将东、西两端并立的国家联系在一起。因此,从文化交流的意义上说,这些帝国属于欧、亚两洲。与上古时代相比,这些阶段当然属更高层次的发展,但仍处在量变过程之中。在早期国家阶段,国家间的媾和、战争,王室间的联姻、纷争以及诸多形式的国际交往,无不促进着由分散而整体的进程。而帝国的形成和统治则是在更大范围内将地理上不毗连的国家和地区联系在一起,从而进一步促进了由分散到整体的进程。

在上古时代初步形成的基础上,宗教文化圈获得了长足的发展。基督教在欧洲、北非建立了稳固的统治后,又通过东罗马帝国进一步向东北扩展,将俄罗斯的广大地区纳入统治范围。佛教文化圈虽然在区域上较上古时代没有发生大的变化,但它在亚洲各国的统治无疑得到了确立和巩固,在这些国家它不仅获得了众多的僧员,而且获得了广大民众的信仰和政府的支持。伊斯兰教的兴起虽晚,但发展很快。随着阿拉伯半岛的统一和帝国的形成，它迅速控制了中亚大部分国家和地区，并由阿拉伯半岛向西囊括了北非诸国和欧洲伊比利亚半岛，从而形成了北起小亚细亚，南括南亚次大陆，东达帕米尔高原，西至大西洋沿岸，包括西亚、中亚、南亚、北非和伊比利亚半岛，横跨欧、亚、非三大洲的伊斯兰教文化圈。与这些文化圈并存的还有东亚儒家文化圈，主要包括中国、日本、朝鲜以及东南亚部分小国。不仅如此，这时宗教文化的发展甚至突破了文化圈的壁垒，开始向异教的地盘推进。中亚原属佛教文化圈，这时已为伊斯兰教侵入且占据了统治地位。而东亚亦非儒家文化一统天下。佛教传入以后，基督教的一支也于公元 635 年由波斯传入中国，称为“景教”；与此同时，中国的道教也在广泛传播，遂使这里变成了儒、道、佛、景等多种宗教的汇集地。如果说文化圈的形成在广度上大大推动了人类历史由分散而整体的进程，那么文化圈壁垒的突破和多种宗教文化的交汇则是在深度或密度上推进了这一趋势。这时再俯瞰欧、亚、非版图，我们发现了与前上古时代迥然不同的景观：原来横亘各区域之间的崇山峻岭、海洋湖泊、荒原大漠已经被东西文化交流的使者踏在脚下，从而在大自然的重重阻隔间开辟出条条通途，将欧亚大陆各文明区域连在一起。

然而，在前资本主义时代，由分散而整体的迈进毕竟还处于量变阶段。由于生产以及在一定程度上由生产决定的文化发展的局限，这种进步还是有限的。非洲的绝大部分还处于与世隔绝的状态，而美洲和大洋洲更孤悬于茫茫海天之间而几乎无人知晓。但至 15、16 世纪之交，这一切都变了。从西方探险家的帆船到达非洲南端之角和拉丁美洲的那时起，人类历史便翻开了新的一页。对于这一事变进行思考，可以取得以下认识：事变的发生是人类几千年文明积累的结果，具体地说，是造船、航海、天文、历算、地理等直接因素和人类思想观念等多种背景因素发展、积累，再发展、再积累，相互影响、综合作用的结果。这些积累、发展在临近 15、16 世纪之交终于完成了世界历史由分散而整体的量化过程，实现了质的突破。也正是从这种意义上说，15、16 世纪之交标志着一个新时代的开始。

但是，世界古代史又确有自己的特性。由于处在人类历史发展的初期，各文明源点、文明区域长期孤立隔绝，由分散而整体的量的积累又主要限于各区域内进行，交往方式相对和缓，缺乏新时代"血与火"的冲突，叙述中便不能不照顾该段历史的特点，适当描述各国家、各区域相对孤立、隔离的状态，发展的不同表现以及历史内容的琐屑支离，而不是一味强调由分散而整体的逻辑框架，削足适履，无视古代客观历史的被切割、被肢解。

目　录

上　编

下　编

上 编

第一章　史前时代

史前时代，即原始社会，是人类社会历史发展序列中的第一个阶段。史前时代的生产力水平极其低下，人们只有依靠集体的力量才能获得有限的生活资料以维持生存；生产关系的基础是生产资料公有制，人们集体劳动，共同消费，没有剥削和阶级。

史前时代时空跨度大，涉及原始人类物质和精神文化的各个方面，其重点内容，一是人类的起源和形成问题。恩格斯在《劳动在从猿到人转变过程中的作用》一文中科学地解释了人类是从类人猿发展而来的，从人类起源到形成经历了攀树的猿群、正在形成中的人和完全形成的人三个依次递进的阶段。恩格斯还有保留地、不确定地指出劳动在从猿到人转变过程中起了决定性的作用。二是社会生产力的发展问题。尽管初始人类对自然界的征服和改造能力非常有限，但经过不懈努力，仍然发明了石器工具，发现并使用了火，发明了弓箭和制陶术，创造了石器磨光和钻孔技术，学会了冶炼纯铜和青铜，并从靠大自然恩赐的植物采集者、动物狩猎者转变为日益摆脱大自然束缚、掌握自己命运的植物生产者和牲畜驯养者。三是婚姻形态和社会组织的演变。初始人类过着一种集体生活，婚姻形态由毫无限制的杂交性关系、血缘群婚、族外群婚、对偶婚发展为专偶婚；社会组织由血缘家族、氏族（母系氏族和父系氏族）、农村公社发展为国家。四是社会分工。社会分工是生产力发展到一定阶段的产物，又反过来促进社会生产力的发展。史前时代发生了两次社会大分工：第一次指游牧部落同其余野蛮人群的分离；第二次指手工业和农业的分离。五是私有制、阶级和国家的起源。分工的发展，劳动生产率的提高，剩余产品的增多，商品生产的出现，个体劳动取代集体劳动，这些因素综合作用产生了私有制和阶级；而国家则是阶级矛盾激化的产物，是阶级压迫和阶级关系协调的工具。六是史前文化。在长期生产和生活实践中，史前人类不仅创造了一定的物质财富，而且创造了诸如文字、天文、地理、医药、艺术、宗教等原始的精神文明。这些文化尽管非常粗拙和幼稚，但却为人类文明的发展奠定了根基。

第一节　人类起源

关于人类的起源，在上古世界许多民族中，有各种各样奇幻美妙的神话传说。到近代，围绕这个问题，科学与宗教、唯物论与唯心论之间展开了激烈的争论。1809 年，法国大革命时期杰出的自然科学家拉马克出版了《动物哲学》一书，第一次提出了人类起源于类人猿的科学假说。1859 年，英国学者达尔文在其名著《物种起源》中，科学地揭示了生物从低级到高级、由简单到复杂的进化规律。1863 年，英国生物学家赫胥黎出版了《人类在自然界的位置》，第一次提出了人猿同祖论，勇敢地捍卫了达尔文的学说。1871 年，达尔文又在《人类的起源和性的选择》一书中，运用大量资料进一步论述了人类起源问题，指出人类和现代类人猿有共同祖先，是由一种已经灭绝的古猿进化而来的。1876 年，恩格斯在《劳动在从猿到人转变过程中的作用》一文中，科学地解释了人类起源的过程和动因问题，指出劳动是人与动物最本质的区别；从人类起源到形成经历了三个阶段，即攀树的猿群、正在形成中的人和完全形成的人。

攀树的猿群是指成群生活在树上的古猿。目前所知最早的古猿化石是 1911 年在埃及法雍发现的原上猿，其生存年代为 3500 万～3000 万年前。其次是埃及猿，其生存年代为 2800 万年前。稍后是森林古猿。森林古猿的化石最早是 1856 年在法国发现的，后来在欧、亚、非三洲许多地方均有发现，其生存年代为 2300 万～1000 万年前。森林古猿以生活在热带和亚热带的森林地区而得名。这些古猿的手脚已有初步分工，为以后下地直立行走准备了条件。猿的牙齿已有32枚，其排列顺序同人类和现代类人猿的牙齿相似。人类学家认为它们就是人类和现代类人猿共同的祖先。

正在形成中的人是从猿到人"过渡期间的生物"。传统观点认为，最早的正在形成中的人的化石的代表是腊玛古猿，其生存年代为1400万～800万年前。[①] 腊玛古猿的化石最早是在巴基斯坦北部与印度交界的西瓦立克山区发现的。此后，在肯尼亚、希腊、土耳其、匈牙利、中国、巴勒斯坦等地均有发现。据研究，腊玛古猿的身高已有1米多，脑容量为300毫升，能够直立行走。

目前，学术界比较肯定的最早的人科成员是南方古猿。南方古猿的化石大多发现于南非和东非，其生存年代为550万～100万年前。南方古猿分为纤细种和粗壮种两大类型(也有学者认为有四种类型，另有南方古猿鲍氏种及阿发种)。纤细种的身高在1.2～1.3米，体重为25公斤左右，脑容量为600毫升；粗壮种比纤细种身材稍高，体重在40公斤以上，脑容量在450毫升以上。国内外古人类学家普遍认为猿人(人属)是从南方古猿的一支进化而来的，多数学者认为是南方古猿纤细种，少数学者认为是在埃塞俄比亚发现的南方古猿阿发种，而其他南方古猿则是在100万年以前相继灭绝的旁支。

正在形成中的人还不会制造生产工具，只能使用天然工具，如石块、木棒等，因而他们还不是真正意义上的人。在从猿到人的转变过程中，劳动发挥了重要作用。劳动使古猿直立行走，手脚分工，变成了直立行走的人，"迈出了从猿转变到人的具有决定意义的一步"[②]。劳动促成了语言及人手的产生。人类的语言是为了适应劳动的需要并在劳动过程中产生出来的，劳动使古猿的身体获得了可以发音的器官；在劳动以及语言的推动影响下，猿的脑髓逐渐变成了人的脑髓。经过

① 由于腊玛古猿的化石越来越多，目前古人类学界已对将腊玛古猿列入人科表示出越来越大的怀疑。许多学者认为，腊玛古猿是猩猩的祖先，过去在复原颌骨残片标本和牙齿分析时出现偏差。因此，腊玛古猿作为过渡时期的化石代表只有相对的合理性。

② 《马克思恩格斯选集》第3卷，人民出版社2012年版，第989页。

漫长的劳动过程，手变得越来越灵巧，终于发展到能够制造工具。“手不仅是劳动的器官，它还是劳动的产物。”[①]人与猿最根本的区别在于能否制造工具。至此，人终于脱离了动物界，变成了真正意义上的人，即“完全形成的人”。

完全形成的人出现以后，其体质仍在继续发展。经过几百万年漫长的劳动过程，才终于发展为今天的人类，即现代人。我国人类学家将这一发展过程分为早期猿人、晚期猿人、早期智人和晚期智人四个阶段。

早期猿人是人类发展的初期阶段，其生存年代为380万～180万年前。早期猿人化石，最早是1974～1975年在坦桑尼亚北部伽鲁西河流域拉托利地层发现的上下颌骨和牙齿，定年在377万～359万年前。迄今所知，人类最早的人造石器工具是1968年在肯尼亚的特卡纳湖库彼弗拉地方发现的，定年在261万年前。1972年在这一地层之下的35.5米处，发掘出一个化石人的颅骨的许多碎片，复原后，按登记号称为“KNMER1470号人”，定年为290万～270万年前。“KNMER1470号人”是目前公认的早期猿人的典型代表。他的脑容量为775毫升，肢骨和现代人相似，这说明其已能直立行走。

晚期猿人的学名为“直立人”，我国习惯上称为“猿人”，其生存年代从180万年前至30万～20万年前。属于这一时期的人类化石，主要有我国的元谋人、蓝田人、北京人，印度尼西亚的莫佐克托人、爪哇直立人，阿尔及利亚和摩洛哥的阿特拉人，坦桑尼亚的舍利人，德国的海德堡人等。最早发现的晚期猿人化石是印度尼西亚的爪哇直立人，这是1891～1892年荷兰学者杜布亚发现的。爪哇人的头骨形态比较原始，脑容量为750～975毫升，而大腿骨则接近于现代人，说明他们已经能够直立行走，故名“直立人”，其生存年代为80万年前。直立人的发现引起了激烈的争论，这一争论一直到北京猿人的发现才告结束。北京猿人是从1929年开始陆续在北京周口店的龙骨山发现的，有40多个不同年龄的男女个体以及数以万计的石器、骨器和用火遗迹。与直立人相比较，北京猿人处于

① 《马克思恩格斯选集》第3卷，人民出版社2012年版，第990页。

更高的发展阶段,他们的脑容量平均为1059毫升。

早期智人又称"古人",其生存年代为30万～4万年前。最早的早期智人的化石是1956年在德国杜塞尔多夫城的尼安德特河谷发现的,因此人类学家把这一类型的化石统称为"尼安德特人",简称"尼人"。这一类型的化石,在亚、非、欧三洲均有发现。在我国,尼人化石有广东的马坝人、湖北的长阳人和山西的丁村人等。尼人的平均脑容量为1350毫升,脑外形还比较原始,呈圆馒头形,而不像现代人那样近似球形。尼人的体质和智慧比前人皆有显著的发展。[①]

晚期智人也称"新人",其生存年代为5万～1万年前。新人的化石最早是1868年在法国的克罗马农洞窟里发现的,故定名为"克罗马农人"。新人的分布比古人更为广泛,不仅分布在亚、非、欧三洲,而且还分布在大洋洲和美洲。考古材料和研究证明,可能在4万年前就已有人类从亚洲通过白令海峡进入美洲;可能在5万年前就已有亚洲人从东南亚横渡大洋来到澳洲。新人的体质形态与现代人已无明显不同,脑容量平均在1400毫升以上,以往那种眉脊突出、下颏不明显等原始特征已经消失。这说明新人的体质形态和智力向现代人的过渡已基本完成。

与晚期智人出现同时,现代人种也出现了。人类学者按肤色、发型、眼形、鼻形等外貌特征,把世界上的人类划分为黄种(或蒙古利亚人种)、白种(或欧罗巴人种)、黑种(或尼格罗人种)三个人种。人种的形成是自然和历史条件长期影响的结果。人种只是表现在外貌上的一种差异,与人的体质和智力无关。不同人种的脑容量、骨骼情况基本一致,没有优劣之分。

① 分子生物学家对1856年发现的第一具尼人化石取样进行DNA测定,结果表明:他不是晚期智人的直系祖先,而是人类演化中灭绝的一个旁支。参见《科学》杂志1997年12月19日的相关报道。

第二节　史前时代分期

史前时代始终没有一个被史学界普遍接受的分期，目前存在并使用多种分期法。这主要是史前时代长久的时间范围和相对而言极为稀少的史料使然。国内高校教科书曾流行恩格斯修订过的摩尔根的分期，称为“史前各文化阶段”（摩尔根提出的是“文化上的诸时代”）。20 世纪 50 年代初，苏联一些学者根据列宁在 1913 年 12 月写给高尔基的信中提到的“原始群和原始公社”，提出了史前时代的两段分期法：原始群时代（或原始人群时代）和原始氏族公社时代。近几十年来，我国许多学者进一步钻研马克思主义作家的有关著作，结合最新的科学发现，特别是古人类学、考古学方面的新成果以及民族学方面的新研究，对上述观点提出异议，并提出了一些新的见解。（1）史前时代应分为产生、发展和解体三个阶段。产生阶段是指原始群时代，发展阶段是指母系氏族公社时代，解体阶段是指父系氏族公社时代。（2）史前时代应分为原始群、前氏族公社或血缘家族、氏族公社三个阶段。（3）史前时代应分为“从猿到人过渡阶段”、原始群、母系社会、父系社会四个时期。（4）史前时代应分为血亲社会、血缘社会、血族社会和氏族社会四个阶段。国内目前比较流行的是两分法，即将史前时代分为血缘家族和氏族公社两大阶段。这一分期法同其他史前时代分期法一样存在无法解释的盲点。因此，各种史前时代分期法都只有相对的可靠性与合理性。此外，史前时代还辅助使用其他学科的分期法，如考古学分期、地质学分期等。[①]

---

① 关于史前时代的综合历史分期，可参阅朱龙华：《世界历史 · 上古部分》，北京大学出版社 1991 年版，第 63～64 页。

原始社会分期综合表

<table>
<tr><th>大约时限</th><th colspan="2">目前采用的分期</th><th colspan="2">摩尔根分期</th><th colspan="2">考古学分期</th><th>人类发展阶段</th><th>婚姻形态</th><th>社会组织</th></tr>
<tr><td>从300万年前始</td><td colspan="2" rowspan="3">原始人群</td><td rowspan="5">蒙昧时代</td><td rowspan="3">低级阶段</td><td rowspan="6">石器</td><td rowspan="2">旧石器早期</td><td>早期猿人</td><td rowspan="2">无限制婚（群内杂交）</td><td>原始群</td></tr>
<tr><td>从150万年前始</td><td>晚期猿人</td><td rowspan="2">血缘家族</td></tr>
<tr><td>从31万～20万年前始</td><td>旧石器中期</td><td>早期智人</td><td>辈行婚（群内婚）</td></tr>
<tr><td>从5万年前始</td><td rowspan="3">母系氏族公社</td><td rowspan="3">1.早期母系氏族
2.繁荣时期母系氏族</td><td>中级阶段</td><td>旧石器晚期</td><td rowspan="5">晚期智人（现代人）</td><td>氏族族外群婚</td><td rowspan="3">母系氏族公社</td></tr>
<tr><td rowspan="2">从15000年前始</td><td>高级阶段</td><td rowspan="2">中石器和新石器时期</td><td rowspan="2">氏族族外对偶婚</td></tr>
<tr><td rowspan="3">野蛮时代</td><td>低级阶段</td></tr>
<tr><td rowspan="2">从6000年前始</td><td colspan="2" rowspan="2">父系氏族公社（后期农村公社、城市公社出现，与之并存）</td><td>中级阶段</td><td rowspan="2">金属器</td><td rowspan="2">铜器（金石并用）时期
青铜器时期
铁器时期</td><td rowspan="2">对偶婚向一夫一妻过渡</td><td rowspan="2">父系氏族公社、农村公社</td></tr>
<tr><td>高级阶段</td></tr>
</table>

第三节　生产力的发展

人类自出现以来就不断地提高改造自然、控制自然的能力。尽管这种能力在今天看来非常低下，但人类经过不懈努力仍推动着史前时代的生产力持续向前发展。

人类最早制造的工具是石器。自从人类能够制造石器工具开始，人类社会便进入考古学上的石器时代。石器时代又分为旧石器时代、中石器时代和新石器时代三个发展阶段。

旧石器是人类最早制造的石器工具，这种石器是用打制的方法（即以石击石的方法）制成的生产工具。由于加工粗糙，形状简陋，故在考古学上称之为“旧石器”。早期人类使用这种石器的时代被称为“旧石器时代”。

旧石器时代又分为早、中、晚三个时期。早期约在 300 万年至二三十万年前，相当于早期猿人和晚期猿人时期。早期猿人的石器多以砾石打制而成，一般都很简陋、粗糙，与天然碎裂的石头无大差异。到晚期猿人时期，石器制造技术有所进步，出现了砍砸器、刮削器、尖状器等各类石器。中期约在 30 万～20 万年至 5 万年前，相当于早期智人时期。这时期的石器制造较前精致多样，同时还出现了一定数量的骨器，但使用尚不广泛。人类主要靠采集和狩猎为生。晚期约在 5 万～1.5 万年前，相当于晚期智人阶段。这时石器的制作技术有了新发展，器型更加多样美观、精致适用。骨器和角器也广泛流行，出现了骨针和鱼钩等器具以及复合工具和复合武器，如有把的石斧、长矛、鱼叉、标枪和投矛器等。

在晚期猿人阶段，人类开始学会用火。这是这一时期人类同大自然做斗争中所取得的最大成就。在北京猿人、元谋猿人和欧洲旧石器时代的遗址中都发现了用火的遗迹。人类最早使用的是天然火，后来才发展到人工取火。火的发现和使用，对人类的生存和发展具有重大意义。首先，火的使用使人类开始食用熟食，这样既使得食物种类范围扩大，又使得食物易于消化，减轻了人体消化系统的负担，大大促进了人类体质的进化。其次，火给人类以光明和温暖，使得人类的活动时间延长到日落之后，活动范围扩大到结冰线以北。最后，火的使用改善了人类的居住条件。考古证明，腊玛古猿、南方古猿等都是露天宿地的，元谋猿人、北京猿人则因知道用火而改为穴居。另外，火还可以用于驱逐猛兽、保护人类和制造工具。可见，人类对火的发现与使用开创了历史的新纪元。恩格斯指出：“就世界性的解放作用而言，摩擦生火还是超过了蒸汽机，因为摩擦生火第一次使人支配了一种自然力，从而最终把人同动物界分开。”①

旧石器时代之后是中石器时代，是向新石器时代的过渡阶段，中石器时代(1.5 万～1 万年前)的主要成就为：制作形状端正、体小精细的细石器；发明了射速快、射程远、命中率高且携带方便的弓和箭；开始驯养狗和羊等家畜。其中，弓箭的发明是这一时期社会生产力发展的主要标

① 《马克思恩格斯选集》第 3 卷，人民出版社 2012 年版，第 492 页。

志。恩格斯曾说:“弓箭对于蒙昧时代,正如铁剑对于野蛮时代和火器对于文明时代一样,乃是决定性的武器。”[1]

新石器的主要特征是磨光、钻孔,即把石料打制成一定形状,然后在砺石(磨石)上加砂蘸水磨光,而后在磨光的石器上钻孔。磨光的石器形状端正、精细、锐利、准确合用,考古学上称之为“新石器”,并把始于10000年前的广泛使用这种石器的时代称为“新石器时代”。石器的磨光、钻孔既标志着生产力的发展,又表现了人类勤劳的美德、驾驭工具的本领、应付困难的机智以及对于制作物的爱好,表达了人类尽力求其美观的愿望。但由于磨光和钻孔需要耗费很大的劳动力,因此,在新石器时代,除了磨光和钻孔石器外,人类仍继续使用一部分打制石器。

新石器时代,在人类生产生活实践中,出现了原始农业和畜牧业。

原始农业是从采集劳动发展而来的。人们在长期的采集劳动实践中熟悉了某些植物的生长规律,学会了栽培的方法,从而开始了原始农业生产。由于各个地区条件不同,原始农业出现的时间也先后不一。考古研究表明,西亚是世界上最古老的农业发源地,这里最先培育出大麦和小麦。中国是大米、小米、茶和山药的故乡。美洲印第安人最先栽培了玉米、马铃薯、甘薯和棉花等。印度则是棉花的另一发源地。当时的农业生产规模很小,耕种方法也很原始。一般先将成片的树林和荆棘焚毁,然后在烧过的土地上将地挖松、播种,任其自然生长。农具起初是掘杖(一端削尖的木棒),后来发展为木锄(一端有一个分叉的木棒)、石锄(复合工具)。这种用锄头来耕种的农业称为“锄耕农业”。

原始畜牧业是从狩猎劳动发展而来的。人类在长期的狩猎劳动实践中,发现了某些动物可以驯化。最早被人类驯化的是狗和山羊,此后人类又驯化了猪、牛、驴、马等,从而发明了原始畜牧业。原始畜牧业的发明,不仅使人类扩大了食物的来源,而且提供了大量的皮毛、油脂、骨骼、畜乳等产品。有些家畜还可以用作运输工具。

原始农业和畜牧业的兴起,使人类不再单纯依靠自然界的赐予,而是通过自己的劳动来增加动植物的生产,人类的生活更加有保障了,人

① 《马克思恩格斯选集》第4卷,人民出版社2012年版,第31页。

口也不断繁衍，人类开始向定居生活过渡。定居生活的需要，使人类发明了制陶术，通过以土掺水用手做成陶坯，然后用火烧的办法制作各种日常生活用具。此外，人类还逐步掌握了制造皮革，纺织棉、麻、毛等技能，从而改善了自身的生活条件。

继新石器时代之后，人类进入了金属器时代。金属器时代又分为金石并用、青铜、铁器三个时期。早在新石器时代晚期，人类就已经知道铜、金、银、陨铁等天然金属。约自 7500 年前开始，西亚、埃及等地的居民已开始利用天然铜。稍后，西南亚、埃及、印度、中国和中南欧等地开始冶炼铜，用于生产和生活。然而，由于纯铜质地柔软，不适于广泛应用，石器在生产中仍占主要地位，因此考古学上把这一时期称为“金石并用时代”。

真正的金属器时代是从使用青铜开始的。约在公元前 4000 年，人类学会冶炼青铜，从而进入青铜时代。青铜是铜与锡的合金，比纯铜熔点低，硬度高，易于锻制。因此，青铜在相当长的时期成为制造各种用具和装饰品的主要材料。最早使用青铜的地区是西亚、印度，而后是中国和其他一些地区。

铁器的出现比青铜器晚。冶铁要求较高温度，技术也比较复杂，但铁是廉价金属，质地坚硬，而且用途广泛，可以用来制造工具和武器。约在公元前 2000 年代中期，西亚的赫梯人最早发明了冶铁术。其后，南亚次大陆、东南亚、北非和中国也进入了铁器时代。

铁器出现不久便在生产领域很快取代了石器。铁器的使用，一方面使开垦森林地区、扩大耕地面积成为可能，给生产力的发展以巨大的推动作用，为社会大分工创造了有利条件；另一方面使战争在性质和规模上发生了根本的转变，因为铁制武器更适合大规模对外战争的需要。另外，还使一家一户乃至个体有可能单独从事生产劳动，从而给原始集体劳动形式和分配形式以有力的冲击，最终导致原始公社制解体。

第四节　婚姻形态和社会组织的演进

为了寻觅食物，防御敌害，人类的远祖——正在形成中的人过着一种集体的生活，马克思、恩格斯称之为“原始群”。这种群体的规模很小，一般只有三四十人。群体还没有家庭组织，实行无限制性关系。原始群时代是人类的童年，原始群的活动揭开了人类历史的序幕。

随着完全形成的人的出现，人类社会也产生了。人类社会的第一个社会组织形式是血缘家族。血缘家族是在原始群的基础上发展来的，是依据血缘关系组成的群体，存在于旧石器时代的早期和中期。在血缘家族内部，杂婚即无任何限制的婚姻关系业已排除，实行按照辈分来划分的群内婚。“在家庭范围以内的所有祖父和祖母，都互为夫妻；他们的子女，即父亲和母亲，也是如此；同样，后者的子女，构成第三个共同夫妻圈子。而他们的子女，即第一个集团的曾孙子女们，又构成第四个圈子。”[①]因而这种婚姻又称“辈行婚”或“班辈婚”。

血缘家族是一个较小的群体，通常只有二三十人，但它是一个生产生活单位。在族内，人们彼此平等，集体劳动，共同消费。家族内部已有简单的劳动分工，妇女从事采集，男子从事狩猎，老人照顾孩子。血缘家族是氏族组织最初的萌芽。

氏族是以血缘关系为纽带而结成的史前时代基本的社会经济单位，产生于旧石器时代晚期。生产力的发展，要求原来各自孤立的集团之间保持一定的联系，而当时人类已转入相对定居生活，这就为维持这种联系提供了可能。与此同时，人类还逐渐认识到兄弟姐妹之间的同辈婚姻对后代体质发育所造成的危害。于是，人类不但排斥了集团内部的异辈之间的通婚，而且也禁止了兄弟姐妹之间的通婚，由此产生了“普那路亚家庭”。而“氏族制度，在绝大多数情况下，都是从普那路亚家庭中直接发生的”[②]。

普那路亚家庭又称“普那路亚婚”或“族外群婚”，是指一定范围内的同辈男女共为夫妻，即一群姐妹和另一群男子或一群兄弟与另一群女子之间的婚姻关系。这时，共夫的姐妹间和共妻的兄弟间互称“普那路亚”（夏威夷语，意为“亲密的伙伴”）。

族内禁婚是逐渐实现的。大概先从排除同胞的（即母方的）兄弟和

---

① 《马克思恩格斯选集》第4卷，人民出版社2012年版，第44页。

② 《马克思恩格斯选集》第4卷，人民出版社2012年版，第49页。

姐妹之间的婚配关系开始,最后发展到禁止旁系兄弟和姐妹结婚。这样,当一切兄弟姐妹间甚至母方最远的旁系亲族间的婚姻关系都被禁止的时候,就构成了一个坚固确定的彼此不能通婚的女系血族集团,这个集团就是氏族。由此可见,氏族是与族外婚同时出现的。在氏族制度下,它的成员只有在氏族之外才能找到通婚的对象。因此,氏族不能单独产生,而两个互通婚姻的氏族便构成一个部落。

最初的氏族是母系氏族(或称“母权制氏族”)①,这是因为在群婚状态下人们只知其母,不知其父,世系只能按母系来计。同时,妇女在当时的社会经济生活中发挥着主要作用,因此妇女受到高度尊重,氏族首领一般也由妇女来担任。

生产的发展、人口的增殖、氏族组织的不断增加,使两个氏族之间的群婚难以继续维持,于是族外群婚逐步转为对偶婚。对偶婚是一对男女在或长或短的时间内比较固定的偶居,是一种以妇女为主体可以轻易解除婚姻关系的个体婚。早期对偶婚的婚姻关系往往表现为丈夫访问妻子的形式,称“望门居”。后来发展为“居妇家”(从妻居)的形式,即丈夫住在妻子的氏族中,但不属于妻方氏族的成员。夫妻所生子女归妻方氏族,世系仍按母系计。现代性爱意义上的一夫一妻制就是从对偶婚发展而来的。

由对偶婚组成的对偶家庭还不是一个独立的经济单位,当时社会的基本细胞仍是母系氏族。在氏族内部,除个人使用的工具和日用品外,其他一切财产都归集体所有,生产和消费都遵循严格的集体原则。由全体成年男女参加的氏族议事会是氏族的最高权力机构,一切重大问题都由它讨论决定。氏族长一般是年长的妇女,她须精明能干且有威望。有的氏族长也由男性担任,但比较少见。氏族成员有相互援助的义务和血亲复仇的习惯,有共同的墓地和宗教节日。

全盛时期的氏族制度,包括氏族、胞族、部落三级组织。氏族是最基

① 国内外也有学者认为最初的亲属关系是按父系计算的,母系氏族只是由于某种原因产生的旁支。还有的学者认为母系氏族和父系氏族是同时产生、并存发展的,不存在此先彼后的单线联系。现有的材料和人们的认识能力还不足以解决这一问题。比较现存的各种解释,母系氏族的普遍性和先期性似乎有更多的合理性。参见周启迪、郭小凌、杨共乐等编著:《世界上古史》,北京师范大学出版社 2016 年版。

本的社会经济单位，是史前时代社会制度的基础。氏族之上是由若干氏族组成的胞族。胞族是由于人口的增殖、集团的扩大，由派生的两个或两个以上的女儿氏族组成的组织，故亦称“大氏族”或“兄弟氏族”。几个有血缘关系的胞族又组成部落。部落是氏族制度下最大的独立社会集团。若干部落组成部落联盟，但部落联盟的存在并非普遍现象。新石器时代这种十分单纯、质朴、美妙、有条有理的氏族制度是原始公社发展的顶峰，是氏族制度合乎规律的演化，是生产极不发达的产物。随着生产力的发展，它必然也要走向解体。

氏族解体之前的社会是父系氏族公社。从母权制过渡到父权制，是社会生产力发展的必然结果。生产力的发展，导致了男女在生产地位上的变化。过去，男子从事狩猎，女子从事采集和原始农业，女子的劳动是生活必需品可靠的来源，因而她们在氏族中的地位高于男子。在犁耕农业和畜牧业成为社会主要生产部门后，男子便逐渐占据主导地位，因为在一般情况下驾犁耕田和放牧牲畜以及其他为社会所必需的公共劳动只有男子才能胜任。妇女的家务劳动同男子谋取生活资料的劳动比较起来已经失去了意义；男子的劳动就是一切，妇女的劳动是无足轻重的附属品。于是，母系氏族就逐渐转变为父系氏族。

男子在生产劳动中地位的提高，改变了他们在氏族中的地位。由此，男子便试图利用这一地位改变传统的继承制度，使之有利于将个人财产传给子女。这是父系氏族公社确立的另一个主要原因。为保证子女出自一定的父亲，严格财产继承制，婚姻形态由男子从妇居改为妻子居夫家（从夫居），对偶婚逐渐过渡到相对稳定的一夫一妻制。男子取代了妇女在家庭中的地位，世系也开始按父系来计。母权制被取代，父系氏族公社确立。

父系氏族由若干以男子为家长的家长制大家族组成，一个家长制大家族包括一父所生的几代人。它是父系氏族社会的基本细胞，是一个独立的生产单位。在这个单位内，大家仍共同居住，共同生产，共同分配。族长由成年男子担任，主持生产和生活。氏族议事会由各家族的族长组成，氏族全体会议由全氏族成年男子参加。妇女逐渐失去了原来的地位而被贬低，甚至被奴役，变成生育孩子的简单工具。

父系氏族公社晚期,出现了个体家庭(又称"一夫一妻制家庭")。金属的冶炼与金属工具的使用,使生产效能大大提高;犁耕农业和畜牧业的发展、社会大分工以及生产劳动复杂化和生产技术专门化,都为个体家庭的出现创造了条件。以前耕种一片土地必须集合整个大家族甚至整个氏族的人力,现在只需几个人就能承担。这就使得生产趋向个体化,一个个小家庭从大家庭中分裂出来,个体家庭由此产生。个体家庭是由一对夫妻及其子女组成的独立生产和生活的单位。它的特点是丈夫占统治地位、婚姻牢固。

随着个体家庭的出现和氏族血缘关系的削弱,不同氏族、部落之间的人员流动现象日益加剧,一些贫困破产的穷人、手工业者和商人离开本氏族,散居各地,与本无血缘关系的个体家庭杂居相处。这些居住在一个村落而又没有血缘关系的人们,为了共同的经济利益结成了一个社会集团。这个集团就是农村公社,在牧区是畜牧公社,在猎区是狩猎公社。在世界各地,村社有不同的名称。

农村公社是史前时代向阶级社会过渡的一种新型的社会组织形式。它具有两重性:一方面它存在着私有制经济,生产工具、牲畜、农产品、房屋以及房屋附近的小块土地,都是属于个体家庭的私有财产;另一方面它还保留着一些公有制的原则,耕地是公有的,定期分配给各家使用,草地、森林、水源等也属于公社所有。随着阶级社会的形成,公有制进一步被破坏,农村公社便解体了。但在某些地区,农村公社曾以不同形式继续存在于上古甚至中古社会,如中世纪西欧的"马尔克"、15世纪后俄罗斯的"米尔"等。

与公、私两种所有制形式并存的经济基础相适应,上层建筑表现为军事民主制。军事民主制是由氏族制度向阶级社会和国家过渡的一种社会组织形式。这一过渡阶段有时称为"军事民主制时代"①。

军事民主制具有军事和民主两重性:一方面在不同程度和形式上保

---

① 受摩尔根学说的影响,我国学者曾习惯将军事民主制看作人类早期国家形成的唯一途径。但实际上,它只是人类早期国家产生的一种模式。20世纪六七十年代以来,西方学者在对前国家社会的研究中已很少采用军事民主制的学说,而另外提出了酋邦理论,强调酋邦这种社会形态是从原始社会向文明社会过渡期间的一个社会发展阶段。参见施治生、郭方主编:《古代民主与共和制度》,中国社会科学出版社2002年版,第2章。

留着民主制的传统，另一方面又出现了某些个人权力过大的现象，但这种权力还没有达到王权的程度。军事民主制一般有长老议事会、军事首长和人民大会三个机构。军事首长原只是在血亲复仇或发生边界纠纷导致武力冲突时临时挑选勇敢善战者担任。随着私有财产和奴隶劳动的出现，掠夺其他部落的财富和人口被认为是发财致富的捷径，因此战争变成了经常的职业。为了进行这种掠夺或防止掠夺的战争以及争取胜利，军事首长就成了一些邻近部落结成的部落联盟中不可缺少的公职。因为战争的胜败往往决定整个部落联盟成员的命运，所以军事首长享有很高的威望。他负责指挥战争，并兼掌宗教祭祀和司法审判。但军事首长不是世袭的，而是由人民大会选举产生，不称职的军事首长可以被人民大会罢免。长老议事会由氏族长和部落酋长组成，后来因为人数增多，改由他们的代表组成。这是军事民主制时代部落或部落联盟常设的管理机构。议事会成员逐渐拥有许多特权而成为氏族贵族。人民大会（或称“民众大会”）是军事民主制时代的最高权力机关，是民主制原则的象征。战争、媾和、处死本氏族的成员及分配战利品等都由它做出决定。军事首长也由人民大会选举产生，长老议事会拟订的各个方案最后亦须交由人民大会审批。但大会并非真正的民众大会，参加会议的人只限于成年男子，妇女被排除在外。

军事民主制在世界各地各族史前时代末期曾普遍存在，在随后的发展过程中逐渐演变为国家制度，其组织形式则长期留存于早期国家之中。

第五节　社会大分工

社会大分工是生产力发展的结果。金属器的使用，使原始的锄耕农业逐渐为犁耕农业所代替。犁耕提高了耕作效率，扩大了耕地面积，增加了产量，并使农业生产日益专门化。于是，在适宜发展农业的地区，便逐渐形成了一些以农业生产为主要经济活动的部落，而畜牧业退居次要地位。同时，在水草肥美、适宜发展畜牧业的草原和山区地带的部落，放牧则成了他们主要的生产活动,农业仅起着辅助的作用,形成了畜牧部落。这样,游牧部落便“从其余的野蛮人群中分离出来——这是第一次社会大分工”①。第一次社会大分工发生在野蛮时代的中级阶段,相当于考古学上的铜石并用时代或青铜器时代。

伴随着农业、畜牧业的进步,其他各种生产活动也有了相应的发展。早在新石器时代,人类就学会了制陶,然后发明了织布。随着金属冶炼技术的发明,各种金属器的制作加工也迅速发展起来,酿酒、榨油、制革等行业日趋专门化。如此多样的活动,已经不能由同一个人来进行,“于是发生了第二次大分工:手工业和农业分离了”②。第二次社会大分工发生在野蛮时代的高级阶段,相当于考古学上的青铜器时代或铁器时代。

随着生产力的发展和社会大分工的进行,交换逐渐发展起来。在第一次社会大分工发生之前,部落和部落间的交换只是偶然现象。第一次社会大分工之后,农业部落需要用其剩余产品交换游牧部落的剩余产品,游牧部落也需要用其剩余产品交换农业部落的剩余产品,于是交换就成了一种经常性的现象。第二次社会大分工以后,出现了以交换为目的的商品生产,货币也由此得以流通。于是,一个专门从事交换的阶层——商人产生了,商业从农牧业、手工业中分离出来,这就是第三次社会大分工。但除个别地区外,第三次社会大分工是进入阶级社会后才发生的。

社会大分工是生产力发展到一定阶段的产物,它反过来又促进了社会生产力的发展,为父系氏族公社的确立创造了条件,为私有制、阶级的产生和发展开辟了道路。

第六节　私有制、阶级和国家的起源

私有制和阶级是随着金属器的使用、生产和分工的发展应运而生

① 《马克思恩格斯选集》第4卷,人民出版社2012年版,第176页。

② 《马克思恩格斯选集》第4卷,人民出版社2012年版,第180页。

的。在此之前，由于生产力水平低下，人类只有通过集体劳动、共同消费才能生存，因此不可能产生私有制，也没有私有观念。第一次社会大分工之后，开始出现剩余产品；第二次社会大分工之后，剩余产品不仅更多，而且出现了商品生产。这就为私有制的产生创造了物质前提。而集体劳动为个体劳动所代替，则成为私有观念必然产生的前提条件。个体劳动使人们产生了对个人所有权的要求。首先成为私有财产的是生产工具、牲畜、农产品等，后来是房屋、宅田园地，最后连土地也变成了私有财产。在财产由公有转变为私有的过程中，一些氏族首领和家族长利用自己对公共财产的管理和支配权，逐步将一部分公共财物占为己有，私有制由此产生。

随着私有制的出现，阶级也产生了。第一次社会大分工以后，剩余产品的出现和私有观念的产生，提供了某些人剥削他人剩余劳动的可能；同时，吸收新的劳动力以生产出更多的剩余产品的劳动的使用价值也为人们所认识。于是，战争中的俘虏不再被杀死，而是变成奴隶加以役使。恩格斯说："第一次社会大分工，在使劳动生产率提高，从而使财富增加并且使生产领域扩大的同时，在既定的总的历史条件下，必然地带来了奴隶制。从第一次社会大分工中，也就产生了第一次社会大分裂，分裂为两个阶级：主人和奴隶、剥削者和被剥削者。"①这样，人类社会便产生了主人和奴隶、剥削者和被剥削者两个阶级。

第二次社会大分工以后，剩余产品的积累引起了财产的分化，有权势的人物及其家庭因占有大量的财物和奴隶而成为富有的氏族贵族；而无权势的人物则陷入贫困的境地。氏族贵族凭仗财势，欺压剥削穷人。这样，"除了自由民和奴隶的差别以外，又出现了富人和穷人的差别"②。这种差别导致了奴隶与奴隶主、穷人与富人、氏族一般成员与氏族贵族之间的斗争。这种斗争最终导致了氏族公社的解体和国家的产生。

国家是经济上占统治地位的阶级为维护本阶级的利益，巩固本阶级的统治地位，对被统治阶级施用暴力的机器。国家的产生是阶级矛盾不可调和的结果。以军事首长为首的氏族贵族集团的权力和财富日益增

① 《马克思恩格斯选集》第4卷，人民出版社2012年版，第178页。

② 《马克思恩格斯选集》第4卷，人民出版社2012年版，第180页。

长，军事首长由原先的选举产生变成世袭，而人民大会则变得无足轻重，形同虚设。与此同时，人民大众却日益贫困化。剥削者与被剥削者之间的矛盾与斗争日益突出。斗争的结果是氏族贵族集团终于夺取了全部权力。“于是，氏族制度的机关就逐渐挣脱了自己在民族中，在氏族、胞族和部落中的根子，而整个氏族制度就转化为自己的对立物：它从一个自由处理自己事务的部落组织转变为掠夺和压迫邻近部落的组织，而它的各机关也相应地从人民意志的工具转变为独立的、压迫和统治自己人民的机关了。”[①]“氏族制度已经过时了。它被分工及其后果即社会之分裂为阶级所炸毁。它被国家代替了。”[②]就这样，一个阶级压迫另一个阶级的机关——国家，便在氏族的废墟上产生了。

国家与氏族有着本质的区别：一方面，国家按地域来划分它的国民，而氏族组织则以血缘关系维系它的成员；另一方面，国家设立了暴力机关，如军队、警察、宪兵、法庭、监狱等，而氏族各机构则是民主管理机关。

国家的产生是人类历史发展的一个重要转折点，它标志着史前时代的结束和文明时代的开始。

第七节　原始文化

在长期劳动和生活实践中，史前人类不但创造了一定的物质财富，而且创造了原始的精神文化，诸如文字、天文、地理、医药、艺术、宗教等。尽管这些文化还很粗浅、幼稚，但它们是人类全部文明发展的根基。

“攀树的猿群”下地之后进化为“正在形成中的人”。“正在形成中的人”在集体劳动和生活中因相互交往的需要产生了语言，即口头语言。随着时间的推移，晚期猿人时期产生了分节语，词汇量和词义的容量也在逐渐扩大。至晚期智人时期，人类已形成至少4000种以上的分节语言，每一种都有自己复杂的语音、词汇和语法结构。到原始社会末期，出现了语系，主要有汉藏语系、达罗毗荼语系、蒙达语系、蒙-克梅尔语系、

---

① 《马克思恩格斯选集》第4卷，人民出版社2012年版，第181页。

② 《马克思恩格斯选集》第4卷，人民出版社2012年版，第186页。

马来亚-波利尼西亚语系、阿尔泰语系、闪-含语系、高加索语系、班图语系和印欧语系等。为了帮助记忆、传递信息和更进一步表达思想，史前人类在长期的生产和生活实践中创造了文字。用实物作符号记事是文字的先驱。结绳记事是原始人普遍使用的记事法，它是把绳子打成各种不同的结子，以结子的多少、大小和位置的不同来记忆各种事情，这种方法也曾在古代中国、埃及、波斯、秘鲁以及近代美洲、非洲、大洋洲等地的土著中盛行。契刻记事也是原始人记事的一种方法，发明时间稍晚于结绳记事。由于结绳等方法记忆的信息有限，无法表达较复杂的思想，所以原始人在新石器时代发明了图画文字。图画文字是介于图画和文字之间的用图画来表达思想、记载事实的手段，是文字产生的第一步，或者说是文字的雏形。常见的图画文字既可以表现某一具体事物，也可以表现重大的历史事件，多半刻画在树皮、皮革或岩石上。原始社会末期，人们对书写不很方便的图画文字加以简化，创造了有一定的读音和固定的表意的符号——象形文字。象形文字的出现往往是由于阶级社会和国家管理的需要，标志着文明时代的开始。恩格斯说，原始社会"由于文字的发明及其应用于文献记录而过渡到文明时代"[①]。文字的发明对人类文化的发展和社会的进步有着重大的促进作用。

语言文字的发展促进了知识的积累和传播。原始人类通过对周围环境、气候和天象的长期观察，已懂得根据日月星辰的位置来辨别方向；根据地形、地物的特点记忆自己到过的地方和与居住地之间的距离，甚至能画出两地之间的路线图，并给某地方以一定的名称。原始人还根据自然界的一些征兆，预测天气的变化；根据月亮盈亏的周期制定了最早的历法——太阴历并划分了季节。

原始人在生产和生活实践中，逐渐懂得了一些医药知识，掌握了许多植物、动物和矿物的医疗性能，能够区别某些疾病并对症下药。生活在三四万年前的克罗马农人已经能用燧石做工具进行外科手术。但是，原始的医术往往是和巫术连在一起的，在进行治疗时常常使用咒语或施以种种魔法。

---

① 《马克思恩格斯选集》第4卷，人民出版社2012年版，第34页。

从事生产、建筑房屋、猎获食物的分配等，使原始人逐步有了数的概念。但他们的抽象思维很差，只能分辨出一、二、三只鹿或一、二、三条鱼的差异，还不能抽象出1、2、3这三个数字来。“3”以上的数目就统统用“多”来表示。

多数人类学家和考古学家认为，史前艺术产生于旧石器时代中期，发展于旧石器时代晚期，它比较生动地表达了史前人类的审美观。最初的艺术可能是装饰术和文身术。在旧石器时代晚期的遗址中发现了大量的绘画和雕刻作品，如法国的肖维、拉斯科和西班牙的阿尔塔米拉等岩洞的壁画和雕刻，画中的动物姿势别具一格，各有特色，形象逼真，充分反映了当时人们细致的观察能力和高超的艺术创作能力。

史前人类在生产和生活的实践中还创造了音乐、舞蹈。原始人在集体劳动中，为了协调动作和减轻疲劳而发出一种有节奏的呼声，在这种呼声的基础上，原始人创造了由歌词和节奏组合成的原始声乐。原始人的歌曲非常简单，往往是用两三个高低不同的音调连续不断地反复歌唱，以此来表达他们劳动的愉快、丰收的喜悦、胜利的自豪和节日的欢乐等。器乐是随着声乐的出现而出现的。原始人为增强歌唱的气氛，在歌唱时往往敲击木板或其他器物，这样便产生了最早的乐器——打击乐器。最早的打击乐器是鼓。管乐器和弦乐器的发明晚于打击乐器。在新石器时代的遗址中发现带孔的小骨管，这可能是最早的管乐器。舞蹈最初是一种模拟式的艺术。原始人为了再现他们劳动时的热情和欢乐，往往佩戴各种装饰，表演猎获种植或其他各种劳作，由此产生了人体有节奏、有规律的舞姿。随着社会生活的日益丰富，舞蹈逐渐成为原始人生活中不可缺少的部分。由于原始人集体劳动的关系，原始音乐和舞蹈多半是集体活动，独唱、独舞的场面很少。

恩格斯指出：“宗教是在最原始的时代从人们关于他们本身和周围的外部自然界的错误的、最原始的观念中产生的。”[①]原始人由于生产力水平十分低下，对自然斗争软弱无力，无法摆脱自然界的种种压力，对天气的变幻、季节的更替、植物的荣枯、动物的生死、山洪地震的暴发及人

① 《马克思恩格斯选集》第4卷，人民出版社2012年版，第260～261页。

的生老病死等自然现象和生理现象无从求解，因而产生了对超自然力量的神秘感和恐惧，并且幻想借助某种超自然的力量来摆脱现实生活中的困难，于是把自然力和自然物神化起来，并把它们作为崇拜的对象。这样，原始的宗教就产生了。

原始宗教大约产生于旧石器时代中期。在考古发掘的旧石器时代中期的墓葬中，除发现死者的尸体外，还发现一些随葬品，例如工具，这表明当时人们相信人死以后还能到另外一个世界，还要使用生产工具。万物有灵的观念，一般认为是在这个时期产生的。

氏族形成后，氏族的祖先对于组织生活和指导生产的作用极受人们尊重。万物有灵的观念，使得原始人认为祖先是他们的保护者，因而加以崇拜，由此产生了祖先崇拜。因为妇女在当时处于比男子重要的地位，所以女祖先成为崇拜的对象。与此同时，原始人往往追根溯源，以为自己的氏族产生于某种动物或植物，这样又产生了图腾崇拜（图腾totem，源于印第安语，意即“他的亲族”）。图腾崇拜的特点是把某一物或某一自然现象当作氏族的亲属、祖先或保护神来加以崇拜。氏族往往以崇拜对象来命名。图腾动物是禁捕、禁杀和禁食的，只有在特殊的场合下举行神圣的仪式方可食用图腾动物的肉。

到史前时代末期，人们的宗教观念日益复杂，被崇拜的对象日渐增多。随着私有制、阶级的出现，宗教也逐渐被打上了阶级的烙印，成为阶级压迫的工具。

【延伸阅读】

1. 崔连仲等主编：《世界通史・古代卷》（修订版），人民出版社2017年版。

2. 黄湛、李海涛：《“劳动创造了人”：对恩格斯原创思想的误读和曲解》，《吉林大学社会科学学报》2013年第6期。

3. 李永采等：《驱拨谬雾究真谛——恩格斯著〈家庭、私有制和国家的起源〉新辨释》，东南大学出版社1993年版。

4. 廖学盛：《重读〈家庭、私有制和国家的起源〉所想到的》，《史学史研究》2018年第1期。

5. 林锋:《"两种生产依次决定论"的学理批判——基于摩尔根〈古代社会〉一书摘要的文本解读》,《马克思主义研究》2020 年第 9 期。

6. 世界古代史编写组:《世界古代史》(第 2 版),高等教育出版社 2018 年版。

7. 吴英:《对马克思国家理论的再解读》,《史学理论研究》2009 年第 3 期。

8. 吴于廑、齐世荣主编:《世界史·古代史编》,高等教育出版社 2011 年版。

9. 晏绍祥:《世界上古史》(第 2 版),中国人民大学出版社 2020 年版。

10. 赵锦元:《鲜为人知的原始民族与文化》,中央民族大学出版社 2000 年版。

11. 周启迪主编:《世界上古史》(第 4 版),北京师范大学出版社 2016 年版。

12. [苏]B·П·阿列克谢耶夫等著,汪连兴等译:《世界原始社会史》,云南人民出版社 1987 年版。

13. [美]布赖恩·费根著,方辉等译:《地球人:世界史前史导论》,山东画报出版社 2014 年版;杨宁等译:《世界史前史》(插图第 8 版),北京联合出版公司 2017 年版;袁媛译:《考古学与史前文明》,中信出版社 2020 年版。

14. [英]A. R. 拉德克里夫-布朗著,岳英导读、注释:《原始社会的结构与功能》,上海译文出版社 2019 年版。

15. [英]理查德·利基著,吴汝康等译:《人类的起源》,上海科学技术出版社 2007 年版。

16. [美]路易斯·亨利·摩尔根著,杨东莼等译:《古代社会》,商务印书馆 2012 年版。

17. 恩格斯:《家庭、私有制和国家的起源》,《马克思恩格斯选集》第 4 卷,人民出版社 2012 年版。

18. [美]斯塔夫里阿诺斯著,吴象婴等译:《全球通史:1500 年以前的世界》,北京大学出版社 2012 年版。

19. [英]爱德华·泰勒著,连树声译:《原始文化》,广西师范大学出版社 2005 年版。

(1、6、8、9、11、18 所列书目为本书基本延伸阅读文献,以下各章不再重复列出。）

【思考与讨论】

1. 人类的起源与进化主要经历了哪些阶段？
2. 试论旧石器时代生产力的发展。
3. 氏族是怎样产生的？说一说母系氏族与父系氏族的主要区别。
4. 试论原始社会婚姻形态的演变。
5. 私有制是怎样产生的？
6. 国家是怎样建立的？如何认识国家的职能？
7. 具体说明国家与氏族的根本区别。
8. 试论社会大分工的历史作用。
9. 概述原始文化的主要成就。

第二章　初始文明

文明是指人类社会进步的状态。初始文明则是指史前时代结束后最初的阶级社会，其创立的过程是由血缘家族、氏族、军事民主制过渡到国家的过程。初始文明的产生是历史发展的必然结果，其内容主要包括城市中心、由制度确立的国家政治权力、纳贡和税收、文字、阶级或等级、巨大的建筑物、各种专门的艺术和科学等。初始文明多源于大河流域，如尼罗河流域的埃及文明、两河流域的苏美尔文明、印度河流域的哈拉巴文明、黄河和长江流域的夏商文明等。另外，爱琴文明亦为“文明的摇篮”。初始文明是世界历史发展的必经阶段，是人类文明的源端。由于世界各地各族发展的特殊性和不平衡性，世界各地各族初始文明产生的时间也不尽一致，有的地区、有的民族在公元前 3500 年前后便进入文明时代，而有些地区的部落至今仍处在“野蛮”状态。

本章的学习重点一是理解“文明”的含义及产生的标志；二是掌握埃及文明、苏美尔文明、哈拉巴文明、爱琴文明和意大利半岛文明的内容及特征。

第一节　文明产生的标志

“文明”在这里是指史前时代结束后的阶级社会，是相对于无阶级社会的“野蛮”而言的。因此，文明产生的过程，也就是由“野蛮”到“文明”

的过程，就是由血缘家族、氏族、军事民主制过渡到国家的过程。

文明的产生是历史发展的必然结果。这一结果在世界各地的考古发现中有着充分的、直接或间接的反映，如印章的出现反映了私有观念的萌芽，墓葬中陪葬物品的多寡反映了贫富的分化，而以妻妾、奴隶和大量牲畜殉葬则反映了男尊女卑的家长制家庭关系和私有制的进一步发展以及阶级的产生，规划完整的城市和建筑宏伟的宫殿反映了阶级矛盾不可调和的产物——国家的出现。

关于文明的起源，传统观点认为世界上所有最古老的文明皆源于大河流域，水利灌溉的需要，导致了阶级社会的产生。① 尼罗河流域的埃及、两河流域的巴比伦、印度河和恒河流域的印度、黄河和长江流域的中国，自19世纪以来一直被世界史学界公认为历史最为悠久的文明古国，被誉为“四大文明古国”。关于文明的特征，人类学者认为其包括城市中心、由制度确立的国家的政治权力、纳贡或税收、文字、社会分化为阶级或等级、巨大的建筑物、各种专门的艺术和科学等。但并非所有的文明都具备这些特征。

文明产生的标志，是近年来考古学界和古代史学界讨论的热点问题。一般认为不应孤立地把某一标志当作绝对的标准，而应考虑到各族各地的具体特征和古物保存的不完整性，寻求较多几个有内在联系的标志，只要有其中一二即可做出正确判断。目前，学术界比较推崇荷兰学者克鲁克荷恩(Clyde Kcuckhohn)的判断方法，标准是三个基本条件中只要具备其中两个便可称为“文明”。这三个条件是：(1)在一定区域的聚落中已经有好几个互相联系的、人口至少在5000以上的城镇、集镇或城市；(2)已有独立创造的文字体系或借用部分外族文字而形成的自己的文字；(3)已有纪念性的建筑遗迹和进行仪典活动的中心场所。这三个条件都可用实物作证，而其内容又反映了丰富的社会发展情况。其中第一条直接与生产规模和经济水平有关。有人估计，以文明产生时的农

① 近些年来，有的学者在结合最新考古成果的基础上提出农业的发生和城市的出现为文明的起源。基于此，文明最早不是出现于大河流域，而是山地或高地边缘。如两河流域最早出现的城市国家埃利都、埃及涅伽达文化Ⅰ的居民等，只是由于后来气候干旱才迁到河谷地带。此外，还有的学者提出，最初的农业不是靠人工灌溉而是依靠天然降雨，即使是在河流谷地兴建大规模的灌溉系统也是文明出现之后的事，因此人工灌溉并非文明的起因。

业生产条件衡量，要保证一人能脱产从事脑力劳动或过不劳而获的生活，从社会整体需要看至少必须集中剥削数十人的劳动，当组成国家时，这类脱产人员必然数以百、千计，那么被统治的人口至少在数万人以上，而几个5000以上人口的市镇其联系的人口总数大约与之相当，而且有了好几个这类彼此联系的城镇，不仅说明农工商诸业、私有制已较发展以及它们下面已控制着广大农村，它们之间还会因有隶属关系而出现中心或首要城镇，此即国家中央机构所在地。第二条则表明此时已有了较史前时代更为复杂的经济统计、行政管理、文化活动与信息交流，因为文字正是为它们服务的最重要、最有代表性的工具，所以有人说有了文字便有了文明。第三条则表明已存在一区一国的集中管理机构和统治阶级，例如豪华的宫室反映了国王、贵族、祭司等类人物的活动，高大宏伟的神庙、仪典中心、城防工程以及碉堡、监狱等则是统治人民的象征。因此，这三个条件的物证，都能起到“一叶知秋”的标志作用，而之所以规定三者须有其二，则是考虑到各地各族发展的特殊性和古物保存的偶然性。若以此法衡量，我们便会看到埃及和两河流域大约在公元前3500年便开始脱离史前时代进入文明时代；印度和欧洲的克里特则稍晚一点，在公元前2500～前2000年相继进入文明时代[①]；拉丁美洲的墨西哥、玛雅和安第斯山区则更晚一些，约在公元前1000年进入文明时代。[②]

第二节　埃及文明

尼罗河发源于赤道非洲，全长6600多公里，从南向北蜿蜒流经埃及而注入地中海。尼罗河是埃及的生命之源，与古埃及人民的生活密切相关，古希腊史学家希罗多德称埃及是“尼罗河的赠礼”，古代埃及人更视尼罗河为母亲河。

① 据“夏商周断代工程”的研究成果，中国夏代始年约为公元前2070年。参见《〈夏商周年表〉正式公布》，《人民日报》2000年11月9日。

② 参见朱龙华：《世界历史·上古部分》，北京大学出版社1991年版，第61～63页。

远在旧石器时代，非洲北部已有居民。当时，北非气候温和湿润，雨水充足，居民以渔猎和采集为生。大约在1万年前，最后一次冰河期结束，北非逐渐变为干旱地区，于是居民便陆续迁移到尼罗河两岸。后来他们在这里过渡到新石器时代的农耕生活，并进而创造了铜石并用文化。

根据考古材料，埃及的铜石并用文化可分为巴达里文化、涅伽达文化Ⅰ和涅伽达文化Ⅱ三个阶段。这三种前后相继的文化，通常被称为"前王朝文明"。通过"前王朝文明"我们大致可以描述埃及从史前时代过渡到国家的基本情况。

巴达里文化约始于公元前4500年。当时的居民已定居务农，兼营畜牧和渔猎。他们种植小麦、大麦、亚麻等农作物，驯养绵羊、山羊等家畜，除使用石铲、石锄、石刀外，晚期还使用少量的铜刀、铜锥等工具，表明埃及已开始进入铜石并用时代。在手工业方面，居民能够烧制一种质地良好的薄壁陶以及独具特色的黑顶陶，同时，织布、缝衣、编篮等也有相当水平，已有一定的社会分工。这一时期的居民已有灵魂观念，他们埋葬尸体，供奉食品和用具，以供死者之用。但墓葬的规模和殉葬的物品尚无显著差别，表明人们仍过着原始公社制的生活。从遗址中发现的女性小雕像推断，这时妇女在氏族中还居于重要地位。

涅伽达文化Ⅰ(亦称"阿姆拉文化")约存在于公元前3600～前3500年。这一时期，除在生产技术上较巴达里文化有发展外，一个很重要的成就是城市的出现，居住地已有城堡等建筑物。涅伽达附近的南城就是一个重要的城堡遗址。这一时期的墓地，规模不等，反映了贫富分化和墓主社会地位的差别。商业已开始发展，私有制也已出现，氏族公社正处于瓦解状态。结合城堡建筑较具规模并有雉堞墙等情况，可知此时已处于军事民主制时期。

公元前3500～前3100年为涅伽达文化Ⅱ(亦称"格尔塞文化")时期，是埃及进入阶级社会和文明的时代。这一时期的生产力已有明显的进步，在生产技术上发明了冶金术，出现了刀、匕首、斧、锛、钻等冶炼铸造的铜制工具和武器。居民在尼罗河谷地挖渠筑坝，改进耕作，发展农业生产，从涅伽达文化Ⅱ的陶器上经常可看到河上行船和水渠纵横、阡陌连绵的图画，这说明当时人们已很重视尼罗河在交通和农业生产中的作用。此时，商业贸易不仅在国内进行，而且与巴勒斯坦、叙利亚地区也有往来。墓葬的规模和殉葬物品有了明显的差别，有些物品还标以私有印记。在希拉康波里发现的属于公元前4000年代后期的考古文物——蝎王权标头，上刻有头戴象征王权的白冠的蝎王，其身后有侍者为其执扇，还刻有从事劳动的奴隶和以田凫为代表的平民。这幅画深刻地反映了当时埃及贵族与平民、奴隶主与奴隶之间的阶级对立。同时，从野蛮到文明的一个显著标志——文字也已出现。这一切都说明氏族制度已经走到了尽头，而国家已经不知不觉地出现。

公元前3500年左右，埃及在部落联盟的基础上形成了许多早期国家，称为“斯帕特”，希腊人称为“诺姆”，中文多译为“州”。

第三节　苏美尔文明

苏美尔位于两河流域(指亚洲西南部的幼发拉底河与底格里斯河一带)的南部，是两河流域最早进入文明的地区。苏美尔人是古代两河流域文明的先驱，也是苏美尔文明的创造者。

公元前5000年代后期，苏美尔人进入了铜石并用时代。从这时起至公元前3000年代初期，是苏美尔氏族制度解体、国家形成的时期。史学家根据考古材料将这一过程分为三个文化期：埃利都·欧贝特文化期(前4300～前3500年)、乌鲁克文化期(前3500～前3100年)和捷姆迭特·那色文化期(前3100～前2800年)。

埃利都·欧贝特文化时期，生产力有了一定发展，苏美尔人开始使用铜器工具，初步开发了两河流域南部最肥沃的土地。苏美尔人主要从事农业，种植小麦、大麦、亚麻，驯养牛羊，运用灌溉技术，并和周围地区进行铜、石材、木材的贸易。苏美尔人还建造了原始的城市和神庙。由考古发现可见，这一时期居民的住房基本上分为两类，即泥砖建造或芦苇建造，说明阶级分化已经开始。在埃利都发掘出土的陶制男像，右手执一棍棒，上附泥丸，表明父家长(或军事首领)的权势已经出现。这些都说明苏美尔人已进入国家产生前夕的军事民主制阶段。

乌鲁克文化时期，生产力有了新的发展，苏美尔文明的曙光更显灼亮。各类金属制品已见流行，主要有矛头、枪尖等铜制武器和金银用具。轮制陶器也开始大量生产。锄耕农业开始向犁耕农业过渡。城镇的发展较前一时期更为明显，围绕乌鲁克已形成中心市镇、小镇、农村错落有致的格局。除了本地人口的自然增长外，周围游牧部族也纷纷迁入定居，使苏美尔地区的人口不断增加。乌鲁克文化还产生了奠定苏美尔文明传统的三项成就，即塔庙式的神庙建筑、圆柱形印章和文字的发明。神庙作为城市建筑的中心，规模宏大，装修华丽。最大的塔庙建筑面积达 2400 平方米。圆柱形印章用以表明物主的标记压印于瓶罐、箱柜、门窗的封泥上，是私有制发展的标志。2000 多个象形文字符号成为后来出现的楔形文字的雏形。在乌鲁克出土的一个石膏瓶上有裸体者向穿袍的祭司、氏族贵族奉献供品的浮雕，反映了当时社会已开始分裂为剥削者和被剥削者的事实。神庙建筑、圆柱形印章、象形文字以及阶级对立的情景都说明这时的苏美尔人已进入阶级社会。

捷姆迭特·那色文化时期，农业、畜牧业和手工业均有所发展。农作物有大麦、小麦、豆类等，收获量显著增加，半年收成可达种子的若干倍。畜牧业方面，已驯养了山羊、绵羊、驴、牛等，人们已知道用驴驮载物品，增强运输能力。手工业方面，纺织、冶金（金银铜）和轮制陶器尤为发达，并能制造车船等运输工具。商业交换已经发生，商人已经出现，已应用十进位与六十进位的计算制度，与埃及、埃兰、叙利亚、巴勒斯坦等地有着频繁的商业贸易。从出土的经济报表看，这个时期奴隶制已经出现，女奴称“吉姆”，意为“从山地来的女人”，男奴称“乌鲁”，意为“劫掠来的人”，说明奴隶来源于战俘或是购买来的外族人。农村公社日趋瓦解，贫富分化愈发明显。富人称为“大人”，一般公社成员称为“小人”。随着阶级的出现和阶级矛盾的加剧，公元前 3000 年前后，苏美尔人在两河流域的南部建立了数十个城市国家。

第四节 哈拉巴文明

印度河位于南亚次大陆的北部,印度河流域是次大陆的中心区域,是历史上最早的人类文明发祥地之一。哈拉巴文明的主要遗址均发现于此。

哈拉巴文明是20世纪20年代初被发现的。考古学家经数十年的发掘,在这里陆续发现了上千处城市和村落的遗址,其中以摩亨佐·达罗(在今巴基斯坦信德省境内)和哈拉巴(在今巴基斯坦旁遮普省境内)两座城市遗址最大,保存得也最完整。因哈拉巴遗址先被发现,学者们便把印度河流域的古代文明称为"哈拉巴文明"。哈拉巴文明的范围很广,南北宽约1100公里,东西长约1550公里,即东起德里附近,西达伊朗边境,北抵西姆拉丘陵南麓,南至坎贝湾东岸。文明的年代,一般认为其中心地区为公元前2500～前1750年,其边缘地区最晚延续到公元前1000年。① 哈拉巴文明的创造者一般认为是达罗毗荼人,另外可能还有其他土著居民。

哈拉巴文明属青铜文明。人们已经能够制造铜与青铜的工具和武器,如斧、镰、锯、小刀、钓鱼钩、匕首、箭头、矛头等,同时,还知道熔解金属矿石。当时的金银工艺品品种虽然不多,但金属的冶炼、锻铸和焊接技术却有较高水平。由于铜尚属稀少之物,这一时期的工具除金属工具外,还不能排除石制工具。

哈拉巴文明是一种城市文明,但其基础建立在农业之上。居民的主要生产活动是农业。发现的粮食作物有大麦、小麦,也可能有水稻。经济作物有棉花、胡麻。另外还有蔬菜、豆类、瓜果、椰枣等园艺作物。在畜牧业方面,已驯养的禽畜有水牛、黄牛、山羊、绵羊、象、狗、鸡、骆驼等,这些驯养的动物,既是耕耘、运输的工具,又是人们肉食的来源,羊毛还

---

① 关于哈拉巴文明的时代,学术界说法不一。最初主持发掘这一文明的约翰·马歇尔认为是公元前3250～前2750年;M. 惠勒认为是公元前2500～前1500年;而阿格拉瓦尔据放射性碳素测定则认为是公元前2300～前1750年。

可作纺织原料。手工业方面，有粮食加工、棉毛纺织、制陶、冶金和珠宝制造等。上述行业的发展，促进了商业贸易的繁荣，不仅境内贸易发达，与西亚也有贸易联系，并已有二进法和十进法等相当统一的度量衡制度。经济的发展促进了城市的形成，据估算，哈拉巴和摩亨佐·达罗两座城市的人口均在3.5万人左右。供养这样多的人口，主要依靠农业。

哈拉巴文明有一定的城市建筑规划。哈拉巴和摩亨佐·达罗两城相距约644公里，但其城市建筑极为相似。它们的周长均在4.8公里以上，都分为卫城和下城两部分，并且卫城的面积大小也都相近，南北长365～457米，东西宽183～213米。哈拉巴的卫城围以高达15米、基底厚达12.2米的砖墙，这里可能是统治者的居住区；下城则为普通居民区。摩亨佐·达罗的建筑和规模较哈拉巴更为壮观。卫城的四周设有防御的塔楼，中心是一个大浴池(浴池长11.89米，宽7米，深2.44米)。浴池的西面有一座规模宏大的粮仓；南面有一组建筑群，其中心是会议厅；东北面有另一组建筑群，其中有一个很大的长厅(70米×24米)。下城是居民区，街道整齐，布局合理，有宽达10米的大街，也有狭窄的小巷，街道下面设有砖砌的下水道。建筑体系如此完善，这在古代是罕见的。街道两边的房屋主要用烧砖砌成。房屋的大小、高低和设备都有很大差别，其中有很阔气的楼房，也有非常简陋的茅舍，表明当时的阶级分化和对立已十分明显。这两座城市，一个在印度河上游，一个在印度河下游，显然是两个互不相属的国家的都城。

哈拉巴文明已有自己的文字，它们主要留存于各种石、陶、象牙制的印章上，有些器物上也留有简短的铭文。迄今所知，哈拉巴文明的字符约500个，但尚未释读成功，一般认为属于达罗毗荼语族。

综上所述，哈拉巴文明已迈入国家的门槛，哈拉巴、摩亨佐·达罗等大城市都是早期国家的统治中心。

大约从公元前1750年起，哈拉巴文明开始走向衰落。衰落的原因目前说法不一，主要有以下几种观点：(1)雅利安人入侵。因为印度河流域一些城市遭到严重破坏，尤其是摩亨佐·达罗被彻底摧毁，许多街巷、房屋留下了不少被杀戮的男女老幼的遗骨。多数学者认为此入侵者就是吠陀时代的雅利安人。(2)自然灾害。如河床的改道、地震、洪水、沙漠的侵害等。(3)自身的衰落。这是城市之间彼此争斗或人民起义的结果。(4)自然因素与人为因素互相影响,造成该文明的衰亡。

第五节　爱琴文明

爱琴文明是指爱琴海地区的青铜文明,因以克里特文明和迈锡尼文明为代表,所以又称为"克里特—迈锡尼文明"。爱琴文明是古希腊乃至欧洲文明史的肇端。19 世纪末 20 世纪初,德国考古学家谢里曼和英国考古学家伊文思的考古发掘,使爱琴文明重见天日。爱琴文明存在的时间,一般认为是公元前 2000～前 1100 年。

克里特文明是指地中海东部克里特岛的古代克里特人(主要为米诺斯人)创造的文明。根据考古资料,早在公元前 3000 年代以前,克里特岛就出现了新石器文化;公元前 3000 年代中期进入金石并用时代,原始社会逐渐解体;到公元前 2000 年左右,克里特岛进入青铜时代,出现了早期国家。考古学家根据克里特岛诸王宫建筑的特点并结合物质文化状况,把克里特文明分为早王宫时代和后王宫时代两个阶段。

早王宫时代(约前 2000～前 1700 年),国家开始兴起。岛屿中部的米诺斯、法埃斯特、马里亚等地出现了王宫建筑,宫殿都用石料砌成,有宽广的大厅、宫室、作坊、仓库等。青铜器已相当发达,手工业和农业也已分离。考古发掘所得青铜双面斧、短剑、长剑、矛头以及金质和银质碗等工艺品都很精美。文字也已出现,并已由图画文字发展为象形文字。后来克里特岛的许多王宫和城市被毁,原因不明,有的学者推测为地震,还有的学者推测为外来者洗劫。

后王宫时代(约前 1700～前 1400 年)是克里特文明的繁荣阶段。原被毁的王宫得以重建,而且较前更加宏伟。农业、手工业和海外贸易都很发达。农业上使用犁耕,农作物有大麦、小麦和大豆等;园艺作物有葡萄、橄榄等;手工业方面能够制造一种高头低舷的远航大船。克里特岛同爱琴海诸岛、希腊半岛、小亚细亚、腓尼基、埃及以及西部地中海地区，都有密切的贸易往来。海外贸易已成为克里特岛的经济命脉。另外，此时还出现了书写古代克里特语的音节文字，在考古学上称为“线形文字甲种”（或称“线文 A”），但至今尚未释读成功。

后王宫时代，克里特岛上的国家较前大为增加，荷马史诗中称此时的克里特岛有“百城”。“百城”之中米诺斯的势力最为强大，称霸克里特岛，并控制了爱琴海中的一些岛屿和阿提卡、特洛伊等地，征收贡赋，掠夺奴隶。已被完整发掘出来的米诺斯王宫，占地两公顷，大都是三层建筑，配有供水、排水设备；宫中设有“宝殿”、寝宫、神坛、作坊、武库、粮仓、地窖、牢房等，结构复杂，千门百户，曲折通达，古代希腊神话称为“迷宫”。

公元前 1450 年前后，米诺斯王宫为来自希腊半岛的迈锡尼人占领。约半个世纪后，米诺斯王宫及克里特岛其他各地王宫突然遭到破坏。破坏的原因，一说为希腊人入侵，一说为火山爆发。克里特文明从此迅速衰落，爱琴文明转入以迈锡尼文明为主的阶段。

迈锡尼文明（约前 1500～前 1100 年）是指以迈锡尼为代表的南希腊的迈锡尼、梯林斯、皮洛斯等地的早期文明，其创造者是希腊人的一支——阿卡亚人。他们于公元前 2000 年左右从巴尔干半岛北部侵入中希腊和南希腊。此时他们处于氏族社会解体时期。从当时的竖井式坟墓可以看出，随葬品是不同的。到公元前 1500 年左右，规模宏大的圆顶墓代替了竖井墓，同时迈锡尼、梯林斯、皮洛斯等地出现了宫殿和城堡。因此，圆顶墓的出现被认为是迈锡尼等地早期国家产生和迈锡尼文明开始的标志。

迈锡尼文明时期，生产力发展迅速，金属冶炼和手工业品的制造达到并且超过了克里特文明时期的技术水平。迈锡尼国家的统治阶级包括国王、将军、贵族（“特勒泰”）、官吏、祭司；政治机构有贵族会议和民众大会；社会基层组织是农村公社，由长老领导。土地基本上分为私有和公社所有两类。奴隶多属国王所有，但也有私人奴隶，他们从事手工业等生产性或非生产性劳动。

迈锡尼文明时期的文字在考古学上称为“线形文字乙种”（或称“线文 B”），已在 20 世纪 50 年代由英国学者文特里斯和柴德威克释读成功。迈锡尼文明时期的建筑艺术有了很大发展。梯林斯城墙厚达

20米，十分坚固。迈锡尼也有高大的城墙和塔楼，其石头城门——“狮子门”以宏伟坚固著称，至今残迹犹存。

公元前12世纪初，为掠夺土地、财产和奴隶，迈锡尼率南希腊诸多城邦攻打小亚细亚西北部的特洛伊城（今土耳其的希沙立克）。迈锡尼等虽然获胜，但为时十年的战争也使它们的力量大为削弱，从而失去了防御能力。约公元前12世纪中期，希腊人的另一支——多利亚人从希腊半岛北部乘机南下，迈锡尼诸国灭亡，迈锡尼文明随之消亡。

第六节　意大利半岛文明

意大利半岛北依阿尔卑斯山，南临爱奥尼亚海，东濒亚得里亚海，西接第勒尼安海，是伸入地中海的一个靴形半岛，因亚平宁山脉纵贯其中，又称“亚平宁半岛”。意大利半岛是古代罗马的发祥地和政治、经济、文化中心。半岛文明是指公元前5000年代至公元前6世纪意大利半岛居民创造的由史前时代向阶级社会过渡时期的文明。

意大利半岛远自旧石器时代就有人类居住。人们栖于洞穴，使用石斧、石刀等粗陋的石器工具。大约从公元前5000年代开始，意大利的远古居民过渡到新石器时代，已经能够建筑房屋、制造陶器，开始驯养家畜，以渔猎为主要生活来源。公元前2000年代初期，意大利人的祖先（属于印欧语系的部落）从北方越过阿尔卑斯山进入意大利半岛北部，创造了青铜文化，以特拉马尔文化为代表。“特拉马尔”意大利语意为“沃土”，指居民住宅废墟上的肥沃土地。当时居民在打入水中的木桩上建造房舍。除石器外，已经开始使用镰、凿、斧、矛头等青铜器，从事畜牧和农耕、织布、制陶等。从公元前1000年代末起，意大利半岛进入铁器时代，出现了著名的微兰诺瓦文化（出土于波河流域波罗那附近的微兰诺瓦）。这时，农业和畜牧业较前均有所发展，财富有所增加并出现了原始的交换，出现了设防（有围墙）城寨，农业为主要生活来源。农村公社之外还有制造劳动工具、作战武器以及青铜器物的专营铁工的公社，这些都表明原始社会已接近尾声。

大约在公元前 8 世纪，伊达拉里亚人进入意大利半岛，[①]建立了若干小国。伊达拉里亚文化自具特色，但亦深受希腊文化的影响，水平高于一般的意大利文化。他们建立的城市都有坚固的石造城墙和井然有序的街市，沿海设有良港，内陆修有灌溉工程，农业为重要的经济部门，制陶和冶金技术也比较发达，雕刻、绘画颇为精美，生产和生活中已使用奴隶。全盛时期其势力范围北达波河流域，南至坎帕尼亚，王政时代后期的罗马便处在他们的统治之下。他们的海外活动十分广泛，足迹遍布伊奥尼亚诸岛、西部地中海诸岛、西班牙沿岸和直布罗陀海峡。

公元前 8～前 6 世纪，爱琴海地区的希腊人来到南意大利和西西里岛进行殖民，并建立了许多殖民城市。希腊人的殖民，不但将希腊的社会政治制度带到了意大利，而且将希腊的工艺、建筑以及精神文化传播到这一地区，促进并丰富了意大利半岛文明。

除伊达拉里亚人、希腊人之外，居住在意大利半岛上的还有翁布里人、马尔西人、拉丁人、萨莫奈人、沃尔西人以及波河流域的凯尔特人，他们都在不同程度上创造并丰富了意大利半岛文明。

【延伸阅读】

1. 金寿福：《古埃及文明的起源及其特征》，《历史研究》2023 年第 1 期。

2. 李晓东：《埃及史前史与原史研究中的材料与问题》，《东北师大学报》（哲学社会科学版）2012 年第 2 期。

3. 李永斌：《迈锡尼时期希腊与埃及的物质文明交流》，《首都师范大学学报》（社会科学版）2023 年第 1 期。

4. 刘健：《苏美尔文明基本特征探析》，《外国问题研究》2016 年第 2 期。

5. 刘文鹏：《古代埃及史》，商务印书馆 2000 年版。

6. 刘欣茹：《以总体的观念来探讨早期的复杂社会》，《世界历史》2008 年第 1 期；《从雅利安人到欧亚游牧民族：探索印欧语系的起源》，《历史研

① 关于伊达拉里亚人的来源，说法不一，有“东来说”“北来说”“土著说”等，其进入意大利的时间也有不同的说法。

究》2011 年第 6 期。

7. 王海利:《埃及通史》,上海社会科学院出版社 2014 年版。

8. 王以欣:《迈锡尼时代——希腊英雄神话和史诗的摇篮》,《世界历史》1999 年第 3 期;《迈锡尼时代的王权:起源和发展》,《世界历史》2005 年第 1 期。

9. 吴宇虹等:《泥板上不朽的苏美尔》,北京大学出版社 2013 年版;吴宇虹:《古代两河流域的历史与社会》,贵州大学出版社 2022 年版。

10. 晏绍祥:《迈锡尼国家的起源及特征》,《华中师范大学学报》(人文社会科学版)2006 年第 6 期;《克里特国家的起源及特征》,《史学集刊》2021 年第 3 期;《世界文明的摇篮:古代两河流域和埃及文明》,《历史教学》2022 年第 3 期。

11. 杨建华:《两河流域:从农业村落走向城邦国家》,科学出版社 2014 年版。

12. 叶民等:《伊达拉里亚人起源考》,《世界历史》2001 年第 5 期;叶民:《伊达拉里亚人统治罗马考》,《南开学报》2004 年第 4 期。

13. 于殿利、周启迪:《世界最早两大文明:古代两河流域和古代埃及》,北京师范大学出版社 2023 年版。

14. [苏]阿甫基耶夫著,王以铸译:《古代东方史》,上海书店出版社 2011 年版。

15. [英]斯蒂芬妮・达利著,左连凯译:《美索不达米亚的遗产》,广西师范大学出版社 2022 年版。

16. [英]乔治・罗林森著,王炎强译:《古代埃及史》,商务印书馆 2022 年版。

17. [印]R・塔帕尔著,林太译:《印度古代文明》,浙江人民出版社 1990 年版。

18. [英]露西・希普利著,戚悦译:《鸵鸟蛋、黑陶与铜肝:神秘的伊特鲁里亚人》,中国社会科学出版社 2021 年版。

【思考与讨论】

1. 怎样认识文明产生的标志？
2. 文明与文化有差别吗？并说明其原因。
3. 哈拉巴文化反映了怎样的社会状况？
4. 具体说明各文明的性质。
5. 结合各文明实际，说明文字的起源。

第三章　上古区域性国家(上)

本章和下章讲述的是继尼罗河文明、苏美尔文明、哈拉巴文明、爱琴文明和意大利半岛文明之后的亚、非、欧各上古区域性国家的发展史。早期国家均是在氏族部落的基础上形成的，规模较小，即使在相互兼并和征服中走向统一，也是在有限的区域和范围内行使行政权，其版图与此后形成的洲际大帝国不可同日而语。各区域性国家之间交往有限，基本上各自孤立发展。

埃及自古王国(约前2686～前2181年)开始便进入了统一的中央集权君主专制时期。但是在古王国末至中王国建立前的“第一中间期”(约前2181～前2040年)，国家统一和中央集权的君主专制已不复存在，陷入分裂混乱状态。中王国时期(约前2040～前1786年)，埃及虽重新实现统一，但中央集权的君主专制相对较弱。不久，埃及再度陷入长达200余年的分裂时期，即“第二中间期”(约前1786～前1570年)。在此“乱世”期间，埃及遭到原居住在叙利亚和巴勒斯坦的游牧部族喜克索斯人的入侵及其一百多年的统治。驱走喜克索斯人后，埃及进入新王国时期(约前1570～前1085年)。随着不断向外扩张，到公元前15世纪初，埃及建立了区域性军事帝国。从此，古埃及历史进入最强盛的时期。中央集权的君主专制进一步强化。大约公元前13世纪后，新王国因海上民族侵扰和奴隶起义的打击而逐渐衰落。后期埃及时期(前1085～前332年)，埃及国势衰微，不断遭受外族入侵和统治。公元前525年的波斯征服把这一时期分成前后两个阶段。公元前332年，亚历山大征服埃及,埃及历史进入马其顿—希腊统治时期。

两河流域南部继苏美尔初始文明之后进入早王朝时期(约前2800～前2371年)。至该王朝末年,苏美尔地区原来小国寡民的城邦开始向统一王国过渡。公元前24～前21世纪末,两河流域南部先后形成了两个统一的区域性国家,即阿卡德王国(约前2371～前2191年)和乌尔第三王朝(约前2113～前2006年)。到公元前18世纪前期,整个两河流域被古巴比伦王国(约前1894～前1595年)所统一。后来,两河流域北部的亚述经过时断时续的发展,到公元前8～前7世纪建立了一个地跨西亚、北非的区域性帝国。亚述帝国后来被米底和新巴比伦王国消灭。但这两个王国骤兴骤衰,先后于公元前550年和公元前539年被波斯帝国吞并。

小亚细亚古国赫梯(约前19～前8世纪)曾灭古巴比伦王国,后又把势力扩张到叙利亚和巴勒斯坦。但是在海上民族的入侵和中期亚述的打击下而四分五裂,最终被亚述帝国所灭。

地中海东岸北部的腓尼基曾出现过不少独立的、经济和文化发展程度很高的城邦。但这些小国家始终未能形成一个统一的大国,时常遭受周围诸强国的入侵和控制,至公元前6世纪终被波斯帝国所吞并。与腓尼基历史命运相似的地中海东南岸的巴勒斯坦,虽然其境内出现过统一的希伯来王国(约前1030～前930年),但不久分裂为南、北两个王国。北方的以色列王国于公元前722年被亚述帝国灭亡,南方的犹太王国于公元前586年为新巴比伦王国所灭。以色列犹太人创立了一个具有共同信仰的民族宗教——犹太教。

继哈拉巴文明后,古代印度进入吠陀时代(约前1500～前600年)。早期吠陀时代,侵入印度北部的雅利安人处于原始社会解体时期。至后期吠陀时代,才有少数先进的雅利安部落跨入文明和国家的门槛。同时,按家庭出身和职业区分社会地位的等级制度——种姓制度以及维护高级种姓利益的宗教——婆罗门教也随之形成。列国时代(前6～前4世纪)北印度的部落普遍发展为国家,出现了所谓“十六国”。这些各自为政的小国大多数是王国,只有少数是共和国。在列国争霸中日益强大的摩揭陀国先后吞并其他小国,到公元前4世纪末难陀王朝基本上统一了北印度。列国时代还是印度意识形态领域内百家争鸣的时代，出现过激进的唯物主义哲学派——顺世论派和影响深远的宗教——耆那教和佛教。列国时代结束后，以摩揭陀为中心的北印度进入孔雀王朝时期(前324～前187年)，到该王朝第三代君主阿育王统治时期，整个印度(除半岛南端外)完成统一并臻于强盛。孔雀王朝灭亡后，印度不断遭外族入侵，公元1～2世纪，大部分地区被纳入大月氏人建立的纵贯中亚和南亚的区域性帝国——贵霜帝国的版图。但贵霜帝国旋起旋落，3世纪即分裂为若干小国，5世纪时哌哒人灭其残余势力。尽管如此，该区域性帝国的建立，打破了南亚通向中国的屏障，佛教开始东传中国，以后又通过中国传播到朝鲜半岛、日本，最终发展为东亚地区最主要的宗教。

关于古代亚非各区域性国家的社会性质，国内外学者意见不一。但是，比较明显的事实是，这些国家大多属于非奴隶制类型，奴隶占人口比例很低，且主要从事非生产性劳动，占人口绝大多数的农民是社会生产的基础。在政治体制上，这些国家多属王国，共和制类型的国家较少。

第一节　埃及的君主专制与社会经济发展

继前王朝(约前4500～前3100年)之后，埃及历史进入早王朝(约前3100～前2686年)时期。据曼涅托(生活于前4～前3世纪的埃及祭司)的《埃及史》记载，古埃及国王美尼斯在上埃及创建了第一王朝，此后埃及经历了31个王朝。有的学者认为考古材料中的纳尔迈就是美尼斯，他在南方建立国家，后征服北方三角洲地区，建立起统一的埃及国家，定都孟斐斯。在希拉康波里发现的纳尔迈调色板和蝎王权标头反映了纳尔迈国王进行征服战争的情况。这些资料表明埃及的统一和君主专制的建立是逐步完成的。到早王朝时期，开始设立国家机构，并确立了王位世袭制，王权神化也明显加强，国王占有大量土地和财富。至古王国时期确立了君主专制制度。

“法老”一词最早出现于古王国时期，原意为“宫殿”，中王国时期使用于对国王的颂词中，新王国时期正式成为国王的尊称。史学界根据君主专制王权开始于古王国的史实而把古王国及以后的埃及国王都称为法老。所谓君主专制，乃是国家管理的一种政体形式。古埃及的君主专制制度是上古世界各国同类政体中最为典型的，具有非常鲜明的特征。

第一，法老的意志就是法律。法老不仅是立法者，也是最高法官。法老的敕令和口谕就是法律。法老的敕令首先写在纸草上，然后刻在石板上。留传至今的最早的立法文献是第五王朝《涅菲利勒卡拉王的阿拜多斯敕令》。在这篇文献中，法老涅菲利勒卡拉说："我不允许任何人有权在行政区(即州)内为了徭役或其他事将先知带走……不允许带走神田上的任何仆役。"这里法老的敕令不仅保护神庙人员的财产不受侵犯，而且特别强调地方长官须严格遵守而绝不能违抗。另外，诉讼案件须由法老任命的法官来审理，死亡的判决也只有法老本人才有权批准。所以，法老掌握着对全体臣民的生杀大权。

第二，法老独揽了全国的一切行政大权。他有权任命中央及地方官员。关于委任和提拔大臣的命令，在《大臣乌尼传》和《胡塞拜克铭文》等材料中可以见到。在法老面前，文武百官必须匍地敬拜，且以亲吻法老的鞋为荣。据说有位地方官有一次因能和法老说话而激动得昏了过去。法老之下设宰相(现代埃及学家借用阿拉伯语称为"维西尔")，辅佐法老统摄军事、财政、司法、祭祀等中央部门。维西尔每天都要向法老报告国家公务要事，有时也代替法老到地方视察。地方州长往往由法老的儿子或王室成员担任，中王国以后才逐渐由一些地方贵族担任。州长主要是执行法老的政令，管理地方行政，统率地方军队，维持地方治安，负责税收、管理水利和神庙事务。法老可以随意调动或撤换官员，也经常坐轿或乘船外出巡察。《帕勒摩石碑》上记载法老"巡视城墙"一事，后逐渐演变成新法老继位时的一种礼仪习俗。

第三，在法理上，法老拥有全国土地的最高所有权。但实际上，法老无法直接经营数量巨大的地产，土地通常由国家、国王、神庙、官僚贵族和农村公社分别占有。为体现对土地的最高所有权，法老极为重视每两年一次的全国土地大清查，并以此为据来征收赋税。法老还经常把部分土地奖励给他的大臣或捐给神庙。据《帕勒摩石碑》残片记载，第五王朝的法老一次捐给神庙1700斯塔特[1]的土地。这种土地可能属于私有地。法老还亲自处理土地的定期分配和土地的税收工作。

第四,法老是军队的最高统帅。军队是法老对内镇压和统治人民、对外进行扩张的工具。古王国时代,如遇战事,由地方长官负责招募士兵并组建军队,由法老统率或调遣。中王国时期,法老已开始有一支组织良好的常备军。新王国时期,军队在装备和组织方面进一步加强。埃及人已经从喜克索斯人[2]那里学会了使用马和战车。同时,战略战术也不断发展。新王国初期的法老都是穷兵黩武的征服者,其中最有名的是图特摩斯三世(前1479～前1425年),在其统治时期,王国版图达到最大。他先后出兵叙利亚、巴勒斯坦达17次之多,最远到幼发拉底河两岸,还出征努比亚、利比亚。图特摩斯三世的军事扩张,使埃及帝国的版图达到空前规模,北至叙利亚的卡赫美什,南至尼罗河第四瀑布。图特摩斯三世被后人称为埃及的"第一个伟大的征服者和古埃及的拿破仑"。第十九王朝的国王们继续推行对外扩张政策,与南侵的赫梯人为争夺叙利亚进行了多年的战争。拉美西斯二世(前1279～前1213年)曾与赫梯人大战于奥伦特河畔的卡迭什。卡迭什战役断断续续进行了16年之久,双方损失惨重,最后签订了《赫梯国王哈吐什尔和埃及法老拉美西斯二世的和平条约》。这个条约是现存最早的一部国际条约,是用牺牲弱小的叙利亚、巴勒斯坦地区人民的利益来换取两大强权之间"和平"的条约。条约规定了互不侵犯和军事互助义务,商定了双方互不接纳和引渡对方的"亡命者",瓜分了叙利亚的领土。不久,新王国受到"海上民族"入侵的沉重打击,从此一蹶不振。

在专制政权的统治下,古埃及社会的阶级关系虽然比较复杂,但大体上可做如下划分:首先是以法老为首的由官僚贵族和祭司贵族构成的统治阶级。其次是中等自由民阶层,包括中小奴隶主、中下层祭司、小职员、书吏、小手工业者和公社成员。中王国时期出现了一个中小奴隶主

① 1斯塔特约合2735平方米,即4亩多。

② 喜克索斯人是来自西亚的塞姆人。大约从公元前1720年起统治尼罗河三角洲和下埃及一带达一个世纪之久,他们给埃及带来了西亚先进的生产工具和武器装备。但他们的残暴统治激起了埃及人的反抗,雅赫摩斯一世领导埃及人将其驱逐出境。

阶层,称“涅杰斯”(原意为“小人”)。他们出身非贵族门第,是军队的主要兵源。随着对外扩张的不断胜利,他们中的一部分人从中分化出来,成为新兴军事贵族,构成了专制王权的重要支柱,被称为“豪强涅杰斯”。到新王国时期则兴起了与涅杰斯社会地位相近的涅木虎阶层。奴隶处于社会的最底层。奴隶的主要来源是战俘,也有买卖来的奴隶。中王国时出现债务奴隶。奴隶主要用于家内服务和公共工程等方面。主人可以随意继承、转让和赠送奴隶。新王国时期奴隶人数有所增加。奴隶地位低下,不时进行反抗。与此同时,自由民内部的分化和矛盾,祭司贵族集团同中央官僚贵族的斗争构成统治阶级内部斗争的一个重要方面。

王权同神庙势力结盟是埃及君主专制的显著特征之一。作为至高无上的君主,埃及法老特别借重宗教力量来强化专制统治。至古王国初期,鹰神荷鲁斯一直是王权的主要保护神。从古王国第五王朝开始,法老又被奉为“太阳神拉的子孙”。据说金字塔的建造就与对拉神的崇拜有关。为了得到神庙势力的支持,法老将大量土地和财物、奴隶赐赠给神庙。到新王国时期,随着军事帝国大规模的对外扩张,祭司集团迅速壮大,特别是阿蒙(新王国时期的国家主神)神庙祭司成为最富有的社会集团。他们常常干预政事,逐渐掌握了行政大权,甚至维西尔也常由他们担任。阿蒙神庙祭司势力的膨胀直接威胁着王权的巩固。法老阿蒙霍特普四世(前1352～前1336年)上台后,为了摆脱王权对阿蒙祭司集团的依赖,削弱和打击与王权抗衡的祭司集团的势力,着手进行改革。

改革之初,他恢复对拉神的崇拜,以对抗对阿蒙神的崇拜;封闭了阿蒙神庙的财产,驱逐其祭司。继而提出只准崇拜阿吞神,对阿吞神庙奉献田园、牲畜、作坊等。铲除建筑物上所有的“阿蒙”字样,他自己也改名为“埃赫那吞”(意为“阿吞的光辉”)。同时,将首都从底比斯迁到阿玛尔那,以彻底摆脱阿蒙祭司的控制和影响。另外,他还提拔中小贵族甚至平民担任官吏;提倡文艺创作要用现实主义的手法真实表现、描写世界,反对僵死的传统模式。埃赫那吞用新的一神教代替传统的多神教,是为了树立君主专制的绝对权威。但是,由于没有得到广大人民群众的支持,加上阿蒙神庙祭司的极力反对,这次改革以失败告终。他死后,继位者图坦哈蒙放弃了改革,恢复了一切旧制度。从第二十一王朝起,法老的中央集权专制统治衰落下去，地方割据势力加强，政局动荡不安，外族不断入侵。

涅伽达文化Ⅱ期，埃及出现了最早的国家——诺姆，并出现了象形文字；还发明了冶金术，出现了用铜铸造的刀、斧、锛、钻等工具和匕首、枪矛等武器，且有了金银器的加工，说明生产力的发展已进入铜石并用时代。从涅伽达文化Ⅱ期陶器上的图画可以看到，当时人们对尼罗河流域的开发已取得很大成绩：农作物主要有小麦和大麦；牧业以饲养绵羊为主；已有经常性的国内外贸易；出现了用草席、土砖建造的神庙和坟墓；从一些坟墓壁画可以看到捕鱼和狩猎的情况，说明渔猎在当时的生产生活中还占有重要地位。

早王朝时期，上、下埃及各诺姆之间不断争战。社会经济的发展，特别是灌溉农业的发展，要求建立统一的水利系统，日益扩大的交换活动要求保障各地区之间的贸易活动顺利进行。经过 400 年之久的争霸战争，到第二王朝国王哈谢海姆威统治时期，上、下埃及重新统一。

由于国家统一，社会稳定，埃及古王国的经济获得了很大发展。其生产力水平已处在较为发达的铜器时代，但还没有完全排斥石器的使用。农具仍以燧石镶口的镰、锄和木犁为主。大约在公元前 2900 年，埃及人就知道在铜里掺一定量的锡，可以铸成比较坚硬的青铜器，但青铜器这时还没有得到广泛使用。农业生产的情况可以从一些墓穴的壁画窥见一斑：每年汛期过后开始平整土地，趁土地松软撒上种子，赶来成群的猪、羊将种子踩入田中。灌溉系统已比较发达，逢旱浇田需人力提水，据估计，每公顷土地每天需水约 3000 桶。农作物主要有小麦、大麦、黍、粟、亚麻等，园艺作物主要是葡萄。小麦面包和葡萄酒是埃及人的主食。畜牧业较前也有很大发展，如第五王朝的萨布在自己的墓铭中说他拥有 406 头公牛和乳牛、1237 头牡牛，小牲畜在 10000 头以上。可见畜牧业在整个经济中占有很大的比重。牛肉、羊肉、猪肉、鹅、鸽子是埃及人的主要肉食。

手工业有了较细密的分工。陶器的形式多种多样，而且已采用彩釉绘画，麻布的纺织技术已相当高，造船业也比较先进。例如，第三王朝的法老斯尼弗鲁的御船长达 52.3 米，全部用黎巴嫩杉木制成，首尾高昂，船中建有舱房，接榫亦极完善。古王国时期埃及人已能建造适合航海的船只，海外贸易的范围南可达东非一带，东可至阿拉伯海及波斯湾，北则到地中海东部沿岸各地，与黎巴嫩、叙利亚、小亚细亚、塞浦路斯和希腊的克里特岛等地有频繁的商业贸易往来。但应该注意的是，埃及人这时还没有使用钱币，商业活动仍然是“以物易物”。他们主要输出工艺品，输入品有黎巴嫩的木材、塞浦路斯的铜、努比亚的黄金、阿拉伯的香料和东非的象牙。商业贸易也促进了古埃及人与周边各地区的文化交流。

公元前 2000 年前后，第十二王朝建都底比斯，重新统一了埃及，为社会经济特别是灌溉农业的发展提供了有利的条件。中王国时期古埃及在社会生产力的发展上取得了突破性的成就。第一，青铜器得到普遍使用。由于青铜器的熔点低，便于铸造，质地又坚硬，铸成的工具和武器更锐利耐磨，因而极大地提高了劳动生产率。第二，普遍使用桔槔(埃及人称为“沙杜夫”)汲水灌溉，既节省了大量劳动力，又缩短了灌溉时间，使可灌溉的面积进一步扩大。第三，在农业上使用装有横木把手的耕犁，可以将犁头压入土中，以利深耕，后又改进为装有梯形把手的犁，使耕地效率更为提高。第四，在纺织业上出现了平式织布机，能织出薄如中国丝绸的质量上好的亚麻布。第五，中王国时期出现了一个新兴的手工业部门，即玻璃制造业，这是埃及人对世界文明的一大贡献。

农业是古埃及经济的命脉。尼罗河流域的开发在这一时期主要集中在法雍地区。法雍位于孟斐斯西南 50 多公里处，原是尼罗河西岸沙漠谷地中的一块绿洲，后来因河水泛滥，该地区积水形成了湖泊沼泽。第十二王朝的六代国王都致力于此地的开发，调集大批民工、奴隶修堤开渠，排泄积水，修建水闸、水库，终于使沼泽变成良田，并发展成为一个重要的经济中心。

随着农业经济的发展，城市逐渐繁荣起来。法雍湖岸一带市镇相连，颇为昌盛。考古学家在卡呼恩发现了一座古城遗址，其街道笔直，建筑井然有序，有砖造的城墙。城区住宅多为中等类型，宅内有小院，住房一般是在院内沿两边或三边排列，通光透气，其间也有楼房，显然是中小贵族的住宅。

中王国时期埃及社会经济发展的另一个突出特点是贵族的私有经

济得到一定程度的发展，尤其是土地和奴隶的私人占有程度比古王国有较大发展。债务奴隶制亦有所发展，如布鲁克林纸草上记有33名埃及籍奴隶，这大概就是因欠债而沦为奴隶的。由于不断对外战争，战俘奴隶的数目不断增加，但奴隶仍主要应用于手工业、家内服务等领域。

新王国时期是古代埃及社会经济最为发达的时期。首先，生产工具得到改进。在青铜器广泛使用的同时，铁器也开始出现。冶炼金属已使用脚踏鼓风机给氧，用皮革制成风箱，效率大为提高；已出现立式织布机，织工可同时照管两枚悬式纺锭。农业生产中已使用直柄犁、梯形犁、长柄锤，尤其是多层桔槔连续提水，可把河水提到更高的地块，进一步扩大了耕地面积。轮作制也被用于农业生产。其次，手工业技术显著提高。可以锻制两米长的金属板，冶炼六合金的青铜。能用亚麻和羊毛织出精美的布料。能生产彩色玻璃器皿。陶器施釉新工艺已被发明。同时从喜克索斯人那里学会了制造马拉战车的技术，战车的制造工艺也比较高。

在农业、手工业发展的同时，土地私有制获得进一步发展，土地买卖现象更为普遍。另外，租佃制也发展起来，如第十八王朝的一份纸草租约提到租用女奴干活按日计费的事。奴隶买卖也成为经常性的交易，而且奴隶的价格都比较低，农民或小业主也有能力购买一两个奴隶。奴隶的来源除战俘奴隶外，债务奴隶比中王国时期有所增加。

新王国结束后的第二十三王朝至第三十一王朝，史称“后期埃及”。后期埃及的国力虽不如以前强盛，但社会经济却有较大的发展。铁器得到普遍使用，工农业生产兴旺，商业贸易繁荣，埃及的纺织品、陶器、金银工艺品行销地中海和西亚各地。据说第二十六王朝法老尼科（前610～前595）曾下令开凿红海和尼罗河之间的运河，但没能完成。他还雇腓尼基水手从地中海出发沿非洲沿西海岸航行，自红海返回。如果此事属实，则是人类第一次环绕非洲的航行。另外，奴隶制进一步发展，债务奴隶问题成为日益严重的社会问题。第二十四王朝的法老勃克霍里斯曾下令禁止债务奴隶制，但未取得成效。阶级矛盾和阶级斗争也日益激烈，整个社会处于动荡不安的状态。公元前332年，希腊人征服了埃及，埃及历史遂转入希腊统治时期。这一时期埃及的社会经济发展也取得很大成就,农业生产工具出现了用畜力牵动并拴有吊斗的扬水器,灌溉农业进一步发展;传统手工业仍然兴旺;对外贸易的范围进一步扩大到非洲北部、小亚沿岸和黑海沿岸等地,尤其是出现了铸造的金币、银币和铜币。亚历山大城成为当时著名的国际贸易和文化交流的中心。公元前 30 年,罗马人再次征服埃及。此后,奴隶制开始瓦解,庇护制流行,大土地所有制发展起来。

第二节 埃及文化

古代埃及文明是世界最古老的文明之一,它给我们留下了光辉灿烂的文化。自从 1822 年象形文字被解读之后,古老的埃及文化就以它独特的形式和风格展现在世人面前。首先,古埃及所处的地理环境使其文明较少受到外界的影响,因而它的文化传统三千年间一脉相承,极少有大的变化。其次,浓厚的宗教色彩成为古埃及文化的一大特色。无论是建筑、雕刻、绘画还是文学、科学等方面,无不具有“写真传神”的特点。

古埃及人大约在公元前 3500 年就发明了文字,称为“象形文字”(Hieroglyphs,意为“神圣的雕刻”)。但由于之后遭到希腊人、罗马人和阿拉伯人等相继入侵,古埃及语不再是人们交际的工具。这样,在整个中世纪和近代,象形文字成了一种无人认识的死文字。1799 年,拿破仑率军侵略埃及,他的士兵在尼罗河口的罗塞塔发现了一块石碑,这块石碑由古埃及象形文字的圣书体及世俗体、希腊文三种文字对照写成,以颂扬国王托勒密五世的丰功伟绩。法国青年学者商博良以罗塞塔碑铭文为基础,于 1822 年成功译解象形文字,研究古埃及历史文化“埃及学”自此诞生。1832 年商博良去世后,他的《古埃及语法》和《古埃及象形文字字典》先后于 1836 年和 1841 年出版。

象形文字的基本字约有 700 个。一个词要用音符、意符和部首三种字符组成。例如,“饥荒”一词的写法就是先用三个音符注其音,再用一个画着人似乎指其口的意符表示饥饿,最后还要画一个人的形象作为部首表明是指饥饿的人或饥荒。古埃及语中表音符有 24 个,实际上是 24

个辅音字母，这套音符后来传入腓尼基，成为腓尼基字母的一个重要来源。

随着文字的出现和使用，古埃及人又发明了书写工具。他们用植物的浆液制成墨水，用削尖了的芦苇管做笔，用尼罗河三角洲一带的特产芦草制成纸，这种芦草叫作“纸草”。中王国时期开始普遍使用纸草纸卷作为书写材料。如《哈里斯纸草文献》等给我们研究埃及历史提供了珍贵的资料。而用芦苇笔在纸草上书写的习惯也易于演变出一种简化的速写法，于是在称为“圣书体”的象形文字外，又发展出一种行书体，通称“世俗体”。行书体的出现，促进了文化的发展。

古代埃及的文学作品大都来自纸草文卷。虽然保存完好的文卷不多，但从中可以看到古代埃及文学作品的内容是丰富多彩的。

神话是最早的文学作品之一，由于受埃及人思想观念变化的影响，埃及神话呈现变异的趋势。最早以文字记载的文学形式是祈祷文和自传文。

古王国和中王国时期是埃及文学发展史的重要阶段。这一时期多为教谕文学作品，大都是些“预言”“箴言”“训诫”之类的文献，如《聂菲尔列胡预言》《对美利卡拉王的教谕》《伊浦味陈辞》等。这些作品具有实用性、启发性和娱乐性，旨在规定和引导人们的道德行为，以达到巩固秩序的目的。除教谕文学外，也有描写世俗生活的散文和诗歌。如《辛努哈特历险记》讲述大臣辛努哈特因受叛乱事件的牵连而逃出国外，后得到法老的宽容才回到故土的故事，作者刻画了辛努哈特的思乡之情和落叶归根的欢喜。《一个能说会道的农夫》叙述了一个农民向法老申诉的故事，农夫惨遭权势者的欺凌、劫掠，法老为其能言善辩而折服，下令归还其所失财物。作品一方面诉说了农民的悲惨境遇，另一方面也标榜法老能伸张正义，为其歌功颂德。

新王国时期，古埃及文学得到进一步发展，散文的故事情节更加离奇、曲折，艺术颇具特点，思想深刻，已具有现实主义的韵味。较著名的作品包括《注定厄运的王子》《乌努阿蒙旅行记》等。此外，还出现一些针对统治者和神的颂歌。

古代埃及在建筑方面取得了辉煌成就。金字塔不仅是埃及文化的重要成就,也是埃及文化臻于成熟的标志。金字塔、神庙、宫殿等雄伟的建筑物,历经数千年,至今仍闪烁着艺术的光彩。金字塔作为法老的陵墓,是由早王朝时期的马斯塔巴[①]形陵墓发展演变而来的,是王权神化思想的具体体现。古王国时期,金字塔的建造达到鼎盛。著名的胡夫大金字塔,高 143.5 米,是法国埃菲尔铁塔建成之前世界上最高的人工建筑,以至于瑞士作家埃里奇·冯·达尼肯在《众神之车》里说:"金字塔是外星人造访地球时留下的遗迹。"金字塔是世界古代七大奇观之一,它们是古代埃及人民智慧和创造力的结晶。此外,完成于拉美西斯二世时期的底比斯阿蒙神庙建筑群以及卢克索神庙、拉美西斯二世陵墓、阿玛尔纳宫殿等,也都气势浑厚、庄严宏伟。

古代埃及的雕塑和绘画,最大的特点是单调而少变化,用侧身正胸程式表现人物,充分体现了写真传"神"的特点。代表作品有《村长像》《涅菲尔提提王后像》《野猫图》《百鸟图》《三个音乐家》等,这些作品成为研究古埃及历史的珍贵资料。

古埃及人在天文历法、数学和医学等方面也取得了较高的成就。天文历法方面,古埃及人有两项重要的贡献:第一,他们在大约公元前 4241 年就制定了太阳历。他们根据尼罗河涨水与太阳、天狼星在地平线上升起同时发生的规律,把这种现象两次发生之间的时间定为一年。把一年分为三季,即泛滥季、播种季、收割季。每季 4 个月,每月 30 天。12 个月合计 360 天,另外 5 天作为节日,这样一年共 365 天。第二,古代埃及人把昼和夜各分成 12 个部分,每个部分为日出到日落或日落到日出时间的1/12。埃及人还发明了利用日影来测定时间的日晷。一架约 3500 年以前铸造的埃及日晷,是现存世界上最古老的计时工具。

算术方面,古埃及人创造了以十进位的算法,并掌握了加、减、乘、除的基本规律;已能计算等腰三角形、长方形、梯形、圆的面积。他们推算出圆周率为 3.1605。

埃及的医学虽然受到宗教迷信的影响,但仍达到了较高的水平。考古发现不少医学文献,如《埃培尔斯纸草》记述了包括内科、眼科、外科诸

---

① 马斯塔巴,阿拉伯语,意为"条凳"。

方面的病症和治疗方法。制造木乃伊的重要性使古埃及人在人体解剖学、生理学和病理学方面具有比较丰富的知识,他们知道从心脏、血液循环方面诊病,还利用动物、植物、矿物等的有关成分来研制药剂。

宗教信仰是古埃及人社会生活中非常重要的内容,古埃及文化自始至终围绕着宗教而发展。古埃及人经常礼拜的神灵有太阳神"拉""阿蒙""阿吞"、农业神与冥神"奥西里斯"和爱神"伊西丝"等,尤其对奥西里斯的崇拜相当流行。据传说,奥西里斯是一位贤明的君主,为其弟所害,被肢解后扔到尼罗河里,其妻伊西丝历尽千辛万苦找到了丈夫的尸体并缝合起来,众神使他复活并成为冥世之王,审判死者。实际上,关于奥西里斯死而复生的传说在很大程度上反映了埃及农作物一岁一枯荣的过程。

古埃及人相信"灵魂"不灭,相信死后永生,通常将尸体用防腐剂和香料制成"木乃伊"保存,并修建豪华的坟墓,摆上死者生前的用品以为祭品,而且还在坟墓里放一卷祝辞或符咒——"死者书"。它从不同角度反映了当时的社会情况。古埃及人的这种"来世观念"对犹太教和基督教都产生了重要影响。

第三节　苏美尔城邦

苏美尔城邦在两河流域南部星罗棋布,主要有埃利都、乌尔、乌鲁克、拉格什、乌玛、苏鲁帕克、尼基尔、基什等。它们都由一个位于中心位置的城市和围绕这个城市的若干个村镇构成,具有小国寡民的特点。有学者估计,早王朝(约前 2800～前 2371 年)初期的乌尔,其面积不过 90 平方公里,人口只有 6000 人。至早王朝中期,苏美尔各城邦的人口通常在 2 万～2.5 万人。

苏美尔城邦具有浓厚的宗教特色。每个城市都有几个神庙,其中地位最高的是城邦的主神庙。神庙是当时城邦的经济中心,它拥有很多可耕地。有人认为拉格什各神庙的土地占全邦总面积的 1/4～1/3。神庙土地又可分为三类:一是祭田,即维持神庙自身需要的土地;二是口粮田,即租给神庙全体人员和祭田耕种者的土地,以此作为这些人的服役报酬;三是佃耕田,即佃农耕种的土地。神庙土地属于城邦公有地,不得买卖。但是到早王朝后期,城邦首领化公为私,逐渐将神庙土地据为己有。

除神庙土地外,苏美尔城邦普通自由民家庭一般也拥有一小块土地。占地最多的是贵族尤其是神庙权贵,他们使用佃农和奴隶耕种。普通自由民家庭和贵族的土地都可以买卖。

苏美尔神庙不仅是城邦的经济中心,而且是城邦的政治中心。城邦首领("恩""恩西"或"卢伽尔")住在主神庙内,为该邦主神最高祭司。他主持祭祀活动,管理神庙经济,监督神庙工作人员以及领导人民修建神庙。同时,他还主管修筑灌溉运河、城市防卫、统率军队、主持城邦会议等世俗事务。

苏美尔城邦都有贵族会议,它由各城市大家庭的长老组成。贵族尤其是祭司贵族在贵族会议中的作用很大,他们可以选举城邦首领,限制城邦首领的权力。

苏美尔城邦也有人民大会,可能由年满 20 岁或 30 岁的普通成年男性自由民组成。从史诗《吉尔伽美什与阿伽》中的资料可知,乌鲁克的人民大会拥有讨论或决定战争和媾和的权力。但是在早王朝后期,随着城邦首领权力的扩大及其个人统治的建立,人民大会和贵族会议的权力日益被削弱,其政治作用越来越小。

苏美尔城邦的社会结构犹如苏美尔塔庙。高踞塔顶的是城邦首领。其下是贵族阶层,由王室高级官员和神庙高级祭司所组成。他们出身有势力的家庭,拥有大量财产,在城邦总人口中所占比例很小。贵族以下是平民,他们拥有小块土地,人口占总人口的一半以上。平民以下是贵族、神庙和宫廷的依附民,他们没有土地,只能临时佃耕神庙或贵族的土地。苏美尔社会的最底层是归显贵家庭、神庙和宫廷所有的奴隶。他们一般来源于战俘,也有因极为贫困而被家长卖为奴隶的孩子以及卖身为奴的整个家庭。奴隶的处境十分悲惨,作为主人的财产和牲畜,他们身上烙有印记,可以被买卖。若惹怒主人,他们就会像牲畜一样遭受惩罚。当然,奴隶也享有某些权利,如借钱、赎买自由以及沦为奴隶的苏美尔人在其主人家服役期满(以三年为限)即可恢复自由。男女奴隶各有分工,以神庙奴隶为例,女奴在神庙的厨房、磨坊和纺织作坊里劳动,而男奴则主要从事修建水利工程等繁重的劳动。

为了开拓疆土、控制水利灌溉权以及争夺霸权,苏美尔各邦之间频繁争战。早王朝中期,基什取得了霸主地位,其国王麦西里姆在公元前2600年前后以霸主的身份调解拉格什与乌玛之间的边界冲突,并为两邦立了界碑,这是迄今所知最早的国际外交事件。后来,拉格什逐渐强盛起来,其国王安那吐姆征服了巴比伦尼亚的许多城邦,号称"苏美尔诸邦之霸主"。

早王朝后期,苏美尔各邦之间的争霸战争更加激烈。经长期混战,两河流域南部逐渐形成了两大军事同盟即以乌尔和乌鲁克为霸主的南方同盟与以基什为霸主的北方同盟。这标志着两河流域南部原来小邦林立、独立自治局面的结束与地域性统一王国的出现。

在城邦争霸战争中,统治者为了支付军费不断向人民征收苛捐杂税,从而加剧了城邦内部的社会矛盾。例如,在拉格什,国王卢伽尔安达(约前2384～前2378年)独断专行,横征暴敛,向全国各地派驻监督和税吏,向牧民和渔民收税,甚至抢夺他们赖以为生的牲畜、船只和渔场;手工业者因不堪重税而破产,以至于"不得不乞讨面包";靠剪羊毛为生的人须向恩西交纳稀有的银子;甚至主持祭奠的神庙大祭司也被迫向恩西交纳贡税。与此形成鲜明对比的是,卢伽尔安达却把神庙最好的土地攫为己有,占有的土地房屋由原来分别处于几个神庙发展到后来"比邻相连"。在卢伽尔安达的残暴统治下,广大平民无以为生,愤而反抗,终于罢黜其王位并推举贵族出身的乌鲁卡基那(又译"乌鲁依尼姆基那",约前2378～前2371年)执政并进行社会改革。

乌鲁卡基那改革是目前所知世界历史上最早的一次社会改革。其主要内容是除弊兴利,即废除前国王的种种弊政,大兴有利于平民的举措。他施行的禁止以人身保证作为借贷条件、禁止欺凌孤寡以及减轻人民殡葬费用之类的措施深得民心。改革的目的是缓和拉格什极为紧张的社会矛盾,以国家主神的名义恢复正义,扶助贫弱孤寡者,抑制以暴君为首的享有政治经济特权的贵族。因此,乌鲁卡基那改革具有进步意义。乌鲁卡基那改革后八年,拉格什因遭强敌乌玛与乌鲁克联军入侵而败亡。

乌玛国王卢伽尔扎吉西(约前2371～前2347年)在灭掉拉格什后,又先后征服了乌鲁克、乌尔和拉尔萨等城邦,势力强大,自称“乌鲁克和乌尔之王”。就在此时,北方塞姆人建立的阿卡德王国迅速崛起。

第四节　两河流域区域性统一国家的建立

阿卡德王国(约前2371～前2191年)的创立者是萨尔贡(约前2371～前2316年)。传说他是一个私生子,家世贫寒,身份低贱。后来他由基什宫廷的一名园丁一跃而为基什国王乌尔扎巴巴的近臣。当基什被乌玛国王卢伽尔扎吉西打败时,萨尔贡乘机夺取政权并称王,建都于阿卡德城。

萨尔贡凭借他组建的一支5400人的常备军,先后进行了34次胜利的军事远征。他打败了苏美尔地区50个恩西组成的联军,并俘虏了乌玛国王卢伽尔扎吉西。之后他挥师南下,攻灭了乌鲁克、乌尔、拉格什等城邦,“洗剑于波斯湾”。萨尔贡第一次正式统一了两河流域南部,结束了该地区近千年来的分裂局面,其王国为该地区第一个统一的国家。

之后,萨尔贡东征埃兰,掠取苏撒等城市。他还率军北上,不仅征服了两河流域北部的苏巴尔图,而且占领了小亚细亚的陶鲁斯山区和沿黎巴嫩山脉的地中海东岸一带。萨尔贡自诩为“天下四方之王”,其铭文炫耀说阿卡德王国的领土从“上海”(即北部的地中海)到“下海”(即南部的波斯湾),从“日出处”(即东部的埃兰)到“日没处”(即西部的叙利亚和巴勒斯坦)。实际上,萨尔贡统治的中心地带是两河流域南部,其他地区仅是他兵锋所及之处。

萨尔贡可能建立了一个中央集权制政府。铭文记载,“他使全国只有一张嘴”。他大概把全国划分为若干行政区,各行政区长官由宫廷子弟或阿卡德贵族担任。同时,他也允许一些拥护他的当地贵族参政,以缓和征服者与被征服者之间的矛盾。

萨尔贡统治时代，政府修筑了许多新水渠，扩充和改善了灌溉网。为便利国内贸易，萨尔贡制定了以十进制为计算单位的度量衡制，在全国推广。

阿卡德王国第三代王玛尼什吐苏（约前 2306～前 2291 年）统治时期曾向四个地区购买了总计 3158 公顷的土地。卖主中有家族代表、贵族后裔，甚至还有一位恩西的后代。这说明土地兼并十分严重，旧贵族家世在逐渐衰落；也说明王权有限，并非君主专制，国王并不是全国土地的最高所有者，他买地也要花钱。

纳拉姆·辛（约前 2291～前 2255 年）统治时期，阿卡德臻于全盛。他多次远征，足迹北达亚美尼亚和库尔德斯坦，东至扎格罗斯山，西抵叙利亚和阿拉伯半岛北部一带，自称“天下四方之王”。同时，他还加强王权，派其子和王室官员到一些城市任职，或把原来的恩西贬为普通官吏。祭司投其所好，将他神化，称他为“神圣的纳拉姆·辛”和“阿卡德强大的神”。纳拉姆·辛死后，阿卡德王国逐渐衰落。约公元前 2191 年，东北山区的游牧部落库提人侵入两河流域南部，毁灭了阿卡德王国。

库提人在两河流域南部实行统治近一个世纪，后来乌鲁克国王乌图赫加尔率军击败并赶走库提人。不久，乌尔强盛起来，击败乌鲁克，重新统一了巴比伦尼亚，建立了乌尔第三王朝（约前 2113～前 2006 年）。[①] 乌尔第三王朝时期，中央集权制得以确立和加强。该王朝的国王们已集军、政、司法大权于一身。全国被划分为许多地区，由国王派长官治理；地方长官虽沿袭恩西的称谓，但已无城邦时代恩西的特权，实为从属于中央的地方官吏；贵族会议和人民大会虽然保留下来，但仅仅是服务于王权的机构。

乌尔第三王朝时期，国王们重视法制。王朝缔造者乌尔纳姆（约前 2113～前 2096 年）制定了迄今所知世界历史上第一部成文法典——《乌尔纳姆法典》。法典残片从 20 世纪 50 年代起陆续被发现，残片复原后只得一篇很不完整的序言和少量法律条文，条文的字句也有脱漏。该法典除维护奴隶制和私有制外，还有关于非法占用他人田地的规定和对女

① 乌尔是两河流域南部的历史名城，先后建立过三个王朝。乌尔第一王朝和乌尔第二王朝存在于苏美尔早王朝时期，属城邦政权；而乌尔第三王朝则属于两河流域南部一个统一的王国。

奴擅居女主人地位的处罚。尽管法典中仍残存着让河神澄清裁决妖术罪和妻子被控通奸罪的规定,但有关身体伤害的罚款规定较原始的同态复仇要进步得多。

乌尔第三王朝时期,经济上最突出的特点是王室经济空前发展。王室占有全国 3/5 的土地,并且在这些土地上建立和经营大规模的农庄、手工业作坊和牧场,主要由半自由民身份的依附民和奴隶从事劳动。王室经济管理严密,设有许多监工。奴隶尤其是女奴死亡率很高。例如,一个女奴劳动队一个月就死了 57 人。农忙季节,王室农庄雇佣很多无地或少地的自由民成年男子耕种和收获。这些雇工按日领取比奴隶和依附民多一到两倍的食物报酬。

乌尔第三王朝时期,社会分化加剧。处境日益恶化的自由民沦为奴隶者很多,有的因不堪沉重的债务而将妻子儿女卖为奴隶,有的是全体家庭成员自卖为奴。当时私人拥有的奴隶比王室拥有的奴隶待遇稍好,他们可以以家庭为单位在主人家服役,能赎身,也能到法庭作证。但奴隶在法律上仍属主人的财产,倘若有人将逃出城界的奴隶捉住并送还原主,则奴隶的主人应付给他 2 舍克勒银子(约重 16.8 克)。

乌尔第三王朝历五王,这些国王经常对周边地区用兵,第二、三、四、五王都宣称自己是“天下四方之王”,甚至自称为神,为自己建造了神庙,竖立了雕像,要求人们定期举行崇拜仪式并奉献祭品。末王伊比辛统治时期,国家遭到东南部埃兰人和西部阿摩利人的侵袭。约公元前 2006 年,伊比辛被埃兰人俘获,乌尔第三王朝灭亡。

乌尔第三王朝灭亡后,埃兰人带着掳获物返回东方故乡,而阿摩利人则在两河流域定居并建立了许多小国,如巴比伦尼亚地区的伊新和拉尔萨,底格里斯河中游的埃什努那,幼发拉底河中游的玛里以及两河流域北部新兴的亚述。这些国家为争夺霸权长期混战,使这一地区尤其是两河流域南部又陷入分裂的局面。

第五节　古巴比伦王国

重新统一巴比伦尼亚并最后基本统一两河流域的是古巴比伦王国。约公元前 1894 年，一支阿摩利人在其首领苏穆阿布姆率领下占据了巴比伦城并建立了国家。建国初期，它仅仅是一个弱小的、时常向他国称臣纳贡的小邦。但到第六代国王汉谟拉比统治时期（约前 1792～前 1750 年），古巴比伦逐渐强大并通过不断的军事征服一跃成为两河流域统一的大国。

汉谟拉比之所以能统一两河流域，一是当时的外部环境对他有利。玛里和埃什努那已臣服于亚述，伊新也逐渐衰落，拉尔萨一度被东方埃兰人征服。二是他采取了灵活机智的外交策略。为了统一大业，他首先同拉尔萨结盟，一举灭亡伊新，继而又与玛里结好，帮助玛里摆脱亚述的控制，在玛里的支持下占领了拉尔萨。最后他挥师直逼玛里城下，迫使玛里国王臣服。后来，汉谟拉比对亚述用兵，战胜了亚述军队及其盟军。到他统治的最后两年，古巴比伦的领土达到了最大规模：南到波斯湾，北至今土耳其南境，东起扎格罗斯山脉，西抵叙利亚。

汉谟拉比不仅以武力和外交手段统一了两河流域，而且凭借政治手段在帝国内部实行中央集权专制统治。从他的诏书中足以看出，这位事必躬亲的帝王几乎独揽国家的一切大权。他亲自过问官吏的升降、受贿官吏的审理、军队的调动、法律的制定、灌溉运河的疏浚和开凿以及神庙经济的管理等问题。为强化君权，汉谟拉比极力向臣民宣扬君权神授，说他是“命中注定的王”，是最高神马都克授命他“治理人民”。

汉谟拉比在治国方面最突出的政绩是他制定了迄今所知世界历史上第一部比较完备的成文法典，即《汉谟拉比法典》。法典原文用阿卡德楔形文字刻在一块高 2.25 米、底部周长 1.9 米的玄武岩石碑上。石碑上部有浮雕，表现主管司法的太阳神沙马什将权标授予汉谟拉比的情景。浮雕下部是法典铭文。公元前 1150 年前后，埃兰人入侵巴比伦尼亚，将该石碑作为战利品运往埃兰首都苏萨，并将石碑正面一部分铭文磨掉。1901～1902年,法国考古队在苏萨发掘得到此碑,使埋藏了3000年之久的法典碑文重见天日。此碑现存巴黎卢浮宫博物馆。碑上被抹掉的部分铭文,幸亏有后来在苏萨和其他地方发现的以及亚述图书馆保存的法典副本(泥板断片),才予以补充复原。

石碑上的《汉谟拉比法典》原文镌刻在51栏内,无段落划分,各条法律之间也无空格。后来的研究者将其划分为引言、正文和结尾咒语三部分。在引言部分,汉谟拉比宣扬君权神授,颂扬其功绩,声称自己制定法典是为了在全国发扬正义和公道,消灭邪恶,使强不凌弱。在结尾咒语部分,汉谟拉比自我标榜,吹嘘自己是人民慈父般的君主,根据伟大的沙马什之命令,把公正的法律铭刻在石碑上,希望未来的国王能够遵照执行。如果后世之王不按照他的法律行事,必将受到诸如王权消失、亡国亡民和断子绝后之类的严惩。

法典正文282条,内容包括对诬告他人、做伪证、偷盗、助奴逃跑、窝藏逃奴、入室抢劫和趁火打劫等罪行的惩罚规定,对军人在服兵役和被俘期间其田园房屋如何处置的规定,对佃耕、果园租佃、借贷以及房屋租赁买卖等方面的规定,对商业高利贷和债务奴役的规定,对婚姻、家庭和继承方面的规定,对人身侵害的处罚规定,对医师、建筑师、船主的服务报酬和工作失误处罚的规定,对耕牛的租借和耕牛伤人等方面的规定,对受雇的农人、牧人和匠人的工作报酬和有关责任的规定,对买卖奴隶和处罚奴隶的规定。

《汉谟拉比法典》展示了古巴伦社会复杂的政治经济生活情景,至今仍是研究古巴比伦王国史的基本文献。从法典中的有关条文可知,当时社会存在着严格的等级制度,全体居民被分为三个等级:阿维鲁、穆什根努和奴隶。阿维鲁直译为"人",他们是全权自由民,其上层是少数王族、高级官吏、高级祭司和大商人等统治阶级,他们拥有很多奴隶;其下层是广大的自耕农、佃农和独立工匠等,他们须服兵役,缴纳赋税,其中大多数是受压迫的自由民。穆什根努直译为"敬礼",可能是脱离了氏族、家庭和公社,隶属于王室的人。他们是无公民权的自由民,包括依附于王室经济的"纳贡人"及其后代、充当常备军的士兵(里都或巴衣鲁)。这个等级有一定的私有经济,其中富者还拥有奴隶,但多数人是下层自由民。

从《汉谟拉比法典》有关规定可以看出，穆什根努在法律地位上比阿维鲁低。例如，法典规定，如果一个阿维鲁伤害另一个阿维鲁的眼睛或骨头，要遭受同样的惩罚；如果一个阿维鲁伤害了一个穆什根努的眼睛或骨头，只需赔偿 1 明那银子（约重 505 克）便可了事。古巴比伦社会的最底层是奴隶。奴隶除了来源于战俘外，也有从外国买来的，还有不少是债务奴隶。出于保护本国本族人的传统习惯，《汉谟拉比法典》规定："如果一个人负有债务，因而卖掉了妻子、儿子或女儿，或是（把他们）作为债务奴隶交出，他们将在买主或债务奴主的家里工作三年，第四年他们将获得自由。"奴隶被视为主人的财产，没有人格。法典常常将奴隶与金、银、牛、羊等相提并论。奴隶的买卖是一种较普遍的现象。奴价一般为 20 舍克勒银子（约重 168 克），相当于一头耕牛的价钱。但在实际买卖中奴价因人而异，有的男奴可卖到 90 舍克勒银子（约重 756 克），有的女奴则只卖 $3\frac{5}{6}$ 舍克勒银子（约重 32.2 克）。买卖奴隶时买卖双方要签约并盖上在场证人的印章。法典规定，卖主须保证出售的奴隶在一个月内不患癫痫病。因奴隶是主人的私有财产，为维护主人的所有权，法典明确规定，凡拐骗、藏匿他人或宫廷奴隶者处死刑；理发师未经奴隶主许可而剃掉奴隶发式标记，应处砍手之刑；蒙骗理发师这样做的人，应处死刑。奴隶打自由人之子的嘴巴或不承认自己的主人，将遭受割耳之刑。当然，奴隶可以通过收养、婚姻、付赎金等方式获得解放和自由，但这仅是个别情况。

古巴比伦时代，王室拥有大量的土地，约占全国可耕土地的一半以上。与乌尔第三王朝那种王室直接经营的大农庄不同，古巴比伦的王室将土地以份地形式授予以下三类人分散经营。一类是服务于王室的祭司、商人、手工业者和公务人员。这些人领取的份地可以买卖，但买者须承担卖者对王室的服务。另一类是士兵（里都或巴衣鲁）。他们从王室那里领取份地作为服兵役的报酬。士兵的份地不能买卖和转让。法典规定，里都、巴衣鲁在服兵役期间被俘，其子若接替服兵役，就有权继承份地；如果其子年幼不能服兵役，则由其妻领得原份地的1/3，以便把孩子带大；如果被俘者获释归来，仍可领回原来的份地并继续服兵役；如果他们放弃份地出逃,三年之后就无权要求领回原来的份地。还有一类是纳贡人。他们依附王室,领取份地耕种,缴纳收成的1/3～1/2。其份地与士兵份地一样,不能买卖,而且不准其妻子、女儿继承。

古巴比伦时期,土地私有制比以前有所发展。从法典中可以看出,阿维鲁个人的土地是可以转让、出租、抵押和买卖的。法典还特别规定,里都、巴衣鲁和纳贡人自己买来的田园房屋是可以抵押和传给妻子、女儿的。私有土地的拥有者大多数是阿维鲁,他们出租土地,农田的地租一般是收成的1/3～1/2,果园和菜园的地租高达收成的2/3。法典竭力维护土地出租者的经济利益。例如,如果承租者在租佃的地里没有打出大麦,不问其具体原因,其必须和邻居一样向田主交大麦。法典甚至规定,如果承租地上的庄稼被暴风雨淹没或被洪水冲去,那么损失归佃户。古巴比伦时期,村社的土地基本上已为个体家庭私有,只残存灌溉系统和牧场等归各家共同使用。

古巴比伦时期的高利贷活动很兴盛。法典规定,贷谷利率为33.33%,贷银利率为20%。在贷谷、贷银和还债时,需要监察人和证人在场。

古巴比伦王国遗存了不少落后的社会现象。法典中就保存了某些"以牙还牙,以眼还眼"等原始的同态复仇性质的习惯法残余。如伤人眼者还伤其眼,折人骨者还折其骨。为人筑屋者,如因施工不牢屋塌致房主死亡,则本人处死刑;如致房主之子死亡,则其子应处死。如某人将一孕妇殴打致死,则殴打者之女应被处死。除上述"一报还一报"的习惯法外,法典甚至规定让河神审判被控犯巫术罪的人和被控犯通奸罪的妻子。

第六节 亚述帝国

汉谟拉比统治时期是古巴比伦王国鼎盛时期。他死后不久,王国便迅速衰落。大约公元前1595年,来自北方的赫梯人南侵,消灭了处于内外交困中的古巴比伦王国(又称"巴比伦第一王朝")。古巴比伦王国灭亡后,两河流域又经历了南方的"海国王朝"即"巴比伦第二王朝"(约前

1595～前1518年)和“加喜特王朝”即“巴比伦第三王朝”(约前1530～前1157年)的统治。此后,两河流域南部重陷分裂割据局面,先后出现了许多为时短暂的地方小王朝。到公元前9世纪,巴比伦尼亚地区全都被来自阿拉伯地区的游牧部族阿拉米亚人占领。公元前729年,亚述帝国国王提格拉特·帕拉沙尔三世击败了阿拉米亚人,自称“巴比伦之王”。至此,巴比伦尼亚实际上已并入亚述帝国。

亚述地处河岸高起、多山、富有矿产和木材的两河流域北部(今伊拉克北部的摩苏尔地区)。居民以讲塞姆语的亚述人为主,也包括一些逐渐同亚述人融合了的胡里特人。古代亚述的文明史可分为早亚述(前3000年代末、前2000年代初～前16世纪)、中亚述(前15～前10世纪)和亚述帝国(亦称“新亚述”,前9～前7世纪)三个阶段。亚述国家几经兴衰,政体也由贵族寡头共和制过渡到君主制。至新亚述时期,亚述成为地跨西亚、北非的区域性帝国。

亚述帝国是通过不断的军事征服逐渐形成的。公元前10世纪末,西亚、北非的一些强国先后衰落,这种有利的国际环境为亚述崛起提供了外部条件。此外,公元前9世纪铁器的广泛使用,促进了亚述经济的发展和军队武器装备的更新,从而为亚述侵略扩张和建立帝国奠定了雄厚的物质基础。

为后来亚述帝国奠定版图基础的是亚述王纳西尔帕二世(约前883～前859年),他打败了阿拉米亚人,洗劫了美索不达米亚和叙利亚,重创了北面的乌拉尔图,扩大了东部山区疆界,兵临西部的腓尼基海岸。这位国王十分残暴,对被征服地区实行抢光和屠杀政策。军队所到之处,物品被洗劫;稍有反抗者,或被斩首剥皮,或被插在木桩上,或被堆放成堆;劫后余生者多沦为奴隶。

亚述帝国的创建者是提格拉特·帕拉沙尔三世(前745～前727年)。他执政后进行了多方面的改革,军事方面,主要是把常备军划分成七八个专门兵种,如战车兵、骑兵、重装步兵、攻城兵、辎重兵、工兵等。同时,他还改善了武器装备,给军队配备了铁制刀枪、弓箭、盔甲等,制造并使用攻城用的冲城器、投石机和云梯。军事改革后,亚述军队成为当时西亚、北非最强大的军队。于是,他利用这支装备精良、战斗力极强的军队，打败了北部劲敌乌拉尔图，征服了小亚细亚东部和叙利亚，迫使腓尼基境内的一些城市称臣纳贡，并南下控制了巴比伦尼亚。

值得注意的是，提格拉特·帕拉沙尔三世出于缓和征服者和被征服者的矛盾、稳定被征服地区社会秩序、发展经济以维护帝国统治的目的，改变了过去对被征服地区实行的抢光和屠杀政策，采用了一种强制移民的奴役形式，即把大批被征服的居民从一地迁移到另一地，以家庭为单位分散安置在不同地区、不同民族、不同语言的新环境中。这些被迁移的居民被统治者视为奴隶，或属于国家，或被赠予神庙、官员，或被卖给亚述奴隶主。但是，他们可分得一块土地，以家庭为单位耕种或放牧，向主人交纳租税或服劳役。他们还有一定的财产，甚至有权签订合同和到法庭作证。主人虽然有权将他们和土地一起转让或出卖，但不会使他们妻离子散。这种比较温和的统治形式较之前是进步的，有利于社会经济的发展。

萨尔贡二世统治时期(前 722～前 705 年)，亚述继续向外扩张。萨尔贡二世即位第一年就攻陷了撒马利亚，消灭了以色列王国。公元前 714 年，他大举进攻乌拉尔图，攻占其圣城穆萨西尔。阿萨尔哈东(前 680～前 669 年)执政时，于公元前 671 年率军穿过西奈半岛，击败埃及军队并占领了埃及首都孟斐斯。阿淑尔巴尼拔统治时期(前 668～前 627 年)，亚述军队又攻占了埃及古都底比斯，还彻底毁灭了东方的埃兰。至此，亚述的版图达到最大，东起伊朗高原西部，西临地中海东岸，西南至埃及，北抵乌拉尔图，南濒波斯湾，成为铁器时代一个地跨西亚、北非的区域性帝国。

靠穷兵黩武和野蛮征伐建立起来的亚述帝国，其统治是很不稳定的，尤其是被征服地区人民的不断反抗，是导致亚述帝国走向衰亡的重要原因。叙利亚、腓尼基、巴比伦和埃及等地的反抗虽多次遭残酷镇压，但这里的人民并没有投降和屈服，一旦有机可乘，就力图摆脱亚述的控制。

亚述社会内部存在的各种激烈的矛盾斗争，也是导致亚述帝国走向衰亡的重要原因。在亚述帝国内部，既有统治者和被统治者之间的矛盾和斗争，也有统治阶级内部祭司高利贷者集团同军事贵族集团的矛盾和斗争，还有王室内部因争夺王位引起的内讧。尤其令人感到恐惧的是王室成员之间的无情残杀。例如，辛那赫里布（前704～前681年）晚年宣布其小儿子阿萨尔哈东为王太子，此事引起了其他儿子的愤怒，他的两个儿子竟然将其杀死于神庙中。这种争夺王位的血腥斗争，直接削弱了亚述帝国的实力。

不利的国际环境也是导致亚述帝国走向衰亡的重要原因。帝国末期，亚述周围出现了一系列强国：东方的米底、北方的吕底亚、南方的迦勒底（新巴比伦）。这种周边环境逐渐使亚述帝国陷于困境。

公元前664年，埃及摆脱了亚述帝国的统治取得独立。亚述末帝阿淑尔巴尼拔死后，帝国急剧衰败。公元前626年，巴比伦尼亚的迦勒底人据巴比伦独立，建立新巴比伦王国。以后，它同米底结盟共同进攻亚述。公元前612年，两国联军攻陷亚述帝国首都尼尼微。公元前605年，亚述西部的最后一个据点卡赫米什陷落，亚述帝国遂告灭亡。

第七节　新巴比伦王国

新巴比伦王国是由讲塞姆语的迦勒底人建立的，故亦称“迦勒底王国”（前626～前538年）。其开国君主那波帕拉沙尔在与伊朗高原西北部的米底王国联合消灭了亚述帝国以后，获得了原亚述统治的美索不达米亚、叙利亚、巴勒斯坦和腓尼基等地。那波帕拉沙尔死后，其子尼布甲尼撒二世（前605～前562年）即位。即位后他面临的主要任务是与埃及争夺巴勒斯坦地区。为了遏制埃及势力和控制巴勒斯坦，尼布甲尼撒二世一方面继续与米底结盟以确保东疆无事，另一方面则倾全力平定西部边疆尤其是巴勒斯坦某些亲埃及派对新巴比伦的反叛。公元前597年，他出兵巴勒斯坦，攻占犹太王国首都耶路撒冷，封齐德启亚为犹太国王并令他宣誓效忠新巴比伦，还掳走犹太王室贵族和工匠约3000人前往巴比伦。七年后，埃及出兵巴勒斯坦，犹太国王齐德启亚见风使舵，叛离了新巴比伦而倒向埃及。于是尼布甲尼撒二世在公元前587年又出兵巴勒斯坦，把埃及军队赶回原边界线后，围攻耶路撒冷长达18个月之久。次年,他攻陷耶路撒冷,拆毁城墙,焚烧神庙、王宫和民宅,灭犹太王国,并将该城剩下的大部分居民掳至巴比伦,史称“巴比伦之囚”。齐德启亚下场可悲,被挖去双眼后送往巴比伦尼亚。

引人注目的是,尼布甲尼撒二世在城市建设方面投入了很大精力。例如,被希腊人誉为“空中花园”的宫殿就是他为取悦其米底籍王后而下令在皇宫中筑起的。[①] 为取得神庙祭司集团对王权的支持,尼布甲尼撒二世曾修复加高了巴比伦城内著名的马都克神庙寺塔。该寺塔共七层,每层色彩不一,顶层之上是一座小庙,供奉着马都克神像。为了使王国的首都巴比伦城固若金汤,尼布甲尼撒二世扩建了巴比伦城。扩建后的巴比伦城极为壮观,有内外两道围墙环绕,围墙上每隔一段距离设一碉堡。全城共有八个城门,其中供奉女神伊什塔尔的北门用蓝青色琉璃砖镶嵌,砖上有公牛和怪物等兽类浮雕,色彩缤纷夺目,极为美丽。

新巴比伦王国的经济比以前更为发展,其中商业经济发展最显著,商品买卖活动十分活跃。人们不仅买卖粮食、牲畜、羊毛等农牧产品,还买卖农田、果园、房舍等各种不动产,并且还经常买卖奴隶。在频繁的商业活动中,新巴比伦王国出现了两个最著名的商家:巴比伦的埃吉贝和尼普尔城的穆拉树。埃吉贝商家的经营范围很广,涉及商贸,高利贷,买卖、出租土地,买卖、蓄养、出租奴隶,买卖、出租房屋等。该商家不仅在本国经营商业高利贷,而且还向国外发展,经营过境贸易。穆拉树商家拥有 12 个矿坑、13 所房屋、3 个建筑区和 96 名奴隶。除商业活动外,穆拉树商家在尼普尔周围还经营以营利为目的的土地、果园、水渠等农业活动。首都巴比伦城不仅是巴比伦尼亚的工商业中心,而且是当时世界上最大的商业中心。西亚、北非等地的商贾云集于此,全城人口达 20 万人。

新巴比伦王国时期,社会上的主要生产者和被剥削者是为数众多的下层自由民。他们中有的丧失了生产资料,不得不租佃王室、神庙和贵

① 据国外学者近些年来的研究,“空中花园”不在巴比伦城,而在亚述帝国首都尼尼微。参见吴宇虹:《国内古代两河流域文明研究若干问题商榷》,《东北师大学报》(哲学社会科学版)2000 年第4 期;[英]斯蒂芬妮·达利著,萧谙译:《空中花园:追踪一座扑朔迷离的世界奇迹》,译林出版社 2023 年版。

族的土地，有的还需租用牲畜、农具和种子。

除了下层自由民以外，新巴比伦王国还有一些奴隶。占有和使用奴隶最多的是神庙，因为国王经常把战俘赠送给神庙。神庙的高级祭司都拥有数量不等的奴隶。神庙奴隶处境悲惨，身上烙有属于那个神庙的标记。私人占有的奴隶数量不等，富有的大奴隶主拥有 100 多名奴隶，中等财产的奴隶主拥有一二十名奴隶，小奴隶主拥有三五名奴隶。

为使奴隶在生产和经营中有一定的积极性，奴隶主采用了新的剥削方式。奴隶主经常让奴隶独立从事某项经济活动，交给奴隶一部分财产（包括土地和资金），让其独立经营。农业奴隶主常常把土地分成小块，交给奴隶耕种，每年收取一定的地租和人身租（"曼达图"）；工商业奴隶主则贷给奴隶一定的资金或租给奴隶房屋，让奴隶独立经营贸易、开办手工作坊，甚至开钱庄放债等，但是要向这类奴隶每年收取人身租和一部分利润。人身租约相当于奴隶身价的 1/5。这些奴隶都有自己的家庭，能够与自由民（自己的主人除外）订立契约，个别富有的奴隶甚至可以赎身。尽管在法律上奴隶的身份没有改变，而且奴隶主有权收回奴隶经营的全部产业，但是与以前相比拥有了更多的自由，奴隶主也比以前获得了更多的收入。少数富有大奴隶主为了获取长远经济收益，往往将奴隶送出去学习某种手工技术，如烤面包、制作皮鞋、纺织等，学习费用由主人承担。

新巴比伦王国存在的时间很短，不足 90 年，其中尼布甲尼撒二世在位的 40 多年是最强盛的时期。尼布甲尼撒二世死后，新巴比伦王国日趋衰落。势力强大的神庙祭司集团操纵着国王的废立。六年中，三个国王被废黜，其中两个被杀。末代帝王那波尼德（前 555～前 539 年）即位后，企图削弱神庙祭司集团的影响，把受阿拉米亚人崇拜的月神提高到与巴比伦主神马都克同等的地位，后因祭司们的反对而收效甚微。与此同时，东方的波斯崛起，在灭掉当时的两大强国米底和吕底亚后，于公元前 539 进攻两河流域，打败了新巴比伦军队。同年，波斯军队兵临巴比伦城下。那些不满那波尼德统治、希望波斯能为他们开拓更大市场并且在波斯统治下保持特权地位的巴比伦神庙祭司工商业贵族，竟打开城门欢迎波斯军队进入。这样，新巴比伦便不战而降，落入波斯之手。从此，两河流域被纳入波斯帝国版图。

第八节　两河流域的文化

两河流域最突出的文化成就是苏美尔人发明的楔形文字。楔形文字是一个复杂的体系，由图画文字、表意文字、谐音文字等组成，融合并逐渐发展和完备起来的。图画文字用图画符号表示它所描绘的事物。此种文字早在公元前3500年就已出现。考古学家曾在基什附近的奥海米尔土丘发掘出一块石板，上面就刻有图画文字。到公元前3200年左右，苏美尔人创造了约2000个图画文字。最初图画文字一符一义。后来，为了表示较为复杂和抽象的概念，就把几个图画符号结合起来。例如，把太阳和眼睛连在一起表示“光明”，把眼睛和水结合在一起表示“哭泣”。表意文字是符号意义不直接由图画表达而是由图画引申出来的文字。这种文字有两种表达方式：一种是部分图形代表整体，如用“牛头”的符号代表“牛”；另一种是同一个图形表示好几个有关联的意思，如“足”的符号除表示“足”外，还表示“行走”“站立”。

谐音文字是将同声词合用一个字符的文字。例如，苏美尔语把“箭”读作“提”，同时这个音也具有“生命”之意。因“箭”和“生命”同声，就都用箭的符号表示。

为了避免混淆字符的意义，苏美尔人还创造了部首符号(或称“限定性符号”)。部首符号又分两种：指意符号和音节符号。例如，在“犁”的符号上加上指意符号“木”作词首，就是指名词犁的本义；加上指意符号“人”，就是指“耕者”。再如，“足”的字符加上音节符号NA作词尾补音就表示“去”，加上BA作词尾补音就表示“立”。经过上述一系列改进，楔形文字才逐渐完备。

苏美尔人发明的文字最初刻在石头上，但是因两河流域少石多泥，后便用黏土合水制成泥板，然后用带三角形尖头的小木棒、小骨棒或芦苇秆在半干的泥板上刻压，留下的字迹笔画上宽下窄，很像木楔，故称为“楔形文字”。

苏美尔语楔形文字后来为阿卡德人、巴比伦人、亚述人所接受和采用。此外，埃兰人、赫梯人、胡里特人、米丹尼人、乌拉尔图人等结合自己民族语言的需要也略加改变而使用。公元前 2000 年代中叶，楔形文字成了当时国际外交上的通用文字。后来腓尼基境内的乌伽里特人和伊朗高原的波斯人对楔形文字又加以改进，逐渐将其变为字母文字。公元前后，楔形文字逐渐被人遗忘而变为一种死文字。1857 年，楔形文字释读成功，由此诞生了一门研究两河流域及其附近使用楔形文字诸民族之语言、文字、历史和文化的学科——亚述学（因最初以发掘和研究亚述的楔形文字为主，故名）。

古代两河流域最具有代表性的文学作品是《吉尔伽美什史诗》。它是迄今所知世界上最早的英雄叙事诗，其基本内容早在苏美尔和阿卡德时代就已具雏形，至亚述帝国时代才出现最完备的编集本。史诗共 3000 多行，用楔形文字镌刻在 12 块泥板上。其内容分为四部分：一是写乌鲁克城首脑吉尔伽美什强迫居民为他构筑城墙和修建神庙，人民向神控诉，神派半人半兽的英雄恩启都与之抗争，两人在搏斗中不分胜负，因互相敬佩而成了朋友；二是写吉尔伽美什与恩启都一起为人民造福，创造了不少英雄事迹，如杀死松林怪物洪巴巴和残害乌鲁克人民的天牛；三是写恩启都病故后，悲痛欲绝的吉尔伽美什长途跋涉，探索“死亡和生命”的奥秘，结果一无所获；四是写吉尔伽美什祈求神助与恩启都的幽灵相见。这部史诗反映了古代两河流域人民同各种暴力进行斗争的情景，歌颂了为民建功的英雄和英雄壮举，在一定程度上表达了人们认识自然法则和探索人生奥秘的愿望。

在古代两河流域的文学作品中，也有一些反映受苦受难者、奴隶等下层人民思想情绪和反抗精神的佳作，如《咏受难的诚实人的诗》。该诗描写了一位对神和国王非常忠诚的人，却老是遭到不幸。于是他试图探究其不幸的原因，经过分析确信自己是正直的，没有做对不起神和国王的事，因而对神是否“公正”产生了怀疑和不满。又如，《主人与奴隶的对话》描写了主人和奴隶就十二个问题进行简短对话的情景。值得注意的是，在第十二个对话中，主人对奴隶说：“现在怎么办才好呢?”这时一直言听计从的奴隶再也按捺不住心中的厌恶，揶揄道：“折断你和我的脖颈，把它们抛到河里去，那就好了。”主人威胁说：“我要杀你，让你先死。”

奴隶针锋相对地反击道:“我死后你也活不到三天。”

古代两河流域苏美尔人的洪水故事对后世影响很大。故事讲述了神为了惩罚世人的罪恶,决定用洪水毁灭人类。后来虔诚敬神的赛苏陀罗事先得到神的启示,造了一只大船并将各种动植物带到船上。洪水真的降临后,只有他和船上的生命幸免于难。后来该故事为犹太人所吸收,以“诺亚方舟”的故事编进了犹太教的《圣经》中。

古代两河流域的自然科学以天文学和数学最为发达。早在苏美尔时代,苏美尔人就制定了太阴历。他们以一昼夜为一天,以月亮的圆缺、周而复始为一月。他们还把一年分为 12 个月,其中 6 个月每月 30 天,6 个月每月 29 天,共 354 天。这与地球绕太阳一周的时间差 11 天多,于是设闰月来补足。古巴比伦时代,人们已能把恒星和五大行星区分开来,还观察到太阳在恒星之间所走的视运动轨道——黄道。后来,他们又划分出黄道上的 12 个星座,即“黄道十二宫”。亚述帝国和新巴比伦时代,人们又把一个月分为 4 周,每周 7 天,分别以 7 个星的神名作为星期日至星期六的七天名称。[①] 苏美尔人和巴比伦人在数学方面采用的是十进位和六十进位计算法。他们用六十进位法计算周天(观测者眼睛所能看到的天球上的大圆周)的度数和计时。例如,他们将周天分为 360 度,1 小时为 60 分,1 分为 60 秒。古巴比伦时代的数学家已经掌握了四则运算,能求平方根和立方根,能解出含有 3 个未知数的方程式。他们能将不规则形状的田地分为长方形、三角形和梯形来计算,然后得出面积总和。他们还会计算体积,估算出一个截顶角锥形地窖的容量。

古代两河流域的建筑也具有很高的水平。早在公元前 4000 年代中期,苏美尔地区就出现了用生砖建造的多级塔庙。公元前 22 世纪,出现了一座非常具有代表性的建筑物——乌尔大塔庙。该塔分 4 层,最底层长 62.5 米,宽 43 米,高约 12 米。以上各层面积逐渐缩小。传说当年各层颜色不一,各有其象征意义:一层为黑色,象征地下世界;二层为红色,象征人间世界;三层为青色,象征天堂世界;四层为白色,象征日月光明。

---

① 太阳神沙马什主管星期日,其余依次为:月神辛星期一,火星神涅尔伽星期二,水星神纳布星期三,木星神马都克星期四,金星神伊什塔尔星期五,土星神尼努尔达星期六。“星期”意即星神的日期。

现在上三层早已化为土丘,第一层的黑色已脱落。另外,有一条阶梯从底通到顶,供人们登上顶端的小庙祭祀神灵。亚述帝国时代,最著名的建筑是萨尔贡二世的王宫。该王宫建在高大的台基上。王宫大门雄伟壮丽,是一座拱门,门两边各有一高塔,门和塔都饰有玻璃和壁画,前面屹立着人面牛身雕像。整个王宫有 210 间大厅和 30 个庭院。

古代两河流域在雕刻艺术方面取得了重大成就。乌尔王陵出土的金盔、"金牛头木琴"和"乌尔军旗"上的浮雕很有代表性。金盔严密得体,做工精细,代表了苏美尔工艺师的精湛技艺。"金牛头木琴"做工精密无瑕,造型准确严谨,用蓝宝石镶嵌的牛眼生动有神。"乌尔军旗"用贝壳、天青石、石灰石等石片镶嵌着三排情节性画面,从外在形态可感知其精神气质。拉格什的"安那吐姆鹫碑"是约公元前 2500 年的代表作。碑上的浮雕人物拉格什国王安那吐姆肩宽胸阔,魁梧高大,胡须冉冉下垂,眼睛怒视前方,显示了王者的英武气派。"纳拉姆·辛王的石柱"是公元前 23 世纪上半期阿卡德王国雕刻的代表作。这根石柱高 2 米,呈不规则上尖形。其扁面上有一幅栩栩如生的浮雕,表现纳拉姆·辛国王亲率大军外出征战的宏大场面。高大的纳拉姆·辛站在全军最高处,身披盔甲,手持权杖,指挥千军万马。小山头下方一位号手仰跪朝天吹起进军号,战士们作登山行军状。石柱最右边的几个人有的拱手求饶,有的举手投降,表明敌军被打败。古巴比伦王国时期的雕刻代表作是"汉谟拉比法典碑"上的浮雕。浮雕上的太阳神兼司法神沙马什头戴多层宝冠,威风凛凛地端坐在宝座上,神情庄严肃穆,站在他面前的汉谟拉比恭顺地接受权杖。"汉谟拉比法典碑"浮雕表明,当时的雕刻家技法比较熟练,体现了苏美尔艺术传统中的古朴柔韧风格。

第九节　赫梯、腓尼基和巴勒斯坦

赫梯位于小亚细亚东部的哈里斯河(今土耳其安卡拉以东的克孜勒河)中上游一带。赫梯文明是操赫梯语的哈梯人和公元前 20 世纪初迁移来的说涅西特语(属印欧语系)的涅西特人共同创造的。赫梯国家的通用语言是涅西特语。

大约公元前 19 世纪中叶,赫梯境内出现了一些小国。这些小国之间争战不休,最后库萨尔城的统治者战胜了相邻的诸小国并向外扩张,建立了一个统一大国——赫梯。公元前 1595 年,赫梯南侵,灭古巴比伦王国,大掠而归。此时的赫梯已成为西亚地区一个很有影响的大国。

公元前 16 世纪前期,赫梯陷入了争夺王位的流血冲突中。到公元前 16 世纪后期,赫梯国王铁列平为了确定王位继承制度和平息内乱进行了改革,史称“铁列平改革”。他确定了王位继承原则:长子优先,无长归次,无子归婿。同时,他还宣布以后国王不得残杀其兄弟姐妹;王子犯罪,罪责由其本人承担,不得株连其家属成员。改革确立了长子继承王位和王子一人犯罪一人当的原则,结束了王族内部的仇杀,巩固了统治阶级的内部团结,为赫梯成为西亚霸主打下了较为坚实的基础。

赫梯的鼎盛时期是在公元前 15 世纪末至前 13 世纪初。在此期间,赫梯利用有利的国际环境,占领了米丹尼王国大部分领土,并扩张到叙利亚和巴勒斯坦地区,对埃及新王国构成了极大威胁。约公元前 1274 年,赫梯与埃及在卡叠什发生了一次大会战,未分胜负。之后,两国缔结和约,瓜分了在叙利亚和巴勒斯坦的势力范围,结束了争霸战争。

公元前 13 世纪后期,赫梯不断遭到亚述的侵犯,国势逐渐衰落。公元前 13 世纪末,“海上民族”入侵浪潮席卷了东部地中海地区,赫梯遭到了致命的打击,从此四分五裂。到公元前 8 世纪,赫梯被亚述帝国所灭。

赫梯文明最主要的成就,一是在公元前 20 世纪中叶前后发明了世界上最早的冶铁术,并最先使用铁犁;二是在公元前 15 世纪末至前 14 世纪初编定了一部法典,史称《赫梯法典》①。

腓尼基地处地中海东岸北部的狭长沿海地带,其地理范围稍大于今日的黎巴嫩。它不是一个国家的名称,而是一个地区、一个民族的名称。公元前 30 世纪末至前 20 世纪初,腓尼基境内出现了若干独立的城邦,其中著名的有推罗、西顿、乌伽里特、毕布勒等。由于这些独立的、面积

① 参见林志纯主编:《世界通史资料选辑》(上古部分),商务印书馆 1985 年版,第 146～175 页。

狭小的城邦之间来往甚少，彼此对立和互相争夺，加之又地处周围一些强国向外扩张势力的碰撞点上，所以它们经常遭到强国的侵略和控制，成了强国兵家必争之地。公元前 20 世纪中叶以后，腓尼基诸城邦处于埃及和赫梯的统治之下，后来又遭到海上民族的入侵。公元前 10 世纪左右，它们虽一度独立和复兴，但公元前 8 世纪以后又遭亚述帝国和新巴比伦王国的入侵和占领。到公元前 6 世纪，腓尼基终被波斯帝国兼并。

腓尼基的手工业、商业和航海业都很发达，对当时的地中海世界产生了较大的影响。手工业中享有盛名的是染织和造船。腓尼基人能从海生贝壳动物身上提取紫红色颜料，用来染制毛、麻织品，染过的织品鲜艳夺目而不褪色。腓尼基人是优秀的造船者，他们用黎巴嫩山上的雪松制造出来的船只，闻名于西亚和北非。腓尼基的商业更为著名，腓尼基人有商业民族之称。早在公元前 3000 年代，腓尼基各城邦就与埃及、两河流域以及叙利亚的埃勃拉国建立了广泛的商业联系。从公元前 2000 年代起，腓尼基人在小亚沿岸、塞浦路斯、爱琴海诸岛和黑海沿岸建立了不少商业据点。公元前 10 世纪前期，腓尼基人又向西部地中海扩张势力，建立了许多商业据点和殖民城市，其中以公元前 9 世纪末建于北非沿岸的迦太基最为著名。腓尼基人还是古代世界勇敢的航海家。公元前 600 年前后，埃及法老尼科曾委托腓尼基人乘船绕航非洲，历时三年获得成功。

腓尼基人对古代世界文明所做的最大贡献是公元前 13 世纪创造的一套字母文字。这套字母共 22 个，是线形符号，没有元音，只有辅音，称为“腓尼基字母”。腓尼基字母因简便易懂，后来便向东西方传播开来。向东传入阿拉米亚人居住区，形成了阿拉米亚字母，而阿拉米亚字母又发展出印度、阿拉伯、亚美尼亚、维吾尔等字母；向西传入希腊，希腊人在此基础上加入元音创造了希腊字母，而希腊字母派生出的拉丁字母和斯拉夫字母后来成为西东欧各国字母的基础。因此，腓尼基字母是现今世界各国字母文字的渊源。

巴勒斯坦地处地中海东南岸，北接腓尼基，西南面连西奈半岛，东抵叙利亚草原。公元前 3000 年代，迦南人在这里居住，因此该地也叫“迦南”。约公元前1900年,希伯来人的祖先亚伯拉罕率众从两河流域来到迦南。迦南人把这批新来的游牧人群称为“希伯来人”,意为“从河那边来的人”。后来迦南发生了大旱灾,为逃避灾荒,一部分希伯来人在亚伯拉罕之孙雅各的领导下迁居埃及,在那里生活了400多年,饱受埃及法老的剥削和奴役之苦。公元前13世纪,不堪忍受奴隶悲惨境遇的希伯来人在领袖摩西的带领下,历经千难万险出埃及,后又在其继承人约书亚率领下返回迦南。

在迦南,希伯来人与迦南人发生了冲突。经长期战斗,希伯来人占领了迦南人的很多地盘,一部分迦南人与希伯来人逐渐融合,一部分迦南人则长期与希伯来人为敌。在征服迦南的过程中,希伯来人形成了两大部落联盟:北方的以色列和南方的犹太。公元前13世纪末,腓力斯丁人占领了迦南的西南沿海地区。他们居住的地区叫“巴勒斯坦”,意为“腓力斯丁人的土地”。后来希腊史学家就把全部迦南叫作“巴勒斯坦”,即现在的巴勒斯坦地区。希伯来人同腓力斯丁人进行了激烈的争战,在战争中希伯来两大部落联盟需要加强联合,其首领也需要扩大和集中权力,这就加速了希伯来国家的形成。到公元前11世纪,希伯来人终于建立了自己本民族的国家——以色列—犹太王国(亦称“希伯来王国”)。从此,希伯来人的历史由前王国时期(前文明时期)转入王国时期(文明时期)。

以色列—犹太王国的第一位国王是扫罗(约前1030～前1010年)。扫罗是从北方以色列各部落中被选出来的。他在位时把12个部落统一了起来,组织了一支强有力的军队同腓力斯丁人作战,取得了不少胜利。但扫罗和他的三个儿子不幸在战斗中阵亡。扫罗死后,南方犹太部落联盟首领大卫(约前1010～前970年)继位。大卫在位期间,完成了扫罗的未竟事业。他不但是犹太人的王,而且还使以色列人奉他为王。在他的领导下,以色列犹太人彻底打败了腓力斯丁人,建立了统一而又强大的以色列—犹太王国,并将耶路撒冷定为首都。大卫死后,其子所罗门(约前970～前931年)即位。他统治的时代是以色列—犹太王国的“黄金时代”。所罗门大力发展外交和外贸,并娶埃及法老的女儿为后,与埃及结盟;他还与推罗结为盟友,组成船队在地中海、红海和印度洋上进行贸易。所罗门为了打破传统的部族界限,把全国划分成12个行政区,还对各区征收贡赋；为显示其君主统治的威力，他大兴土木，兴建了豪华的宫殿，并为耶和华神修建了一座金碧辉煌的圣殿。

所罗门晚年奢侈好色，加之长年役使民众建造宫殿和圣殿，引起人民不满，国势渐衰。他死后不久，王国遂分裂为二：北方叫“以色列王国”，定都撒马利亚；南方叫“犹太王国”，仍以耶路撒冷为都。公元前722年，以色列王国被亚述帝国所灭；公元前586年，犹太王国亡于新巴比伦，被俘的一大批犹太人被劫往巴比伦，在那里度过了近半个世纪的囚徒生活，史称“巴比伦之囚”。公元前538年，波斯皇帝居鲁士灭新巴比伦后，释放了被囚的犹太人，并允许他们返回巴勒斯坦建立一个臣属于波斯帝国的、政教合一的神权国家。

以色列犹太人虽饱尝亡国之苦，但他们却信仰统一的民族宗教——犹太教。该教是他们民族联系的纽带和民族复兴的精神支柱。最初，希伯来人信仰多神，耶和华为诸神之一。大约在公元前13世纪后期，希伯来人的首领摩西创立了敬拜耶和华为唯一上帝的一神教即犹太教。他宣称耶和华给希伯来人制定了十条必须遵守的戒律。其中前四条实际上是犹太教的宗教信条：崇拜耶和华，不可崇拜他神；不可雕刻偶像；不可妄称上帝之名；要守安息日。公元前10世纪前后，大卫将犹太教定为国教。所罗门时完成了自大卫开始的在耶路撒冷锡安山建造的豪华的耶和华圣殿。“巴比伦之囚”时期（前586～前538年），犹太人的先知秘密宣扬“救世主”的思想，即唯一真神耶和华将派“救世主”降临人世，拯救苦难中的犹太人并帮助他们复国。波斯统治期间（约前538～前333年），犹太人建立了依附于波斯的半独立的政教合一国家，陆续编订了犹太教的经典《圣经》，制定了教规教仪。至此，犹太教正式形成。犹太教的教义主要有：只崇拜上帝耶和华，认为他是宇宙间唯一全知全能、创造世界、决定祸福的主宰；坚信犹太人是上帝的选民；信仰救世主，即相信上帝将派来救星使选民脱离苦难。基督教兴起后，接受了犹太教的经典《圣经》，但认为它是上帝与犹太人订立的圣约，已经陈旧，因此将它称为《旧约全书》。犹太教的《圣经》共39卷，希伯来人一般将其内容分为律法、先知书和诗文集三部分。它实际上是希伯来人的文学和历史作品的总集，具有很高的研究价值。

第十节　印度吠陀时代

印度河流域文明衰亡后,公元前1500～前600年的印度历史被称为"吠陀时代"。"吠陀"原意为"知识"或"神圣的知识",它实际上是印度世代口头流传下来的古老的宗教、文学典籍,也是婆罗门教的经典。吠陀共有四部,合在一起称为《吠陀本集》。其中最重要、最古老、最具文学价值的是《梨俱吠陀》,它所反映的时代被称为"早期吠陀时代",时间为公元前1500～前900年;其他三部吠陀——《沙摩吠陀》《耶柔吠陀》和《阿闼婆吠陀》以及解释这些吠陀的作品(如《梵书》《森林书》《奥义书》等)所反映的时代较晚,故称之为"后期吠陀时代",时间为公元前900～前600年。

早期吠陀时代的历史主要是印欧语系的游牧部落——雅利安人从伊朗高原经阿富汗逐渐入侵印度河中上游和恒河上游的历史,也是雅利安人与当地居民进行武力冲突和共处生息的历史。从《梨俱吠陀》的描述中可以看出,雅利安人与本地居民在外貌、语言、性格和习惯等方面有很大区别。雅利安人身材较高、蓝眼睛、肤色白皙,他们爱好战争、饮酒、赛车和赌博;而土著居民则被征服者贬为身材矮小、黑皮肤、没有鼻子或低鼻子、说邪恶语言、崇拜男性生殖器、富有牲畜和住在设防堡垒里的人。经过激烈的战斗,雅利安人征服了土著居民,成为印度河中上游和恒河上游的统治者。

早期吠陀时代的雅利安人尚未进入文明社会,他们仍过着氏族部落生活。当时他们的社会组织有部落("噶那")、氏族("维什")和村("哥罗摩")。每个部落包括若干个村,每个村由许多家族组成。有些部落已结成联盟。部落或部落联盟的首领叫"罗奢"("王"),实际上是军事首领,其权力受长老会议("萨巴")和部落成员会议("萨米提")的限制。

早期吠陀时代雅利安人过着以畜牧业为主的生活。他们饲养牛、绵羊、山羊、马和狗,其中以饲养牛为主,财富的多少根据牛群的大小多少来判断。后来他们在当地农耕居民的影响下,学会了犁耕和引水灌溉等农业技术，逐渐过上了农业定居生活。

后期吠陀时代是少数先进的雅利安部落进入文明和国家的时代，也是种姓制度和婆罗门教形成的时代。后期吠陀时代，原先的部落或部落联盟的军事首领罗奢有的已变为名副其实的国王，而且王位已经世袭。限制王权的两种会议——萨巴和萨米提虽然仍然存在，但远不如早期吠陀时代重要。公元前9～前8世纪，恒河上游的两个部落居楼和般奢罗已转变为国家。大约公元前7世纪，印度河流域上游和恒河流域中游又有一批部落跨入国家的门槛，如犍陀罗、摩德罗、乌希纳罗、迦尸、居萨罗等。但是，古代印度大部分地区的部落仍处于史前社会阶段。

种姓制度萌芽于早期吠陀时代之末，形成于后期吠陀时代。种姓制度产生的原因与雅利安人的军事征服及其内部分化有着密切的关系。种姓，梵语称“瓦尔那”，意为肤色。在入侵印度河流域之初，雅利安人发现当地居民的皮肤是黑色的，为了区分，便自称“雅利安瓦尔那”，把被征服的和与之敌对的当地居民称为“达萨瓦尔那”。后来，雅利安人内部也发生了分化，形成了平民和贵族。平民称为“吠舍”；贵族中有一部分是从事祭祀的，称“婆罗门”，另外一部分从事战争的贵族叫“罗奢尼亚”。到后期吠陀时代，随着雅利安人国家和婆罗门教的形成，种姓正式演变为一种严格的等级制度。

第一等级婆罗门是掌握神权的祭司贵族集团。他们拥有宗教经典的解释权和宗教仪式的主持权，是社会精神生活的统治者。第二等级刹帝利由“罗奢尼亚”发展而来，是掌握军权和政权的世俗贵族集团，是社会政治、经济和军事领域内的统治者。第三等级吠舍是雅利安平民，他们主要从事农、牧、商诸业，必须以捐赠和纳税的形式供养前两个等级。第四等级首陀罗是社会地位低下的被统治者，他们大多数是被征服的土著居民，也有少数是战败或沦落的雅利安人。他们从事各种生产劳动，被认为是低贱的劳动者，其中有的人已沦为雇工和奴隶。但总体上来看，首陀罗是下层受苦的平民，不完全等同于奴隶。与前三个等级不同，首陀罗没有宗教信仰权，不能参加前三个等级的宗教礼仪。种姓制度形成后，它的特征愈来愈明显，如职业世袭、不同种姓之间禁婚、法律地位不平等。

后期吠陀末期,维护种姓制度的思想武器是婆罗门教。该教是在早期吠陀时代雅利安人原始自然崇拜的基础上形成的。那时他们崇拜很多神祇,如天神梵伦那、雷神因陀罗、火神阿耆尼等。随着雅利安人的一些先进部落进入国家阶段,原来的神被赋予某种社会属性,神的性质和地位发生了变化。例如,雷神因陀罗变成了国王和贵族的保护神,天神梵伦那则变成了主管司法的神。婆罗门祭司还创造了一位新神——梵天(Brahmā,译为"婆罗摩"),它被认为是主宰整个宇宙和人间的最高神。婆罗门教就是因崇拜婆罗摩而得名。

后期吠陀时代末期,婆罗门教有了一套比较复杂的教义,后人将其高度概括为"梵我一致"论和"业报轮回"说。按照该教的说法,梵即梵天,是世界唯一、永恒、真实的存在,是宇宙的本源和主宰,就像蜘蛛吐丝一样,一切生命和事物皆由梵产生。与梵相比,宇宙万物和人世间的一切现象都是虚幻的、暂时的、可生可灭的。"我"(亦称"神我"或"自我")来自梵,是梵的一部分。"梵我一致"就是说作为宏观世界(大宇宙)精神实体的"梵",与作为微观世界(小宇宙)精神实体的"我"在本质上是一致的。"梵我一致"是婆罗门教宣扬的最高理想境界,若想达到这一境界,人们必须抑制七情六欲,放弃对尘世的眷恋,笃信梵天,才能使"我"复归于梵。

"业报轮回"说是婆罗门祭司在吸取了印度土著居民万物有灵和灵魂转世的思想后系统地提出来的。此说认为,人死后,灵魂不死,可以转生到另一个躯壳里,第二个躯壳死,灵魂再转生到第三个躯壳……如此轮转不已。一个人重新转生到何种躯壳里,则取决于他过去的行为——"业"("羯摩")。"行善的成善,行恶的成恶。"如果人生前遵守婆罗门教规定的各种姓的行为规范——"法"("达磨")行事,死后可升入"天道"(神的地位);次之可转入"祖道"(人的地位),其中又有转生为婆罗门、刹帝利、吠舍的区别;如生前不信奉神明,不按"达磨"行事,则被抛入"兽道"(即地狱之中),来世转生为首陀罗和各种动植物等。

婆罗门教的宗教仪式特别烦琐和复杂。其祭祀可分为家庭祭和天启祭两大类。家庭祭由家长主持,在家宅之内举行,共有十二种祭仪(如受胎、安胎、命名、结婚等),以人事为主。此外,家庭祭还包括新月祭、祖先祭等定期举行的祭仪。天启祭由祭官主持,大体可分为供养祭和苏摩祭两类。供养祭有七种,它是以动植物为祭品供奉诸神和祖先,以求人福稼丰牧畜兴旺的祭仪。苏摩祭是用苏摩酒供奉神或祖先的祭仪,通常有六种(如"马祭""人祭"等)。婆罗门教的祭祀活动,尤其是大规模的祭仪要浪费许多财物,同时还要给婆罗门祭司财物。婆罗门祭司声称祭仪可以给举办祭仪的人带来神的福佑,实际上是劳民伤财的活动。

总之,婆罗门教是维护高级种姓和统治阶级利益的工具,是一种相当复杂和烦琐的宗教。后来它遭到新兴宗教(如佛教、耆那教等)的反对。约公元8世纪以后,婆罗门教演变为印度教。

第十一节 印度列国时代的百家争鸣和早期佛教

公元前6～前4世纪是古代印度历史上的一个伟大时代。在这一时代,北印度的部落大都建立了国家,达20多个,其中有些国家早就存在,有些则刚刚兴起。佛教文献习称这些国家为"十六国"。这些国家分布于温德亚山脉以北的印度河和恒河流域,大部分国家在恒河流域。其中比较重要的国家有摩揭陀、居萨罗(亦译为"乔萨罗"或"拘萨罗")、迦尸、跋袛(亦称"弗栗特")、鸯伽、居楼、般奢罗、犍陀罗(亦译为"乾陀罗")、末罗等。十六国中十四国是王国,只有跋袛和末罗是共和国。由于当时诸国林立、各自为政,史称"列国时代"。

列国时代是印度意识形态领域各种学派、教派纷纷兴起和空前活跃的时代,形成了类似于中国春秋战国时代百家争鸣的局面。这个时期,继哈拉巴城市文明后印度北方又兴起了许多城市。随着城市商业的繁荣和商品货币经济的发展,整个社会正发生着剧烈的变化:四个种姓都有贫富分化的现象,婆罗门教的神圣地位开始动摇,传统观念受到挑战,出身卑贱的人在战争中获得了高位等。在社会急剧的变化中,出现了一批有识有为之士,他们不但提出许多新思想和新学说,而且还创立了许多新学派和新教派。这些新派别都有着批判婆罗门教和救世济人的精神。其中最激进的学派是顺世论派,最有影响的是耆那教和佛教。

顺世论派是古代印度的一个唯物论哲学学派。顺世论意为顺行世间、流行于人民中间的论点。该学派虽然早在公元前10世纪前半期就已出现,但它最活跃的时代为列国时代。本体论方面,顺世论派认为世界万物都由地、水、火、风四大物质元素构成。其主要代表人物阿夷多翅舍钦婆罗认为,人由四大元素组成。人死后,人体又分解为四大元素:“地还归地,水还归水,火还归火,风还归风,皆悉败坏,诸根归空。”[①]顺世论派认为人的意识也是由四大元素特殊结合而产生的,还认为灵魂不会离开肉体而独立存在。认识论方面,顺世论派认为感性知觉是认识真理的唯一源泉,直接的感性知识是正确的。其缺陷是他们否认推理的有效性。社会观方面,顺世论派反对种姓制度,认为婆罗门和贱民血管里的血液都是红的,人是生而平等的。顺世论派还与当时的婆罗门教、佛教等教派进行过论战。他们认为婆罗门教的经典《吠陀》都是谎言,其作者和传播者都是骗子。他们猛烈批判婆罗门教灵魂不死、轮回转世的说教和杀生祭祀的行为。他们还对佛教所宣扬的让人们灭欲、放弃享乐的谬论进行了批判,主张人应珍惜生命,愉快地生活,要使生存成为享乐。正因为顺世论派有这样的主张,他们的论敌以此把该派贬称为“斫婆迦派”,意为“只讲享乐不讲宗教修养”。总之,顺世论派反映了一般人民群众的世界观,与婆罗门教、佛教的观点是对立的。它被视为邪门歪道,其著作早已失传,只能从其论敌的文献中了解到一些观点。

耆那教是公元前6世纪印度的一个很有势力的教派,其真正的奠基人和创立者通常被认为是筏驮摩那,他的信徒尊称他为“大雄”。他出身刹帝利家族,30岁时才立志出家修行,云游了东印度几个国家。经过12年的极度苦修,终于在42岁时大悟得道,成为“耆那”(战胜情欲者)。后来,其教徒也被称为“耆那”。耆那教代表了刹帝利和吠舍大商人的利益,所以信徒多为这些人。耆那教有自己的一套教义。它认为宇宙万物都是由物质和灵魂构成的;“业”是一种特殊的、细微不可见的物质,能黏附于人的灵魂上,而黏附了不同的业的灵魂又会投生于不同的躯体。行善者可转生为天神,作恶者可转生为低级种姓、动植物和无生物等。但

① 《长阿含经》卷十七《沙门果经》。诸根,指眼、耳、鼻、舌、身。

耆那教并不把今生行善以求来生善报作为最高理想,其最高理想是让受业和肉体这些物质束缚的灵魂得到解脱,得以脱离躯体,超脱轮回。为实现此美好理想,信徒必须谨持“三宝”,即做到正信(对教义有正确的信仰)、正智(对教义有正确的认识)和正行(按照教义正确地实践)。此外,信徒还必须履行“五戒”:不杀生(非暴力)、不妄语、不偷盗、不淫、无所得(戒私财)。对出家修行的信徒,耆那教还有非常严格的要求。例如,对不杀生而言,就要求他们走路时必须面戴薄纱,以免蚊虫飞入口中致死;扫地时必须手执掸子或扫帚,边走边扫地面,口喊“去去去”,以免踩死虫蚁。除不杀生外,他们还必须苦行,要千方百计使自己的肉体受苦,如常挨饿,吃粗劣之食,裸体苦行,天冷时才穿草衣、树皮衣之类的东西。后来,耆那教分为两派:白袍派与裸体派。前者主张穿白衣,允许占有14种生活必需品;而后者则模仿大雄的习惯,裸体苦行。总的来说,耆那教值得肯定的地方在于它反对婆罗门教的吠陀天启、祭祀万能、婆罗门至上的三大纲领,针锋相对地指出吠陀并非真知,杀生祭祀只会增加罪恶,婆罗门是不学无术的祭司。其缺陷在于它囿于灵魂转世、因果报应、轮回解脱之见,并将禁欲和苦行当作解脱的最好方法。

佛教也产生于列国时代,但其对后世和世界的影响比耆那教大得多。佛教的创始人是乔达摩·悉达多(前566～前486年),成道后被尊称为“释迦牟尼”(意为“释迦族的圣人”)、“佛”(即“佛陀”的简称,意为“觉悟者”)。佛教就是因创始人被称为“佛”而得名。释迦牟尼原是迦毗罗卫城(今尼泊尔境内)净饭王之子,从小过着奢侈的宫廷生活。但他有感于世人生老病死等痛苦,欲出家寻求摆脱痛苦之救世真谛。于是,29岁那年毅然抛妻别子,离家外出修道。35岁自称得道成佛,之后便在恒河中下游各国说法传道达45年之久,80岁逝世。

佛陀及其直传弟子宣传的佛教为早期佛教(又称“原始佛教”),它的基本教义是四谛说、十二因缘说、五蕴说和因果报应说等。四谛说是佛陀所传的最根本的教义。四谛就是关于人生苦恼和摆脱苦恼的四大真理,包括苦谛、集谛、灭谛和道谛。苦谛是说人生充满着种种痛苦。佛陀把苦分为八种:生苦、老苦、病苦、死苦、爱别离苦(与所爱的人或事物离别之苦)、怨憎会苦(与所憎恨的人相会产生的苦恼,对所憎恨的环境想脱离又脱离不了而产生的苦恼)、求不得苦、五盛阴苦(也叫“五阴盛苦”“五受阴苦”,指人的一切身心之苦)。集谛是说人生多苦的原因。佛陀认为苦因在于人有“欲爱”。灭谛就是灭掉苦因(欲爱),达到无苦境界(涅槃)。道谛是讲灭苦的方法,即通过修道达到涅槃的途径。修道的方法有八种,即“八正道”:正见(正确的信仰)、正思维(对四谛作正确的思考)、正语(言语正确)、正业(行为正确)、正命(以正当的手段谋取生活用品)、正精进(集中精力,正确修行)、正念(对四谛之理正确地忆念)、正定(正确地修持禅定)。

十二因缘说是早期佛教基本教义的一部分。这一学说认为人和世界上的一切皆由因缘而有生有灭。所谓十二因缘是将人生分成十二个环节:无明(无知)、行(行为)、识(感觉和意识、思维活动)、名色(精神和肉体的统一)、六入(眼、耳、鼻、舌、身、意)、触(触觉和知觉)、受(感觉、感受)、爱(贪欲)、取(执着地追求)、有(生存的自然界)、生、老死。这十二个环节因果相连,即前者是后者之因,后者是前者之果。十二因缘说从无明开始,至老死结束。无明(无知)引起人生的“连锁反应”,才有一连串的因果环节,才有诸多苦难,包括老死。人若想摆脱诸苦,必须顺着十二因缘的因果链往上找,直找到无明这个根本苦因。只要灭掉无明,消除一切欲爱和烦恼,皈依佛法,才能进入涅槃。实际上,十二因缘说是对四谛中苦、集二谛的进一步解释。

五蕴说是早期佛教的哲学理论基础。“蕴”意为“积聚、类别”。五蕴即色、受、想、行、识。色指物质,包括地、水、火、风四大元素等;受指感觉;想指知觉;行指意志或心理活动;识指意识、认识和识别作用。五蕴中色蕴是物质,其他四蕴都是精神。早期佛教提出五蕴说的目的是想论证人生无常、充满痛苦。按照其逻辑,五蕴的根源在于人们对物质或精神的追求。五蕴虽能满足人们的某种需要,但它们变化无常,最终会给人们带来苦恼。因此,对五蕴和由五蕴组成的人生不应贪爱追求,而应放弃。五蕴说实际上是对四谛中苦因和灭苦的进一步诠释。

因果报应说也是早期佛教基本教义的一部分。它认为人有了欲爱,必然有思想和行动,这样就会造成其后果“业”。业既是欲爱的果,又是以后的因。于是因果相连,生死轮回不止。它还认为,善业、恶业必将带来不同的报应。一个人如果善业多,死后或升到天上,或转生为人,至于在人间是贫是富,则是由生前善业的多少决定的。一个人如果做了恶业,死后或转生为畜生,或转生为饿鬼以至于下地狱。业和报应轮回虽早在婆罗门教中就已存在,但佛教吸收后又有了新的发挥,即现实人的种姓差别和富贵贫贱并非梵天所造,而是由人前世的业决定的。佛教虽主张"行善者成善,行恶者得恶",但其最高理想并不是转生到高层次,而是达到不受因果报应和业力轮回支配的境界——涅槃。早期佛教值得肯定的是它主张"众生平等",反对婆罗门教宣扬的神创四种姓说,不承认婆罗门祭司的特权,认为四种姓就像一棵树上生出的花果、同一父母所生的子女一样"皆悉平等"。但是,它有时把刹帝利放在四种姓之首,而且所谓的"众生平等"仅限于宗教领域,对现实社会的不平等则采取承认的态度。为避免与世俗统治者发生冲突,它拒绝奴隶、欠债者、"未悔悟的盗贼"等加入佛教僧团组织。总起来看,早期佛教虽信徒众多,上至王族和富商大贾,下至穷人、首陀罗、妇女甚至妓女,但它主要代表了刹帝利和富有的吠舍大商人的利益,反映了这一小部分人的思想。

第十二节　摩揭陀国家

摩揭陀位于恒河中游(今印度比哈尔邦的南部),是列国时代兴起的一个国家,后来它逐渐强大起来,统一了北印度,并为后来孔雀帝国的建立奠定了基础。

公元前6世纪,摩揭陀出了一位与佛陀同时代的著名国王——频毗沙罗(即瓶沙王,约前544～前493年)。他通过联姻与居萨罗、跋祇等国建立了友好关系,同时又用武力征服了东邻即位于恒河三角洲的鸯伽国。据说,他曾管辖8万个村镇,每个村镇都设有村长和村议会。在中央,他设立了一个由8万个村长组成的大议会,这显系夸张之说,不过也透露出摩揭陀国可能是由许多村镇以某个政治中心组成的,同时也说明摩揭陀尽管是君主制王国,但王权至少在频毗沙罗王时还是受到限制的。频毗沙罗还在中央设立了分别管理行政、司法和军事的机构。此外,这位国王信奉佛教,首都王舍城成了当时保护和传播佛教的中心。传说他晚年被其子阿阇世所杀。阿阇世(约前 496～前 462 年)对外积极扩张,他先打败居萨罗国,继之又对跋祇国进行了长达 16 年的战争,终于将该国征服。从此,摩揭陀成为东印度的霸主。阿阇世曾在恒河南岸建立了一座堡垒,因地处经济、战略要地,加之水陆便利,后来发展成为著名的华氏城。阿阇世对佛教最初持敌视态度,但后来也信奉了佛教。他曾在王舍城建塔奉祀佛骨,还赞助过佛教在王舍城的第一次结集①。

阿阇世之后,先后有四位继位者弑父为王。最后一位残暴的国王被市民起义所推翻,大臣希苏那伽被拥立为王,从此开始了希苏那伽王朝(约前 414～前 346 年)的统治。希苏那伽统治时期,摩揭陀征服了阿般提,国势益强。其子迦腊索伽统治时,把首都迁至华氏城,还在吠舍厘城举办过佛教的第二次结集。约公元前 346 年,出身低微的摩诃帕德摩·难陀杀死希苏那伽王朝末王,建立难陀王朝(约前 346～前 324 年)。在其统治时期,摩揭陀基本上统一了北印度(除西北一隅外)。难陀王朝的末王达纳·难陀统治时期,摩揭陀兵力强大。据希腊作家记载,它拥有骑兵 2 万、步兵 20 万、战车 2000 乘、战象 3000 头。但是,达纳·难陀贪婪无度,横征暴敛,引起人民的不满。公元前 324 年,难陀王朝被旃陀罗笈多推翻,达纳·难陀被杀。

旃陀罗笈多家世寒微,传说出身一个饲养孔雀的家族。他在卓越的政治家乔底利耶的辅佐下,组织了一支军队,把驻守在印度西北部旁遮普地区的马其顿-希腊侵略军驱逐出境,随即称王。接着他又率军东征,灭难陀王朝,建立了一个依其家族职业命名的新王朝——孔雀王朝(前 324～前 187 年)。孔雀王朝统治时期,古代印度进入帝国时代。原摩揭陀的首府华氏城成了帝国的都城。这个帝国史称“孔雀帝国”或“摩揭陀帝国”。

旃陀罗笈多统治时期(约前 324～前 300 年),于公元前 305 年前后击败了入侵印度河西北部的希腊化国家塞琉古王国的军队。塞琉古不

① 结集是佛教徒为讨论佛陀生前的言论以结成经典而举行的集会。

得不把印度河以西一些地方(大体相当于今阿富汗和俾路支斯坦一带)让给旃陀罗笈多。后来两国维持和平并建立了外交关系。旃陀罗笈多死后,其子宾头沙罗(约前300～前 273 年)继位。他镇压了北印度的人民起义,并且继续向南扩张。宾头沙罗死后,其子阿育王(或译为“无忧王”)继位。

阿育王统治时期(约前 273～前 236 年)曾对印度南部羯陵伽进行了血腥征伐,俘虏 15 万人,杀死 10 万人。征服羯陵伽后,除南端迈索尔地区外,孔雀帝国的版图达到了最大规模:北起喜马拉雅山南麓,南至迈索尔,东抵阿萨姆西界,西到兴都库什山。阿育王统治时期是孔雀帝国最强盛的时代。据说,因羯陵伽战争杀戮甚众,阿育王表示忏悔并皈依佛教,成为虔诚的佛教徒。他还派人到处宣传他的圣法,教导宗教集团之间要和睦相处,互相忍让;人们要互相爱护,尊老爱幼,不杀生和做善事等。阿育王死后,孔雀帝国迅速衰落,南方的安度罗和羯陵伽很快宣布独立。大约到公元前 187 年,孔雀王朝末代国王被一位将军杀死,帝国告终。

第十三节　贵霜帝国

孔雀帝国灭亡后,恒河流域和南印度长期处于分裂状态,印度河流域先后经历了大夏、安息、西徐亚人等的入侵。自公元 1 世纪起,贵霜帝国统治印度河流域。贵霜是大月氏人建立的国家。贵霜人是大月氏的一支,公元前 2 世纪居于中国西部的敦煌和祁连山之间。公元前 165 年被匈奴人击败后,西迁至阿姆河流域,继而征服大夏,控制了阿姆河与锡尔河流域。当时大月氏分为五部,每部皆由一位翕侯统领。公元 1 世纪初,贵霜翕侯丘就却(15～65 年)击败其他四个翕侯称王,建立贵霜王国。其后,丘就却及其继承者都奉行扩张政策。到迦腻色迦统治时期(127～150 年),贵霜已成为一个庞大的帝国,它的疆域西起伊朗东部,东到恒河中游,北至咸海、锡尔河、葱岭一带,南达次大陆的纳巴达河,成为与罗马帝国、安息帝国和中国的东汉帝国并驾齐驱的四大帝国之一。

大月氏人原从事游牧业,西迁后因受当地影响,逐渐定居经营农业。随着帝国疆域的不断扩大,其社会经济也不断发展,水利灌溉系统扩大,农业生产力提高。因贵霜帝国地处"丝绸之路"的必经之地,东与中国、西与安息和罗马都有频繁的贸易往来,商品经济繁荣一时。但贵霜帝国是靠军事征服建立起来的,国内民族矛盾和阶级矛盾十分尖锐。迦腻色迦死后,帝国就开始衰落,3 世纪时分裂为若干小国。5 世纪时,哌哒人占领了大夏和印度河流域,消灭了贵霜的残余势力。

贵霜帝国的统治对印度大乘佛教的发展和传播曾起过重大作用。大乘佛教兴起于公元 1 世纪,是从早期佛教中分化而来的一个重要教派。"乘"是"运载"的意思。"大乘"意为能够运载更多的信徒由世俗的此岸到达"涅槃"的彼岸。原来的佛教则被贬称为"小乘"。迦腻色迦崇信大乘佛教。在其支持下,大乘佛教在西北印度和中亚得到广泛传播,并经中亚进一步传入中国,后又经中国传到朝鲜和日本。

第十四节　印度文化

古代印度最著名的文学作品是两部史诗:《摩诃婆罗多》和《罗摩衍那》。前者的基本内容可能形成于公元前 5 世纪,最后编定于公元 4 世纪,相传作者是毗耶娑(广博仙人);后者的主要内容可能形成于公元前 4 世纪,最后编定于公元 2 世纪,相传作者是跋弥(音译),中文意译为"蚁垤"。《摩诃婆罗多》("摩诃"意为"伟大的","婆罗多"是古代印度的王族名)共有 18 篇,长达 10 万颂(一颂两行诗,每行 16 个音)。这部史诗有 4/5 的篇幅是讲婆罗多王族的两支后裔居楼与般度争夺王位的故事。双方的内部斗争不可调和,最终以战争决定胜负。经过 18 天的血战,般度族取胜。该史诗是一部诗体百科全书,汇集了当时印度的政治、经济、社会、历史、宗教、伦理、哲学、文学等方面的知识,成为印度后世文学艺术创作汲取素材的宝库。《罗摩衍那》(亦译《腊玛延那》)意为"罗摩的漫游",全诗共 7 篇,24 万颂。写的是居萨罗国阿逾陀城十车王之子罗摩与妻子悉达悲欢离合的故事。罗摩本应继父为王,但遭继母陷害,被放逐到森林 14 年。在此期间,他因经常逐杀恶魔而激怒了魔王罗婆那,罗婆那设计将罗摩之妻悉达劫往楞伽岛。后来罗摩在大猴王的帮助下打败和杀死了魔王罗婆那,救出悉达,一并启程归国复位。这部史诗生动曲折,在艺术上独具特色,对世界文学的影响很大。我国学者认为,《西游记》中的孙悟空就是以《罗摩衍那》中的神猴哈奴曼为原型的。

《佛本生经》是一部具有很高文学价值的民间故事集,有 500 多个故事,主要描写的是佛陀前生前世的一些事迹。尽管一些故事被佛教徒进行加工或篡改,但仍保留着民间故事的某些民主性特征,其寓意深刻,爱憎分明。编成年代约在公元前 3 世纪。

古代印度雄伟的建筑和精美的艺术,大都是从孔雀王朝开始的,其中最著名的是在桑奇建造的佛塔。这座名为"桑奇大塔"的建筑是一直径约 36.6 米的半圆形房子,顶端有一平台,台上有一方坛,坛上立有伞形柱。这个建筑是用来奉祀佛骨、崇拜佛的地方。大塔有四个大门,每个门都布满了以佛教为中心题材的栩栩如生的雕刻。大塔东门上的"树神托架像"最为典型,其中美丽的女神双手托着繁茂的大树,扭动的身躯形呈"S"形,外轮廓线给人以节奏韵律感。这尊人体雕像具有接近人体比例的写实性,对性部位也无掩饰,被誉为印度东方美的典型作品。

阿育王时建造的刻有诏令的圆形大石柱具有很高的雕刻艺术水平,其中最完美的一个石柱叫"阿育王四狮柱头"。柱头顶端雕有四只面向四方连体蹲踞的雄狮,鬃毛猎猎,目视远方,气势雄劲,象征着阿育王专制的权威和力量。

始凿于公元前 2 世纪、完成于 7 世纪的阿旃陀石窟是亚洲最早的石窟。阿旃陀石窟艺术是印度佛教艺术的集散地,是东方石窟艺术的源头。该石窟位于今马哈拉施特拉邦境内,温德亚山脉深山中,开凿在距地面100 多米高的山腰间,共有 29 窟。其中有 4 个窟是供人膜拜的佛殿,有 25 个窟是和尚修行和居住的僧房。阿旃陀石窟是建筑、雕刻、绘画三种艺术完美结合的范例,是世界艺术宝库,吸引着世界各地的佛教徒和艺术家前来游览。印度阿旃陀石窟的壁画对中国敦煌石窟壁画有明显的影响。

1~3 世纪,古代印度出现了一种风格独特的艺术——犍陀罗艺术。

犍陀罗在古代印度西北部，主要在今巴基斯坦白沙瓦一带。犍陀罗艺术实际上是以佛教艺术为主体、融合了希腊艺术及多种文化因素(如波斯文化、中国文化等)的东方特殊风格的艺术。例如，有一件叫“青铜圣物盒”的艺术品，上面有佛祖释迦牟尼像，有婆罗门教主神梵天和战神因陀罗像。还有一幅佛祖释迦牟尼、贵霜国王迦腻色迦、希腊太阳神和月神坐在一起的浮雕画。犍陀罗佛像较多地吸取了希腊雕刻艺术的风格，如穿着希腊衣服，服饰褶皱分明，自然舒展，但又具有印度佛教精神，如神态安详、端庄肃穆。

古代印度在天文学、数学、医学等方面都取得了很高的成就。早在吠陀时代，印度人就认识了许多星宿，并把黄道附近的恒星划分成 28 个星座，类似中国的二十八星宿。不过当时的观念仍然认为大地是不动的，太阳、月亮和星星都围绕着大地旋转。后来，古代印度人有了比较精确的历法。他们根据月亮的盈亏制定了太阴历：把一年分为 12 个月，每月 30 天，全年共 360 天，每隔 5 年加上一年闰月。公元 1 世纪以后，印度还出现了著名的天文历法著作《太阳悉檀多》。数学方面，古代印度最大的贡献是发明了十个数学符号，“0”在当时以黑点表示。另外，古代印度人还发明了定位计数法。后来，阿拉伯商人在同印度人交易时学会了定位计数法，并将十个数字略加修改传至欧洲。这十个数字后来就被称为阿拉伯数字，并且为全世界所通用。成书于公元前 5～前 4 世纪的数学著作《准绳经》里记录了许多几何学知识，如勾股定理、圆周率等。医学方面，古代印度的贡献也很大，出现了不少著名的医学著作。《阿育吠咤》是古代印度最早的医学著作，里面的巫术成分不多。它认为，如果气候与心理的原因而使体液、胆汁和气三者失调，那么人就会生病。迦腻色伽的御医奢罗迦所著的《奢罗迦本集》，是古代印度最重要的医学著作之一，享有“医学百科全书”美誉。书中指出，营养、睡眠和节食是维护健康的三大要素。该书记录了一套诊断和治疗的方法，还提到过 500 种药物。《妙闻本集》也是一部著名的医学著作。作者妙闻(苏斯路塔)是一位大医学家，值得注意的是他的书涉及外科学，有两章记述了关于外科用具和手术方法。此外，妙闻还论述过病理学、解剖学、胚胎学、治疗学和毒物学等问题。他很重视医德，书中指出应给孤寡、贫民等免费治病。

【延伸阅读】

1. 陈飞:《〈亚述王表〉与亚述王权》,《世界历史》2019 年第 5 期。

2. 葛会鹏:《古代埃及人边疆观的演变及其影响》,《世界历史》2017 年第 3 期。

3. 拱玉书:《西亚考古史:1842—1939 年》,文物出版社 2002 年版;《古代两河流域文字起源神话传说》,《世界历史》2007 年第 2 期;拱玉书译注:《吉尔伽美什史诗》,商务印书馆 2021 年版。

4. 郭丹彤:《埃及与东地中海世界的交往》,社会科学文献出版社 2011 年版;《论古代埃及的赋税体系》,《东北师大学报》(哲学社会科学版)2016 年第 5 期;《法老时代埃及土地私有化现象研究》,《历史研究》2016 年第 4 期;《埃及人心中的异邦》,《东北师大学报》(哲学社会科学版)2017 年第 3 期;《古代埃及文明的包容性》,《历史教学》2021 年第 8 期;《古代埃及瘟疫的传播和影响》,《史学集刊》2022 年第 1 期;《阿契美尼德王朝对波斯帝国的治理》,《历史研究》2022 年第 6 期。

5. 国洪更:《古代两河流域的创世神话与历史》,《世界历史》2006 年第 4 期;《亚述行省制度探析》,《世界历史》2014 年第 6 期;《赋役豁免政策的嬗变与亚述帝国的盛衰》,《历史研究》2015 年第 1 期;《亚述赋役制度考略》,中国社会科学出版社 2015 年版;《亚述帝国诉讼的行政化》,《世界历史》2021 年第 5 期。

6. 黄心川主编:《世界十大宗教》,社会科学文献出版社 2007 年版。

7. 蒋忠新译:《摩奴法论》,中国社会科学出版社 2007 年版。

8. 王海利:《古埃及"只娶不嫁"的外交婚姻》,《历史研究》2002 年第 6 期;《法老与学者:埃及学的历史》,北京师范大学出版社 2010 年版;《木乃伊对研究古代埃及历史的意义》,《史林》2012 年第 6 期。

9. 金寿福编著:《古代埃及文明》,复旦大学出版社 2003 年版;金寿福:《古代埃及早期统一的国家形成过程》,《世界历史》2010 年第 3 期;《内生与杂糅视野下的古埃及文明起源》,《中国社会科学》2012 年第 12 期;《论古代埃及经济的特征》,《世界历史》2015 年第 5 期;《文明兴衰视野下的"海上民族"考论》,《历史研究》2022 年第 4 期;《古埃及文明的起源及其特征》,《世界历史》2023 年第 1 期;金寿福译注:《古埃及〈亡灵书〉》,商务印书馆 2020

年版。

10. 李海峰:《古巴比伦时期土地租赁活动研究》,《世界历史》2009 年第 1 期;《从民间契约看〈汉穆腊比法典〉的性质》,《史学月刊》2014 年第 3 期;《古代近东文明:古代两河流域、古埃及、波斯等古文明探研》,2014 年版。

11. 李晓东:《古代埃及》,北京师范大学出版社 2020 年版;《从创造力看古埃及文明兴衰》,《历史研究》2022 年第 6 期。

12. 李政:《赫梯文明研究》,昆仑出版社 2018 年版;《赫梯帝国灭亡再考察》,《历史研究》2022 年第 6 期。

13. 刘昌玉:《从上海到下海:早期两河流域商路初探》,中国社会科学出版社 2019 年版;《古代两河流域乌尔第三王朝赋税制度研究》,中国社会科学出版社 2021 年版;《政治区域划分与乌尔第三王朝的国家治理》,《世界历史》2023 年第 2 期。

14. 刘家和等主编:《世界古代文明史研究导论》,北京师范大学出版社 2021 年版。

15. 刘健:《古代两河流域新年礼俗、观念及其政治功能的演进》,《贵州社会科学》2017 年第 10 期。

16. 刘文鹏主编:《古代西亚北非文明》,中国社会科学出版社 1999 年版;刘文鹏等:《论古埃及文明的特性》,《史学理论研究》2000 年第 1 期。

17. 欧阳晓莉:《两河流域乌尔第三王朝白银的货币功能探析》,《世界历史》2016 年第 5 期;《波兰尼的经济模式与两河流域经济史研究》,《史学理论研究》2018 年第 1 期;《英雄与神祇:〈吉尔伽美什史诗〉研读》,上海三联书店 2020 年版;《交相辉映:两河流域文化元素在古埃及前王朝时期的发现》,《世界历史》2023 年第 1 期。

18. 施治生等主编:《古代王权与专制主义》(修订本),中国社会科学出版社 2005 年版;施治生等主编:《古代国家的等级制度》(修订本),中国社会科学出版社 2015 年版。

19. 颜海英:《文本、图像与仪式——古埃及神庙中的“冥世之书”》,《古代文明》2021 年第 1 期;《中国收藏的古埃及文物》,中国社会科学出版社 2021 年版。

20. 于殿利:《古巴比伦私人农业经济的商业化特征》,《中国社会科学》

2011 年第 2 期;《巴比伦与亚述文明》,北京师范大学出版社 2013 年版;《古代美索不达米亚文明》,北京师范大学出版社 2018 年版;于殿利、周启迪:《古代两河流域和古代埃及》,北京师范大学出版社 2023 年版。

21. 余太山:《贵霜史研究》,商务印书馆 2015 年版。

22. 周启迪:《古代埃及史》,北京师范大学出版社 1994 年版;《古代埃及文明》,北京师范大学出版社 2018 年版。

23. [英]爱德华滋著,沈大銈译:《汉穆拉比法典》,中国政法大学出版社 2005 年版。

24. [美]伯特曼著,秋叶译:《古代美索不达米亚社会生活》,商务印书馆 2016 年版。

25. [澳]特雷弗·布赖斯著,赵娜译:《巴比伦尼亚》,译林出版社 2022 年版。

26. [英]罗莎莉·戴维著,李晓东译:《古代埃及社会生活》商务印书馆 2016 年版。

27. [美]威尔·杜兰特:《世界文明史·东方的遗产》,天地出版社 2017 年版。

28. [美]亨利·富兰克弗特著,子林译:《近东文明的起源》,上海人民出版社 2009 年版。

29. [印]D. D. 高善必著,王树英等译:《印度古代文化与文明史纲》,商务印书馆 1998 年版。

30. [德]汉尼希、朱威烈等著:《人类早期文明的“木乃伊”——古埃及文化求实》,商务印书馆 2019 年版。

31. [德]罗曼·赫尔佐克著,赵蓉恒译:《古代的国家——起源和统治形式》,北京大学出版社 2003 年版。

32. [德]赫尔曼·库尔克等著,王立新、周红江译:《印度史》,中国青年出版社 2008 年版。

33. [美]菲利普·李·拉尔夫等著,赵丰等译:《世界文明史》上卷,商务印书馆 2006 年版。

34. [美]马克·范·德·米罗普著,李红燕译:《古代美索不达米亚城市》,商务印书馆 2022 年版。

35. [美]詹森·汤普森著,郭子林译:《埃及史——从原初时代至当下》,商务印书馆 2012 年版。

36.[英]阿诺德·汤因比著,刘北成、郭小凌译:《历史研究》,上海人民出版社 2000 年版。

37.[英]理查德·H. 威尔金森著,颜海英等译:《埃及众神》,贵州人民出版社 2023 年版;颜海英等译:《埃及神庙》,贵州人民出版社 2023 年版。

【思考与讨论】

1. 试论上古埃及君主专制制度的基本特征。
2. 上古埃及社会经济的发展主要取得了哪些成就?
3. 由阿蒙霍特普四世的宗教改革分析上古社会王权与祭司集团的关系。
4. “埃及学”是怎样产生的?
5. 以具体事例说明上古埃及人的“灵魂不死”观念。
6. 何谓城邦? 苏美尔城邦有何特征?
7. 论上古两河流域的政体形式。
8. 由《汉谟拉比法典》分析古巴比伦社会的阶级结构。
9. 试论亚述帝国与新巴比伦王国奴隶制的特点。
10. 试论“巴比伦之囚”的历史影响。
11. 试论上古世界帝国与王国的异同。
12. 何谓亚述学? 亚述学是怎样产生的?
13. 试评价腓尼基字母的历史地位。
14. 腓尼基经济有何特征?
15. 概述《吉尔伽美什史诗》的故事并论其历史影响。
16. 犹太教是怎样产生的? 应该怎样评价它的历史地位?
17. 试述上古两河流域的主要文化成就。
18. 试论上古印度种姓制度产生的原因和历史影响。
19. 印度列国时代百家争鸣的局面是怎样形成的?
20. 试论早期佛教产生的宗教、哲学、历史基础。
21. 分析早期佛教教义。
22. 论上古印度早期佛教的演变。

23. 简述摩揭陀国家的历史。
24. 孔雀王朝是怎样形成的？试述其政治、经济制度。
25. 怎样评价贵霜帝国的历史地位？
26. 试述上古印度的主要文化成就。

第四章　上古区域性国家(下)

本章包括独立时代的希腊各城邦和早期罗马共和国的历史。这一时期,铁器得到广泛使用,上古文明的范围逐渐扩展至整个地中海区域,并产生了古代社会典型的城邦国家形态。

公元前 12 世纪末,自希腊北部南下的多利亚人摧毁了爱琴文明,导致希腊历史发展出现暂时的曲折。公元前 8～前 6 世纪,在铁器时代的生产力的推动下,希腊各地产生了数以百计的城邦国家,并以大殖民的方式将希腊文明传播至地中海各地。雅典和斯巴达的政治、经济制度及社会特点也都定型于此时。公元前 5 世纪,在取得希波战争胜利后,以雅典为代表的希腊城邦进入经济、政治和文化全面繁荣的古典时代。但随之而来的伯罗奔尼撒战争却使希腊陷入城邦危机,而北部新兴的马其顿王国乘机南下,征服了希腊半岛,结束了古希腊的城邦时代。

罗马是上古世界形成较晚的国家,当希腊各邦衰亡时,它正方兴未艾。正因如此,罗马可以向其近邻学习借鉴更多的东西,铁器时代的生产力起点也为其发展提供了较大的可能性。公元前 6 世纪末,罗马共和国形成。此后,在其内部进行激烈的平民反贵族斗争的同时,统治者发动了大规模的对外战争。到公元前 3 世纪中期,罗马成为意大利半岛的主人,建成了区域性统一国家。

希腊、罗马全盛时期,奴隶制得到了充分发展,奴隶劳动充斥各个生产领域,在古代世界最为典型。在政治体制上,希腊、罗马都实行非专制政体,雅典是民主制的典型,罗马是共和制的典型。

公元前8～前4世纪的希腊文化堪与中国春秋战国时代和印度列国时代的文化相媲美，在某些领域甚至达到了古代世界的最高峰。希腊文化后为罗马所继承和发扬，对近现代西方文明的发展产生了深远的影响。

第一节　希腊荷马时代

公元前11～前9世纪的希腊历史通常被称作“荷马时代”，其因荷马史诗而得名。这部由《伊利亚特》和《奥德赛》组成的史诗不仅是脍炙人口的西方古典文学名著，也具有很高的史料价值。其中既有关于迈锡尼文明的神话和传说，更有对公元前11～前9世纪多利亚人入侵后希腊社会经济生活的反映。

荷马时代的社会与迈锡尼时代相比较，应为一种倒退，遍及希腊的氏族部落湮没了迈锡尼文明。但生产力水平却有很大提高，突出表现在希腊已从青铜时代进入铁器时代。考古学家发现了这一时代用铁制成的斧、锄、刀、剑等生产工具和武器，还发现了铁匠作坊。《伊利亚特》提到射鸽运动员的奖品是铁斧。铁器的发明促进了农业生产力的发展，人们学会用双牛拉犁，在平原、盆地种植大麦、豆类等作物，在山坡丘陵栽培橄榄、葡萄，已能使用天然肥料，从而提高了农产效益。农业的发展既提供了较多的生活资料，也刺激了分工的发展。手工业已脱离农业，成为独立的生产部门，出现了金属制造、纺织、皮革、造船等行业。生产的发展促使商品交换出现。不过当时是以物易物，用于交换的主要物品是牲畜和金属，特别是牛，既是交换媒介，也是主要的财产形态。据《伊利亚特》所载，此时的物物交换主要有两种类型：一种是以牛易物，一种是以牛易人（奴）。此外，还有馈赠等其他形式。

史诗还反映出当时阶级分化的情形。动产的私有制已显而易见，不动产（土地）的私有制似乎也已产生。氏族贵族占有较多较好的土地和大量牲畜，村社农民只能耕种小块份地，失去份地的农民则充当雇工甚至沦为乞丐。奴隶制已经产生，奴隶主要来源于战俘和被拐卖的人。

《奥德赛》曾描写奥德修斯的父亲拥有50名女奴和许多男奴。男奴多用于放牧,女奴多从事家务和纺织,直接从事农业和手工业生产的奴隶还不多。

多利亚人和其他入侵部族的军事民主制社会组织比较严密,代替了迈锡尼时代的国家体制而普遍流行于希腊全境。父系部落和部落联盟内皆设三种社会管理机构:(1)军事首领(巴赛勒斯),由全体成年男子选举产生,平时管理祭祀和裁决争讼,战时率兵打仗,尚未脱离生产劳动,也不具备后世国王的专制权力;(2)议事会,由各部落氏族长老组成,有广泛的权力,重大问题先由议事会讨论通过,然后交由民众会表决;(3)民众会,是名义上的最高权力机构,由全体成年男子组成,对重大问题如作战、媾和、迁徙和推举领袖等进行表决。军事民主制是较氏族复杂、比国家简单的过渡性社会组织形式。其总的发展趋势是:军事首领和议事会的权力日益增大,民众会的权力则越来越小。到荷马时代后期,这种管理机构开始向国家统治机构过渡。[①]

第二节　希腊城邦与海外殖民

研究希腊历史的关键是研究城邦。希腊城邦是古希腊人在其特定的历史文化背景和地理环境中创造的一种早期国家形式。其主要特征是:通常以一个城市为中心,联合周围农村,小国寡民,独立自治,实行公民集体专政。城邦国家的出现,是社会生产力发展和阶级斗争尖锐化的结果。

在荷马时代末期,随着铁器的普遍使用,希腊社会的经济发展速度明显加快,农、工、商均有突出发展。与此同时,希腊在同东方频繁交往的过程中,大量吸收并利用了东方文明历经数千年才取得的丰硕成果,

---

①　关于荷马时代社会性质相关的研究,可参见顾准:《顾准文集》,华东师范大学出版社2014年版;黄洋:《试论荷马社会的性质与早期希腊国家的形成》,《世界历史》1997年第4期;黄洋:《古代希腊政治与社会初探》,北京大学出版社2014年版;黄洋、晏绍祥:《希腊史研究入门》,北京大学出版社20121年版。

使希腊人站在较高的历史起点上建构了迥异于东方的国家体制。

社会经济的发展加剧了两极分化，围绕土地、债务等问题，贵族与平民展开了激烈斗争。在斗争中，原始公社制渐趋解体，代之而起的是阶级压迫的工具——国家。在希腊，国家的普遍形式便是城邦(polis)。希腊城邦的形成方式和途径大致分为三类：一类是在早期移民和后来大殖民运动中建立的城邦，前者如小亚沿岸和爱琴海诸岛屿的爱奥尼亚诸邦，后者如地中海沿岸和黑海沿岸各殖民地城邦；一类是在氏族制度解体并征服其他居民的过程中建立的城邦，如斯巴达；另一类是在自身氏族制度解体和阶级分化的基础上通过"改革"产生的城邦，如雅典。

城邦形成之初，普遍实行贵族政治，一切权力集中于由军事民主制时代的长老议事会转化而来的贵族会议手中。稍后，由于经济的发展，加之以平民为主力的步兵逐渐取代贵族骑兵，使平民地位日显重要，他们向贵族政治提出挑战，要求打破贵族在政治上一统天下的局面。在对立双方势均力敌的城邦，一度出现了僭主政治①。但随着对立双方力量的此消彼长，有的城邦通过平民反贵族斗争建立了民主政治，如雅典；有的城邦因贵族力量强大，建立了贵族寡头政治，如科林斯。只有斯巴达长期维持贵族寡头统治。

在城邦普遍建立的同时，希腊人还进行了大规模的海外殖民。这一时期的殖民与荷马时代的部落迁移有所不同，具有更广阔的社会背景，所以史称"大殖民运动"。

希腊人殖民的基本动因是过剩人口对生产力的压力，迫使在本邦走投无路的人们到外乡寻求生存空间。造成人口过剩的原因有：人口的自然增长和人为的土地兼并。荷马时代相对平静的定居生活使人口有了较大幅度的增长，原本山多地瘠的希腊半岛的耕地更显不足，加之贵族不断购买和掠夺小农的土地，导致失地农民越来越多，成为社会的不安定因素。新兴的城邦只好把多余人口送到海外谋生。工商业者为觅得廉价原料产地和产品销售市场，希望到海外建立贸易据点，扩大经济贸易圈。在城邦内部政治斗争中失败的上层分子也企图到海外重新建立

① 僭主政治即独裁统治，是早期希腊从贵族政治向民主政治过渡时期的一种政体形式。早期僭主多出身贵族，但为了争取民心，往往采取有利于平民的政策。

自己的权势。天灾则是促成殖民的自然因素。在上述诸多因素的交互作用下,公元前8～前6世纪,希腊各城邦掀起了向海外殖民的热潮。初始时只是民间分散和无计划的殖民,后来发展成为由政府组织的殖民运动。

希腊人殖民的主要方向是,东北至爱琴海北岸及黑海沿岸,西到西西里岛、意大利南部、法国南部和西班牙沿海地区,南达埃及和利比亚等地。至公元前550年前后殖民运动结束时,共约44个城邦的公民在异族境内建立了至少139个殖民点,环绕在地中海和黑海沿岸,其中有不少是殖民地城邦建立的新殖民城邦。较重要的有西西里岛的叙拉古,意大利南部的他林敦、那不勒斯,法国南部的马赛,博斯普鲁斯海峡的拜占廷,黑海南岸的锡诺普,北非的诺克拉底斯等。

对于希腊人来说,殖民等同于一次地理发现,极大地拓展了希腊世界的范围,开阔了希腊人的眼界。从此,希腊本土与地中海、黑海地区成为一个有着密切经济文化联系的整体,这既有利于希腊对东方文明成就的吸收,也推动了落后地区的文明进程;殖民运动促进了工商业和海上贸易的发展,壮大了工商业奴隶主的政治经济实力,也加强了平民阵营的力量,有助于平民反贵族的斗争和民主政治的建立;海外殖民还增加了奴隶的外部来源,为破产农民找到了出路,缓解了希腊城邦发展过程中的内部矛盾,为希腊的繁荣奠定了基础;殖民运动的进一步发展巩固了希腊的小国寡民的城邦制度,使其始终未像东方国家一样,建立统一的专制帝国。但另一方面,希腊殖民也伴随着侵略和暴力,殖民者的成功是建立在当地土著居民的痛苦之上的。

第三节　斯巴达城邦的主要特征

斯巴达位于伯罗奔尼撒半岛东南部的拉哥尼亚平原,是希腊面积最大的城邦。公元前1100年左右,一批多利亚人自希腊半岛北部南下,侵入伯罗奔尼撒半岛,其中一支进入拉哥尼亚,毁灭了迈锡尼文明时期由阿卡亚人在此建立的斯巴达城。公元前10～前9世纪,多利亚人逐渐组成农村公社(奥巴),并建立起新的斯巴达城。居住于此的多利亚人,遂被称为“斯巴达人”。

公元前800～前730年,斯巴达人逐渐征服了整个拉哥尼亚地区,其居民被降到边民“皮里阿西”的地位,臣属于斯巴达人。此后又经过两次美塞尼亚战争(前740～前720年、前640～前620年),斯巴达人征服了拉哥尼亚西部的美塞尼亚居民,像对待希洛人那样对他们加以奴役。在征服过程中,斯巴达人原已解体的氏族制度更趋瓦解,征服者与被征服者之间也产生了尖锐的对抗。为此,斯巴达进行了一系列政治改革与社会改造活动,形成了层次分明的阶级结构和一整套暴力机器。历史上将这一系列改革的成就归于斯巴达王来库古。至公元前7世纪中叶,斯巴达国家最终形成。

斯巴达城邦建立后,其居民分为三个等级:斯巴达人、皮里阿西人和希洛人。斯巴达人是征服者,其成年男子均享有公民权,总数约9000人,包括其家属共约4万人。他们集体占有全国的土地和奴隶。土地按斯巴达人的家庭数目分成均等的份地(每份约20公顷),分给各家,由希洛人代耕,斯巴达人坐享其成。份地不准转让、分割和买卖,只能传给后代。皮里阿西人散居于山区和沿海的村镇之中,约有3万人。他们无公民权,不能与斯巴达人通婚,但享有人身自由,有权占有土地和动产。他们从事农业和工商业,并向国家纳税和服兵役。希洛人是斯巴达人集体占有的奴隶(一说农奴),总数约20万人。他们每七家附着在斯巴达人的一块份地上,向份地领有者交纳一半的收成,剩余的一半用以维持七家希洛人的生活。希洛人有自己的家室和生产工具,但无政治权利和人身自由。

为了防范和镇压数倍于己的被征服者的反抗,斯巴达人大力强化国家机器,形成了贵族寡头政体。① 据普鲁塔克《来库古传》记载,斯巴达国家机器由国王、长老会议、公民大会和监察官组成。国王有两个,分别来自两个互相竞争的王室家族,其主要职能是:平时主持国家祭祀并负责司法,战时一个统兵作战,一个国内坐镇。长老会议由28名年满60

---

① 也有学者认为,斯巴达实行的是一种包含君主制、寡头制和原始民主制诸因素的混合政体。

岁的长老加上 2 名国王共 30 人组成，是城邦的最高权力机关和最高司法机关。公民大会由年满 30 岁的斯巴达男子参加，仅有对国王和长老会议的提议进行表决的权力。监察官有 5 名，贵族出身，其职责是监督国王，监察公民生活和镇压希洛人的反抗。从公元前 7 世纪后期开始，其权力不断扩大，取得了罢黜国王、决定内外政策、立法等权，国家权力实际被这些寡头垄断。

在经济上，斯巴达以农业为主，工商业极不发达，甚至一度禁止金银作为货币流通，旨在阻抑商品经济的发展，防止两极分化，维护公民集体的团结，以对付反抗的希洛人。

斯巴达国家实行极为严格的军事制度和教育制度，其全民皆兵、尚武轻文的程度在世界历史上十分罕见。公民从出生之日起就被置于国家的监督和管束之下。按照规定，斯巴达婴儿刚一落地即须接受专职人员的体格检查，不合格者禁止成活。小孩到了 7 岁就要编入名叫“阿哥拉伊”的儿童团，集体食宿，接受初级军事训练，历经缺衣少食、日夜操练等艰苦生活的考验。从 20 岁开始，青年男子必须投身于军营生活，除了行军作战就是反复操练，精神上也以培养绝对服从、视死如归的军人气质为首要。这种生活一直持续到 60 岁才告结束。斯巴达人还认为，有健康的母亲才有强壮的战士，故斯巴达妇女也要从事各种体育锻炼。由于斯巴达人实行如此严格的军事训练，所以其陆军成为全希腊实力最强、纪律最严的军队。但文化建设则完全被忽视了，以至在辉煌的希腊古典文明中，所有文化创树皆与斯巴达人无缘。斯巴达人之所以实行严格的军事制度，主要是为了镇压希洛人的反抗和进行对外扩张。

在对外关系上，斯巴达统治者奉行霸权政策。他们采取武力威胁与外交逼迫等手段，逐步制服了南希腊的多数城邦，结成了斯巴达领导下的军事同盟。到公元前 530 年，除阿哥斯等少数几个城邦外，伯罗奔尼撒半岛上的城邦几乎都加入了该同盟，故现代学者称之为“伯罗奔尼撒同盟”。各盟邦名义上地位平等，实际上斯巴达以其强大的军事力量凌驾于其他盟邦之上，一切重大事务均由它一手操纵。斯巴达依靠该同盟经常干预他国内政，支持各邦的贵族寡头派。提洛同盟组成后，斯巴达将伯罗奔尼撒同盟变成了同雅典争夺希腊霸权的工具。

第四节　雅典民主城邦的形成

雅典位于中希腊的阿提卡半岛，境内山多地少，矿产丰富，沿海有良港，对外交通方便。荷马时代，这里的居民分成4个部落，每个部落有3个胞族，每个胞族含30个氏族，共有360个氏族。

公元前12世纪，多利亚人南下时并未侵入阿提卡，但受多利亚人南侵的影响，迈锡尼各邦的一些居民为躲避战乱纷纷逃至雅典，他们成为氏族之外的居民。由于居民混杂，原有的氏族管理机构失灵。为适应这种新形势，雅典第十代"王"(巴赛勒斯)提修斯进行了改革。提修斯改革采取了"联合运动"的方式，废除了阿提卡各地的议事会和行政机构，设立了以雅典为中心的中央议事会和行政机构；根据出身和职业，将全体居民分为贵族、农民和手工业者三个等级，并赋予贵族担任社会公职的特权。通过改革，氏族部落管理机构正式发展为贵族垄断的国家机构。近代学者认为，这一由部落联合为国家的过程显然经过了较长的历史发展时期，而不可能是某一人在某一次改革中所能完成的。提修斯改革只不过是这一过程的反映，它可以作为雅典国家诞生的标志。[①] 刚刚诞生的雅典城邦是贵族统治的国家，统治机构有执政官、贵族会议和公民大会。最初执政官为终身制，约公元前753年改为十年一任，约公元前682年又改为一年一任；初仅为一人，约公元前683年增为九人(其中一人为首席执政官)。他们均从贵族中选出，卸任后进入贵族会议。贵族会议有权推荐和制裁执政官，审理刑事案件，决定政策导向，其成员皆为终身制。而公民大会只是贵族会议的附属物，并无实际权力，且仅限占有土地者参加。氏族贵族利用自己垄断的政权残酷地剥削、压迫平民。农民的处境日益恶化，他们或将土地抵押给贵族沦为"六一汉"(因为他们为富人耕田，按此比率纳租)，或变为债务奴隶，或流亡国外。这种情况使贵族与平民的矛盾极度尖锐，社会动荡不安。公元前632年，贵族

---

① 英国著名史家哈蒙德认为，提修斯改革发生在公元前1250年前后，但现代学者多数认为发生在约公元前8世纪。

青年基伦企图利用平民对贵族的不满夺取政权,建立僭主政治,但因未得平民支持而遭失败,最终被杀。公元前 621 年,司法执政官德拉古编定成文法,对贵族任意解释习惯法有所限制。但该法旨在加强贵族统治,用刑严苛,允许债务奴役,反而使平贵斗争更趋激烈。公元前 6 世纪初,平民准备以暴力推翻贵族政权,内战一触即发。在这危急关头,得到绝大多数公民支持的梭伦于公元前 594 年被推举为"执政兼仲裁",受命调停矛盾。

梭伦(约前 630～前 560 年)出身贵族,阅历丰富,博学多识,爱国爱民,在公民中极有威望。他到任后,拒做僭主,主张以法治国,先后颁布了一系列政治、经济等改革法令。

政治改革包括:(1)将全体雅典自由民按财产多寡分为四个等级,并规定相应的权利和义务。地产年收入在 500 麦斗(1 麦斗约合 80 公斤)以上者为第一等级(500 麦斗级),300～500 麦斗者为第二等级(骑士级),200～300 麦斗者为第三等级(双牛级),200 麦斗以下者为第四等级(雇工级)。工商业者的货币收入也可折合为地产计算。国家的高级官员由一、二等级公民担任。第三等级公民可担任四百人会议议员以及一些低级官职,第四等级只能参加公民大会和陪审法庭的活动。但富有者担任高官的权利是同较多的社会义务联系在一起的。一、二等级公民需提供昂贵的骑兵装备,第三等级担任重装步兵,而第四等级充任轻装步兵和水手。(2)确立公民集体立法的原则,提高公民大会的权力。会议决定战争与媾和等重大国事并选举官职。(3)新设四百人会议和陪审法庭两个重要机构。前者由 4 个部落各选 100 人组成,主要为公民大会准备议程,预审提交公民大会通过的决议;后者则作为城邦最高司法机关。

经济改革包括:(1)颁布"解负令",取消以土地为抵押的债务,废除债务奴隶制;(2)禁止小麦出口,鼓励橄榄油输出;(3)推行货币改革,实行流通于爱琴海区域的优卑亚币制,以利于对外贸易;(4)为防止土地再次集中,规定了公民占有土地的最高限额(因史料不足未留下限田的具体数额);(5)因地制宜,发展经济。为解决土地少、就业难的问题,打破社会流行的轻视工商业的思想,提倡公民后代学习手工技艺,以优惠政策吸引外邦手工业者移居雅典,确立财产自由转让的原则。

梭伦改革是对旧的氏族贵族的打击和对血缘关系的破坏,恩格斯称之为一场“政治革命”。它消灭了债务奴隶制,恢复并稳定了独立的小农经济,为雅典公民形成自主独立的公民意识奠定了牢固的经济基础,也使雅典奴隶制开始向高级阶段发展;改革打破了贵族对政权的垄断,提高了工商业奴隶主阶层的政治地位,使普通公民能够参加决定国家命运和自身利益的政治活动,促使雅典从贵族政治向民主政治过渡;改革采取的鼓励工商业发展的措施,为雅典的经济繁荣创造了良好条件。可以说,梭伦改革把雅典引上了建立奴隶制民主政治和发展工商业的道路。在梭伦改革后的百余年内,雅典终于成为一个经济繁荣、政治民主、文化昌盛、国力强大的希腊超级城邦。

但是,梭伦温和、适度、中庸的处世哲学,使他不可能完全满足下层平民重分土地的要求,也未彻底清除氏族制残余。传统贵族则因丧失了某些特权而愤愤不平,中产阶级也因不能担任执政官而怒气冲冲。因此,梭伦招致平民和贵族两方面的反对,被迫出游海外。此后,雅典公民内部派争又趋激烈,出现了平原派、山地派、海岸派相持不下的局面。平原派代表传统贵族利益,反对梭伦改革,企图恢复旧秩序;山地派代表农民利益,不满足于梭伦改革,要求重分土地;海岸派代表工商业者的利益,力图保持梭伦改革的成果。按希腊城邦的惯例,派别斗争激烈时,往往有利于执政官加强权力,走上僭主政治的道路。因此,三派长期斗争的结果是山地派的领袖、曾为梭伦之友的庇西特拉图在公元前560年建立了僭主政治。但他的统治并非君主专制,而是披着合法外衣的温和的君主制。

庇西特拉图执政期间,实行了一系列有利于小农和工商业者的政策。如发放低息贷款,救济贫困农民;把土地税定为收获量的1/10(一说1/20);设立农村巡回法庭,方便农民诉讼;建造大批商船和强大的舰队,控制商道和制海权,为工商业的发展创造条件;修建公共设施,重视文化建设。庇西特拉图的上述措施打击了旧贵族势力,巩固并发展了梭伦改革的成果,使雅典从派争的混乱中解脱出来,促进了社会经济及文化事业的发展。尤为重要的是,他实行的是“具有宪法形式”的僭主政治,这实际上是雅典人在建立真正的民主政治体制之前所进行的“演习”。这种“演习”对提高公民的政治素质、增进民主意识,无疑起了重要作用。

公元前527年,庇西特拉图病故,其子希庇亚和希巴库继位。他们既无其父的才智,更无其父的威望,只能以严刑峻法进行统治,因而激起公民的普遍不满。贵族出身的平民领袖克利斯提尼于公元前510年借助斯巴达军事力量,结束了庇西特拉图父子的僭主政治。

公元前509年(一说前508年或前507年),克利斯提尼实行了民主改革,主要内容有:(1)重构地方行政区划,废除原有的四部落制,代之以10个各由3个“三一区”(分别代表平原、山地、滨海)组成的新行政区。(2)每个行政区各选代表50人,10个行政区共选举500人组成五百人会议以代替梭伦创立的四百人会议,议员任期仍为一年,议事制度更趋完善。(3)规定公民大会每年定期举行例会10次,有重大紧急情况另行召集,使公民大会能正常发挥作用,成为名副其实的国家最高权力机关。(4)建立十将军委员会。将军由选举产生,可连选连任,是最重要的军政首脑。(5)制定陶片放逐法,将政治领袖间的争端交由公民裁决。规定公民大会可以投票表决放逐危害国家的分子。参加投票的人数超过6000人方为有效,得票最多者必须离开雅典,流放10年。

克利斯提尼的政治改革在梭伦改革的基础上彻底肃清了氏族制残余,标志着雅典国家最终形成。这次改革使民主政治的运作机制更趋合理完善,在世界文明史上首次确立了一整套民主体制,对希腊文明乃至世界文明做出了卓越贡献,克利斯提尼也因此被称作雅典“民主政治之父”。此后,摆脱了内部激烈纷争的雅典迅速崛起,成为希腊世界第一强国。

总起来看,雅典民主城邦的形成,经历了分别以重大事件为代表的四个发展阶段:第一,提修斯改革,标志着雅典国家诞生;第二,梭伦改革,使贵族势力受到沉重打击,国家机器进一步完备;第三,庇西特拉图的僭主统治,巩固并发展了梭伦改革的成果;第四,克利斯提尼改革彻底清除了氏族制残余,完善了国家机器,确立了民主政体。

第五节　希腊波斯战争

希波战争是世界古代史上的重大事件，新兴的希腊城邦与波斯帝国在东部地中海地区进行了长达半个世纪（前500～前449年）的军事较量，对世界历史产生了深远影响。

希波战争由波斯帝国的西进扩张所引发。自公元前546年起，波斯先后征服了小亚各希腊城邦，占领色雷斯和黑海海峡，阻断了希腊与黑海的交通。黑海沿岸原为希腊各城邦特别是雅典的粮食供应地、商品销售地及奴隶来源地。波斯的占领对希腊各邦的生存和经济发展造成了很大威胁。公元前500年，小亚希腊人发动了反波斯的武装起义。首义之城米利都请求希腊半岛各邦予以支援，但仅有雅典和埃雷特里亚派出25艘战舰相助。大流士一世集结重兵，于公元前493年攻占米利都，并借口雅典人曾援助米利都起义，发动了远征希腊本土的侵略战争。

希波战争的直接原因在于波斯对小亚希腊人的压迫以及由此引起的反抗和雅典等邦的干预，较深层的原因则是波斯统治者拓疆辟土的侵略野心及其对希腊各邦发展造成的严重威胁。

希波战争历经两个阶段：前期（前500～前479年）为波斯进攻阶段；后期（前479～前449年）为希腊反攻和双方相持阶段。

公元前492年夏，大流士一世派水陆两路大军沿色雷斯海岸南下，进攻希腊半岛，但均于中途遇挫，失败而返。此后，波斯一面继续备战，一面派遣使臣进行外交讹诈，遭到雅典、斯巴达等邦的严词拒绝。

两年之后，战争再起。公元前490年，波斯侵略军在雅典东北部的马拉松平原登陆。雅典获悉后，倾全部兵力1万人开往马拉松，与6万（一说10万）波斯军进行决战。雅典军司令官米太雅得巧妙地以两翼包抄战术对付敌军，全体战士士气高昂，英勇杀敌，取得重大胜利。此役波斯军队死伤6400余人，而雅典只损失192人。马拉松战役成为世界历史上以少胜多的光辉战例，但其政治意义远胜于军事意义。它大大鼓舞了希腊人的斗志，增强了他们保卫祖国的信心和决心。当波斯第三次入侵希腊时,31个不甘屈服的城邦联合起来,组成多国部队,严阵以待。

公元前480年,大流士的后继者薛西斯御驾亲征,率50万[1]大军入侵希腊。斯巴达国王列奥尼达率军在中希腊的温泉关(德摩比利)英勇抗击侵略军,后因叛徒出卖,波斯军队包抄了希腊联军后路。结果,列奥尼达及300名斯巴达战士全部壮烈战死。此战重创了波斯军队,为联军在后方的集结、备战赢得了宝贵时间,更从精神上鼓舞了全民族的战斗意志。

突破温泉关后,波斯军队长驱直入中希腊,占领了阿提卡。雅典军民在泰米斯托克利的领导下,同波斯海军在萨龙湾展开殊死决战。经过一整天的激战,雅典海军击败了拥有1000多艘战舰的波斯海军。此战扭转了整个战局,奠定了希腊人胜利的基础。翌年春天,希腊联军在中希腊的普拉提亚歼灭了波斯陆军主力,并在小亚沿岸的米卡尔海角消灭了波斯海军的残余。自此,希腊联军从防御转入进攻,战争进入后期阶段。

公元前478年,对海外利益不感兴趣的斯巴达退出战争,将领导权让予雅典。同年冬,主张继续作战的各邦代表会聚提洛岛,正式结成以雅典为首的海上同盟,史称"提洛同盟"。同盟军队继续同波斯作战,占领了波斯在爱琴海域和小亚南岸的许多据点。

公元前449年,交战双方签署停战协定。波斯放弃爱琴海的霸权,允许小亚希腊城邦独立。因雅典谈判代表是卡利阿斯,故协定又称《卡利阿斯和约》。希波战争至此以希腊,尤其是雅典的胜利而告终。

希腊之所以取胜,首先是因为在战争的前期阶段,希腊人所进行的是为独立和自由而进行的正义战争;其次是因为在几次决定性战役中,希腊将领指挥、布阵得当。另外,希腊人是本土作战,熟悉地形,且便于补给。而这些有利因素都是波斯军队所不具备的。

关于希波战争的意义,史学界历来评价不一。英国史学家汤因比认为,如果希腊人服从波斯国王的统治,则可以使希腊摆脱长达450年之

---

① 一说是520.83万人。参见[古希腊]希罗多德著,王以铸译:《历史》,商务印书馆2009年版,第634页。但此显系夸大之词。现代学者根据进军路途的水源及补给条件,估计波斯军总人数为17万～50万人。

久的内战和苦难(从大流士到奥古斯都)。但绝大多数学者认为希波战争在历史上影响深远。希腊的胜利使希腊各邦解除了波斯侵略的威胁,免遭东方专制主义的统治,得以继续保持自己历史发展的特点。到公元前5世纪中叶,以雅典为代表的希腊各邦的政治、经济和文化发展进入黄金时代,为日后的西方文明奠定了基础。波斯虽受重创,但由于地大物博,人口众多,统治根基并未动摇,故其战后仍继续发展。它所继承的古代东方文明传统后来又经安息、萨珊波斯和伊斯兰文明而持续不绝。因此,希波战争后,世界文明发展的格局渐成东西方分庭抗礼、并立共存之势,一直延续至今。希波战争对希腊两个最主要城邦——雅典和斯巴达的影响尤为重大。对斯巴达而言,大量战利品的流入以及与外界的频繁接触,使斯巴达原有的经济和朴素的生活失去了平衡,原已平息的矛盾重新出现;斯巴达在希腊城邦中的军事统帅地位受到来自雅典的挑战。对雅典而言,大量的战俘奴隶和战利品使雅典的奴隶制商品经济空前繁荣;因平民尤其是第四等级公民在战争中发挥了重要作用,民主势力增强,促使雅典民主政治更加完善;战争使雅典成为全希腊的海上强国,通过提洛同盟,雅典帝国的势力迅速膨胀,为此后的伯罗奔尼撒战争埋下了隐患。

第六节　希波战争后希腊的奴隶制经济

希波战争后期和战后,希腊奴隶制经济进入蓬勃发展时期。农业中出现了三种作物轮种法,并能利用绿肥和人工肥增加粮食产量。手工业的发展更为突出,不但行业繁多而且分工细密。雅典已成为希腊最重要的手工业中心,城里有20多个手工业部门,其中冶金、造船、制陶和建筑业最为发达;科林斯的纺织业也很著名。这些手工业产品已远销至地中海和黑海各地。商业也日益繁荣,城邦内部和城邦之间都建立了较密切的商品交换关系,各个城市都设有集贸市场。希腊城邦的海外贸易更为发达,雅典的比雷埃夫斯港成为地中海世界最大的商业中心,公元前4世纪初,该港的年贸易额达2000塔兰特。经营借贷、抵押、汇兑的金融业在雅典等邦也已出现。以雅典为代表的经济比较发达的城邦,完成了城市由政治、宗教和文化中心向手工业、商业中心的转化。

尽管工商业有很大发展,但各邦包括少数工商业获得高度发展的城邦仍保持着农本的特征,农业仍是当时经济的主导生产部门,农业人口仍在城邦中占有较大比重。例如,在伯罗奔尼撒战争前夕,雅典 2/3 的人口住在农村,3/4 的城市居民在农村拥有地产,大多数公民依靠农业和出租房屋为生。

公元前 5 世纪,希腊奴隶制度也发展到全盛阶段。当时希腊的奴隶制,按奴隶的来源和剥削方式的不同,分为斯巴达型和雅典或开俄斯型。斯巴达型以农业为主,工商业不发达,实行土地国有制,使用国有的农业奴隶。这种农业奴隶多由被征服居民集体遭受奴役而成,他们耕种土地,向主人交纳一部分收成。雅典或开俄斯型奴隶制虽也以农业为基础,但工商业比较发达,农业生产也卷入商品经济,葡萄等经济作物的生产在农业中占有很大比重。土地等重要生产资料归公民私人所有,奴隶多通过市场买卖而来,使用于社会生产和生活的各个方面。在希腊,雅典型奴隶制比斯巴达型更普遍和重要,代表着奴隶制度发展的主要方向。

雅典型奴隶制发展的显著标志是奴隶人数剧增。当时奴隶的主要来源有:战争俘虏、海盗拐卖、罪犯以及奴隶本身的繁殖。奴隶买卖是很普遍的现象,提洛岛等地还设有专门的奴隶市场。雅典等邦的奴隶数量甚至超过了自由民总数,公元前 431 年,雅典有自由民 16.8 万人,而奴隶则有 20 万人。古代世界尚无其他任何一个国家的奴隶与自由民人数如此接近。奴隶制发展的另一重要标志是奴隶被广泛用于生产、社会服务和家务劳动的各个领域。举凡农工商诸业、文化娱乐业甚至社会治安,都使用着不同数量的奴隶。但奴隶的地位却极为低下,只被视为“有生命的工具”,受着极其残酷的剥削和压迫。因此,奴隶常以怠工、逃亡和武装起义等形式进行反抗。这些反抗斗争打击了奴隶制度,迫使奴隶主把一些奴隶变为家外奴,即交代役租的奴隶,以刺激其生产积极性,这在客观上有利于经济的发展。

第七节　雅典民主政治的繁荣

雅典民主政治是一系列历史渐变和突变过程的产物，其起点是公元前6世纪初的梭伦改革，此次改革构建了民主体制的基本框架和社会基础，为雅典政体向充分民主的方向发展准备了社会经济、政治、公民思想等诸种条件；公元前560～前527年的庇西特拉图僭主政治承认并巩固了梭伦改革的成果，强化了雅典公民对民主的渴求；公元前508年的克利斯提尼改革基本完成了贵族制向充分民主制的过渡；其后的厄菲阿尔特宪政改革（前462年）剥夺了贵族会议否定公民大会决议和控制公职人员行动的权力，使其失去了政治意义，从而形成了充分的民主政体；到公元前5世纪40～30年代伯里克利统治时期雅典民主政体臻于极盛。

伯里克利（前495～前429年）出身雅典名门，其父是民主派领袖之一，其母是克利斯提尼的侄女。他廉洁奉公，刚正不阿，学识渊博，善于辞令，具备了一位优秀政治领袖的涵养和风范。自公元前443年起，伯里克利连续15年担任首席将军。执政期间，他实行了一系列推动雅典政治制度进一步民主化的改革，将民主的政治制度推向了古代世界最完善、最典型的境界。

伯里克利时代，民主政治发展的首要表现是所有成年男子均可出席参加的公民大会成为名副其实的最高权力机关，具有立法、行政、司法等多重职能，每年召开40次。与会公民对提交大会的一切议案有权发表意见和参加表决。凡内政、外交、宣战、媾和及国家高级官吏任免等一系列重大问题，均由公民大会讨论决定。民主政治发展的另一表现是所有公职向一切等级的公民开放，任何公民均可通过抽签方式当选除首席将军之外的公职，践行了古希腊人“轮番而治”、既是统治者又是被统治者的思想。抽签选举制使富人失去了运用其地位和财富等方面影响选举的可能，为普通公民提供了在古代条件下最广泛也是最平等的参政机会，实为雅典人的一项伟大创举。民主政治发展的第三个表现是公民对政府公职人员的监督制度非常严密。雅典官员在短短一年的任期内，要经过资格审查、信任投票、卸任检查和陶片流放的严格监督,杜绝了官员享有特权和贪污腐化,切实维护了多数公民的利益,体现了民主和法治精神。最后,为了吸引和保证贫穷公民担任公职和从事政治活动,减轻为生计而忙碌的穷人的经济负担,国家对十将军之外的所有公职人员实行薪俸制。

高度发展的民主政治有效地协调了公民集体内部各阶层的利益关系,从多方面鼓励了公民的积极性,为雅典公民充分发挥主观能动性和聪明才智提供了最宽松的社会政治环境,使雅典在政治、经济和思想文化方面成为全希腊的学校和样板,为人类文明做出了卓越贡献。在世界政制史上,雅典开民主政治之先河,率先建立了较为健全的民主政治制度,为后世留下了宝贵的政治文化遗产。

以雅典为代表的希腊城邦之所以能够产生民主政治,最主要的原因在于自由小生产者的相对稳定和发展以及以其为骨干的平民力量强大并不断进行斗争。其次,贵族中的一些有识之士,在民主政治建设过程中从事政治艺术发明的创造活动,对民主政治的形成和发展也起到了积极作用。另外,在希腊早期国家的政治结构中承袭了较为浓重的原始民主传统,同时在思想意识方面也保存着较强的集体意识和平等观念以及法治精神。当然,雅典的民主制绝非原始民主或所谓军事民主制的简单重复和翻版,而是新的历史条件下政治发展的产物,是在新的社会基础上结出的硕果。

雅典民主政体尽管是古代国家中一种"高度发展的国家形态",是当时最进步的政体,但其局限性也是显而易见的。它的社会基础虽较君主专制、贵族寡头制的基础宽大,但也仅限于公民群体。雅典的公民权只属于父母都是雅典公民的人,其目的是把公民集合成一个在国内享有特权、在国外控制附属国的统治阶级。因此,它在充分发挥积极作用、促成雅典城邦繁盛的同时又窒息了外邦人及妇女自由发展的权利。这是雅典民主政治的最大局限。另外,雅典民主是一种直接民主制,它只能在一个小国范围内实行。这种直接民主制在具体运行时有时流于极端,少数野心家往往操纵公民大会,做出有害于国家的错误决定。特别是雅典将自己的政体强加于盟邦,招致属国属民的不满和嫉恨,导致了城邦间的大规模混战——伯罗奔尼撒战争的爆发，希腊城邦从此渐趋衰落。可以说，雅典古典时代的辉煌诞生于民主政治的宽松和自由的氛围之中，雅典后来的衰落，也正是源于这种民主政治所导致的混乱和内耗。

第八节 伯罗奔尼撒战争与马其顿的征服

希波战争后，雅典的政治、经济实力迅速膨胀，并挟提洛同盟以咄咄逼人之势致力于贸易与政治的扩张，成为希腊的最强势力，结果引起斯巴达及其领导的伯罗奔尼撒同盟的敌视和对抗。两者不可调和的政治、经济矛盾终于导致伯罗奔尼撒战争的爆发。这场战争历时 27 年（前 431～前 404 年），分三个阶段进行：公元前 431～前 421 年为第一阶段。斯巴达陆军攻袭阿提卡，雅典海军则在伯罗奔尼撒半岛沿海一带活动，双方分别逞威于陆地和海上，互有胜负，于公元前 421 年签订了为期 50 年的《尼西亚斯和约》，各自退出所占领地区。经短暂休战后，战争再起，进入第二阶段（前 415～前 413 年）。雅典军队进攻西西里岛，结果全军覆没，损失惨重。公元前 413～前 404 年为第三阶段。斯巴达在波斯的支持下，加强了海军实力，最终获胜。雅典被迫签署了城下之盟，参加伯罗奔尼撒同盟，海军移交斯巴达，取消民主政治。

奉行民主政治、经济实力远强于斯巴达的雅典之所以失败，首要原因在于雅典将提洛同盟变成为本邦服务的工具，导致战争一旦失利，盟邦便纷纷叛离，大大削弱了自己的实力；其次，雅典派争激烈，影响了政局和士气，消耗了自身力量；再次，奴隶的反抗和逃亡打击了雅典经济；复次，外部树敌过多；最后，雅典将领缺乏韬略，战略战术不当，致使关键战役一败再败。斯巴达的国内矛盾没有雅典那么复杂，其将领经验丰富，总揽全局，战士素质也较高。这些都是它取胜的重要因素。

伯罗奔尼撒战争虽是一场希腊的内战，但其牵涉之广、损失之大、杀戮之残酷却远甚于希波战争。整个希腊民穷财尽，政治走向无序，文化遭到破坏，希腊文明由全盛走向衰落。战后，希腊各邦都陷入了严重的城邦危机之中。

战争加剧了贫富两极分化，土地和财富日益集中在少数人手中，中小奴隶主经济日益为大奴隶主经济所排挤，城邦的经济基础——小农和小手工业者经济逐渐瓦解，成为城邦危机的根源。两极分化严重和大奴隶主经济的发展，导致各邦内部的阶级斗争趋于白热化。奴隶主与奴隶、富人与穷人彼此仇杀，互相报复。这表明城邦体制已不能满足现实政治的需要。

由于战争、瘟疫、饥馑，加之大奴隶主经济的发展，公民人口锐减，公民兵得不到补充，城邦政治的支柱——公民兵制动摇了，雇佣兵开始增多。公元前5世纪末，雅典能够自备武装服役的公民人数只有5000人。至公元前4世纪中叶，雅典军队中公民兵仅占1/4，其余都是雇佣兵。斯巴达的公民人数则由9000人减至公元前331年的700人。

伴随着希腊各邦内部的危机，城邦间的矛盾日益加深，从而导致希腊出现争霸和混战的局面。当时在希腊城邦体制之内，已没有一种力量能把各邦统一起来。希腊城邦的衰落，为位于半岛最北部的马其顿对希腊的征服和统治提供了有利条件。

马其顿人本为希腊人同族，但其文明发展明显晚于希腊人。公元前5世纪后期至前4世纪初期，马其顿开始形成奴隶制国家。国王腓力二世(前359～前336年)统治期间，马其顿进行了一系列改革：加强王权、改革币制以加强对外贸易，建立常备军并创制极有威力的马其顿方阵(纵深密集的重装步兵作战队形)战术、开采金矿以增加财力。经过改革，马其顿迅速发展成为军事强国。

腓力二世凭借强大的武装力量，利用希腊各邦间的矛盾，很快形成了对希腊半岛的吞并之势。面对马其顿的威胁，希腊各邦分成了亲马其顿派和反马其顿派。前者由大奴隶主阶级的代表人物组成，期望借助马其顿的军事实力，解除城邦危机并进行对外扩张；后者由工商业奴隶主阶层组成，极力反对马其顿的扩张，力图维护城邦独立。小农和小手工业者基本站在反马其顿派一边，主张城邦独立。两派立场截然对立，斗争日趋激烈，反而加剧了城邦内部矛盾，利于马其顿的征服。公元前338年，腓力二世在中希腊的喀罗尼亚大败希腊联军，基本确立了马其顿在希腊的霸权地位。翌年，腓力二世在科林斯召集希腊各城邦会议

(仅斯巴达未参加)。会上决定组成以马其顿为首的同盟会议,宣布由马其顿领导希腊各邦对波斯进行复仇战争。科林斯会议标志着希腊城邦时代的结束,希腊各邦名存实亡。此后,希腊历史进入马其顿人统治时期。

第九节　古风时代和古典时代的希腊文化

文化史上通常把公元前8～前6世纪的希腊城邦形成时期称为“古风时代”或“古朴时代”;把公元前5～前4世纪希腊盛期称为“古典时代”。希腊文化的主要成就多产生于这两个时期,所以人们习惯上将“古风时代”和“古典时代”的文化统称为“古希腊文化”,而将马其顿征服后形成的文化称为“希腊化文化”。古希腊文化的许多形式和内容至今在欧美乃至世界仍清晰可见,而隐形的影响则更为深刻和广泛,显示出该文化的宝贵价值和恒久的生命力。希腊文化所取得的辉煌成就,是希腊社会经济发展和政治民主、对外开放的产物。繁荣的奴隶制经济为文化发展奠定了物质基础,以雅典为代表的民主政体是文化昌盛的重要保障,同时希腊人还吸收了西亚、北非等地文明古国的优秀文化成果。

古希腊文化的成就首先表现在文学方面,而神话是古希腊文学的土壤,此后的诗歌、戏剧均以神话传说为题材。古希腊人同世界上大多数古代居民一样,信奉多神,这同希腊城邦林立和政治多元密切相关。在形形色色的宗教信仰中,最有影响的是以天神宙斯为首的奥林匹斯神祇系统。其中较重要的神有:众神之首宙斯、天后赫拉、海神波塞冬、艺术之神阿波罗、狩猎阿尔忒弥斯、战争智慧女神雅典娜、爱神阿弗洛狄忒、神使赫尔墨斯等。除奥林匹斯神系的诸神外,普罗米修斯、阿基里斯、俄狄浦斯等神和英雄的名字也在古希腊人中广泛流传。

古希腊神话的突出特点是“神人同形共性”。神与人的差别仅在于神的不朽和具有超人的能力,而性格等则和凡人一样。神也具有人所具有的各种美德和恶习。神话只是“人话”的艺术加工和再现,神的社会也只是希腊人社会的一种反映。希腊人的宗教信仰不但把政治上分立的各邦在精神上维系在一起，而且对古希腊人的日常生活、思维方式、行为方式以及文艺创作都产生了巨大影响。

古希腊文学的另一成就是荷马史诗和希西阿德(又作赫西奥德)的诗歌创作。荷马史诗包括《伊利亚特》和《奥德赛》两部分，内容均与特洛伊战争有关。前者颂扬了坚毅勇猛的尚武精神，后者则抒写了坦荡好奇的浪漫热情。这两部史诗描述生动，比喻质朴，是希腊民间行吟歌手一代一代加工提炼而逐渐形成的围绕中心事件的叙事诗。公元前 8 世纪前后，由盲诗人荷马整理为全本，公元前 6 世纪形成雅典版本，公元前 2 世纪形成定本。比荷马稍晚的希西阿德的《田功农时》是一部教谕诗，共 828 行。诗中描述人类生活的艰苦，谴责贵族的骄横，歌颂辛勤劳动的农民，是古希腊流传下来的第一首以现实生活为题材的诗作，风格清新自然，简洁平实。

流传至今的《伊索寓言》，相传为与梭伦同时代的伊索所作，其中的故事多来自民间，富含哲理。

古希腊文学的最高成就是戏剧，特别是其中的悲剧。悲剧起源于每年春季酒神节对酒神狄奥尼索斯的歌颂和祭祀。悲剧题材虽多为神话传说，但实际上表现的却是人们普遍关心的社会现实问题。至公元前 5 世纪，雅典涌现出三位享有世界声誉的悲剧作家——埃斯库罗斯(约前 525～前 456 年)、索福克利斯(约前 496～前 406 年)和欧里庇得斯(约前 485～前 406 年)。

埃斯库罗斯是古希腊悲剧的真正创始者，恩格斯称他为“悲剧之父”。埃斯库罗斯共写过约 90 部悲剧，但流传下来的只有 7 部，著名的有《被缚的普罗米修斯》，颂扬了主人公抗拒命运、不畏强权、舍己为人的高尚品德。他的另一出悲剧《波斯人》则以自己的亲身经历真实地描述了萨拉米斯海战中希腊人的爱国主义和英雄主义精神。索福克利斯创作了 120 多部悲剧，现存的也只有 7 部。代表作《俄狄浦斯王》描写主人公俄狄浦斯不愿屈服于命运的安排，经历了各种曲折，但仍未摆脱杀父娶母的厄运，成了命运的牺牲品。亚里士多德认为它是希腊悲剧的典范之作。欧里庇得斯共有 90 多部作品，其代表作《美狄亚》描写主人公深爱自己的丈夫，但丈夫却另寻新欢。她的心由极爱转为极恨，不仅毒杀了丈夫的新欢，而且在痛苦中杀掉了自己的两个儿子，以示对丈夫的惩罚，实现了悲剧的结局。

雅典最杰出的喜剧家阿里斯托芬(约前 445～前 385 年)写过 44 部喜剧，现存 11 部，包括《鸟》《云》《和平》等。他的作品具有强烈的现实批判讽刺精神，是一幅雅典城邦政治和思想文化生活的风俗画。恩格斯将其称为“喜剧之父”。

在悲剧和喜剧产生的同时，希腊出现了正式的历史著作。希腊人同中国人一样具有浓厚历史意识并形成了真正的史学，这在古代是少有的。他们在史学上的伟大创造，为后来的欧洲史学奠定了基础。最著名的史学家有希罗多德(约前 484～前 425 年)、修昔底德(约前 460～前 396 年)和色诺芬(前 430～前 354 年)。希罗多德出生于小亚细亚的哈利卡纳苏斯城，曾游历埃及、腓尼基、巴比伦及黑海沿岸一些地区，搜集史料。他的巨著《历史》，主要记载希腊与波斯的战争，止于公元前 479 年，也涉及战争期间和战前希腊的主要城邦及北非、西亚乃至印度的历史，内容驳杂，信息量大，且文笔流畅，语言优美，叙事生动。《历史》开创了欧洲史学的新纪元，希罗多德也被后人尊称为“史学之父”。但他在材料的选择、利用上还存在失实乃至谬误，而且迷信“神谶”。修昔底德出身雅典贵族，曾任将军，因在伯罗奔尼撒战争中指挥不力而被放逐国外多年。他根据自己的亲身经历撰写了多卷本的《伯罗奔尼撒战争史》。该书共 8 卷，是公元前 5 世纪后半叶希腊城邦争霸战争——伯罗奔尼撒战争的纪实，记述了战争的起因、经过，止于公元前 411 年(中断)，系古希腊史学的巅峰之作。全书秉持客观态度，力求探索某些历史事件的真相，史料翔实，叙事清晰，表现出历史学家的严谨精神。继修昔底德之后，色诺芬著《希腊史》《长征记》等。他曾师从苏格拉底，其《希腊史》共 7 卷，不但继修昔底德的著作描写伯罗奔尼撒战争的全过程，而且写了战后的邦际关系，最后描写了斯巴达的衰落。这是一部记载希腊城邦由盛转衰全过程的重要史作。

古希腊人对哲学的发展也做出了巨大贡献，涌现出一大批举世闻名的哲学家，其中影响最大的是苏格拉底、柏拉图、亚里士多德。

苏格拉底(前 469～前 399 年)，雅典唯心主义哲学家。他以研究社会伦理道德为主，认为哲学的目的在于教导人们过道德的生活。苏格拉底承认人是万物的尺度，但又认为人只能认识自己而不能认识和研究世界万物及其规律，从而陷入了主观唯心主义。其思想中包含了许多合理的内核，如辩证法、真理的相对性等。他“述而不作”，其思想主要反映在他的弟子柏拉图的著作中。

古希腊唯心主义哲学的最大代表是苏格拉底的学生柏拉图(前427～前347年)。他的哲学思想构成一个庞大的体系，其核心为“理念论”，其他理论均以此为基础。他认为，在物质世界之上还有一个超经验的理念世界，理念是第一性的，物质是第二性的；物质是理念的派生；物质世界变动不居，只有理念才是永恒真实的客观存在。这是一种客观唯心主义。在政治上，柏拉图是贵族寡头政治的拥护者，他在《理想国》中把人分为三等：第一等是治国的贤哲——哲学家；第二等是卫国的武士；第三等是农民等劳动者，其唯一职责就是为养活前两个等级服务。

亚里士多德(前384～前322年)是柏拉图的弟子，曾担任马其顿王亚历山大的老师。他在世界观方面是一个二元论者，摇摆于唯物论和唯心论之间。他曾批判柏拉图的理念论，承认物质的客观存在性。同时，他又主张推动物质发展、决定物质形式的最终动力是神。亚里士多德是古希腊最伟大的学者，他总结了前人的一切学术成果并将其向前推进，被后世推崇为“古典学术界的巨人”。

古希腊的唯物主义哲学首先产生于小亚细亚城邦米利都和以弗所。最早的唯物论学派即米利都学派。它的创始者泰勒斯(约前7世纪末至前6世纪上半叶)认为万物源于水又复归于水，否认了万物由神创造的唯心主义观点。在哲学史上，他被誉为“哲学之父”。以弗所的哲学家赫拉克利特(约前525～前475年)则提出了朴素的辩证法理论。他认为世界是一团永恒的火，按规律燃烧，按规律熄灭。他还指出：“一切皆流，一切皆变。”列宁称其为“辩证法的奠基人”。德谟克利特(约前460～前370年)对宇宙的本质做了进一步说明，提出了“原子论”，认为世界是由不可再分的、最小的物质粒子即原子构成的，这是欧洲最早的原子学说。

希腊人在艺术上也有伟大的创造，尤其是建筑和雕刻都达到了很高的水准，对后世产生了深远影响。

希腊人的庙宇和公共建筑物多由大理石建成,极其典雅美观。根据柱廊和雕刻艺术装饰的不同,古希腊的柱式可分为三种形式:形成于古风时代的多利亚式、爱奥尼亚式和形成于古典时代的科林斯式。多利亚式形态厚重朴实,石柱无柱础,柱头亦无装饰,呈简单的圆盘形,公元前447~前438年建成的帕特农神庙是典型代表。爱奥尼亚式形态典雅秀逸,石柱有柱础,柱头有涡卷形装饰,比多利亚式优美,雅典的伊瑞克提翁神庙为其代表。科林斯式是爱奥尼亚式的变体,柱基和柱头更具装饰性,显得华丽精巧,雅典的奥林匹亚宙斯神庙为其代表。

雕刻与建筑有密切关系,希腊的雕刻艺术在现实主义表现手法上有突出的成就。雕刻作品以体态健美、形象逼真和比例匀称而得到普遍称赞。最著名的雕刻家是雅典的菲狄亚斯(前490~前430年)、米隆(前492~前452年)和坡里克利特(前462~前416年)。菲狄亚斯以雕刻神像而著称,艺术特点是秀雅自然,高贵完美,其代表作为“雅典娜像”和“宙斯像”。米隆擅长刻画运动的人体,以“掷铁饼者”驰名于世,他生动地表现了运动员在掷出铁饼前一刹那间的姿势,极为自然准确。坡里克利特则长于雕刻静态人体,其代表作“持矛者像”,形象坚实有力,是人体雕塑的样板。

古风和古典时期的科学往往与哲学密切联系在一起,以自然哲学的面貌出现,许多著名哲学家同时又是成就卓著的科学家。米利都学派的泰勒斯曾预言过公元前585年的日食,并证明了几何学的若干命题。毕达哥拉斯及其学派在数学方面做出了较大的贡献,如证明勾股弦定理(毕达哥拉斯定理)、发现无理数等。德谟克利特提出了圆锥体、角锥体和球体体积的计算方法。亚里士多德则是古希腊最博学的人,他不仅是大思想家,而且对数学、物理、生物学、医学等都有极精深的研究,创立了物理学、植物学和动物学的学科体系,被誉为“百科全书式的学者”。古典时代还出现了一位著名的医生——希波克拉底(约前460~前377年)。他提出的生命平衡的医学理论和处理内外科病症的经验具有很高的价值,被誉为古希腊“医学之父”。他为医生制定的职业道德规范被称为“希波克拉底誓词”,直到今天,欧美国家的医生在开业时仍诵读这一誓词,1949年世界医协将其规定为国际医务道德准则。

第十节　罗马王政时代和塞尔维乌斯改革

古罗马城坐落在意大利半岛中部拉丁平原的北端，台伯河下游的左岸。按照“母狼育婴”的传说，罗马城是特洛伊神话英雄埃涅阿斯的后裔罗慕洛和勒莫兄弟二人所建，并以罗慕洛的名字来命名的。罗慕洛建城的年代，据公元前1世纪罗马作家瓦罗推算当为公元前754～前753年，古罗马人即以此为其纪元之始。

考古资料显示，拉丁姆地区很早就有人居住。公元前9～前8世纪，维兰诺瓦文化的创造者、印欧语系的一些意大利部落陆续来到拉丁姆地区，并成为该地区的主要居民。其中一支拉丁部落占据帕拉丁山丘，逐渐和邻近山丘上的萨宾部落联合起来，结成部落联盟，并开始修建罗马城。罗马城和罗马国家建立的过程，就是拉丁部落以帕拉丁山丘为中心逐渐联合其他部落的过程。

从传说中的罗慕洛建城到共和国的建立的历史，习惯上被称为“王政”时代。相传先后有七个“勒克斯”(汉译为“王”)统治罗马。王政时代相当于希腊的荷马时代，是罗马从氏族社会(父系)向阶级社会的过渡时期。

王政时代的罗马是一个大的部落联盟，即罗马人公社。它由3个特里布(部落)组成，每个特里布包括10个库里亚(胞族)，每个库里亚又包括10个氏族，共有300个氏族。

王政时代前期，罗马实行军事民主制。库里亚大会、元老院和勒克斯是主要的管理机构。库里亚大会即罗马的民众大会，由各氏族的成年男子参加，按库里亚分组议事，每个库里亚有一票表决权。所有重大问题都由库里亚大会讨论决定，它有权通过或否决一切法律，选举包括勒克斯在内的高级公职人员，决定战争，审判重大案件。元老院即长老议事会，由300个氏族长组成，相当于库里亚大会的预决机构，有权预先讨论向库里亚大会提交的议案，还直接握有收税、征兵、媾和等重要权力。勒克斯是罗马的军事首长、最高法官和祭司长，相当于古希腊的巴赛勒斯，由库里亚大会选举产生，一般不能行使民政权力。七王中的前四王均经选举产生。

王政时代后期，由于铁器工具的普遍使用和受伊达拉里亚文化、希腊文化的影响，社会经济有了显著发展，财富集中现象明显，古老的氏族制度面临瓦解，家长制家庭逐渐从氏族中分化出来，成为社会的基本经济单位，贫富分化加剧，私有制和阶级关系逐渐萌芽。社会上出现了贵族和平民、保护人和被保护人的对立。军事民主制中的民众意志淡化，王权意志增强，后三王的产生也带有了阴谋和暴力因素。这些都表明罗马社会正在急剧向阶级社会过渡，塞尔维乌斯的改革，加速了这一历史进程。

公元前 6 世纪后期，第六王塞尔维乌斯·图里乌斯（约前 578～前 534 年）为了适应历史发展进程，也为了利于伊达拉里亚人的统治，曾依靠平民的支持，对罗马社会进行了改革。主要内容有：

(1)以地域部落取代氏族部落。罗马划分成 4 个地域部落（“特里布”），罗马周围地区划分成 15 个地域部落。划入部落的居民成为罗马公民，享有公民权利。

(2)罗马公民按照财产多少划分为五个等级，无财产者被视为等外之民。对不同等级的公民规定不同的义务，主要是提供数量不等的军事百人队（森都里亚）：第一等级提供 80 个步兵百人队、18 个骑兵百人队，第二、三、四等级各提供 20 个步兵百人队，第五等级提供 30 个步兵百人队，另外还有 5 个非战斗性百人队。

(3)由百人队成员组成的百人队大会（森都里亚大会）为公民大会，主要职能是对部落内的重大事务做出表决，每个百人队有一票表决权。

塞尔维乌斯改革以地域原则取代血缘原则划分居民，不仅加速了氏族血缘关系的瓦解，而且使原来处于氏族之外的平民在百人队大会上享有公民权，成为罗马公民，从而扩大了统治基础，巩固了罗马在拉丁姆地区的地位，也基本上完成了由氏族部落到国家的过渡。正如恩格斯所言：“这样，在罗马也是在所谓王政被废除之前，以个人血缘关系为基础的古代社会制度就已经被炸毁了，代之而起的是一个新的、以地区划分和财产差别为基础的真正的国家制度。”[①]同时，按照财产划分公民等级并且把公民的权利与义务联系在一起，造成第一等级掌握会议的多数票(98票)，数量超过其他等级票数的总和(95票)，促成了新的贵族与平民等级的形成，第一等级是贵族，其余等级是平民。

公元前509年，罗马人推翻了伊达拉里亚人“高傲者”塔克文·苏佩布的统治，推举布鲁图和柯来提努为执政官。王政时代到此结束，罗马历史进入共和国时代。

第十一节　罗马共和国早期平民反对贵族的斗争

罗马贵族和平民等级的划分开始于王政时代，可能起源于最初的社会分工，后来又受到了罗马社会贫富分化、对外扩张以及外来移民等因素的影响，经历了一个复杂的过程。

贵族大概起源于王政时代早期，大致是拉丁、萨宾及迁居罗马的伊达拉里亚三个氏族部落中有资格进入元老院的家族及其后代，他们被称为“父族”或“贵族”。平民的来源大体上有三类：一是氏族部落中的非显贵世家；二是被罗马征服的其他拉丁部落居民；三是稍后移居罗马而被排斥在罗马氏族组织之外、主要从事工商业活动的外邦人，他们构成平民的主体。另外，平民中还包括少量脱离保护关系的依附民和被释放的奴隶。

平民和贵族的矛盾由来已久。罗马公社建立之初，平民还被包括在库里亚组织之内，享有罗马公社成员的部分权利。后来，由于平民成分复杂化和数量的增多，他们逐渐被排斥在罗马公社之外，失去了公社成员资格和权利，平民与贵族的对立日益明显。塞尔维乌斯改革虽然打破了氏族血缘关系，提高了少数富裕平民的地位，但并未从根本上解决平民与贵族之间的矛盾。新建立的共和国实质上是奴隶主贵族专政。政治大权完全掌握在贵族手中。平民政治上无权，法律上没有地位，甚至

---

① 《马克思恩格斯选集》第4卷，人民出版社2012年版，第145页。

不能和贵族通婚,经济上得不到份地,甚至负债累累,对贵族的不满情绪日增。平民和贵族之间矛盾的焦点主要是土地和债务问题,而争取政治权利则是解决这两个问题的重要保证。

平民反对贵族斗争的主要方式不是暴力,而更多的是采取不合作态度,以迫使贵族谈判、让步。这场斗争从共和国初年开始,一直持续到公元前 3 世纪前期。依据斗争的侧重点,大致可以公元前 5 世纪末为界,将这场斗争分为前后两个阶段:前一阶段,平民以争取政治权利为主;后一阶段,平民把要求解决土地问题、债务问题与争取政治权利的斗争结合起来。经过 200 多年的斗争,平民扩大了权利。

平民对贵族斗争的第一个胜利是平民保民官的设立。公元前 494 年,平民乘罗马和邻近部落发生战争之机发动第一次“撤离运动”,全体平民武装撤至罗马东郊的圣山,迫使贵族答应减轻平民的债务负担,并同意平民选出 2 名平民保民官(后增至 10 名)以保护平民的利益。保民官在后来的罗马政治生活中发挥了很大作用。

平民对贵族斗争的第二个胜利是《十二铜表法》的制定。公元前 450～前 449 年,迫于平民压力成立的专门委员会将罗马人世代流传的习惯法形成文字,因法律条文被镌刻在十二块铜板上,故称《十二铜表法》,此即罗马国家第一部成文法。成文法的颁布在一定程度上限制了贵族任意曲解法律、滥用职权的行为。

《十二铜表法》颁布之后,平民继续斗争。公元前 445～前 444 年,先后通过了保民官卡努留提的两条法案:一是废除平民不得与贵族通婚的限制,这是对《十二铜表法》有关条文的否定;二是增设平民和贵族都可当选的军事保民官(军政官),以取代执政官的某些职能,但任期满后不能进入元老院。

通过前一阶段的斗争,贵族垄断政权的局面开始被打破,而与下层平民密切相关的经济问题即土地问题和债务问题的解决开始提上日程。斗争的结果迫使贵族做出让步,公元前 396 年,平民首次分得土地,每人 7 犹格。

平民对贵族斗争第二阶段的最大胜利是公元前 367 年通过的《李锡尼—绥克斯图法》的贯彻实施:(1)平民所欠债务一律停止付息,已付的利息作为本金计算,尚未偿清部分,分三年还清。(2)全体居民都可以占有、使用罗马公地,最高限额为500犹格。同时限定了在公地上放牧牲畜的头数。(3)取消军事保民官,恢复两名执政官的制度,规定其中一名必须出自平民。随后,其他若干官职也都陆续对平民开放。公元前326年,又通过了《波提利阿法案》,禁止以人身抵债,废除了债务奴役。

平民反对贵族的最后一次斗争,发生在公元前287年。这一年,平民发动了最后一次"撤离运动",迫使贵族通过了《霍腾西阿法案》。该法案规定,特里布会议全体公民都可以参加,会议决议不必经元老院批准即可生效。

罗马共和国早期平民反对贵族的斗争以平民的胜利而告终。平民取得了充任多数官职的资格,提高了社会地位,废除了债务奴役,分得了土地。斗争打击了旧氏族贵族,取消了贵族的许多特权,消灭了氏族制残余,从这个意义上说,这又是反对氏族制度的一场革命。

平民反对贵族的斗争使罗马的阶级关系发生了深刻的变化。平民和贵族之间的界限被打破,贵族与平民上层共同结合成一个新的特权阶层——新贵族集团,大部分平民成了国家的公民。在"骑士"阶层兴起之前,新贵族集团控制了国家大权。此后,"平民"通常只用来称呼那些贫穷的农民、手工业者以及游民无产者等,其原来的意义不复存在。

斗争巩固和扩大了共和国的经济基础和阶级基础。债务问题的暂时解决和土地问题的缓和,使得罗马在一定时期内巩固和壮大了小农经济,维持了一支为数众多的农民队伍,从而为罗马提供了一支强大的公民兵。

经过两个多世纪的斗争,罗马共和国的国家机器逐渐得到完善。一方面,共和国的主要政权机构及其职能得以确立,并形成了这样一种格局:新老贵族控制的元老院是罗马国家的司令部;军、政长官制既能使个人充分发挥才能,又不会导致个人独裁;立法、行政、司法、军事等诸项权力,既互相独立又互相牵制。另一方面,罗马的公民会议也趋于完备,全体公民参加的特里布会议成了罗马国家的最高立法机关,库里亚大会、森都里亚大会继续存在并确定了各自的职能。可以说,斗争在一定程度上确立了公民(主要是农民)、战士、土地三位一体的基础,这就为罗马的强盛及其对外征服提供了条件。

第十二节　罗马统一意大利半岛

罗马共和国建立之初，只是台伯河左岸拉丁姆地区的一个小城邦，势力相当弱小，处境非常困难。周边不仅有伊达拉里亚人、萨莫奈人、埃魁人等强邻，还不时受到来自半岛南部的希腊人、波河流域的高卢人的威胁。面对这种局面，刚刚建立的罗马国家在内部平民反对贵族的斗争步步深入的同时，还凭借良好的军事制度和军事组织，依靠平民的积极参与，通过灵活有效的外交政策，对外开始了统一意大利的征伐。

罗马征服意大利的第一步是通过维爱战争征服伊达拉里亚人。这场战争从公元前477年开始，先后进行了三次，直到公元前396年最后攻占了维爱城，解除了北邻的威胁，罗马的领土也因此几乎扩大了一倍。随后不久，罗马人又用武力抵抗和黄金赎买的手段，遏制了高卢人的进攻，既挽救了罗马城，又迫使高卢人退回到波河流域。

公元前5世纪中叶以后，为争夺富庶的坎佩尼亚、卡普亚等地，罗马与萨莫奈人发生了长期的争斗。从公元前343年开始，经过三次萨莫奈战争，于公元前290年终于战胜了萨莫奈人，征服了中部意大利。

萨莫奈战争之后，罗马开始进攻南部意大利。南部意大利当时由希腊人占领，素称“大希腊”，他林敦是当地最强大的殖民城市。公元前281年，罗马寻机向他林敦宣战，揭开了皮洛士战争的序幕。第二年，希腊西北部城邦伊庇鲁斯国王皮洛士应邀率军援助他林敦，曾两败罗马军队，但在关键一役中为罗马军队所败，遂逃回希腊。公元前272年，他林敦被迫向罗马投降。至此，罗马征服了除波河流域之外的整个意大利半岛，成了西部地中海地区的一个强国。

罗马征服意大利之后，对被征服地区不是派人直接管理，也没有采取同一政策，而是按照各族、各地在被征服过程中的表现和对罗马的态度以及它们各自在经济上、战略上的地位，划分为五种类型，分而治之。一是有罗马公民权的拉丁自治城市；二是享有部分罗马公民权（无选举和被选举权）的拉丁自治城市；三是罗马及其拉丁同盟城市所建立的殖民地,内部自治,无罗马公民权;四是以条约的形式接受罗马控制的所谓同盟者,内部自治,对外事务完全听命于罗马;五是罗马"臣属",这是曾坚决抵抗罗马、战败后被迫无条件投降的城市或部族,它们丧失了一切自治权,由罗马直接派官吏管理。其中,第二、三、四类居多。无论是自治城市还是"同盟"者,也不管有无罗马公民权,都要为罗马提供军事力量。这种"分而治之"的政策,既对进一步对外扩张起到了积极作用,也为后来罗马帝国灭亡后意大利国家的长期分裂埋下了隐患。

罗马征服并统治意大利半岛,无论对罗马本身还是对意大利的历史都具有深远的意义。对罗马本身来说,征服扩大了版图,壮大了势力,为罗马国家向更高阶段的发展准备了条件;对意大利的历史来说,征服促进了统一,有利于落后地区社会的发展,使意大利随后成为地中海世界的中心。

【延伸阅读】

1. 白春晓:《苦难与真相:修昔底德"雅典瘟疫叙事"的修辞技艺》,《历史研究》2012 年第 4 期;《古希腊文明视域下的"世界中心":一项观念史考察》,《世界历史评论》2021 年第 4 期。

2. 冯定雄:《罗马政治视域下的犹太人起义》,《世界历史》2016 年第 6 期。

3. 顾銮斋:《论雅典奴隶制民主政治的形成》,《历史研究》1996 年第 4 期。

4. 顾准:《希腊城邦制度》,商务印书馆 2022 年版。

5. 郝际陶:《古代希腊研究》,东北师范大学出版社 1994 年版。

6. 何元国:《修昔底德的伯罗奔尼撒战争原因论探微》,《历史研究》2017 年第 6 期。

7. 黄洋:《雅典民主政治新论》,《世界历史》1994 年第 1 期;《希腊城邦的公共空间与政治文化》,《历史研究》2001 年第 5 期;《古代希腊罗马文明的"东方想象"》,《历史研究》2006 年第 1 期;《修昔底德的理性历史建构》,《历史教学》2007 年第 6 期;《希罗多德:历史学的开创与异域文明的话语》,《世界历史》2008 年第 4 期;《古典希腊理想化:作为一种文化现象的 Hellenism》,《中国社会科学》2009 年第 2 期;《摩西·芬利与古代经济史研究》,《世界历史》2013 年第 5 期;《古代希腊政治与社会初探》,北京大学出版社 2014 年版;《西方政治学的前史:公元前 5 世纪希腊的政治思想》,《历史研究》2020 年第 1 期;《希腊史研究入门》,北京大学出版社 2021 年版。

8. 李雅书等:《古代罗马史》,北京师范大学出版社 2020 年版。

9. 厉以宁:《希腊古代经济史》,商务印书馆 2013 年版。

10. 李永斌:《古风时代早期希腊与东方的文明交流图景》,《历史研究》2018 年第 6 期;《殖民运动与希腊城邦的兴起》,《首都师范大学学报》(社会科学版)2020 年第 4 期;《地中海共同体:古代文明交流研究的一种新范式》,《史学理论研究》2020 年第 6 期。

11. 吕厚量:《再造罗马:晚期罗马多神教知识精英的历史叙述》,《历史研究》2011 年第 4 期;《雅典古典时期的埃菲比亚文化》,《世界历史》2014 年第 4 期;《埃利乌斯·阿里斯泰德与 2 世纪希腊知识精英的历史观》,《历史研究》2021 年第 5 期;《乔治·芬利的古典文明衰亡说》,《史学史研究》2023 年第 2 期。

12. 日知:《中西古典学引论》,天津教育出版社 2006 年版。

13. 徐松岩:《塞拉麦涅斯与公元前 5 世纪末的雅典政治》,《世界历史》2015 年第 2 期;《古代"希腊"的起源与流变——一项概念史考察》,《北京师范大学学报》(社会科学版)2019 年第 4 期;《修昔底德选用史料方法刍议》,《史学集刊》2021 年第 1 期。

14. 徐晓旭:《腓利二世:霸权与泛希腊主义》,华中师范大学出版社 2009 年版;《古代希腊人族群认同的形成》,《外国问题研究》2017 年第1 期;《希腊人和蛮族人:一对不断被修改的画像》,《历史研究》2014 年第6 期;《波斯人的希腊祖先:跨越族群边界的名祖神话》,《历史研究》2019 年第 2 期;《历史语言学、考古学与希腊人种族起源研究》,《史学理论研究》2019 年第 1 期。

15. 晏绍祥:《荷马时代的"polis"》,《历史研究》2004 年第 2 期;《荷马社会研究》,上海三联书店 2006 年版;《新形象的刻画:重构公元前四世纪的古典世界》,《历史研究》2015 年第 1 期;《从迈锡尼世界到荷马时代:希腊城邦的兴起》,《外国问题研究》2016 年第 2 期;《古代希腊》,北京师范大学出版社 2017 年版;《雅典的崛起与斯巴达的"恐惧":论"修昔底德陷阱"》,《历史研究》2017 年第 6 期;《古代希腊民主政治》,商务印书馆 2019 年版。

16. 杨共乐:《古代希腊城邦特征探析》,《北京师范大学学报》(社会科学版)2008年第6期。

17. 杨俊明:《保民官与罗马共和末期的派系斗争》,《史学月刊》2018年第11期。

18. 裔昭印:《古希腊的妇女——文化视域中的研究》,商务印书馆2001年版。

19. 张新刚:《友爱共同体:古希腊政治思想研究》,北京大学出版社2020年版;《古希腊思想通识课:希罗多德篇》,湖南人民出版社2021年版;《古希腊城邦疆域及其权力秩序》,《历史研究》2022年第1期;《古希腊思想通识课:修昔底德篇》,湖南人民出版社2023年版。

20. 祝宏俊:《古代斯巴达政制研究》,中央编译出版社2013年版;《希波战争与雅典城邦形象的互相建构》,《社会科学战线》2023年第1期。

21. [古罗马]阿匹安著,谢德风译:《罗马史》,商务印书馆2009年版。

22. [英]约翰·博德曼等编,郭小凌等译:《牛津古罗马史》,人民日报出版社2020年版;郭小凌等译:《牛津古希腊史》,人民日报出版社2020年版。

23. [英]玛丽·比尔德著,王晨译:《罗马元老院与人民》,民主与建设出版社2018年版;汪蘅译:《古典学还有未来吗?》,北京联合出版公司2023年版。

24. [德]克劳斯·布林格曼著,刘智译:《罗马共和国史》,华东师范大学出版社2014年版。

25. [英]查尔斯·弗里曼著,李大维等译:《埃及、希腊与罗马:古代地中海文明》,民主与建设出版社2020年版。

26. [英]戴维·M. 格温著,王忠孝译:《罗马共和国》,译林出版社2018年版。

27. [英]N. G. L. 哈蒙德著,朱龙华译:《希腊史:迄至公元前322年》,商务印书馆2016年版。

28. [英]西蒙·霍恩布洛尔著,赵磊译:《希腊世界》,华夏出版社2015年版。

29. [英]基托著,徐卫翔等译:《希腊人》,中国社会科学出版社2022年版。

30.［美］唐纳德·卡根著，李隽旸译：《雅典帝国的覆亡》，华东师范大学出版社2017年版。

31.［英］保罗·卡特里奇著，梁建东等译：《斯巴达人》，三联书店2010年版。

32.［德］特奥多尔·蒙森著，李稼年译：《罗马史》，商务印书馆2017年版。

33.［古希腊］普鲁塔克著，陆永庭等译：《希腊罗马名人传》，商务印书馆1990年版。

34.［英］P. J. Rhodes著，白春晓译：《修昔底德》，武汉大学出版社2021年版。

35.［英］塞姆著，吕厚量译：《罗马革命》，商务印书馆2018年版。

36.［美］苏珊·伍德福德著，钱乘旦译：《古希腊罗马艺术》，译林出版社2017年版。

37.［古希腊］希罗多德著，王以铸译：《历史》，商务印书馆2009年版。

38.［古希腊］修昔底德著，谢德风译：《伯罗奔尼撒战争史》，商务印书馆2018年版。

39.［古希腊］佚名，郭霞译：《奥克西林库斯希腊志》，上海人民出版社2009年版。

【思考与讨论】

1. 试论荷马时代的社会性质。
2. 概述公元前8～前6世纪希腊海外殖民的原因、区域和历史影响。
3. 试论斯巴达城邦政体的基本特征。
4. 为什么说雅典国家的产生是古代国家产生的典型途径？
5. 论雅典民主政治的形成。
6. 雅典国家的产生与民主政治的形成是否同步，并说明原因。
7. 由梭伦改革看雅典国家的经济政策。
8. 论雅典民主与自由的关系。
9. 希波战争对雅典城邦产生了怎样的影响？
10. 试比较伯罗奔尼撒战争前后的希腊奴隶制度。

11. 试论上古希腊城邦危机的原因。
12. 概述古希腊文化高度发展的原因及主要成就。
13. 希腊神话具有怎样的特点?
14. 试论塞尔维乌斯改革的历史意义。
15. 罗马王政时代与希腊荷马时代有何共同特征?
16. 概述罗马统一意大利半岛的基本过程。
17. 罗马共和早期平民反对贵族的斗争主要是围绕哪些问题进行的?
18. 罗马共和早期平民反对贵族的斗争中主要出台了哪些法律?产生了怎样的影响?
19. 简析罗马共和政体。
20. 罗马统一意大利半岛后是怎样进行治理的?

第五章　上古洲际帝国

从版图规模不等、政体性质各异的区域性国家走向地域广袤的专制大帝国，是上古国家发展的一般趋势。在南亚、中亚、西亚、地中海区域等地兴起的一些区域性国家的基础上，经过剧烈的分化组合，终于从公元前 6 世纪末开始，先后形成了三个横跨欧、亚、非三洲的洲际大帝国：波斯帝国、亚历山大帝国、罗马帝国。

公元前 6 世纪中叶，波斯兴起于伊朗高原的西南部，经过居鲁士、冈比西斯和大流士的一系列征战，建立起古代世界第一个地跨欧、亚、非三洲的洲际大帝国。它的兴起虽然打断了西亚北非原有古代文明独立发展的进程，但却为西亚北非的文明做了总结，又为后来的希腊罗马文明提供了借鉴，起了承先启后的作用。公元前 4 世纪末叶，波斯帝国被亚历山大帝国取代。亚历山大帝国是靠武力征服建立起来的，帝国没有统一的经济基础，所以很快走向解体。但希腊化时代打破了历史上形成的东西方各自独立的格局，使它们的联系大大加强。此后，在亚历山大帝国版图基础上形成的马其顿王国、托勒密王国和塞琉古王国又完整程度不同地继续存在了三个世纪。特别是塞琉古王国分裂后在其东部版图基础上兴起的安息王朝，经过对外扩张，至公元 1～2 世纪成为与罗马帝国、贵霜帝国、东汉帝国并列的世界四大帝国之一。安息与罗马之间进行了长期的战争，但与中国却和睦相处，“丝绸之路”成为两国经济文化交流的桥梁。

罗马帝国是以罗马城为中心发展起来的，按其政体变化分为共和制帝国、元首制帝国和君主制帝国三个发展阶段。继公元前3世纪中期统一意大利半岛后，至公元前2世纪中后期，罗马通过三次布匿战争和东方战争（马其顿战争和叙利亚战争）又攫取了地中海的霸权，把地中海变成了自己的内湖，建成了共和制帝国。随着统治区域的空前辽阔，城邦共和制的国家机器已不能适应统治的现实需要。从公元前2世纪后期开始，社会矛盾日趋激化，统治集团内部以权力归属和政体走向为中心展开了尖锐斗争，终使共和制帝国转变成了元首制帝国。元首制是披着共和制外衣的君主制，元首制的创立者屋大维就是罗马历史上的第一个皇帝。在他长达44年的统治中，罗马政治局面相对安定。屋大维死后，开始了帝位继承制。公元1～2世纪，元首制帝国的统治达到全盛并且号称实现了“罗马的和平”，社会稳定、经济繁荣、文化昌盛，帝国的版图也达到最大规模。但期间仍充满着统治阶级的内争、奴隶起义和被压迫民族的解放斗争。迨至公元3世纪，在罗马社会的全面危机中，元首制帝国最终过渡到名实相符的君主制帝国。

古罗马文化吸收了许多民族的文化成果，在文学、哲学、史学、法学、自然科学、建筑与艺术等方面都取得了突出成就，对后世产生了深远影响。

如果对这些帝国兴衰的历史过程加以比较，便不难发现，罗马帝国兴起于上古文明的中心地带，由于充分地吸收了古老文明中心的经济文化成果，故延续了千年之久；波斯帝国和亚历山大帝国则兴起于上古文明中心的边缘或边缘地带，由处于原始社会解体阶段或解体后不久的游牧族或刚脱离游牧不久的族群建立。它们得以骤然兴起，从主观方面看，是领袖人物能及时利用社会矛盾，把游牧族特有的剽悍习性和潜力调动凝聚起来，一致向外扩张；从客观条件看，它们的征服对象往往正处于内部阶级矛盾激化或分崩离析状态，难以形成有效的抵抗力量。亚历山大帝国骤然衰败，主要是由于缺乏支撑统一国家的经济和文化根基。波斯帝国之所以维持了300多年之久，则主要是由于在不同程度上吸收了先进民族的经济和文化成果以及邻近地域没有足以取代它的力量。

洲际大帝国都是靠武力征服建立起来的。尽管它们的建立给被征服地区的人民带来了征战流离之苦，各民族独立发展的历史进程也被阻断，但洲际大帝国的出现客观上打破了各区域性国家的壁垒，加强了世界各地政治、经济和文化的联系，加速了人类历史从分散走向整体的进程。

第一节　波斯帝国

波斯位于伊朗高原西南部，靠近波斯湾。在波斯帝国兴起之前，伊朗高原上先后产生过两个早期国家：埃兰和米底。埃兰约形成于公元前30世纪中期，定都苏撒，公元前7世纪中叶被亚述灭亡。米底兴起于埃兰以北、里海以南，公元前7世纪中期由部落联盟过渡到国家，定都埃克巴坦纳（今哈马丹），公元前6世纪被波斯灭亡。

波斯是在与米底的斗争中兴起的。据希罗多德《历史》记载，公元前6世纪，处于米底统治之下的波斯有6个农业部落、4个游牧部落，其中有3个农业部落势力较强。公元前6世纪，波斯人乘米底与巴比伦作战和内部发生叛乱之机，在显贵氏族阿黑门尼德族人居鲁士（前559～前530年）的领导下起来反抗米底的奴役。经过三年的战争，于公元前550年灭掉米底，建立了独立的国家，定都波斯波利斯。

波斯王国建立后，居鲁士便改组军队，开始向外扩张。公元前546年征服小亚，公元前538年消灭新巴比伦王国，至此，波斯成为西亚地区最强大的国家。公元前530年，居鲁士又挥师东进，但在中亚战败身亡。其子冈比西斯二世（前530～前522年）继位后继续奉行扩张政策。他征服中亚，巩固了东北边疆，之后在腓尼基舰队的配合下，于公元前525年征服埃及。利比亚人慑于波斯的威力，主动投降。当冈比西斯二世用兵迦太基和努比亚失利时，国内爆发了大规模起义，米底祭司高墨塔趁机发动政变，夺取政权。[①] 冈比西斯二世闻讯后，急忙回国镇压，死于途中。不久，阿黑门尼德族人大流士联合波斯贵族粉碎政变，夺得王位，史

① 国外学者普遍认为，高墨塔就是冈比西斯二世的弟弟巴尔迪亚。《贝希斯敦铭文》所记高墨塔起义的史实不确，系大流士一世为证明自己篡位之合法性而伪造。参见李铁匠：《巴尔迪亚政变辨析》，《世界史研究动态》1987年第12期。

称大流士一世(前 522～前 486 年)。

大流士一世执政后,用了两年多的时间,平定了各地此起彼伏的暴动和起义,恢复了帝国的统治。后来,大流士一世把平息政变、镇压起义的经过,用波斯、埃兰、巴比伦三种楔形文字刻在从巴比伦到埃克巴坦纳大路中途的贝希斯敦崖石上,这就是著名的《贝希斯敦铭文》。该铭文是现在所知道的波斯王国所有铭刻中最重要的一个,是研究波斯历史的珍贵资料。

从居鲁士到大流士一世执政,前后仅 28 年时间,波斯即从一个蕞尔小邦成为地域王国,最后发展为帝国。在大流士时代,波斯又征服了印度河流域(前 517 年)和巴尔干半岛的色雷斯地区,从而成为古代世界第一个地跨亚、非、欧三大洲的大帝国。但是,波斯帝国面临的形势极其艰难复杂,需要解决的问题也极为艰巨。随着疆土的扩大,波斯原有的统治机构和古老的军事组织已不能适应庞大帝国的需要。为巩固专制主义中央集权,摆脱氏族贵族和部落制度的影响,促进农业、手工业和商业的发展,增强帝国的经济力量,镇压人民的反抗,大流士一世在总结西亚各国统治经验的基础上,参照各国统治的方法,从公元前 518 年起进行了一系列改革。其主要内容如下。

(1)建立了一套完备的军政分权的行政制度。将全国划分为 20 个行省①,实行军政分权的统治,即每省设置总督,掌管行政、司法和财政大权;另设一名军事长官,统率该省驻军。总督和军事长官互不隶属,各自听命于国王。大流士一世对总督和军事长官按照功过实行赏罚。总督一般没有兵权,军事长官也由皇帝委派,军事大权全部掌握在皇帝手中。

(2)制定统一的贡赋制度。废止以前对征服地区的贡赋无定额的做法,明确规定各行省向中央交纳的年贡和实物数额,并采用多由各地商业高利贷者承包的制度。

(3)实行军事改革。将全国划分为五大军区,每个军区长官统辖几个行省的驻军,并直接对国王负责;改革军队建制,把军队编成万人团、

---

① 在不同的时期,行省的数目不一,最少时为 20 个,最多时为 30 个。参见[古希腊]希罗多德著,王以铸译:《历史》,商务印书馆 2009 年版,第 276 页。

千人团、百人队、十人队等组织；组建一支由波斯人组成的近卫军，近卫军人数保持万人不变，如有缺额，立即补足，因此希腊人称之为“万人不死军”，这是波斯军队的核心。

(4)制定统一的铸币制度。由中央铸造金币，名为“大流克”，重量约8.416克，通行全国；行省铸造银币，一般只能在省内流通；自治城市铸造铜币，限城内使用。

(5)修筑四通八达的驿道。其中最主要的一条从首都苏撒至小亚的以弗所城，全程为2400公里。驿道沿途设有驿站、客栈，重要的边界和渡口都筑有工事，设置驻军。

此外，大流士一世还把古代波斯的琐罗亚斯德教定为国教，作为中央集权君主专制统治的精神支柱。同时，为了便于指挥、控制并同帝国各地保持密切联系，大流士一世设置了四大京城：苏撒、埃克巴坦纳、巴比伦、波斯波利斯。大流士一世及其宫廷成员一年四季轮流驻于每个都城。

大流士一世的改革不仅使波斯帝国建立起一套中央集权的官僚行政制度，而且在客观上促进了社会经济的发展和文化的交流。但是，他的改革以维护奴隶主阶级的利益为目的，对被压迫阶级和被征服地区的人民则意味着更加残酷的统治和剥削。

波斯帝国的经济和社会发展是不平衡的。帝国的东部(如中亚、伊朗等地)社会经济发展比较落后，农业和畜牧业是基本的经济部门，保有份地的村社农民构成劳动力的主体。有些地区(如中亚北部和东北部的游牧部落)仍然保存着氏族制度。帝国西部(如两河流域、腓尼基、埃及等地)有一定的奴隶制经济，出现了许多商品经济发达的城市。

波斯人作为一个落后的民族，长期与先进的两河流域文明为邻，再加上在帝国时期统治了许多先进文明地区，无论在政治思想、典章制度，还是在文字、艺术、神话、建筑等方面，都吸收了较多的外来因素。正如希罗多德所说：“波斯人比任何其他民族都更喜欢仿效外国人的习惯。”

波斯人语言属于印欧语系东支，他们的文字吸收了两河流域楔形文字的因素，形成了接近于字母文字并具有显著特色的楔形文字，是西亚楔形文字发展的最后一个阶段。此外，波斯帝国时期还流行一种源于腓尼基字母文字的阿拉米亚语，它在帝国的商业和外交上曾起过重要作用。

建筑方面，波斯人的建筑不仅规模宏大，而且吸收了其他民族的风格，尤其是希腊、两河流域和埃及的风格。如王宫建筑多半是两河流域的风格，而王宫建筑中的巨柱则是希腊和埃及建筑风格的反映。在艺术方面，波斯王宫中的浮雕和贝希斯敦山崖上的浮雕，是波斯帝国时期雕刻艺术的杰作，但受外来风格的影响也很大。如 1973 年在大流士王宫发现的一座雕像，据说可能是大流士一世，他身穿法老服装，但雕刻手法却明显属于希腊风格，充分显示出外来文化对波斯的影响。

波斯帝国是靠武力征服建立起来的，境内各地区之间缺乏统一的经济基础，又没有严密的政治组织，所以表面上统一，实际上隐藏着许多分裂因素。在帝国统治阶级内部，不仅有权势大小之分，而且有内外之别，波斯贵族享有各种特权，因此斗争愈演愈烈。奴隶主与奴隶、穷人的矛盾更加尖锐，奴隶暴动、贫民起义不断发生。由大流士一世及其后继者发动的希波战争，历时半个世纪，结果波斯失败，元气受损。战争期间，被征服地区人民不断掀起反抗斗争。尖锐复杂的各种矛盾使帝国日趋衰落。公元前 334 年，马其顿亚历山大率军东侵处在危亡中的波斯帝国。公元前 330 年，波斯末帝大流士三世在战败逃亡中被杀，延续 200 多年的波斯帝国至此灭亡。由此，西亚北非的古代文明宣告终结。

波斯帝国的兴起在西亚北非的古代文明史上占有重要地位。它是这一地区古代文明从寡民小国到地域王国、再到洲际帝国这一发展过程的最高阶段。它不仅在规模上比埃及帝国和亚述帝国大得多，而且形成了一整套比较成熟的维系和管理帝国的制度，并在一定程度上为后来的亚历山大帝国、罗马帝国所承袭。但是，它的存在打乱了西亚北非各地社会经济独立发展的正常进程，使这些地区的交流和联系打上了征服者的烙印。它的征服战争则给帝国版图内的居民带来巨大的灾难。

总之，波斯帝国虽然打断了西亚北非原有古代文明独立发展的历史进程，但代之而起的亚历山大帝国及其后继者罗马帝国，从其传统中吸取了许多有用的东西。因此，波斯帝国既为西亚北非的古代文明做了总结，又为后来的希腊罗马古典文明提供了借鉴，起了承先启后的桥梁作用。

第二节　亚历山大帝国与希腊化时代

亚历山大帝国是在马其顿王国的基础上通过武力扩张形成的。公元前4世纪中期，马其顿国王腓力二世（前359～前336年）在完成了对希腊各邦的征服后，决定远征波斯帝国。但正当马其顿—希腊联军整装待发之际，公元前336年夏，腓力二世遇刺身亡，其年仅20岁的儿子亚历山大继位（前336～前323年）。亚历山大少年时代曾师从希腊著名学者亚里士多德，深受希腊文化的熏陶，并曾随父参加喀罗尼亚战役的部分指挥。因此，他即位时已经具有相当的政治、军事才能。他在迅速镇压了马其顿贵族的叛乱和希腊的反马其顿起义之后，便开始实现他远征波斯的计划。

公元前334年春，亚历山大率步兵三万、骑兵五千和战舰160艘，向波斯大举进攻。当时，波斯帝国已极度衰弱，大王大流士三世又昏庸无能，无力同亚历山大的军队相抗衡。同年，马其顿—希腊联军渡过赫勒斯滂海峡，首先占领了小亚半岛。第二年，亚历山大挥军南下，攻打叙利亚，与大流士三世军队会战于伊苏斯，波斯军惨败。公元前332年，亚历山大占领了埃及，旋回师北上进攻巴比伦。公元前331年，在底格里斯河东岸的高加米拉战役中，波斯军队被彻底击溃，大流士三世逃亡，后为部下巴克特里亚总督贝苏斯所杀，巴比伦和苏撒先后沦亡。公元前330年春，亚历山大又占领了波斯旧都波斯波里斯，大肆抢掠，并将此古城付之一炬，波斯帝国至此灭亡。后来，亚历山大还进兵中亚，遭到游牧部落的强烈抵抗。公元前327年，他率军南下入侵印度，又遭到印度人民的反抗，再加上士兵水土不服、普遍厌战，亚历山大才停止远征，于公元前325年返回新都巴比伦，十年东侵到此结束。

在出征时，亚历山大是马其顿国王、希腊联军的统帅，充其量只是巴尔干半岛的小霸主。经过近十年的征伐，他建立了地跨欧、亚、非三洲的大帝国，其疆域西起希腊半岛和马其顿，东到印度河流域上游，南达尼罗河第一瀑布，北至多瑙河和锡尔河。

亚历山大的东侵和庞大帝国的形成具有深远的影响。亚历山大的野蛮侵略给东方人民带来了深重的灾难,使他们饱受战争之苦。但在客观上使希腊文明与埃及、巴比伦和印度的文明得以接触、交流、融合,扩大了各民族已知世界的范围,加快了人类历史由分散走向整体的进程。

为了统治幅员辽阔的领土,亚历山大采取了一系列措施:定都巴比伦城,把统治中心放在东方,保留波斯帝国的行政制度,实行分省统治;鼓励东西方种族通婚,缓和民族矛盾;以马其顿和希腊人为骨干力量,保证征服者的统治地位;袭用东方专制政体,并利用宗教进行统治,宣扬君权神授,从而使帝国的统治呈现出东方、马其顿、希腊城邦三种因素混合的特色。

亚历山大虽然靠武力征服建立了辽阔的军事帝国,但这个帝国没有统一的经济基础,没有共同的语言,所以其解体是不可避免的。公元前323年6月,亚历山大突然病死,他的部将为争夺对帝国的控制权长期彼此征战,帝国迅速瓦解。到公元前3世纪初,形成三个较大的王国:一个是马其顿王国,疆域基本限于希腊半岛;另一个是托勒密王朝统治下的埃及王国,它自然资源丰富,又有大海和沙漠作为坚固的屏障,是三个王国中维持最久的一个;最后一个是塞琉古王国,它由帝国的亚洲诸行省组成,是三个王国中疆域最广的一个。这些王国存在的时间不一,到公元前30年,全被罗马所灭。但塞琉古王国解体后在其版图东部兴起的安息帝国却一直延存至公元3世纪。

安息帝国位于伊朗高原东北部的帕提亚地区,西方史学家称之为“帕提亚王国”,中国古籍称之为“安息”。安息曾先后臣服于亚历山大帝国和塞琉古王国,公元前247年独立,首领阿尔萨息当了国王,建立了阿尔萨息王朝(前247～前226年)。安息立国之初,还受到塞琉古王国的威胁,至公元前1世纪中叶方始强盛。国王密特里达特一世时期(前170～前138年)积极向外扩张,占领了伊朗高原西部、两河流域和中亚南部,成为一个强大的帝国,公元前1世纪中叶,迁都泰西封。

安息帝国在政治上实行君主制,王位由阿尔萨息家族世袭,但王权受贵族和僧侣议事会的限制。在统治阶级中,有7个显贵氏族处于重要地位,操纵国家的军事、政治和经济大权。军队以骑兵为主,分重装骑兵和轻装骑兵,贵族在军队中占有重要地位。安息帝国是靠武力征服建立的,帝国境内包括许多经济发展水平不同的地区,没有形成统一的经济基础。两河流域经济发达,是帝国的经济中心;东部山地、沙漠边缘草原地带比较落后,居民仍属游牧部落。

从公元前1世纪中叶起,由于罗马的不断东侵,安息与罗马之间进行了长期战争,双方相持于两河流域和叙利亚一带。安息与西方的罗马长期处于战争状态,与东方的中国却始终和睦相处,关系密切。公元前2世纪末张骞通西域时,曾派副使访问安息,安息王派大将率骑兵两万到边境迎接。不久,安息又遣使向汉朝答谢。从此,双方往来频繁,东西交通有了很大发展,“丝绸之路”成为当时一条重要的国际商道。“丝绸之路”的西段大部分在安息境内,这不仅促进了中国与安息商业的发展,而且也加强了东西文化的交流。

安息帝国是一个松散的联合体,长期的对外战争和内部矛盾,不仅消耗了国家的实力,而且严重削弱了中央政权的统治,使国家逐渐失去了抵抗外来侵略的能力。公元226年,安息帝国被新兴的萨珊波斯灭亡。

从公元前334年亚历山大东侵到公元前30年罗马帝国最后吞并埃及,这300多年在地中海东部地区的历史上被称为“希腊化时代”(关于这一时代的时间界限,学界有不同看法)。希腊化时代的文化是希腊文化与东方文化相互交流融会的结晶。虽然它仍属于希腊文化的范畴,使用希腊的语言,承袭希腊的传统,但与古典时期的希腊文化有着明显的不同。这不仅在于它包含了一定的东方文化的因素,而且在于它是对那个扩大了的、变化了的世界的反映。如果说希腊古典文化是一种城邦文化,那么希腊化文化则是一种走向帝国的、多民族的文化。其基本特征是:希腊一体化和地方多元性相结合,消极没落的个人主义和眼界开阔的世界主义相并存;文化中心也从雅典转移到了埃及的亚历山大城。其成就主要包括以下几个方面。

哲学方面,由于城邦理想的破灭和现实世界的扩大,人们的思想走上了两个极端,即都脱离城邦相背而行:一方面进而拥抱广阔的世界;另一方面却对这个世界厌弃失望,退而只顾个人。当时流行的斯多噶派、伊壁鸠鲁派、犬儒学派和怀疑主义就是这两种思潮的反映。文学方面，在形式和内容上都有所创新，各种诗体有了明确的形式和内容，还出现了一种科普诗，即用诗的语言来介绍科学研究的成果。艺术方面，个人肖像数量大增，群体雕塑、风俗雕塑和纪念性雕塑出现，城市建筑有了总体规划，东方的建筑艺术得到了应用。亚历山大城、帕加马、罗得斯岛是当时的三大雕塑中心。史学方面，历史著作的体例增多，出现了年代记、回忆录、人物传记、国别史、世界性通史、断代史以及区别于政治史的文明史。宗教方面，出现了混合主义的特征和向一神教发展的趋向。科学方面取得的进步超过了 17 世纪以前任何其他时期。数学家欧几里得所著《几何原本》，是世界上最早的公理化的数学著作。阿基米德发现了杠杆定律和浮力的大小等于物体排开的液体重量的比重原理，提出了物体表面积和体积的计算方法。医学上，医生们首次了解了心脏在血液循环中的作用、脉搏的重要性、感觉神经和运动神经的功能以及大脑的脑回。

希腊化时期的文化总结和发展了希腊古典文化，吸收和利用了东方文化，成为从希腊文化到罗马文化再到西方文化的桥梁。

总之，希腊化时代打破了历史上形成的东、西方世界各自独立的格局，使它们合而为一，人们首次想到把整个文明世界当作一个单位——一个文化高度发达的核心区。

第三节　罗马共和制帝国

罗马人在意大利半岛建立霸业之后就开始向地中海周边区域扩张。它首先遇到的劲敌便是西部地中海区域另一强国——北非的迦太基。迦太基位于今突尼斯境内，是公元前 9 世纪末腓尼基城邦推罗建立的殖民地。到公元前 6 世纪，它已经发展成为西部地中海区最强大的国家，版图囊括了北非的西部，西班牙的东部和南部，西地中海的巴利阿里群岛、撒丁岛、科西嘉岛以及西西里岛的大部分，从而成为罗马进一步对外扩张的劲敌。当罗马兵锋指向西部地中海时，一场酷烈的战争不可避免地爆发了。因罗马人称腓尼基人为“布匿人”，所以两国之间的战争被称为“布匿战争”。

布匿战争先后进行了三次，从公元前264年至前146年，持续118年之久。第一次布匿战争(前264～前241年)的导火线是墨西拿事件。经过了二十余年的较量，迦太基战败求和，罗马获得了3200塔兰特的赔款和西西里岛以及与意大利半岛之间的所有岛屿。第二次布匿战争(前218～前201年)期间，迦太基将军汉尼拔充分展示了卓越的军事才能。他先是出人预料地率军经西班牙、翻越阿尔卑斯山迂回到意大利半岛北部，从背后向罗马展开进攻；而后在不到两年的时间内，先后在波河流域的特列比亚河畔(前218年11月)、伊达拉里亚中部的特拉西美诺湖畔(前217年6月21日)和意大利南部的坎尼城(前216年8月2日)三大战役中大败罗马军团，创造了古代世界军事史上以少胜多的光辉范例。但在迦太基本土扎马城的决战(前202年)中，汉尼拔最后战败，迦太基被迫与罗马签订了丧权辱国的和约。根据和约，迦太基放弃非洲以外的全部领土，赔款10000塔兰特。迦太基事实上成为罗马的附属国。后来，面对逐渐复苏的迦太基，罗马唯恐其东山再起，又寻找借口出兵，于是挑起了第三次布匿战争(前149～前146年)。经过三年的围攻，罗马最终消灭了迦太基。

在布匿战争进行的同时，罗马还通过西班牙战争(前210～前133年)、马其顿战争(前217～前148年)和叙利亚战争(前192～前188年)完成了对西班牙、希腊、马其顿和小亚细亚的征服。

这样，从公元前3世纪中期到公元前2世纪后期，罗马通过一个多世纪的征伐扩张，由原来的共和制区域性国家发展为东起小亚、西抵大西洋的地中海世界的共和制帝国，其版图囊括了亚洲西部、西班牙大部、北非的一部、巴尔干半岛和地中海上的许多岛屿，罗马事实上成为一个城邦共和制下的“帝国”。

罗马征服地中海世界的过程，就是对这些地区或国家进行野蛮破坏、疯狂掠夺的过程，也是对各地居民进行血腥屠杀、残酷奴役的过程。在这一过程中，受益的主要是罗马的大奴隶主、高利贷者和大商人。

在占领区，罗马设立行省进行统治。到公元前120年，所置行省已有：西西里、撒丁尼亚、山南高卢、西班牙、阿非利加、伊利里亚、马其顿、亚细亚、山外高卢和塞浦路斯等。在各行省，罗马委派高级（军政）长官或大法官担任总督，由他们代表中央直接治理。罗马对行省的掠夺手段多种多样，在税收上采用包税制，行省居民因此要承受罗马政府和包税商人的双重剥削。这些包税人多为新兴的暴发户——骑士阶层出身。对行省内的各城市，罗马为便于统治，分别给予不同的自治权，并视情况而不断调整，有享有不同自治权的各类自由城市，也有毫无自治权的依附城市。

罗马的对外扩张和掠夺促进了奴隶制经济的发展和阶级关系的变化。罗马奴隶主在战争中攫取了大量财富，侵占了大片土地，虏获了数以万计的战俘。这就为奴隶制的进一步发展提供了有利条件，而同一时期罗马社会经济的普遍高涨，也为大规模经营和使用奴隶提供了可能。公元前 3～前 2 世纪，罗马奴隶制发展的一个重要特征，就是奴隶劳动带有明显的商品生产的性质，即由一个“家长制的、以生产直接生活资料为目的的奴隶制度，转化为以生产剩余价值为目的的奴隶制度”[①]。罗马农学家加图在《农业志》中所描绘的以奴隶劳动为主的农庄，就是以追逐利润为目的进行商品生产的农庄。

罗马对地中海世界的征服和奴役，加速了其手工业，特别是商业和高利贷业的发展。而伴随着商业、高利贷业的发展，罗马社会又兴起了一个新型的富有阶层——骑士。“骑士”一词最初指塞尔维乌斯改革时划定的第一等级中参加 18 个骑兵百人队的成员，后来泛指一切能有足够钱财饲养马匹充当骑士的人。他们逐渐取代新贵族成为元老阶层以下最有特权地位的人。骑士的生活目标是发财致富，而不看重门第和权力，不关心国家和公共福利。他们大多从事商品贸易和金融放贷，充当包税商人。因此，有人称他们为“商业高利贷贵族阶层”。

从公元前 3 世纪中期开始，随着罗马对外扩张的深入，许多贵族利用权势大片侵吞罗马“公地”（征服地），并据为私有；在扩张中获利的贵族和骑士集团将大批资金投资于意大利农村，从小农尤其是应征入伍转战他乡的农民那里兼并土地，致使一度缓和的土地问题又逐渐尖锐起

① 马克思：《资本论》第 3 卷，人民出版社 2004 年版，第 370 页。

来,到公元前2世纪中期已达到相当严重的地步,主要表现便是大地产的形成和小农的破产。新形成的大地产大多以农庄的方式来管理和经营,中等规模的农庄称“维拉”,上千犹格的农庄称“拉蒂芬丁”(后来成为大地产的代名词)。许多农庄都大量使用奴隶劳动,从事商品经济。大地产的形成和以剥削奴隶劳动为主的农庄经济的出现,给罗马社会带来的一个直接恶果,就是小农的破产和流氓无产者的出现。破产的小农变成流氓无产者后,聚集在罗马以及其他城市,依赖国家救济和富人施舍生活。他们仍拥有公民权,能够充当权贵的“门客”和支持者,从而在国家政治生活中产生一定影响。小农的破产不仅在罗马社会形成了一个寄生阶层,而且动摇了罗马城邦共和制的阶级基础,严重影响了罗马军队的兵源和战斗力。

自公元前2世纪中期布匿战争结束至公元前30年前后罗马元首制帝国建立,这一历史阶段称为“内战时代”。内战时代是罗马历史上极为重要的社会转型期。罗马奴隶制社会长期酝酿的各种矛盾充分暴露出来,各种斗争错综交织,日趋激烈。最终,罗马的权力集中到军事独裁者手中,埋葬了共和制帝国,建立了元首制帝国。这一转变经历了一个较长的过程。期间发生的一系列事件,如开明贵族与保守元老之间改革与反改革的争执、共和派与独裁者之间的斗争、奴隶大规模起义与暴动、军事独裁者之间的内战屠杀等都与这一转变密不可分。西西里奴隶起义便标志着这一过程的开端。

西西里发生过两次奴隶起义(前137~前132年,前104~前101年),起义领袖分别为优勒斯和克勒翁、萨维攸和阿铁尼奥,曾多次打败前来镇压的罗马军队,并一度分别在恩那城和特里奥卡拉城建立自己的政权,但最后均告失败。起义打击了罗马奴隶主的统治,揭开了罗马共和国后期斗争的序幕。

第一次西西里起义的战火尚未熄灭,奴隶主阶级围绕土地问题又展开了激烈的斗争。公元前133年和公元前123~前121年,提比略·格拉古和盖约·格拉古兄弟二人,利用担任保民官的机会,为缓和土地问题,克服由此引起的对罗马奴隶主阶级统治的不利影响,进行了后世以其名字命名的改革。提比略依照《李锡尼—绥克斯图法》提出了土地改革法案。法案规定：每人占有的公地数额不得超过 500 犹格，全家占有的总数不得超过 1000 犹格，多余的土地交给国家，由国家划成小块份地分配给无地公民。盖约在此基础上进一步提出了更广泛深刻的改革法案，这些法案主要有粮食法、兵役法、移民法、审判法、筑路法、亚细亚行省法和公民权法等。提比略和盖约还先后组织了专门的“三人委员会”来推行其改革措施。但是，由于当时罗马小农经济的瓦解和小农的破产已成为必然趋势，加上改革主要从统治阶级长远利益出发以及改革措施触动了势力强大的元老贵族的既得利益，提比略和盖约及其追随者先后遭到贵族派的围攻并被杀害，改革最终以失败告终。这次改革表明，罗马已由繁荣转入了危机时期，小农分化和破产的趋势已不可遏制，共和国体制已无法适应新形势的需要。格拉古兄弟的惨死表明罗马社会的内争已转入内战，共和制的丧钟已经鸣响。格拉古兄弟的品德是高尚的，改革也是利他的，而最终结局却是悲剧性的。

格拉古兄弟改革失败后，罗马土地兼并和小农破产的过程进一步加剧，罗马公民兵源更加紧张。朱古达战争[①]中罗马军队一再失利，充分暴露了罗马统治阶级的腐败和军事制度的弊端。公元前 107 年，具有丰富军事阅历和政治经验的马略当选为执政官(此后又连任 6 年)。面对公民兵源匮乏和现行军事制度的弊端，他在对外征伐的同时也对罗马的军事制度进行了一系列改革：(1)以募兵制代替征兵制；(2)延长士兵服役年限至 16 年，老兵服役期满后可以从国家得到一块份地；(3)实行固定的军饷报酬；(4)改革军队编制，调整战术队形；(5)统一武器装备；(6)整顿军纪，加强训练。

马略的军事改革解决了罗马社会和军队所面临的问题：一方面，募兵制的实行和服役年限的延长，既扩大并在一定程度上稳定了罗马的兵源，又使士兵从公民兵变成了职业军人；另一方面，调整军事组织、整饬军纪，提高了罗马军队的战斗力；同时，改革还解决了小农破产后的生计问题，缓和了阶级矛盾。可以说，马略的军事改革加强了罗马奴隶主统治，同时客观上又对罗马产生了消极影响。军队性质的变化，使罗马公

① 朱古达战争：公元前 111～前 105 年罗马与其在北非的附属国努米底亚之间发生的战争，因努米底亚的国王叫朱古达而得名。

民兵变成了职业军人，军队从昔日维护城邦共和制的工具，变成了城邦共和制的破坏力量，并为某些政治家利用军队实现其政治抱负提供了可能。不久以后出现的苏拉独裁就是这一消极影响的结果。

苏拉出身没落的贵族家庭，为人刚愎自用，机敏狡猾，颇具野心。苏拉最初在马略麾下任职，他凭借自己的才能和在朱古达战争、同盟者战争[①]等战争中的武功，逐渐登上罗马的政治舞台。公元前 88 年，苏拉当选为执政官，并通过联姻与贵族结成联盟，成为贵族派的领袖。随后，因争夺米特拉达梯战争[②]的指挥权同以马略为代表的民主派展开了激烈的斗争。

公元前 83 年，苏拉在结束了第一次米特拉达梯战争后返回意大利，战胜马略派，并于次年冬以胜利者的姿态进入罗马，重掌政权，发布“公敌宣告”，血腥屠杀马略的追随者，建立起罗马历史上第一个独裁统治。苏拉被元老院宣布为终身独裁官。为巩固其独裁统治，苏拉恢复并加强了元老院的权威，废除了民主派制定的法律，将立法权置于元老院的严密控制之下，取消部落表决制而恢复百人队表决制，剥夺了保民官的权力，将 300 名同党充实到元老院，严格高级官职晋升的制度。但是，苏拉的独裁并不稳固。公元前 78 年苏拉去世后，他的各项政策逐渐被取消。苏拉独裁开创了埋葬共和制的先例，推动了罗马政体转变的进程。

正当罗马忙于第三次米特拉达梯战争之际，意大利本土爆发了更大规模的奴隶起义——斯巴达克起义。公元前 73 年，色雷斯籍角斗奴斯巴达克率领 70 名奴隶在卡普亚举起义旗，队伍很快发展到 7 万人，一度壮大到 12 万人。起义军在意大利本土转战南北，给了罗马奴隶主阶级以沉重的打击。起义一直持续到公元前 71 年，最后遭到克拉苏率领的罗马军队的镇压，斯巴达克也在战斗中壮烈牺牲。

斯巴达克起义沉重地打击了罗马国家的统治秩序，加深了城邦共和制的危机，使统治阶级进一步意识到必须寻找一种新的统治方式，以加强对奴隶等被压迫阶级的统治。起义也对罗马奴隶制经济产生了重大

① 同盟者战争：公元前 91～前 88 年意大利同盟者争取罗马公民权的斗争。

② 米特拉达梯战争：罗马与本都王国争夺对东部地中海控制权的战争，因本都王国国王是米特拉达梯六世，故得名。

影响，此后授产奴隶制剥削方式逐渐为奴隶主所接受，隶农制也开始出现。斯巴达克起义是古代西方规模最大的一次奴隶起义，斯巴达克在斗争中所表现出来的那种刚毅果敢、威武不屈的英雄气概，为被压迫阶级树立了光辉的斗争形象。马克思称颂他是“古代无产阶级的真正代表”①。

第四节　罗马元首制帝国

斯巴达克起义后，罗马社会各种矛盾更加尖锐，统治阶级内部争权夺利的斗争愈演愈烈，罗马由城邦共和制向帝制转变的进程进一步加快。公元前 60 年，罗马三位具有相当实力的政治巨头克拉苏、庞培和恺撒为了共同的利益结成秘密的政治同盟，史称“前三头同盟”。三人瓜分了罗马国家的权力，建立了罗马历史上第一次集体军事独裁统治。

公元前 45 年，恺撒在击败了庞培之后，成为罗马唯一的最高统治者。他通过各种途径先后拥有了执政官、终身保民官、大元帅、大祭司长等头衔。公元前 44 年，元老院又任命他为终身独裁官。恺撒成了继苏拉之后的又一个独裁者。恺撒掌权期间，针对当时社会问题，实行了一系列改革，如增加了元老院人数，扩大了公民权授予范围，改变了税收制度，调整了对行省的统治政策，改进了历法，还为退伍老兵和贫民在行省分配土地。恺撒的改革维护了包括行省在内的罗马境内所有奴隶主阶级的利益，扩大了罗马国家的统治基础，适应了共和制向帝制转变的历史趋势。由于恺撒的独裁和改革触及了元老贵族的利益，在公元前 44 年 3 月 15 日，恺撒遭到政敌的密谋刺杀。

恺撒去世后不久，公元前 43 年 10 月，执政官安东尼、骑兵长官雷必达和恺撒的养子屋大维，经过磋商，公开结成政治同盟，即“后三头同盟”。三人共同执政，并三分行省。三人的地位和权力还获得了公民大会和元老院的承认，开始了名副其实的三人独裁统治，共和国的灭亡为时不远。

---

① 《马克思恩格斯全集》第 30 卷，人民出版社 1974 年版，第 159 页。

盟约并未永久阻止内争。屋大维先于公元前36年剥夺了雷必达的军权，又于公元前31年6月在阿克兴海角一战中大败安东尼。公元前30年，安东尼在亚历山大城陷落时自杀，埃及被并入罗马版图。

屋大维在相继战胜政敌后，成为罗马唯一的全权统治者。他步恺撒之后尘，正式确立了个人的军事独裁统治，实际上是罗马帝国的第一个皇帝。但是，由于共和制的影响和维护共和制传统的势力仍然存在，从共和到帝制的转变尚需一个政治上的过渡，所以屋大维并未立即采用“君主”的名义，而是采用“元首”(音译“普林斯”，意为“第一公民或首席元老”)的称号进行统治，这种统治形式称作“元首政治”，它一直延续到前期帝国的结束。通常认为，元首政治开始于公元前27年1月13日。在那一天，屋大维做了戏剧性的政治演出：他一面表示卸除一切大权，恢复共和制；一面又装作迫于元老院和公民的请求，接受和共和制度完全违背的绝对权力。屋大维的这场演出，为共和制举行了葬礼，宣告了元首制帝国的建立。这时，共和制下的各种机构和官职虽然保留，但实际上形同虚设，而屋大维则借共和之名总揽全权。值得说明的是，元首制尚不属于绝对君主专制，因为元首的权力从理论上讲来自元老院和罗马人民，而且元首原则上不能世袭。

共和制帝国被元首制帝国所取代是罗马经济、政治发展的必然结果。一方面，罗马共和国中期以后，奴隶制经济充分发展，土地兼并日益严重，大地产的形成和小农的破产瓦解了小农经济，城邦赖以存在的经济基础逐渐崩溃，城邦灭亡成了历史的必然；另一方面，罗马征服了地中海世界后事实上成为一个地域辽阔的帝国，阶级关系和社会矛盾都发生了深刻变化，原来建立在蕞尔小邦基础上的共和政体已不能适应这一变化，只有建立代表更广泛区域(包括被征服地区)奴隶主阶级利益的超城邦的专制政权，才能够实现对广大奴隶等被统治阶级的专政。

由上述可见，罗马由共和制走向披着共和制外衣的元首制是历史的必然。元首制帝国的建立是地中海区域经济、政治乃至社会发展的应时之需。它结束了长期动乱与内战的局面，开创了一个相对稳定的时代，各阶级、各阶层的地位和利益也得到了新的调整和平衡。元首制帝国的建立还缩小了意大利与被征服地区社会发展的差距，促进了地中海区域经济、文化的交流和发展，为帝国初期的繁荣奠定了基础。

屋大维掌握国家大权之后，曾先后获得各种头衔：公元前 30 年被确认为终身保民官；公元前 29 年获得“大元帅”的称号；公元前 28 年获得“元首”称号；公元前 27 年获得“奥古斯都”（意为“神圣、庄严”）的尊号；公元前 12 年成为大祭司长；公元前 2 年被称为“祖国之父”，甚至在活着的时候就被神化。这些头衔表明，屋大维是集行政、军事、司法、财政和宗教等大权于一身的君主，其地位至高无上。他可以批准或否定元老院和公民大会的决议，推荐各种重要官职的人选。同时，他开始创立中央集权的官僚制度。他设立了“元首顾问会”，成立了元首金库等皇家办事机构。行省统治方面，他将行省分为两个部分，由元老院和元首分别管理。元老院管理建立已久的行省，不统率军队。其他行省由元首直辖，这些行省不论在战略地位上，还是在物产上都比元老院行省重要得多，并且元首有权委派官吏在元老院行省中招兵、征税和管理地产。埃及是元首的私产，不列入行省。可见行省的实权也掌握在元首手中。因此，屋大维就是至高无上的君主，元首政治本质上是披着共和制外衣的君主制。

元首政治的社会基础及其阶级实质，明显地表现在它的内外政策上。

为了加强和扩大帝国统治的基础，屋大维特别注意提高大奴隶主阶级的地位，扩大他们的特权。当时，罗马大奴隶主基本上分为元老和骑士两个等级。为使元老院更好地服务于君权，他对元老院进行了清洗，将元老人数从千人减至 600 人。他还明确规定，元老必须出身贵族，服满规定年限的军役，拥有 100 万塞斯退斯（当时罗马银币，重约一克）的财产，其中至少有 10 万塞斯退斯是地产。元老可以担任军事长官和行省总督以及执政官之类共和国遗留下来的高级职位。仅次于元老的是骑士，其财产资格为 40 万塞斯退斯。骑士不仅可以担任督察使等财务官员，而且还可以担任重要的军政职务，诸如舰队司令、供粮总监、埃及太守和近卫军长官等。骑士可以候选元老，元老之子在进入元老院前须先列为骑士。这样，共和后期彼此争斗的这两个等级，都在帝国社会安富尊荣中享受着元首政治的恩宠，因而也大力支持元首政治，成为元首政治的主要社会基础。

当时罗马平民中的富裕农民和城市工商业者，特别是意大利自治市的中等阶层，属于小奴隶主范畴，他们是有产平民，也构成元首政治社会基础的一部分。可是，破产农民和流落城市的无业游民则占平民的多数，无业游民在屋大维时达 20 多万人，他们是无产平民。无产平民由于具有自由公民身份，而且是雇佣兵的来源之一，所以屋大维对他们实行又镇压又笼络的两手政策：一方面严格限制平民的政治活动，镇压他们的暴动；另一方面又以所谓“面包和竞技场”，即发放救济粮、举办娱乐活动和给予各种施舍来收买他们。屋大维给 20 万城市平民每月无偿发放粮食，有时还发给钱款。此外，为转移平民对政治的注意力，他有时还举办节庆娱乐活动。在这种情况下，罗马城市的无产平民或者安于寄生，耽于娱乐，或者充当政客权贵的门客党羽，或者充当雇佣兵，已经失去了先前的政治作用。

屋大维竭力维护奴隶制度，对奴隶实行严厉统治和残酷镇压政策。在内战临近结束时，屋大维密令各地军队清查在内战时期加入军队的奴隶，把清查的奴隶交还给原来的主人，如主人已经不在，就把奴隶处死。同时，对释放奴隶做了严格限制，规定释放奴隶的比例。他还通过元老院重申罗马的旧法：凡奴隶杀死主人，在家奴隶闻声不救，则一律处死。他还严令搜捕逃亡奴隶，镇压奴隶暴动。这些充分反映了元首制服务于奴隶主阶级的实质。

军队是元首政治的支柱。因此，屋大维对军队进行了整编。他把原有的 60 多个军团编为 28 个精锐军团，每个军团均成为常设的编队，每一编队有自己的人数和名称。此外，还有辅助部队、禁卫军、海军陆战队，士兵总数约 30 万人。所有这些部队都是长期服役的职业兵，享有不同的薪金及各种捐赠物、战利品、退役费，并且不交纳营业税和罗马公民的遗产税。经过整顿和改组军队，屋大维使罗马军队最后完成了向职业常备军的过渡。他独揽军权，借此对内实行独裁统治，对外进行侵略扩张。

在对外政策上，屋大维统治时期是比较灵活的。他对东方采取较缓和的手段，处理罗马和安息之间的紧张关系；对西方，则继续推行侵略政策。经过数年的征伐，他完全征服了西班牙、高卢，侵占了阿尔卑斯山区和多瑙河流域。公元前12年，罗马军队又越过莱茵河，侵入莱茵河和易北河之间的地区；公元5年，建立了日耳曼行省。公元6年，潘诺尼亚省爆发了20万人的大起义。这次起义被镇压之后，公元9年，日耳曼人又掀起反抗斗争，罗马统帅瓦卢斯率领的3个军团和9个辅助大队，被日耳曼人消灭。从此，整个莱茵河以东地区又归还日耳曼人。至此，罗马的疆域已基本固定下来：东起幼发拉底河，西至大西洋，南到撒哈拉沙漠，北达多瑙河与莱茵河，成为一个强大的帝国。

屋大维是元首制帝国的创立者，在他长达44年的统治中，罗马开始呈现出相对安定的政治局面。在内部，由于加强镇压奴隶起义及与奴隶主阶级的联合，结束了共和城邦时期那种纷扰不已的混乱状态；在外部，由于扩张遭到遏制，边疆大体确定，也出现了暂时稳定的形势。这就为罗马奴隶制社会的进一步发展奠定了基础。屋大维创立了元首制帝国。元首制帝国的建立是当时历史发展的必然趋势。它是代表奴隶主阶级的普遍意志和利益的军事独裁统治；它的社会基础已不再是狭隘的共和城邦的公民集团，而是帝国各地的奴隶主阶级，主要是大奴隶主阶级——元老贵族和骑士，其中也包括日益罗马化的行省贵族。因此，元首制帝国的实质是整个帝国范围内的奴隶主阶级对奴隶和其他被压迫人民的专政。

公元1～2世纪是罗马奴隶制帝国的全盛时期。在这期间，政治上出现了安定的局面，经济上呈现繁荣的景象。

公元14年，屋大维去世后，其养子提比略（14～37年）继位，由此开始了朱里亚·克劳狄王朝（14～68年）的统治。此后，前期帝国又经历了两个王朝，即弗拉维王朝（69～96年）和安东尼王朝（96～192年）。在这三个王朝统治的近200年间，罗马帝国的统治达到全盛，并且号称实现了一代“罗马的和平”，但实际上仍然充满着统治阶级的内争、奴隶起义和被压迫民族的解放斗争。

朱里亚·克劳狄王朝时期，皇权进一步加强，官僚体系逐步建立。提比略基本上延续了屋大维的统治政策。他取消了公民大会的选举权和立法权，将权力转给元老院，以此缓和与元老院之间的矛盾。同时，他恢复“侮辱罗马人民尊严法”，借以制裁自己的反对派，恣意诛戮被怀疑有反叛行为的任何人。在他统治期间，元首顾问会成为较固定的机构，经常处理重要事件。他还重用近卫军卫护皇帝，但近卫军很快就扮演起决定皇帝废立的角色。提比略及其继承者卡里古拉均被近卫军所杀，而克劳狄则在近卫军的拥戴下当上皇帝。克劳狄统治时期（41～54 年），初步建立了一套官僚机构：秘书处掌管内政、外交和军政，财务处经管财政，司法处处理法律事务。他将罗马公民权广泛授予行省居民，允许行省贵族进入元老院并委之以高级官职。他还改善了意大利的港口、道路，并新建了毛里塔尼亚行省。克劳狄死后，尼禄继位。他是著名的暴君，致使民怨沸腾。（近年来，学界关于尼禄的暴君形象有不同认识）公元 66 年，巴勒斯坦爆发了犹太人大规模武装起义，全歼罗马驻军。公元 68 年，高卢又爆发了讨伐尼禄的起义，近卫军也背叛尼禄，元老院宣布尼禄为人民公敌，尼禄走投无路，在逃亡途中自杀。朱里亚·克劳狄王朝告终。

尼禄死后，帝国境内烽烟四起。公元 69 年，东部行省和多瑙河军团拥立韦伯芗为皇帝，建立弗拉维王朝（69～96 年）。弗拉维王朝的统治政策主要是提高与加强行省的地位与作用。韦伯芗就任后虽然残酷地镇压了各地的起义，但他追随克劳狄的政策，继续向行省扩大公民权。为挽救濒临崩溃的国家财政，实行了一些政治、财政、军事改革，不仅取得了罗马、意大利奴隶主的支持，而且也获得了各省奴隶主的支持。公元 79 年韦伯芗死后，其长子提图斯继位，但为期甚短，很快就由图密善接管朝政。图密善用恐怖手段统治帝国 15 年，引起人民的不满，结果在政变中被杀，弗拉维王朝结束。

公元 96 年，元老院推举旧贵族元老出身的涅尔瓦为帝，开始了安东尼王朝的统治（96～192 年）。安东尼王朝历经六帝，是帝国皇权最稳固的时期，被称为帝国的“黄金时代”。涅尔瓦统治期间（96～98 年），元老院的地位得到恢复，并实施了一些缓和社会矛盾的措施，但是涅尔瓦遭到军界特别是边疆统帅们的反对。涅尔瓦在位两年后死去，战功卓著的日耳曼总督图拉真被推举为元首（98～117 年）。他实行较温和的政策，改善与元老院的关系，关心平民，发展生产，把帝国的疆土扩展到空前绝后的规模:东起幼发拉底河,西迄不列颠,北至达西亚,南达北非。图拉真的后继者哈德良(117～138 年)完善了官僚机构,此时元首顾问会正式形成,并且实行官阶官僚制度。同时,编成了《永久敕令》,作为帝国的法律基础。但哈德良独断专行,激起了人们的反抗。公元 132 年,犹太人掀起大规模起义,占领罗马殖民地,杀死殖民者,坚持斗争三年之久,但终遭残酷镇压。哈德良之后是安东尼·庇护继位(138～161 年)。他统治的时期被认为是安定和繁荣昌盛的时期。他对外采取防御政策,对内与元老院和睦相处。但这一局面为期很短,到马可·奥勒留统治时期(161～180 年),罗马的"黄金时代"就结束了。在他统治时期,虽经年对外作战,力图保持帝国疆界,但已无力阻挡蛮族入境,到康茂德统治时(180～192 年),罗马帝国已经危机四伏。

1～2 世纪,大规模的战争已经停止,帝国全境出现了长期的"和平"安定局面,为社会经济的发展提供了有利的环境。行省地位的提高、海陆交通的发展、稳定的货币、各地生产经验的交流、科学技术的传播应用等因素都有利于社会经济的发展。

当时,生产工具和技术有明显进步。农业上出现了带轮犁、割谷器,手工业上则应用水磨、滑车和排水器械等。手工业发展最为显著,不仅门类增多(罗马城的手工行业达 80 余种),而且分工十分细密(在制陶、冶金、制呢、染色等部门中出现了多种工序)。传统的手工业,如阿列提乌姆的制陶业、阿普亚的青铜制造业、莫德纳的制灯业都兴盛一时,产品行销外地。商业贸易也十分活跃,水陆商道畅通无阻,来往商旅络绎不绝。对外贸易西达不列颠,东到印度、中国,交易物既有粮食、油等生活必需品,也有香料、宝石等奢侈品。这种广泛的海陆贸易,促进了帝国各地城市的繁荣。这一时期兴起一些著名的城市,如不列颠的伦丁尼姆(伦敦)、高卢的鲁格敦(里昂)等。旧城市富庶繁华,罗马已成为帝国的中枢,阿普亚、那不勒斯等也都成为手工业和商业中心。迦太基等曾被摧毁的城市也已复苏。亚历山大城成为商品集散地和内外贸易枢纽。

这一时期,帝国经济发展是不平衡的。大体说来,希腊和地中海东岸地区的经济发展较快;高卢、西班牙的手工业、农业(葡萄、橄榄的种植)也迅速地发展起来,和意大利竞争市场;埃及扩大了灌溉网,由于地理条件优越,农业发展居于领先地位,成为罗马的谷仓;意大利的农业、手工业也有发展,但除波河平原扩大了葡萄、橄榄种植业外,农业的发展落后于手工业,手工业也没有其他行省发展快。

总之,1～2 世纪,罗马帝国经济发展的显著特征是,农业落后于工商业,而整个意大利的经济又落后于行省。帝国社会经济繁荣主要表现为行省经济的发展。但是,奴隶制经济的繁荣是建立在残酷剥削奴隶的基础之上的,因此这种繁荣局面不可能持久。到 2 世纪末,奴隶制帝国危机的迹象已明显暴露出来。

第五节　罗马文化

古罗马文化的产生和发展,大体上是和罗马国家的产生和发展并行的。罗马文化受外来文化影响很深,这里的外来文化主要是伊拉达里亚文化、希腊文化和古代东方文化。共和国早期,罗马文化较多地接受了伊达拉里亚文化的影响。从公元前 3 世纪前期开始,随着罗马对意大利南部地区和巴尔干地区的征服,希腊人的先进文化又开始影响罗马文化。从公元前 2 世纪起,罗马文化更广泛地受到地中海世界各民族文化,尤其是希腊文化和东方文化的影响。罗马文化是西欧文化的典范,在世界文化史上占有重要地位。

宗教信仰方面,古代罗马人同其他民族一样,长期保有“万物有灵”的原始信仰,也盛行多神崇拜。王政时代的信仰带有明显的现实生活特征。王政时代末年、共和时代早期,在伊达拉里亚人的影响下,诸神被人格化。罗马人开始建神殿、塑偶像,顶礼膜拜。希腊文化传入后,罗马人又把希腊人信奉的神接受为自己的神,如将希腊天神宙斯、天后赫拉、智慧女神雅典娜、爱与美之神阿弗洛狄忒分别附会为朱庇特、朱诺、密涅瓦、维纳斯。后来,罗马也崇拜过东方各国的神祇,如埃及的生育女神伊西丝等。罗马的宗教仪式比较复杂,有很多祭司团,祭司们的作用很大。大祭司团的祭司长是全国祭司的首脑,有权规定日历,主持祭奠和解释法律。

罗马的文学创作起步较晚，希腊人安得罗斯库（约前 284～前 204 年）算得上是罗马第一位诗人。他第一次将荷马史诗中的《奥德赛》译成拉丁文。罗马第一位著名喜剧作家是翁布里人普劳图（约前 254～前 184 年）。他是一位多产作家，流传下来的作品有 20 余种，如《吹牛的军人》《钱罐》《俘虏》等。其作品布局简单，但语言生动幽默。拉丁散文的奠基者当推大加图（约前 243～前 149 年），他用拉丁散文撰写了七卷本的《创始记》，其所著的《农业志》也有很高的文学价值。拉丁散文最著名的作家是共和后期的文学家和雄辩家西塞罗（约前106～前 43 年）。他的作品很多，仅流传至今的雄辩演讲词就有 57 篇，其中最有名的是反对“喀提林阴谋”的演说和反对安东尼的演说。他的演讲词被誉为拉丁文学的典范。恺撒的《高卢战记》和《内战记》也称得上拉丁散文中的佳作。

奥古斯都时代是罗马文化的“黄金时代”。屋大维恩宠诗人，诗人则为他歌功颂德，诗歌也就成了歌颂帝国和元首政治的工具。当时涌现出了维吉尔、贺拉斯、奥维德等著名诗人。维吉尔（前 70～前 19 年）是奥古斯都时代的第一位诗人，留下了《牧歌》（一译《牧歌集》）《田园诗》（又译为《农事诗》《农事诗集》）和史诗《埃涅阿斯记》（又译《伊尼特》《伊尼阿特》）三部作品。其中《埃涅阿斯记》是他的代表作，叙述的是特洛伊英雄埃涅阿斯在希腊联军攻克特洛伊城后逃出，到意大利建立国家的故事。诗中奉承屋大维是神的后裔，从而把屋大维理想化和神圣化。贺拉斯（前 65～前 8 年）以写讽刺诗和抒情诗见长。其代表作是《颂歌》（一译《歌集》），主要是歌颂奥古斯都的统治以及奥古斯都统治时期罗马道德的复兴。奥维德（前 43～约 17 年）擅长写作爱情诗，他的名著《变形记》在神话题材中穿插爱情故事，成为古代神话的宝库。他在流放中写的《悲歌》和《本都来信》等作品，则充满了对故土和亲人的思念之情。散文和戏剧方面，这一时期也取得了一定的成就。如讽刺小说作家佩特洛尼乌斯著有《撒提里康》，辛尼加（前 4～65 年）曾写过《美狄亚》《特洛伊妇女》等多部悲剧。此外，为迎合社会的粗野趣味，滑稽剧、喜剧和哑剧在这一时期也得到了一定的发展。

哲学方面，罗马人不像希腊人那样穷究宇宙的本原和人生的真谛，他们更注重于实用。共和制帝国时期，罗马在希腊哲学的影响下逐渐形成了自己的哲学。西塞罗和卢克莱修(约前90～前55年)分别是唯心论和唯物论哲学的代表。西塞罗的主要哲学著作有《论善与恶的定义》《论神的本性》《论老年》《论友谊》等。他借用折中主义手法,宣扬唯心论和"灵魂不死"等神秘主义思想。卢克莱修的哲学思想体现在他用诗体写成的《物性论》中。他继承和发扬了古希腊的原子唯物论思想,并认为人的命运不是由天命而是由自己支配的。总体上看,唯心主义哲学在元首制帝国时期占据主导地位。新斯多噶派相当流行,它抛弃了早期斯多噶派的唯物论因素,宣扬宿命论和禁欲主义,主张以个人道德修养求得社会的和谐,其思想完全蜕化为宗教伦理思想。其主要代表人物是辛尼加和元首马可·奥勒留。他们的这种思想是社会出现危机时奴隶主阶级腐朽没落和悲观绝望的思想情绪的反映。与此同时,在罗马又出现了新柏拉图主义,代表人物是普罗提诺(204～270年)。他认为万物的本原是不可理解的神,是神创造了万物。他还认为,在出神状态中人就以灵魂的神圣部分离开肉体,接近了神。在这种哲学中,唯心主义已完全蜕化为了神秘主义。新柏拉图主义对基督教的教义产生了很大的影响,为欧洲封建时代的基督教神学奠定了哲学基础。

与此相对立的则是反映唯物论和无神论的思想,其主要代表人物是琉善(约120～200年)。他的主要著作有《神的对话》《尼格里努斯》《佩雷格林之死》等。他推崇伊壁鸠鲁的唯物论思想,抨击宗教迷信,主张财产公有、人人平等。他的唯物论和无神论思想对后来西欧的文艺复兴和近代一些无神论思想家都产生了很大影响。

古代罗马最早的历史作品是约产生于公元前5世纪中期的《年代记》,它是大祭司们按照执政官或其他高级官吏的名字编辑起来的大事记。罗马历史上较早的两位专业史学家,一位是波里比阿(约前200～前118年),另一位是萨鲁特(前86～前34年)。前者的代表作是记述布匿战争的《通史》,后者的主要著作有《喀提林阴谋》《朱古达战争》以及未完成的《历史》。

元首制帝国建立后,罗马史家辈出,史籍浩繁,著名的历史学家有李维、塔西佗、普鲁塔克和阿庇安等。李维(前59～17年)的毕生之作是《自罗马建城以来的历史》。这是一部卷帙浩繁、内容丰富的历史巨著。

全书共142卷，现仅存35卷及少数残篇，叙述了自罗马建城到屋大维时代末年的历史。李维追求罗马历史发展之艰辛和伟大，进行道德说教，以激发爱国热忱。该著文笔流畅，辞章优雅，旁征博引，资料丰富，但内容过于庞杂，史料未予严格审辨，多有舛误，但仍不失为罗马重要的古史文献。塔西佗（约55～约120年）是一位倾向共和、反对帝制的史学家。他的《编年史》共18卷，记叙了公元14～68年的史事；《历史》共12卷，记叙了公元69～96年的史事；《阿古利可拉传》记其岳父阿古利可拉在不列颠任职的情况；《日耳曼尼亚志》记载了日耳曼人的分布、生活习俗及社会制度等。他的著作是研究1世纪罗马帝国的重要史料。普鲁塔克（约46～约120年）曾游历希腊、埃及、意大利等地，阅历丰富，学识渊博，著述甚丰。其《希腊罗马名人传》共50篇，堪称欧洲传记文学的鼻祖，为后人研究古希腊、罗马的历史提供了重要资料。阿庇安（约95～约165年）的代表作是《罗马史》，共24卷（今多卷残缺），记叙了自王政时代到图拉真统治时期的罗马历史。全书按地域、行省、民族、事件分卷叙述，其中内战史部分是研究罗马史的重要史料。

罗马文化中对世界贡献最大的当属法学。罗马国家建立初期，和其他国家一样没有成文法典，也采用习惯法。罗马最早的成文法是公元前450～前449年颁布的《十二铜表法》。此后，又相继颁行了《卡努留法》《李锡尼—绥克斯图法》《波提利阿法案》《霍腾西阿法案》等一系列法案。公元前3世纪中期以前的这些法律，都是在罗马习惯法的基础上形成的、只适用于罗马公民内部的“公民法”，主要由祭司团控制和解释。公元前3世纪以后，随着统治范围的扩大，罗马法律逐渐由“公民法”转变为“万民法”。“万民法”是罗马统治范围内的“国际法”，它是罗马“公民法”与地中海世界各民族已有法律成果的融合。在“万民法”兴起的同时，罗马的世俗法学家也开始以挑战祭司贵族的姿态登上历史舞台。但当时法学家的意见仅适用于指导诉讼，并不具备法律效力。

元首政治时期是罗马的法学研究和法典编纂工作的鼎盛时期，这是专制统治强化、社会关系复杂和阶级矛盾激化的结果。从公元1世纪起，法学家纷纷著书立说，法律教育和法学研究相当流行，蔚然成风。著名的法学家拉比奥和卡皮托分别对罗马法进行了整理、分类和注释工作,他们的弟子还形成了普罗库路斯和萨比鲁斯两大派别,长期进行激烈争论,对罗马法学的发展起到了推动作用。公元2、3世纪之交,罗马法学进一步繁荣,先后出现了盖约、巴比尼安、包鲁斯、乌尔比安和莫迪斯蒂努斯五大著名法学家。盖约的《法学阶梯》、巴比尼安的《法学解答》、包鲁斯的《法令阐释》等都是很有名的法学著作。公元3世纪末4世纪初,法学家编纂了《格里哥里安法典》和《赫尔摩格尼安法典》,前者包括自哈德良至戴克里先时期的法律,后者包括公元293年和294年的法律。提奥多西二世颁布了帝国最早的一部官方法典——《提奥多西法典》,它包括公元4世纪初以来的皇帝敕令,共16卷。到拜占廷皇帝查士丁尼时,终于在前述基础上编成了集罗马法大成的《民法大全》(又称《查士丁尼法典》)。由此,罗马法对后世欧美各国的法律产生了很大影响。

罗马文化在自然科学的基础理论研究方面落后于古代世界的其他先进地区,而在应用科学尤其是农艺学方面则取得了较高的成就,处于当时世界领先水平。共和制帝国时期先后出现了加图(前234～前149年)和瓦罗(前116～前27年)两位著名的农学家,他们与元首制帝国初期的科鲁麦拉并称为古罗马"三大农学家"。他们前两人分别撰写的《农业志》和《论农业》,是研究公元前2～前1世纪意大利农业生产和奴隶制状况的重要文献。《农业志》是罗马第一部农学著作。科鲁麦拉撰写了12卷的《论农业》,对当时罗马农业的衰落和如何改善衰落的意大利农业经济提出了自己的见解,同时对农业生产技术、管理经验和社会经济等都有论及,是研究帝国初期奴隶制经济的不可多得的历史文献。

地理学与天文学方面,出现了斯特拉波和托勒密两位著名科学家。斯特拉波编著的《地理学》一书,对欧、亚、非三大洲都有描述,是研究古代地理学的杰作。托勒密出生于罗马统治下的亚历山大城,公元2世纪著有《天文学大全》一书,对天文学有所贡献,但他继承并完善了地心说天文学体系,其谬说流传颇为深远。

罗马医学是在希腊医学的影响下发展起来的。公元14年,罗马建立了第一所公立的希腊医校,名医塞尔苏斯用拉丁文撰写了一部医学论著,残篇保存至今。公元1世纪中叶的植物学家兼军医提奥斯科里德斯所著的药书，叙述了600多种植物及其药性。公元2世纪的名医盖伦著述颇丰，在解剖学、生理学、病理学及医疗学等方面均有建树。

综合研究方面杰出的代表人物是老普林尼(23～79年)。他一生写了6部著作，但只有《自然史》37卷流传下来。其内容包括天文、地理、医学、物理、化学、冶金、雕刻、绘画等许多方面的知识，是欧洲最早的一部百科全书。

建筑艺术是古罗马留给后世的一份宝贵遗产。罗马的建筑在共和制帝国末期开始发展，到元首制帝国时代达到空前规模。它主要表现在公共建筑和纪念碑式的建筑方面，包括神庙、圆形剧场、浴池、凯旋门、纪念柱等。罗马最著名的建筑是屋大维时代修建、哈德良时代重建的万神殿。这座神庙是古代神庙建筑艺术的最高成就之一。公元1世纪晚期修建的罗马斗兽场是罗马剧场建筑的典型，可容纳观众5万人。最壮丽的凯旋门是公元1世纪末为纪念战胜犹太人而修建的提图斯凯旋门。罗马宏伟庄严的建筑及其装饰艺术，对后世建筑艺术的发展产生了重要影响。

【延伸阅读】

1. 陈恒：《亚历山大史料的五种传统》，《史学理论研究》2007年第2期；陈恒、李月：《托勒密埃及专营制度的多因素透视》，《世界历史》2013年第3期；《托勒密埃及油类专营制度考》，《历史研究》2014年第6期。

2. 崔丽娜：《跨文化互动与希腊化文明》，中央民族大学出版社2015年版；《塞琉古帝国君主制的特征及其合法性》，《首都师范大学学报》(社会学科版)2022年第3期。

3. 宫秀华：《罗马：从共和走向帝制》，高等教育出版社2006年版；《罗马国家行政管理模式研究》，东北师范大学出版社2016年版。

4. 黄洋：《古代世界的迷踪》，商务印书馆2022年版。

5. 吕厚量：《波桑尼阿斯的文化记忆与〈希腊纪行〉中的罗马帝国》，《史学理论研究》2018年第4期；《古典学、古波斯史料学与波斯文明》，《历史研究》2014年第6期；《泰西阿斯〈波斯志〉的“东方主义”及其历史渊源》，《史学史研究》2020年第3期；《古希腊史学中帝国形象的演变研究》，中国社会科学出版社2021年版；《帝国早期罗马史叙述传统的希腊化与奥古斯丁——奥罗修斯史观的思想渊源》,《古代文明》2023年第2期。

6. 王三三:《帕提亚人希腊化的历史考察》,《古代文明》2014年第3期;《帕提亚与希腊文化的东渐》,《世界历史》2018年第5期;《安息王朝兴衰记:帕提亚帝国简史》,商务印书馆2022年版。

7. 王忠孝:《"无远弗届":罗马帝国早期疆域观的变迁》,《历史研究》2020年第2期;《从元首政制到王朝统治:罗马帝国早期政治史研究路径考察》,《世界历史》2020年第3期;《论"凯撒"之名号在罗马元首制时期的演变》,《复旦学报》(社会科学版)2021年第2期。

8. 徐晓旭:《马其顿帝国主义中的希腊认同》,《世界历史》2008年第4期;《文化选择与希腊化时代的族群认同》,《中国社会科学》2015年第3期;《希腊化时代马其顿人的身份认同》,《郑州大学学报》(哲学社会科学版)2018年第3期;徐晓旭、贾瑞霞:《丝绸之路与希腊化城市》,《社会科学战线》2023年第1期。

9. 晏绍祥:《波斯帝国的"专制"与"集权"》,《古代文明》2014年第3期。

10. 杨共乐:《罗马史纲要》(修订版),商务印书馆2015年版;《古代罗马文明》,北京师范大学出版社2018年版。

11. 杨巨平:《亚历山大东征与丝绸之路开通》,《历史研究》2007年第4期;《帕提亚王朝的"爱希腊"情结》,《中国社会科学》2013年第11期;《远东希腊化文明的文化遗产及其历史定位》,《历史研究》2016年第5期;《碰撞与交融:希腊化时代的历史与文化》,中国社会科学出版社2018年版;《互动与交流:希腊化世界与丝绸之路关系研究》,中华书局2022年版。

12. 叶民:《共和国晚期至帝国初期古罗马人的希腊观》,《世界历史》2008年第4期。

13. 张晓校:《罗马帝国近卫军的政治角色》,《世界历史》2019年第5期。

14. 周启迪等:《波斯帝国史》,北京师范大学出版社2014年版;《古代印度波斯文明》,北京师范大学出版社2018年版。

15. 朱龙华:《罗马文化》,上海社会科学院出版社2012年版。

16. [古希腊]阿里安著,[英]E.伊利夫·罗布逊英译,李活中译:《亚历山大远征记》,商务印书馆2017年版。

17.[古罗马]阿庇安著，谢德风译：《罗马史》，商务印书馆 2017 年版。

18.[美]A. T. 奥姆斯特德著，李铁匠等译：《波斯帝国史》，上海三联书店 2017 年版。

19.[英]休·鲍登著，程璐译：《亚历山大大帝》，译林出版社 2022 年版。

20.[美]米夏埃尔·比尔冈著，郭子龙译：《古代罗马帝国》，商务印书馆 2015 年版。

21.[古希腊]波里比阿著，翁嘉声译：《罗马帝国的崛起》，社会科学文献出版社 2013 年版。

22.[德]哈特温·布兰特著，周锐译：《古典时代的终结：罗马帝国晚期的历史》，上海三联书店 2018 年版。

23.[德]约翰·居斯塔夫·德罗伊森著，陈早译：《希腊化史：亚历山大大帝》，华东师范大学出版社 2017 年版。

24.[英]M. I. 芬利著，晏绍祥等译：《古代世界的政治》，商务印书馆 2016 年版。

25.[爱尔兰]托马斯·凯特利著，齐建晓等译：《罗马帝国史：从奥古斯都即位到西罗马帝国灭亡》，华文出版社 2022 年版。

26.[美]托马斯·R. 马丁著，杨敬清译：《古希腊简史：从史前到希腊化时代》，上海三联书店 2011 年版。

27.[法]亚历山大·莫瑞等著，郭子林译：《从部落到帝国——原始社会和古代东方的社会组织》，大象出版社 2010 年版。

28.[美]乔治·萨顿著，鲁旭东译：《希腊化时代的科学与文化》，大象出版社 2012 年版。

29.[英]彼得·索恩曼著，陈恒等译：《希腊化时代》，译林出版社 2022 年版。

30.[古罗马]塔西佗著，王以铸、崔妙因译：《编年史》，商务印书馆 2017 年版。

31.[美]马特·沃特斯著，吴玥译：《古代波斯》，商务印书馆 2022 年版。

32.[印]D. P. 辛加尔著，庄万友等译：《印度与世界文明》，商务印书馆 2019 年版。

33.[伊朗]阿卜杜·侯赛因·扎林库伯著,张鸿年译:《波斯帝国史》,复旦大学出版社 2011 年版。

【思考与讨论】

1. 试论帝国的建立与文化交流的关系。
2. 评述波斯帝国大流士一世的改革。
3. 试探波斯帝国瓦解的原因。
4. 论亚历山大帝国的形成及其在东西文化交流中的地位。
5. 略述希腊化时期的文化的主要成就和基本特征。
6. 简析罗马共和制帝国的形成。
7. 评格拉古兄弟改革。
8. 斯巴达克起义产生了怎样的历史影响?
9. 试论恺撒改革,并评价恺撒的历史地位。
10. 试论罗马由共和向帝制的转变。
11. 以具体材料说明元首政治的实质。
12. 概述罗马文化的主要成就。
13. 试论上古洲际帝国盛衰的原因。
14. 概述罗马文化中的法律建设与法学研究。
15. 罗马文化从希腊文化中主要继承了哪些因素?

第六章　由上古文明到中古文明的过渡

上古文明在经历了发展与鼎盛期后，从公元3世纪开始渐趋衰微。安息灭亡，贵霜日衰，罗马帝国则陷入全面危机。危机中，隶农制得以壮大流行，呈取代奴隶制生产关系之势。作为世界性宗教的基督教于公元1世纪产生后迅速发展传播并逐渐失去其最初的被压迫者宗教的性质。为摆脱危机，戴克里先试图强化专制王权，罗马政体遂由披着共和制外衣的君主制——普林斯制过渡到名实俱副、一人独裁的君主制——多米那特制；君士坦丁则迁都拜占廷，希冀以东方的富庶延续帝国的统治。但罗马帝国已丧失其存在的历史必然性与现实合理性，因此，戴克里先和君士坦丁的努力并不能从根本上挽救罗马帝国的颓势。日趋腐朽的奴隶制生产关系和上层建筑继续严重阻碍着社会生产力和新的生产关系因素的成长。这表现为官场腐败、军队蛮族化以及连绵不断的人民起义。与此同时，境外蛮族日耳曼人开始大规模迁徙帝国境内，而后又大举进袭罗马帝国。395年，罗马帝国正式分裂为东、西两部。476年，西罗马帝国灭亡。

在位于亚欧大陆偏南地区的农耕文明由盛转衰之际，形成于亚欧大陆北部草原大漠地带的游牧世界则迅速发展壮大。两种文明、两个世界之间不断地接触、交流，又不断地冲撞、对抗。由这一矛盾引发的亚欧大陆民族大迁徙，冲破了地区与洲际间的孤立与封闭，加强了亚欧大陆各地区各民族间的交流与融合，使世界历史呈现出一种超越地区、民族和国家的壮阔景观。尤其是日耳曼人对西罗马帝国的征服扫荡了旧的以奴隶制为基础的上层建筑及其残余，加速了新的生产关系的成长，促成了罗马文化、基督教文化和日耳曼文化三种异元文化的融合，成为上古文明终结、中古文明肇始的最主要标界。

第一节　基督教的产生与发展

基督教是一种信仰上帝“天主”和上帝之子“救世主”的宗教，是当今世界三大宗教之一。“救世主”按古希腊文音译称“基利斯督”，中译简称“基督”，基督教由此得名。其经典是《圣经》，包括《旧约》和《新约》两部分。根据恩格斯的有关论述，我国史学界习惯把公元392年以前的基督教称为“早期基督教”或“原始基督教”。

基督教最早产生于公元1世纪中期散居在巴勒斯坦和小亚的犹太居民中，由反抗罗马的犹太教宗教派——艾赛尼派衍生而来，以最初的主要活动地称之为“拿撒勒派”。

基督教最先萌发于下层犹太人中间，有其深刻的历史根源。犹太人历史上就是一个多灾多难的民族，不断受到邻近民族的欺凌，后散居各地，饱尝亡国之苦，对罗马的统治和奴役感受尤深，仇恨最大。公元66年和132年，他们先后两度掀起大规模起义，但均告失败。基督教正是在犹太人走投无路的情况下产生的。

早期基督教的思想来源是“普遍化了的东方神学，特别是犹太神学和庸俗化了的希腊哲学，特别是斯多噶哲学”[①]。犹太教给基督教提供了原罪说、“救世主”观念和一神论思想。基督教还吸收了在埃及、叙利亚、小亚和伊朗等地广为流行的宗教思想。斐罗学派的“逻各斯”思想，斯多噶学派的“人皆是神的奴隶”“在神面前人人平等”的思想以及忍耐顺从、精神忏悔、宿命论等观点，都为基督教教义提供了思想元素。

基督教初期的教义比较简单，特点却很鲜明，主要有两个方面：其一，崇信耶和华为宇宙唯一真神，上帝将降福于所有民族的“选民”。基

① 《马克思恩格斯全集》第21卷，人民出版社1965年版，第349页。

督教的“选民”打破了犹太教的观念，既包括犹太人，也包括其他一切非犹太民族。其二，强调只要信仰基督就能得到拯救和上帝的恩赐。废除了犹太教的各种献祭和烦琐的礼仪。基督教初期的政治思想是围绕“天国思想”而形成的，一是反对罗马和犹太上层的黑暗统治；二是仇视有权有势的富人，同情穷人，救济贫困；三是建立平等的、共同消费的、劳动人民掌权的新社会。基督教初期的这些政治思想具有很强的鼓动性和战斗气息。

基督教产生后不久，便在罗马帝国特别是东部地中海沿岸的各族下层居民中广泛传播。基督教初期的信徒主要是奴隶、被释奴隶、隶农和下层自由民。他们在城镇组织一些小规模的公社（或称“团体”“会党”），以十字架为标志。各公社的信徒在一起聚会、听道、祷告、聚餐，彼此互相帮助，平等相待。信徒们在这些公社之间轮回布道、传教，并募集捐款供公社使用。公社的领导人是长老或执事，后来又增设了财务监督。

在基督教早期的传播过程中，以中产阶级为骨干的“外邦人”基督教派——保罗派，逐渐战胜了以贫民为骨干的犹太基督教派——彼得派，从而使基督教发生了深刻的变化。2世纪末期以前，基督教变化的主要表现：一是社会基础的扩大和信徒成分的变化，二是主教等神职人员的产生及其对教会的控制。随着信徒的增多和捐献的增加，原来的公社变成了教会，并且在教会里逐渐出现了集神权、财权和管理权于一身的主教，他们是各个教会的专职领导。教阶制随之萌芽，神职人员被神化。主教制的产生和教阶制的萌生，说明有产者已经控制了教会。与此同时，《新约全书》各篇也逐渐定型，补充和解释教义的神学家——教父也开始出现。

从公元2世纪末期开始，受奴隶制危机的影响，基督教得到了迅速发展。不仅城乡中等阶层的居民，而且受到震动和冲击的奴隶主、大地主、大商人、官僚，甚至连皇室成员也纷纷皈依基督教。教会组织迅速发展，教会数量明显增加，规模急剧扩大。罗马、拜占廷、迦太基、亚历山大城等逐渐成为所在地区教会的中心。大批有产者的加入，进一步改变了基督教的社会成分，使基督教的教义和思想都发生了根本性的转变。基督教逐步失去了被压迫者宗教的性质。仍然信守原来教义的蒙坦努教派，被视为异端受到排斥，保罗派的主导地位更加巩固。

基督教的发展和演变，使罗马统治者对它的认识和态度也发生了变化，他们逐渐改变了对基督教的政策，由最初的镇压改为宽容与镇压并行，再转为依靠、扶植和利用。313 年，君士坦丁颁布《米兰敕令》，正式承认基督教为合法宗教。也就是在此前后，基督教在教义上形成了“教父学”，在组织上出现了修道院。325 年，君士坦丁又在小亚细亚召开了尼西亚会议，会议不仅将“三位一体”派定为正统派，而且确立了皇帝对教会的最高领导权。这既使基督教有了统一的教义和组织，又使基督教正统派与罗马政权结为一体，标志着基督教已完全蜕变成罗马帝国统治的工具，完成了从被压迫者的宗教到受统治者利用的宗教的转变。公元 392 年，提奥多西大帝把基督教定为罗马国教，基督教由此成为罗马帝国唯一合法的宗教。

第二节　亚欧大陆民族大迁徙

除了农耕世界文明古国的发展演进、兴衰隆替外，上古社会的历史还包含着游牧世界文明的发展，特别是农耕文明与游牧文明两个世界的横向交往等广博内容。3～6 世纪，两个世界的交往与冲撞加剧，造成亚欧大陆政治图景的巨大改观，极大地推进了世界历史的发展。

从新石器时代开始，随着农业与畜牧业的分工，人类就逐渐分化为经济生活方式各异的两个世界——农耕世界与游牧世界。农耕者选择了亚欧大陆偏南的、土地肥沃、灌溉便利的大河流域，实行定居农耕，建造城市，组织政府，发明工具和文字，形成农业文明中心。到公元前 3000 年代，尼罗河流域、两河流域、印度河流域、黄河流域（均位于北纬 30°～40°）已先后成为古代农业文明中心。各农业文明中心最初是各居一隅，独立发展，后来相互间的交往不断加强，到公元前 1000 年前后终于形成了从东海、黄海之滨向西经南亚、西亚、北非、南欧，直至直布罗陀海峡的狭长的弧形农耕文明地带，上古时代的发达国家都处于这条文明带上。与此同时，在这条文明带以北，游牧者在适宜畜牧的欧洲森林地带、乌克兰平原和中亚沙漠草原一带饲养牲畜、游荡漂泊、受饥挨饿，长期停留于一种淳朴而落后的状态，社会发展水平明显低于南方邻居。公元前1000年前后，这里自然形成了一个与南部农耕世界大体平行的游牧世界。亚欧大陆南耕北牧、南富北穷的格局渐趋分明。

公元前后的几个世纪里，南部的农耕大国和地区，自东向西依次为东亚的汉、魏王朝，中亚、南亚的贵霜和印度，西亚的帕提亚（安息）帝国，欧洲的东、西罗马帝国。活跃于北部的游牧民族依次为东亚的匈奴、乌桓、鲜卑、月氏、乌孙等，中亚和南亚的康居、大宛、大月氏等，西亚的马萨格泰、阿兰等，欧洲的斯基泰、萨尔马特等民族。

农耕世界与游牧世界是两种不同的经济类型，具有不同的社会特点。一般说来，南部的农耕地带，气候温暖，平原河湖较多，自然条件相对优越；文明产生较早，经济文化发达，物产丰富，仓廪充盈，政治机构完备。但农耕使人久居一地，自给自足，视野较窄，开拓性弱，守成意识较强。经济和商业经营具有封闭性和地区性特征。北方游牧民族多生活在高原戈壁之间、寒冷贫瘠之地，游牧民只能逐水草而居，以畜牧为生，受自然的制约较大。游牧地区社会发展缓慢，经济文化相对落后，所需农产品和生活日用品常常不能自给，大都从农耕世界获得。由于经常迁徙，风险大，游牧民大多勇猛善战，开拓性强，活动区域广，商业经营路线较长，容易受外来先进文化的影响。

两个世界之间的文明差距较大，常常一经接触便频频发生冲突，形成对峙之势。农耕世界的国家和民族常自恃强大，蔑视周边的游牧民族，称他们为“夷”“狄”“蛮族”“野蛮人”，并每每出塞耀武，绥靖边疆，迫使游牧民族称臣纳贡，对他们实行长期统治。而北方游牧民族为了满足自身需求，常常凭借骑兵优势侵入农耕世界，攻陷城池，抢夺财物与人口，对农耕世界的经济与文化造成破坏，对农耕国家政权构成威胁。这在东、西方历史上都不乏其例。例如，西汉初年，匈奴骑兵长驱直入，一直深入距长安几百里的地方，严重威胁汉王朝的安全。汉高祖刘邦曾率兵亲征，结果30万大军被打得大败，他本人差一点就做了匈奴俘虏。这一时期，每年被匈奴杀害和掳掠的人口都在1万人以上。汉武帝在位54年，进行了近50年的征战，才基本解除了匈奴对汉王朝的威胁。在双方的对峙冲突中，常常是贫穷落后的游牧民族采取攻势，富庶先进的农耕民族采取守势。冲突最初发生于边缘地带，随着人口的增多和自然环境的恶化，游牧民族不断向农耕地带迁徙，冲突也随之向农耕世界内地蔓延，战争随之爆发。冲突过后，双方又开始相互接触，进入一个相互融合时期。冲突、迁徙、融合，再冲突、再迁徙、再融合……成为两个世界交往的运行规律。冲突的不断升级，最终引发了亚欧民族大迁徙。

民族大迁徙是亚欧大陆南部农耕地带、北部游牧地带国家和民族交往的一种表现形式。这一过程从公元前后匈奴西迁开始直至 6 世纪日耳曼人在西欧建国才最后完成。

发生于公元前后几个世纪内的亚欧民族大迁徙，多与匈奴西迁有关。匈奴是中国漠北的一个游牧民族，兴起于公元前 3 世纪前后的战国时期，秦汉时强盛起来，人口约有 200 万人。战国秦汉时期，匈奴贵族多次率领骑兵南下，入侵中国的河套、山西及河北等地，对中国北部边疆构成了严重威胁。秦始皇时曾派大将蒙恬北伐匈奴，并修筑了万里长城，以抵御匈奴骑兵。楚汉相争之际，匈奴又伺机对中原发动大规模骚扰。入侵之前，匈奴单于首先对中国北部和西北部的东胡、月氏等几个少数民族进行了大扫荡，迫其迁移。

东胡系鲜卑、乌桓的祖先，居于辽河流域。公元前 206 年，匈奴王冒顿单于突袭东胡，东胡无备，全军溃败，被迫向北方大迁移，进入大兴安岭，据险自保。此后东胡分为鲜卑、乌桓二支。与此同时，匈奴还向居于敦煌、祁连山一带的月氏和乌孙发动进攻，促其西迁。西迁的月氏习称“大月氏”，留在祁连山的残部称“小月氏”。公元前 2 世纪，大月氏南下征服阿姆河以南的大夏(巴克特里亚)。1 世纪初，大月氏人的贵霜部联合大夏的吐火罗人，建立了强大的贵霜帝国。

西汉初年，匈奴贵族不断南下，掠夺财物和奴隶，骚扰汉王朝的北部边境。当时，汉朝国力尚未恢复，从汉高祖到汉武帝初年，多对匈奴采取和亲政策。汉武帝时，汉匈之间战争不断升级，结果匈奴大败，匈奴内部矛盾激化，势力渐衰。公元前 54 年，匈奴分裂为南、北二部。南匈奴呼韩邪单于附汉，北匈奴在汉朝军队的打击下瓦解。东汉初，匈奴再度分裂为南、北二部。南匈奴与汉朝交好，后逐渐与汉人融合。北匈奴对南匈奴和东汉政权持敌视态度。公元91年，北匈奴在东汉和南匈奴的连连打击下灭亡。北匈奴的一部分由单于率领离开漠北向西迁移。北匈奴西迁大体经过了四个时期，即悦般时期（91～160年）、康居时期（160～260年）、粟特时期（260～350年）、阿兰时期（350～374年）。

西迁的匈奴人，有20余万众，首先在大漠西北乌孙所辖的悦般地区停留下来。105～106年，北匈奴遣使汉朝，请求和亲，汉帝未予答复，从此北匈奴失去了与汉朝的联系。2世纪中叶，受鲜卑人的挤压，北匈奴离开居留了70余年的悦般而西迁康居。因前往康居的道路十分艰险，只能挑精壮善战者前往，剩下的老弱妇幼仍留在悦般。所留部众后逐渐与柔然人（阿瓦尔人）融合。

康居位于中亚锡尔河流域，与占据阿姆流域的大夏（大月氏人）为邻。北匈奴在此定居了近百年，3世纪中叶，受到贵霜帝国和康居的联合攻击，被迫离开康居迁往粟特。4世纪中叶，北匈奴人又离开生活了一个世纪的粟特西迁至东欧顿河流域。这时占据东欧黑海北岸和西亚一带的主要居民是阿兰人（斯基泰人的一支，中国史书上称为“奄蔡”）。进入欧洲的匈奴人首先与阿兰人发生冲撞。结果，阿兰人被打得大败，大部分阿兰人归顺匈奴，少部分人逃散。不久，匈奴又进犯东哥特，结果引发了日耳曼人的民族大迁徙。

匈奴人的西迁，历经280年，跋涉6000公里，不仅席卷了整个中亚，而且深入欧洲腹地。在匈奴人西迁的推动下，亚欧大陆众多游牧民族纷纷卷入民族大迁徙的浪潮中。

在匈奴西迁的推动下，中国北方的游牧民族开始南迁。3～5世纪，活跃于中国北方的游牧民族主要有匈奴、鲜卑、羯、氐、羌五支，史称“五胡”。东汉以来，由于受汉族先进文化的影响，他们逐渐放弃游牧，陆续南下迁居长城以内的农耕地带，与汉人杂处，开始了定居的农业生活。西晋时期，统治者对内迁的少数民族实行残酷的经济剥削和民族压迫，引起了少数民族的不满。内迁各族的上层利用各族人民对西晋政权的仇恨，纷纷起兵反晋，建立割据政权。从4世纪初到5世纪中叶，北方五个游牧民族在中原地区先后建立了16个政权，前后统治百余年，历史上称为“五胡十六国”。各族人民的起义给西晋统治者以沉重打击，公元

316 年，腐朽的西晋灭亡。东晋迁都建康，国土局促于江南，与北方各族政权形成南北对峙局面。中国北方几支游牧民族的迁徙是亚洲民族迁徙的一部分，它扩大与促进了中原地区各民族间的交往与融合，促进了封建经济的不断发展，对中国统一的多民族国家的形成起了积极的推动作用。

4～6 世纪，中亚哌哒人的南迁也是亚欧民族大迁徙的组成部分。哌哒人是古代中亚游牧部族之一。中国史书上称其为“滑国”。原居长城以北的蒙古草原，后迁至阿尔泰山以南至天山东部地区。哌哒人自称“匈奴”，因其肤色较白，故亦称“白匈奴”。公元 4 世纪 70 年代，哌哒人开始南迁，占领了粟特，即中亚锡尔河和阿姆河之间的河间地带。5 世纪 20 年代，哌哒人开始越过阿姆河入侵西方和南方，首先消灭了贵霜帝国残部，然后进攻萨珊波斯。5 世纪末，哌哒人杀死波斯国王，占领呼罗珊大部地区，建立哌哒国，萨珊波斯被迫称臣纳贡。6 世纪初，哌哒人又大举进攻印度，并在北印度立国，以旁遮普的奢羯罗城为首都，形成了一个包括中国西北、萨珊波斯和印度大部地区在内的庞大的哌哒人国家，成为贵霜帝国的继承者。但好景不长，6 世纪中叶，哌哒国在印度王公、萨珊波斯和突厥人的打击下灭亡，大部分国土为突厥人所占有，部众分散各地并与当地民族融合。哌哒人的南迁，打破了南部农耕世界与北部游牧世界的隔绝状态，使中亚、南亚间的经济文化得到交流，东西方的交往也日益活跃。

阿瓦尔人西迁也是此时期民族大迁徙中的重要事件。阿瓦尔人是古代游牧民族，其族源和族属尚无定论。有的中国学者认为是中国历史上的柔然。552 年，柔然被突厥人打败，部分柔然人遂西迁欧洲，6 世纪后半期在多瑙河中游的潘诺尼亚平原建立阿瓦尔汗国。7 世纪时势力强盛，不断袭击德意志、意大利和拜占廷帝国。626 年，拜占廷帝国首都君士坦丁堡几乎落入阿瓦尔人手中。7 世纪后半期，阿瓦尔汗国发生内讧，势力渐衰，8 世纪末被查理大帝战败，805 年亡国。阿瓦尔人渐融于当地居民。

受匈奴人的挤压和亚洲民族大迁徙的影响，欧洲的斯拉夫和日耳曼等游牧民族也开始了民族大迁徙。

斯拉夫人的故乡在第聂伯河上游和德斯纳河上游之间的普里皮亚特沼泽。5～6 世纪，斯拉夫人开始南迁，越过多瑙河，不断进攻罗马边境。578 年，约 10 万斯拉夫人进占色雷斯、马其顿和色萨利等地，到7 世纪初，斯拉夫人已遍布巴尔干半岛北部各地。6、7 世纪之交，阿瓦尔人进入多瑙河流域，推动了斯拉夫人的民族迁徙：安特人（东斯拉夫人）迁到第聂伯河流域，9 世纪建立基辅罗斯，他们是俄罗斯、白俄罗斯、乌克兰等民族的祖先；维涅德人北迁到维斯瓦河流域，他们是西斯拉夫人——波兰人、捷克人、斯洛伐克人的祖先；斯克拉文人（南斯拉夫人）南迁进入拜占廷境内，他们是南斯拉夫和保加利亚人的祖先。斯拉夫人的移民，打击了拜占廷统治阶级，加速了拜占廷帝国奴隶制的灭亡。斯拉夫民族从此成为东欧的主体民族，其各支与当地居民以及以后从东方迁来的各支游牧民族经过长期的融合，形成今天东欧各个民族国家。

日耳曼人约在公元前 6 世纪从北欧南下，后逐渐成为罗马帝国北部的强邻；至 4 世纪，匈奴人西迁到达欧洲，推动了日耳曼人长达两个世纪的民族大迁徙。375 年，匈奴人进攻黑海沿岸的东哥特人，在日耳曼诸部落中产生了多米诺骨牌效应。东哥特人不堪打击，渡过德涅斯特河，进入保加利亚，后又南下希腊，北转意大利；西哥特人渡过多瑙河，先定居麦西亚（今保加利亚），后攻入意大利，410 年攻陷罗马，418 年移民高卢；汪达尔人进入高卢，后转入西班牙，429 年到达北非；盎格鲁-撒克逊人渡海进入不列颠；原居奥得河一带的勃艮第人定居于高卢东南部；法兰克人从莱茵河南下占领高卢的北部地区；原居易北河下游的伦巴德人，于 568 年在意大利北部建国。欧洲民族大迁徙至此结束。在这场迁徙浪潮中，西罗马帝国灭亡，日耳曼人成为西欧的主体民族，他们与当地的凯尔特人、罗马人长期融合，逐渐形成今天西欧各个民族国家。

历时几个世纪的民族大迁徙，打破了亚欧大陆南耕北牧的传统格局，突破了地区间的封闭状态，加强了亚欧大陆各地区各民族间的经济文化交流和民族融合，基本奠定了现代亚欧大陆主要民族和国家的基础，形成了世界历史新格局和新版图。

第三节　罗马君主制帝国与西罗马帝国的衰亡

1. 隶农制的兴起

隶农，拉丁文 colonus，复数 coloni，音译“科洛尼”或“高伦”，意译“隶农”，即带有隶属性的农民。隶农制是古罗马奴隶制社会农业领域中的一种带有封建因素的新型生产关系，是古罗马奴隶制生产方式发展到一定阶段的产物。

隶农出现于公元前 2～前 1 世纪，即罗马共和制帝国时期。它的产生与土地兼并、大地产的形成、小农的破产和奴隶制的瓦解密不可分。长期的对外征服使大量奴隶和财富流入罗马，大片土地被掠为罗马公地，这些掳获物和战利品大部分被奴隶主贵族占有，富有的元老贵族和骑士还利用手中的财富通过各种手段侵吞现有公地，兼并小农土地，扩充地产。与此同时，小农或因转战他乡无暇经营，或因无力与大地产者竞争而逐渐失去土地。到公元前 2 世纪，大土地所有制(大地产)和以剥削奴隶劳动为主并带有商品生产性质的农庄经济逐步确立和发展起来，而小土地所有制和自给自足的小农经济日趋瓦解，加上城市经济和商业、金融业的发展与繁荣，所有这一切终于导致隶农的出现。破产的小农，大部分变成了流氓无产者，小部分成了隶农。

在共和制帝国时期，刚出现的隶农并不带有隶属性质。“colonus”一词源于动词“coler”，原意为农夫、土地耕作者，最初包括罗马公民殖民地成员和佃农两部分。由于奴隶来源比较充足，奴隶是生产劳动的主要承担者，隶农在意大利还不普遍，人数不多，主要集中在意大利的偏远地区。直到公元前 1 世纪在几次奴隶起义的冲击下，隶农人数才有所增加，但流行的范围仍然有限。

1～2 世纪，由于罗马帝国政局的相对稳定和疆土的空前扩张，奴隶制经济得到进一步的发展和繁荣。大地产的增长和庄园经济的发展进一步瓦解了小农经济，大量破产的小农加入隶农的行列。同时，由于奴隶劳动的生产率降低和大规模役使奴隶的危险性，奴隶主和庄园主便开始把不宜于应用奴隶劳动的土地租给佃农耕种，或者把一部分土地作为析产交由奴隶经营。隶农阶层和隶农制度逐渐形成和发展起来。有关隶农的记载在意大利和各行省的铭文及纸草文书中随处可见。根据有关记载，这一时期土地租佃范围相当广泛，既有国有土地、皇室土地、城市公地，又有包括老兵份地在内的私人地产。承租人中有大租户（包租户）、小佃户和析产奴之分。为数众多的小佃农构成隶农阶层的主体。此时，隶农仍是自由佃农，他们拥有公民权、财产权，隶农的权利和义务仍由契约规定而非强制确定，并且受到法律保护。1 世纪后期颁布的《曼切努斯法》和 2 世纪初期颁布的《哈德良法》都曾对隶农的义务做出明确的规定；隶农和地产主或包租人之间的关系仍是自由的租佃关系，他们并不依附于地产主或包租人，更未固着在土地上，一般仍然缴纳货币地租。当然，在实施过程中契约和法律经常遭到践踏和破坏，而且这种现象日趋严重。2 世纪后期，由于小农经济自身的脆弱以及受到政府、地产主和包租户等的多重剥削，隶农的地位和处境日趋恶化。隶农或因负债而将财产甚至部分人身自由抵押给地主，或因贫困失去自己的生产资料而不得不由地主来提供，隶农人身依附和世袭化的现象开始出现，而子承父业和强制出租又助长了这一倾向。

3 世纪危机促进了隶农制的发展。隶农来源和范围日益扩大，归纳起来主要有以下几种：(1)获准成批移入帝国境内的异族人；(2)安置于边疆行省和部分国有土地上的战俘；(3)被强迫租佃皇室田产的自由人；(4)被排斥到边远地区的行省土著居民；(5)所有来历不明的流浪乞丐；(6)负债破产或为逃避税役而寻求"庇护"的中小地主和其他自由民；(7)经营土地的部分析产奴。隶农制这种生产方式逐步遍布帝国各地，隶农在农业生产领域所占比例快速上升，到 4 世纪时，隶农已成为农业生产的主要承担者。但是，由于受内乱外患的冲击和苛捐杂税的压榨，帝国境内的流动人口急剧增加，使纳税人口和劳动力日益减少。于是罗马政府和大庄园主在加强对现有人口和劳动力的剥削、改善经营方式的同时，还想方设法把隶农固定在土地上。隶农的处境和地位日益恶化，许多隶农的公民权受到限制，开始向世袭佃农转化。

罗马帝国后期，帝国政府为保证税源和足够的农业劳动力，便竭力以立法手段来加强对隶农的约束。戴克里先的新税制、君士坦丁的有关敕令等，一步步把隶农束缚在土地上，并剥夺了其财产、法律、宗教等权利。隶农的处境和地位逐渐与奴隶接近。但是，在奴隶制已陷入全面危机的情况下，隶农并没有沦为奴隶。事实上，隶农和奴隶有着明显的区别：(1)法律上，隶农一直享有人身自由，尽管实际上他们已被固着在土地上；(2)隶农有自己的家庭，对其财产有某种程度的私有权；(3)奴隶只能控告主人犯有叛国罪，而隶农还可因主人犯了刑事罪而控告他；(4)在许多情况下，刑罚根据处理自由人的那些规范来惩罚隶农，不能随意虐待隶农；(5)隶农享有部分公民权，在得到主人许可的情况下可以担任宗教职务以及当兵服役。然而，隶农也没有沦为农奴，而是成为奴隶制解体时期的一种特定类型的依附农民，这种依附农民带有很强的封建性，被恩格斯称为“中世纪农奴的前辈”。

2.3 世纪危机

公元2世纪末到3世纪末，罗马奴隶社会在政治、经济等各方面爆发了全面危机，史称“3世纪危机”。在此期间，隶农制流行，农业萎缩，商业萧条，城市衰落，财政枯竭，政局混乱，内战不休，帝国政府全面瘫痪，基督教迅速发展，各族人民起义和外族入侵风起云涌。

3世纪危机的根本原因在于奴隶制社会基本矛盾的激化。元首制帝国时期，社会生产力得到进一步提高，劳动工具有了很大改进，带轮的犁、割谷器、起重装置、排水机等先进工具相继出现，这是罗马帝国前期“黄金时代”形成的基本原因。但是，公元2世纪以后，罗马已无力对外扩张，作为奴隶主要来源的战俘锐减，奴隶供不应求，家生奴隶的培育成本又太高，奴隶主只得千方百计地加重对现有奴隶的压迫与剥削。强制性的奴役使奴隶对生产失去兴趣，他们或者消极怠工，或者破坏工具，或者逃亡、暴动。这一切表明，奴隶制生产关系已经成为生产力进一步发展的桎梏和障碍。

罗马奴隶制生产关系的充分发展，还造成了自由人鄙视劳动的严重后果，以至于伴随着贫富分化的加剧，出现于共和末期的流氓无产者人数急剧增加，寄生性越来越强。他们不事生产，完全靠社会养活，成为罗马社会肌体上的赘瘤。更为严重的是，罗马奴隶主阶级及其统治机构日益腐朽。罗马帝国建立以来，官僚机构日趋庞大，开支浩繁，娱乐奢侈之风日盛。据统计，罗马仅每年的节日，1 世纪时 66 天，2 世纪时 123 天，到 4 世纪时达到 175 天。这时的罗马，财源枯竭，财政日趋紧张，捐税不断增加，货币的含金量锐减，加上内争混战不已，社会动荡不安，陷入了全面危机。

3 世纪危机在经济上首先表现为农业的衰落。受奴隶制危机的影响，意大利的农业在 2 世纪时已开始走向衰落，到 2 世纪末已呈现全面衰落之势，至 3 世纪时农业危机已扩及高卢、阿非利加等行省。

农业的衰落引发了工商业和城市的萧条。手工业作坊是靠奴隶和隶农劳动支撑的，由于奴隶劳动生产率的降低和行省手工业产品的竞争排挤，意大利各城市在公元前后发展起来的手工业也呈逐渐衰落之势。农业的衰落和自给自足的经营方式，减少了农产品对城市市场的供应，而社会动荡、蛮族入侵、海盗猖獗、商路阻塞，加之新发行的劣质货币不受欢迎，高成色的货币又被大量收藏，这一切又严重影响了商业的发展，加剧了商业和城市的萧条。

3 世纪危机在政治上表现为统治集团内部纷争不已，混战不休，军人干政现象严重，尤其是近卫军直接控制皇帝的废立，中央政权处于严重瘫痪状态。公元 192 年安东尼王朝的末帝康茂德被杀后，半年内近卫军就先后拥立了两个皇帝，行省驻军也各自拥立自己的皇帝，罗马内部发生了四帝争夺王位的混战(193～197 年)。

塞维鲁王朝(193～235 年)的建立者塞维鲁及其儿子卡拉卡拉(211～217 年)统治时期采取抑制元老院、优抚军队的政策，引发了士兵派与元老派之间的斗争，军人的权力更加膨胀。塞维鲁王朝依靠士兵起家，最后又亡于士兵之手，卡拉卡拉和末帝亚历山大·塞维鲁均为近卫军所杀。

塞维鲁王朝结束后，罗马又陷入 50 年的长期混战。其间甚至出现“三十僭主”(253～268 年)并存的现象。这种混战争雄的局面一直持续到 284 年戴克里先称帝。

残酷的剥削、奴役和长期的混战，使罗马帝国境内的广大奴隶及其他劳动者陷入了苦难的深渊，迫使他们不断地举行起义。206～207 年，意大利发生了布拉领导的起义；238 年，北非爆发了奴隶、隶农和当地土著居民(柏柏尔人)的起义；263 年，罗马造币工人暴动；274 年，埃及爆发了费尔姆起义。而规模最大、坚持时间最久的则是爆发于 269 年的高卢地区的巴高达运动，它是以奴隶、隶农、贫苦的农牧民以及下层士兵为主体的革命运动。起义者组建军队，建立政权，自铸货币，杀富豪，毁庄园，分田地。这场斗争时断时续，一直坚持到西罗马帝国灭亡，沉重地打击了奴隶主的统治。

罗马内部的危机和动荡，给周边外族入侵提供了可乘之机。在东方，萨珊波斯兴起后不久，便攻占了罗马的幼发拉底河流域，并继续向西扩张，进攻叙利亚；在东北，多瑙河北的哥特人于公元 251 年击毙了罗马皇帝德西乌斯(249～251 年)后一度南下掠取拜占廷，袭扰小亚细亚和爱琴海地区；在北方，日耳曼人对罗马的威胁更大。法兰克人于公元 256 年从莱茵河中、下游，越过罗马边境，进入高卢的中部和东部，并在西班牙的东北部站稳脚跟。阿勒曼尼人则南下深入意大利中部。此后，日耳曼人继续涌入罗马，罗马帝国处境艰难。

3. 君主制帝国的统治与罗马帝国的衰亡

在危机中，罗马统治者并未坐以待毙，而是顽强地寻求摆脱危机之策。284 年，军人出身的近卫军长官戴克里先在东方军队的拥护下登上皇位。戴克里先废弃元首制，采用君主制(“多米那特制”)，将元首称号正式改为“君主”(“多米努斯”，意为“主上”)，采用东方君主的统治形式和宫廷朝仪，罗马帝国历史由元首制进入君主制时期。为克服中央集权对庞大帝国统治的弊端，戴克里先把帝国分成东、西两部，每部又分成两个区，由戴克里先和三个助手实行“四帝共治”。“四帝”中，两位正皇帝称“奥古斯都”，两位副皇帝称“恺撒”，最高权力归属戴克里先。戴克里先又把全国划分为 100 个行省，每省设总督一人，负责各省政务但不兼军职，以防止总督势力坐大形成地方割据。军事上，戴克里先重组军队，吸收蛮人入伍，将军队分成边防军和巡防军，分起御外和防内作用。在经济上，戴克里先改革税制和币制，颁布“物价敕令”，限定商品的最高价格。上述措施虽在一定程度上缓解了政治经济危机，暂时稳定了帝国统治，但也埋下了更严重的隐患。

戴克里先统治后期，三个助手掌握帝国实权，互相攻伐，直到君士坦丁重新统一，成为唯一的皇帝。君士坦丁取得帝位后，废除四帝共治制，以官僚制度统治帝国；330 年，将帝国都城从罗马迁至古希腊殖民城市拜占廷，更名为“君士坦丁堡”；维护奴隶制，规定隶农不得随意离开主人的土地；对基督教采取利用政策，曾于 313 年颁布《米兰敕令》，基督教自此获得合法地位。

戴克里先和君士坦丁大帝强有力的统治虽一度挽救了帝国衰微的颓势，但他们的措施只能弥缝一时，并不能从根本上改变罗马奴隶制灭亡的命运。君士坦丁去世后，罗马帝国的统一局面断断续续延及 4 世纪末期，至提奥多西大帝（379～395 年）统治时期结束。公元 395 年，提奥多西逝世，帝国由其长子阿卡狄（395～408 年）和次子霍诺琉（395～423 年）分治，罗马帝国正式分裂为东、西两部分：西部称“西罗马帝国”，以罗马为都城（以后迁至拉文纳）；东部称“东罗马帝国”或“拜占廷帝国”，以君士坦丁堡为都城。分裂后的西罗马帝国重现了 3 世纪危机时的景象，并且日益严重。

西罗马帝国奴隶制危机的主要表现是大土地所有制进一步发展和中小生产者处境急剧恶化。这一方面是由于繁重的税收和战乱灾荒，使小农甚至中、小地主大量破产；另一方面是由于庇护制的迅速发展，土地兼并严重。这些大土地所有者把自己的领地变成了一个个独立王国，不仅在经济上自给自足，而且在政治上也各自为政。

统治阶级为挽救摇摇欲坠的政权及奴隶制生产关系所采取的一系列举措，使罗马社会的阶级矛盾和民族矛盾进一步尖锐，广大奴隶、隶农和其他下层人民的反抗斗争此伏彼起。4 世纪以后，罗马帝国境内发生的波澜壮阔的人民起义，其中有代表性的、影响巨大的主要有三次：巴高达运动、阿哥尼斯特运动和西哥特起义。3 世纪中期爆发的巴高达运动一度被镇压下去，4 世纪末期又余焰复燃，并由高卢蔓延到西班牙；到 5 世纪中期，发展成声势浩大的农民战争，致使罗马在不列颠、高卢、西班牙的统治完全瓦解。阿哥尼斯特（意为“战士”“斗士”）运动于 4 世纪 30 年代在北非爆发，很快达到高潮，参加者主要是奴隶、隶农和农民。373 年，起义主力遭镇压，余部坚持到汪达尔王国的建立。这场运动沉重打击了罗马在北非的统治。西哥特起义是获准进入罗马帝国境内的西哥特人于376年发动的反对罗马统治者的起义。378年,他们在亚得里亚堡(今土耳其埃迪尔内)一战大败罗马军队,罗马皇帝也在战斗中丧生。这次起义坚持多年,最后迫使罗马帝国同意他们在色雷斯、弗里吉亚和吕底亚定居,为随后哥特人入侵西罗马帝国提供了便利。

罗马帝国内部的危机和人民起义给外族入侵提供了可乘之机,从4世纪末期开始,帝国境外的蛮族相继侵入。西哥特人先突入意大利,攻陷并洗劫了罗马城,后又从意大利进入高卢;日耳曼部族中的汪达尔人、苏维汇人和阿兰人越过莱茵河,深入高卢和西班牙内地。汪达尔人更进一步渡过直布罗陀海峡,占领北非,又一次洗劫了罗马城;匈奴人攻入意大利,直捣罗马,迫使罗马议和赔款后才撤出意大利;法兰克人和勃艮第人分别侵入罗马的北高卢和东高卢。到4世纪70年代,西罗马帝国的领土仅仅局限于受过多次冲击的意大利半岛。

4. 日耳曼人征服西罗马帝国及其历史意义

日耳曼人是欧洲一个较为古老的游牧部族,公元前的几个世纪里,一直生活在罗马帝国北部东起维斯瓦河、西至莱茵河、南临多瑙河、北达波罗的海的广大地区内,罗马人称其为“蛮族”。

关于古代日耳曼人生活状况和社会制度方面的史料不多,主要来源于恺撒于公元前1世纪中叶撰写的《高卢战记》和塔西佗于公元1世纪末完成的《日耳曼尼亚志》。恺撒时代,日耳曼人正处在氏族公社阶段,过着半游牧的生活,尚未完全定居,主要以畜牧和狩猎为生,兼营农业。“他们对农业不特别热心”,农业经营是粗放型的,刀耕火种,还带有原始流动性质,常常一年一迁徙。土地属氏族公有,但分给各个家庭使用,产品共同分配。氏族事务平时由长老管理,重大事件由民众大会决定,只有战时才选出临时性的军事首领,率兵打仗。奴隶还未出现,但在苏维汇人中已开始分化出贵族阶层。

经过一个半世纪的发展,到塔西佗时代,日耳曼人社会已有了显著进步。农业已成为主要生产部门,工具有了改进,重犁开始代替木制轻犁。粮食生产出现剩余,已知用谷物酿酒。耕种的地方不再是一年一易,而是经过几年才迁徙,生活已相对稳定,有了定居村落。农耕之外,日耳曼人还兼营畜牧业，畜群的多少成为衡量财富的标志。如果犯罪，还可用牛、羊、马等赎取。手工业还不发达，但已能制造毛、麻织品和陶器。彼此之间较少交换，也没有自己的货币。在罗马边境城市中，日耳曼人常与罗马人交易，使用罗马的货币。

在经济发展的同时，土地制度和社会制度也发生了变化。土地仍归氏族公有，定期分配给各家使用。土地分配时出现不平等，显贵家族占有较多较好的土地，战利品也分得较多，成为氏族贵族。奴隶已经产生，主要来源于战俘，数目不多。日耳曼人对待奴隶较为宽容。据塔西佗记载，奴隶“每人都有一所房屋和一个家庭……奴隶主只从奴隶那儿索取一定数量的谷物、牛和衣服；奴隶的从属关系仅此而已”。奴隶不用于家务劳动，也较少受虐待，“笞打奴隶、囚禁奴隶或罚奴隶做苦工的事是很少遇到的”。这说明日耳曼人的奴隶制还不发达，正处在家长奴隶制阶段，奴隶的地位近似于罗马的隶农。

日耳曼人的氏族制已开始解体，但国家还未产生。氏族成员之间的平等关系已被打破，占有奴隶、职位世袭的氏族贵族和军事贵族已经形成。由他们组成的贵族议事会是氏族的权力机关，诸如战争、媾和、土地分配、外交等重大问题，都先交贵族议事会审议，然后在民众大会上通过。民众大会由全体成年男子组成，权力已大大缩小，会议被贵族所操纵，对贵族议事会的议案并不展开讨论，只是以呼喊或敲打武器来表示赞同或反对。会议多由“王”来主持，塔西佗所说的“王”实际上就是军事首领。军事首领的权力最初十分有限，但随着掠夺战争的频繁，其权势和财富日益扩大与增加。军事首领周围往往集结了许多亲兵，双方结成依从关系。亲兵效忠首领，首领则供养亲兵。如果首领战死，而亲兵活着回来，则被认为是奇耻大辱。出征中所获战利品用抽签方式共同分配。他们不事生产，专以打仗为业，认为可用流血方式获取的东西，绝不用流汗的方式得到。久而久之，军事首领和亲兵结成了专以战争和掠夺为生的军事集团，恩格斯称它是和氏族制并行的“独立自主地进行战争的私人团体”。日耳曼人首领和亲兵之间的关系，后来一直影响中世纪西欧封建社会封君与封臣的关系。军事首领、贵族议事会和民众大会的存在，表明塔西佗时代的日耳曼人正处在军事民主制时代。

2世纪初，迫于内部压力，罗马军团撤出莱茵河流域，转入战略防御。日耳曼人与罗马之间的战火逐渐平息，日耳曼社会进入了一个稳定发展时期。罗马生产工具与技术的输入、双方贸易交往的扩大以及在罗马军团中服役人数的增加，使日耳曼人不断受到罗马文明的影响。到3世纪时，日耳曼人的经济又有了进一步提高。手工业生产门类增多，有冶金、金属加工、制陶、骨角加工以及车、盾的制作。金属加工业已遍布日耳曼全境。这个时期的日耳曼人已经掌握了铁器的热锻、冷锻、熔接和铆合技术。金属加工业的发展对其他生产部门产生了革命性作用。农业中铁制工具的出现与使用，使森林开辟为耕地的速度加快。当时种植的谷类作物很多，其中占主导地位的是大麦。畜牧业也有很大进步，牛、马品种经过改良成为主要家畜。金属加工技术应用在武器制作上，极大地改善了日耳曼军队的武器装备。养马业的进步和武器装备的改善，提高了日耳曼骑兵的作战能力和机动性，并对罗马军队构成潜在威胁。

经过近百年的休养生息，日耳曼各部落人口不断增多，内部贫富分化日益加剧。3世纪时，日耳曼各部落开始结成部落联盟，其中较为重要的有东哥特人、西哥特人、汪达尔人、法兰克人、盎格鲁人、撒克逊人、勃艮第人、伦巴德人等。从3世纪起，这些部落联盟经常侵袭罗马帝国边境，罗马无力抵御，不得不允许大量日耳曼人以“同盟者”的身份进入帝国境内，为其戍边。帝国末年，这种小规模的移民始终没有间断。4世纪末，在匈奴骑兵的压迫下，小规模的日耳曼移民变成了大规模的民族迁徙，并以不可遏制之势蔓延至几乎全部罗马属地。

375年，匈奴向黑海沿岸的东哥特人发动进攻，促发了日耳曼诸部落向西方的大迁徙，开始了武力征服罗马奴隶制帝国的过程。匈奴在击败了东哥特联盟后，又迫使西哥特人向东罗马地区溃退。376年，在得到罗马皇帝瓦伦斯(364～378年)的许诺后，西哥特人渡过多瑙河，定居帝国北部。他们在这里受到了罗马官吏和奴隶主的盘剥凌辱，被迫起兵反抗。378年，亚得里亚堡一战，罗马军队大败，率兵亲征的罗马皇帝瓦伦斯战死。罗马国境线被打开了第一个缺口，腐朽的罗马军队已无力抵挡日耳曼人的入侵。

西哥特人在战败罗马军队后，定居希腊，不久转而进攻意大利。公元 410 年在其首领阿拉里克率领下一举攻陷罗马。古都的陷落震惊了整个欧洲，它意味着罗马帝国大势已去，灭亡只是时间问题了。随后西哥特人转战南意大利，阿拉里克死后又回师北上，进入高卢南部和西班牙。

就在西哥特人进攻意大利的同时，日耳曼人的其他部落也纷纷西迁，突破了罗马帝国的北部边界。汪达尔人穿过高卢和西班牙，渡海进入北非，占领迦太基；勃艮第人和法兰克人分别占领高卢南部和北部；东哥特和伦巴德人进入意大利，历时两个世纪的日耳曼人民族大迁徙于 568 年结束。

在民族大迁徙中，罗马帝国受到了来自日耳曼游牧民族和国内奴隶、隶农起义的内外夹击，摇摇欲坠。476 年 9 月，日耳曼人雇佣兵首领奥多亚克废黜最后一位罗马皇帝罗慕洛(475～476 年)。西罗马帝国在人民起义和外族入侵的浪潮中灭亡了。日耳曼人在被征服的罗马帝国土地上建立了一系列的封建国家。这些国家主要有 411 年勃艮第人在高卢东南部建立的勃艮第王国，419 年西哥特人在高卢西南部和西班牙北部建立的西哥特王国，439 年汪达尔人在北非建立的汪达尔王国，486 年法兰克人在高卢北部建立的法兰克王国，493 年东哥特人在意大利和西西里岛建立的东哥特王国，568 年伦巴德人在意大利中部和北部建立的伦巴德王国，7 世纪初盎格鲁-撒克逊人在不列颠建立的七个小王国。这些国家存在的时间都不长，汪达尔王国和东哥特王国在 6 世纪中叶先后被东罗马帝国灭亡，勃艮第王国和伦巴德王国在 6 世纪中叶和 8 世纪晚期分别被法兰克王国灭亡，西哥特王国在 8 世纪初被阿拉伯帝国征服。只有法兰克王国存在时间最长，影响最大。

西罗马帝国的灭亡是罗马奴隶制危机、封建制因素成长的必然结果。导致西罗马帝国灭亡的根本原因在于罗马社会的基本矛盾，即日益发展的社会生产力与奴隶制生产关系之间的矛盾。奴隶制生产关系已成为罗马社会生产力进一步发展的桎梏。带有封建制因素的隶农制盛行和自给自足的大地产经济的发展又严重瓦解着日益腐朽的罗马奴隶制度。奴隶、隶农和其他下层人民的反抗斗争，从内部动摇着罗马奴隶主阶级统治的基础。统治阶级内部的腐败、混战更加速了西罗马帝国的覆灭。日耳曼部族和匈奴等“蛮族”的迁徙和大举入侵，是从外部推翻西罗马帝国的力量。还有一个不可忽视的原因，就是罗马对意大利和被其征服的地中海世界采取的“分而治之”和划省分治的政策。这种政策下的政权或国家只能靠强权维持着，一旦政权衰弱，国家就会分崩离析，罗马帝国政权的动荡、分裂甚至西罗马帝国灭亡后意大利的长期分裂，不能否认与此有关。另外，骑士阶层、流氓无产者和马略军事改革的消极影响，东、西罗马帝国的分裂和自保，帝国军队以及帝国政权本身的蛮族化，西罗马帝国统治者对西哥特人的政策失误、养虎为患等，也对罗马帝国的分裂和西罗马帝国的灭亡产生了一定的影响。

日耳曼人征服西罗马帝国具有极为深远的历史意义。第一，日耳曼人的征服摧毁了腐朽的罗马奴隶制，为西欧封建因素的成长扫除了障碍。罗马帝国后期，奴隶制陷入了严重危机，西部尤为严重。危机产生的根本原因是奴隶制生产关系束缚了封建因素的成长。帝国后期，随着大规模对外战争的中止，奴隶来源减少，奴隶劳动已无利可图。早在共和时期就已经萌芽的隶农制得到发展，隶农的身份地位有所改善，恩格斯称他们为“中世纪农奴的前辈”。隶农制是奴隶社会内部已经萌芽的封建因素。但罗马统治者为了扩大税源和控制人口，接连颁布法令，加强对隶农的控制和剥削，剥夺其对生产资料的所有权、诉讼权、迁徙权乃至与自由人的通婚权，隶农地位不断下降，封建萌芽受到遏制，奴隶制经济全面衰退。罗马统治阶级内部争权夺利，不断加强对奴隶、隶农和国内各族人民的压迫和剥削，阶级矛盾和民族矛盾空前尖锐，人民起义不断发生。罗马奴隶制已走到了尽头。但罗马国家机构的完备和自身的调节功能，使它在短期内还无法完成一次自身的革命性改造，只有靠外力的作用。而日耳曼人的迁徙恰恰起到了这种作用，使封建制的萌芽获得了生机。

第二，日耳曼人的征服改变了西欧的土地占有形式。日耳曼人在征服西罗马帝国的过程中，到处没收罗马奴隶主的土地，例如，西哥特人在高卢最初没收了罗马贵族 1/3 的土地，后来又没收 1/3，竟达到2/3；罗马皇庄和国库的土地也被占领。东哥特国王狄奥多里克也没收了罗马贵族 1/3 的土地，分给属下。伦巴德人坚决打击罗马大土地所有者，很多大地主被杀，土地几乎全部被没收。罗马的奴隶主大土地所有制瓦解，日耳曼人对没收的土地进行了重新分配。一部分土地分配给日耳曼人公社，由公社按习惯再分给各家庭使用。日耳曼人的农村公社保留下来，并由血缘组织化为地域组织，后发展为马尔克公社。公社土地是公有私营，定期分配，由一般氏族成员耕种。公社土地所有制是日耳曼人国家建立初期的经济基础，后来土地的私有化程度加深，公社公有地转化为个体小农土地，西欧的封建大土地所有制在小农经济逐步瓦解的基础上发展起来。被没收的土地的大部分由在征服战争中掌握政权的军事贵族占有，他们按照传统又将土地赏赐给周围的亲兵和侍从，土地上的奴隶和隶农负责为其耕种。归降的罗马贵族仍可保有土地，但要向日耳曼贵族交纳 1/3 以上的地租，日耳曼贵族和降服的罗马旧贵族成为新的大土地占有者。之后，正是在农村公社公有地瓦解和贵族大地产制发展的基础上，形成了西欧的封建土地所有制。

第三，日耳曼人征服西罗马帝国还引起了阶级关系的变化。在征服过程中，日耳曼人氏族内部发生分化，军事贵族和其周围的亲兵在征服战争中得到较多的土地和财富，权势和地位不断扩大与上升。他们从氏族中脱离出来，成为日耳曼人中的特权阶层。这部分人后与罗马旧贵族合流，成为新的统治阶级——封建主阶级。一般氏族成员仍保留自由民身份。随着农村公社制的瓦解，许多自由民因欠债、犯罪、请求贵族庇护等原因而降为半自由人或依附民，地位不断下降。奴隶和隶农还存在，罗马的隶农制和日耳曼人的奴隶制相互融合，二者的界限已不明显。随着封建制的发展，奴隶、隶农和贫苦无地的自由民，逐步转化为封建农奴和依附农。西欧封建社会的两大对立阶级基本形成。

第四，日耳曼人对西罗马帝国的征服使西欧文明的重心由地中海沿岸转移至西欧内陆地区，由城市转至乡村。帝国晚期的严重危机和日耳曼人的武装迁徙，使濒临地中海的意大利半岛遭到严重破坏，地中海沿岸各地在日后的几个世纪中，又陆续遭到拜占廷帝国和阿拉伯人的侵袭。而在反复的角逐中，高卢地区的日耳曼国家——法兰克王国逐渐崛起，成为西欧的政治中心。遍布于乡村原野的贵族城堡、府邸取代因战乱而变成废墟的罗马城市成为各地的政治重镇。

第五，日耳曼人对西罗马帝国的征服客观上整合了希腊罗马古典文化、基督教文化和日耳曼文化等三种异元文化，促成了中古西欧文化——拉丁基督教文化的形成。中古西欧文化是代表古典传统的希腊罗马文化、代表古代中东历史传统的基督教文化与代表游牧部族传统的日耳曼文化三种不同性质和内容的异元文化相互冲突和融合而逐渐形成的一种新型文化。早在罗马帝国晚期，这一过程就已开始了。奥古斯丁—新柏拉图主义的出现就是基督教神学与古典思想的第一次大融合。同时，基督教的异端派别——阿里乌斯派则在日耳曼人的许多部落中得到广泛传播。罗马周边的日耳曼人也不断受到罗马文化的浸染。伴随着日耳曼人的大举入侵，这种文化整合的过程大大加速。建立在西罗马帝国废墟上的各日耳曼王国将它们的自由、民主观念及其社会习俗带了进来。同时，落后的日耳曼各王国也大多承袭了罗马人的政治机构，如东哥特王国就保留了罗马的行政机构、政府官员和学校，西哥特王国和勃艮第王国则继续沿用了罗马人的法律。他们中的许多人接受了罗马人的生活方式，拉丁语也取代了日耳曼人的方言。这种文化融合最典型的实例当然是法兰克王国。早在496年，法兰克人的首领克洛维(481～511年)率3000名亲兵皈依基督教，开始与罗马教会和信奉基督教的高卢罗马人结盟。法兰克王国的封建化过程也是日耳曼文化与罗马文化相互融合的过程，而基督教则在其中扮演了极为重要的角色。它将前两种异元文化加以整合，从而确立了其在文化上的统治地位，拉丁基督教文化也因此成为中古西欧文化的主流，奠定了未来西方文化发展的基础。

总之，经过两个世纪的民族大迁徙，日耳曼人最终征服了西罗马帝国，建立了自己的国家。在罗马和日耳曼两种历史传统以及各种时代因素的交互作用下，西欧的社会结构和面貌发生了重大改变：政治中心由以意大利为中心的环地中海地区转移至以法兰克为中心的内陆地区；统治民族由罗马拉丁民族更换为日耳曼民族；其精神文化的主体由世俗性极强的罗马文化转化为将三种异元文化即古典文化、基督教文化、日耳曼文化整合为一体的拉丁基督教文化；古典时代那种由希腊至罗马的单线一元历史发展模式全然消失，代之而起的是日耳曼诸王国以及法兰西、德意志、英格兰等不同国家的复线多元的发展趋势。而在诸种变革中，最深刻的是以奴隶制为核心的古典经济形态逐渐退出历史舞台，以农奴制为核心的新的封建经济形态逐渐形成，世界历史也随之由上古文明过渡到了中古文明。从此意义上讲，民族大迁徙是人类历史上具有里程碑意义的划时代事件。

【延伸阅读】

1. 陈钦庄等：《基督教简史》(修订版)，人民出版社2008年版。

2. 董晓佳：《斯提里科与晚期罗马帝国政局——基于“反日耳曼人情绪”视角下的考察》，《世界历史》2018年第4期。

3. 郭守田主编：《世界通史资料选辑·中古部分》，商务印书馆1981年版。

4. 侯建新：《“准独立个体”：日耳曼人突破性贡献》，《史学月刊》2021年第10期。

5. 康凯：《过度集权与晚期罗马帝国的衰亡》，《河北学刊》2014年第3期；《“蛮族”与罗马帝国关系研究述论》，《历史研究》2014年第4期；《“476年西罗马帝国灭亡”观念的形成》，《世界历史》2014年第4期。

6. 李隆国：《认识西罗马帝国灭亡——公元476—800年》，《北大史学》，2012年刊；《从“罗马帝国衰亡”到“罗马世界转型”——晚期罗马史研究范式的转变》，《世界历史》2012年第3期；《“民族大迁徙”：一个术语的由来与发展》，《经济社会史评论》2016年第3期。

7. 李逸夫：《佐西莫斯的“罗马帝国衰亡论”探析》，《学术研究》2020年第6期。

8. 刘林海：《史学界关于西罗马帝国衰亡问题研究的述评》，《史学史研究》2010年第4期；《早期基督教的历史分期理论及其特点》，《史学史研究》2011年第2期。

9. 刘新利：《基督教历史十二讲》，人民出版社2011年版。

10. 马锋：《东哥特王国的罗马化》，《世界历史》2020年第2期。

11. 倪腾达：《罗马帝国衰落的起点——以琉善对公元2世纪罗马社会的认识为中心》，《古代文明》2015年第1期。

12. 孙振民：《罗马帝国衰亡问题研究：兴起、嬗变与趋向》，《史学理论与史学史学刊》2022 年第 1 期。

13. 王晓朝:《罗马帝国文化转型论》,上海辞书出版社 2017 年版。

14. 吴于廑:《世界历史上的游牧世界与农耕世界》,《云南社会科学》1983 年第 1 期;《游牧世界对农耕世界的三次大冲击对于历史成为世界史的作用及其历史限度》,《中国社会科学》1983 年第 3 期。

15. 杨俊明:《道德沦丧与罗马帝国的衰亡》,《史学理论研究》2013 年第 4 期。

16. 赵林:《基督教与西方文化》,商务印书馆 2013 年版。

17. [英]J. B. 伯里著,赵法欣等译:《晚期罗马帝国史》,中信出版社 2019 年版。

18. [美]彼得·布朗著,刘寅等译:《穿过针眼:财富、西罗马帝国的衰亡和基督教会的形成,330—550 年》,社会科学文献出版社 2021 年版。

19. [美]帕特里克·格里著,吕昭等译:《民族的神话:欧洲中世纪的起源》,广西师范大学出版社 2022 年版。

20. [德]奥托·基弗著,姜瑞璋译:《古罗马风化史》,海豚出版社 2012 年版。

21. [古罗马]凯撒著,任炳湘译:《高卢战记》,商务印书馆 2017 年版。

22. [法]孟德斯鸠著,婉玲译:《罗马盛衰原因论》,商务印书馆 2016 年版。

23. [比]亨利·皮雷纳著,王晋新译:《穆罕默德和查理曼》,商务印书馆 2022 年版。

24. [英]米瑞·茹宾等著,杨华明译:《剑桥基督教史》第 4 卷,中国社会科学出版社 2022 年版。

25. [古罗马]塔西佗著,马雍等译:《阿古利可拉传　日耳曼尼亚志》,商务印书馆 2017 年版。

26. [英]伊恩·伍德著,刘寅译:《西部罗马的转型》,商务印书馆 2022 年版。

27. [古罗马]优西比乌著,[美]保罗·L. 梅尔英译、评注,瞿旭彤译:《教会史》,上海三联书店 2009 年版。

28. [拜占庭]约达尼斯著,罗三洋译注:《哥特史》,商务印书馆 2017 年版。

【思考与讨论】

1. 试论基督教产生的哲学、宗教和社会基础。
2. 试论早期基督教的演变并分析其阶级属性。
3. 简述公元前后游牧民族与农耕民族的对峙与交往。
4. 简述亚欧民族大迁徙的历史动因、基本过程和历史影响。
5. 为什么说隶奴制是罗马社会的一种新型生产关系?
6. 3 世纪危机的本质是什么? 主要有哪些表现?
7. 戴克里先在政治体制上进行了怎样的改革? 这种改革反映了什么社会问题?
8. 阅读原始资料,探讨日耳曼人建国之前的社会经济制度。
9. 试论罗马帝国衰亡的原因。
10. 日耳曼人征服西罗马帝国具有怎样的历史意义?

第七章　中古亚洲

本章主要讲述5～15世纪亚洲主要国家和地区的历史。

朝鲜和日本是中国的邻邦，中古时期朝鲜和日本政治、经济和文化等各方面都受到中国的影响。在中国的影响下，朝鲜和日本过渡到封建社会。676年新罗统一是朝鲜封建制度确立的标志，其土地制度主要是土地国有制，具体表现为新罗的丁田制、高丽的田柴科和李朝的科田法。日本通过646年的大化革新建立起中国模式的封建制度，然而，随着班田制的瓦解，日本形成了类似西欧封建社会的庄园制度。为保护封建庄园，武士阶层兴起，导致1192年建立幕府政治。幕府政治经历了镰仓、室町、江户（德川）三个阶段，直到1868年，对日本历史产生了深远影响。

南亚次大陆在中古时期始终没有形成统一的国家。中古初期，北部印度曾出现强大的笈多王朝和戒日王国，在此期间印度封建制形成。此后进入分裂割据的拉其普特时期（7世纪中叶～12世纪末）。1206年，信奉伊斯兰教的突厥人在这里建立政权，印度历史进入德里苏丹国统治时期。印度封建制的特点是上古时期形成的种姓制保留下来并继续发展，农村公社长期存在。伴随着社会变迁和政权更迭，南亚的宗教信仰也不断发生变革，首先经历了佛教的衰落和印度教的兴盛，随后德里苏丹国又强行传播伊斯兰教，导致南亚宗教矛盾十分复杂。

伊斯兰教产生于7世纪的阿拉伯半岛，其产生的过程也就是阿拉伯统一国家形成的过程。阿拉伯统一国家形成后，很快走上侵略扩张之路。随着前四任哈里发及倭马亚王朝的扩张，到8世纪中叶，阿拉伯帝国形成。阿拉伯扩张不仅改变了被征服地区的政治地图，而且在很大程度上改变了这一地区的民族构成、宗教信仰、语言、文化和社会风俗。阿拔斯王朝是阿拉伯帝国的黄金时期，其政治制度、土地制度等深深影响了后来的伊斯兰国家。盛期的阿拉伯文化是8～13世纪阿拉伯帝国境内各族人民共同创造的文化，在人类文化史上起到了承前启后、继往开来的作用。

13世纪初，蒙古崛起于漠北高原。经过1219～1259年的三次西征，建立起钦察汗国、伊儿汗国、察合台汗国和窝阔台汗国。同时，蒙古人还南下和东征，从而建立了世界历史上疆域最大的帝国。蒙古帝国促进了东西交通和文化交流，使帝国境内各种宗教都得到发展。

突厥人的扩张始于11世纪，先后建立起塞尔柱帝国、德里苏丹国和奥斯曼帝国。三个政权都信奉伊斯兰教，都继承了阿拉伯帝国的统治体制和土地制度，对于传播伊斯兰教起到了巨大作用。

第一节　东　亚

如果说西欧封建制度是以法兰克为中心发展起来的，东欧封建制度是以拜占廷为中心发展起来的，那么东亚的封建制度是以中国为中心发展起来的。东亚两个主要国家朝鲜和日本的封建制度是在与中国唐朝的交往中确立起来的，但在日后的发展过程中各自所走的道路则不尽相同。

早在公元前4～前3世纪，朝鲜半岛北部就出现国家，称古朝鲜。公元前194年，燕人卫满灭古朝鲜建立卫氏朝鲜。公元前108年，汉武帝灭卫氏朝鲜，在该地区设置乐浪、玄菟、临屯、真番四郡，并派太守进行统治。3世纪上半叶，东汉王朝灭亡，以集安为都的高句丽逐渐发展起来，4世纪初占领乐浪郡，北与鲜卑展开征战，南与百济、新罗长期争战不已。当高句丽和百济相互争雄时，地处朝鲜半岛东南一隅的新罗乘机与隋唐交好，因此得到较快的发展。当高句丽与百济发现新罗已构成对它们的威胁时，便联合向其发起进攻。676年，新罗完成了朝鲜半岛的统一。

此后,类似于中国的封建制度便很快在朝鲜建立起来。首先,形成了土地国有制的封建经济模式。687年,实行禄邑制。国家对文武官员授予一定数量的收租地作为禄邑,此外还向寺院捐赠大量土地。这导致土地兼并的发展。于是,722年开始推行丁田制。国家对15岁以上的男性公民授予一定数量的土地,分为口分田和永业田。前者限于本人终身享用,不得买卖或转让;后者可以世袭。农民因此而被附着于土地之上,成为缴纳田租、贡品和担负各种徭役的国家依附民。封建土地制度在全国确立起来。其次,为适应封建制度的需要,还参照唐朝的政治制度,建立了一套比较完善的中央集权国家体制。

由此,朝鲜封建社会开始走向与中国封建社会相似的历程,即封建土地国有制与中央集权政治建立起有机的联系,土地国有制一旦破坏,中央集权政治也随之削弱。所以中央集权政治一建立,首要的事情便是确认土地的国家所有。如新罗后期丁田制被破坏后,朝鲜半岛陷入分裂割据局面。918年,王建建立高丽王朝(918～1392年),936年再次统一朝鲜半岛。976年开始在全国范围内对耕地和山林进行登记造册,推行"田柴科",就是将文武百官按照"人品"(身份)划分为79品,按品给田。最高品得田(耕地)、柴(山林樵采地)各110结;最低者得田21结,柴10结。得田者享有土地的收税权,但不能世袭。这种土地被称为私田,耕种私田的农民向封建主缴纳收成的50%。私田以外的土地是由国家直接支配的公田,耕种公田的农民向国家缴纳收成的25%。这种办法加强了国家对土地的控制,有利于中央集权制的巩固。但其本身存在矛盾:一是土地不能世袭,但"人品"却是世袭的;二是功荫田在一开始就是允许世袭的。这种矛盾发展的最终结果是公田越来越少,中央集权越来越无法维持。到13世纪时,高丽王朝国力大减,又多次遭到蒙古入侵。1368年,元朝被明朝取代,高丽王朝仍依附于元朝的残余势力与明朝为敌。1392年,高丽大将李成桂发动兵变夺取政权,建立李氏朝鲜(1392～1910年)。李成桂在夺取政权之前就已实际掌权,于1388年,对全国公私土地进行丈量,登记造册。1391年,颁布《科田法》,对文武两班贵族和其他封建贵族按等授田,第一科(第一等)授田150结,以下递减,最后一等的第十八科，授田10结。对地主豪族和士兵另授军田，每人5～10结。其余的土地为公田，由国家直接租佃给农民，收取租税。科田和军田的领有者只有土地的收租权并向国家承担一定的田税，但和私人领地一样，这种权利是可以世袭的。这一制度颁行的初期加强了中央集权政治，巩固了李朝的统治。但是，随着私有土地的发展，公地越来越少，到15世纪，《科田法》日渐废弛，国家的实力越来越弱。16世纪末的壬辰卫国战争，中朝军民并肩作战，击败入侵的日本大封建主，但朝鲜国力始终未得到恢复。

与朝鲜相比，日本的封建制度虽也是在中国唐朝的影响下建立起来的，但在日后的发展过程中则表现出许多类似欧洲封建制度的特点，走上与中国不同的道路。

在约一万年前，日本出现新石器文化，因手制的带有绳形纹饰的黑色陶器是其代表文物，故又被称为“绳纹文化”。大约在公元前3世纪由日本的西部发展出一种新的文化，因其代表文物轮制的褐色陶器最早发现于东京的弥生町，所以被称为“弥生文化”。这一时期最重要的进步是产生了农业，主要作物是稻米。2世纪，在九州北部（一说本州）出现奴隶制国家邪马台国。4世纪前后，本州中部兴起另一个奴隶制国家大和。至5世纪，大和基本统一了日本。大和国的统治阶级役使近似奴隶的部民从事生产。部民大都是被征服的部落居民，仍保留自己的氏族组织，有自己的首领，保有极少的财物和生产工具，集体住在主人农庄里，进行各种生产。部民没有人身自由，虽不能被任意处死，但可以被转让。部民在手工业生产如锻冶、纺织等方面发挥了重要作用，但大和国家的主要劳动者仍是自由的平民。

大和国家在与中国的交往过程中，逐渐建立起自己的封建制度。起初，大和国通过朝鲜与中国一直保持着间接的接触。推古女皇（592～628年）于593年立厩户皇子为太子（即圣德太子，574～621/622年），并将国家管理大权交给了他，他推行了一系列改革。（1）实行“冠位制”，将贵族的确认权收归中央，由王室定夺，打击了骄横的世袭贵族。（2）制定《十七条宪法》，规定了人与人之间不同的名分等级、社会地位和权利义务，初步确定了统一的中央集权政治原则。（3）建立了与中国隋朝对等的直接联系，派遣留学生到中国学习先进文化，为日后日本的发展奠定了基础。645年，深受留唐学生影响的中大兄和中臣镰足发动政变，一举消灭了专横跋扈的苏我氏一族的势力，推举孝德天皇即位，年号大化。646年，孝德天皇正式发布改革诏书，改革的主要内容为如下。第一，剥夺贵族所拥有的一切土地和人民，收归国家。第二，实行班田收授法，推行租庸调制。第三，废除氏姓制度，确立以天皇为中心的中央集权的官僚政治体制。中央设二官、八省、一台，地方设国、郡、里。因这场改革开始于大化年间，所以史称“大化革新”。改革并不是一帆风顺的，大约延续了50余年，直到701年文武天皇制定《大宝律令》才告完成。《大宝律令》总结了大化革新以来50多年实施新政和中国历代编纂律令的经验、教训，将改革的成果以法律的形式巩固下来。

大化革新确立了封建土地国有制为基础的以天皇为中心的中央集权政治体制，但也留下了瓦解这一制度的因素。其一，班田农民负担过重，不堪忍受。他们每年必须向国家缴纳租庸调的数额，约占每户农民口分田收获量的1/5，而且，农民要负责将其直接运到京城；20～60岁的男丁，每年要自备粮食、费用到京都为朝廷无偿劳役10天。国、郡也有权征调农民服徭役，按规定是每人每年60天，实际上多有超期。最令农民不堪负担的是兵役，按规定，卫戍京城的卫士一年一征，守卫西部边疆的防人三年一征，实际情况往往是“壮年赴役，白首归乡”。其二，它没有从根本上消除土地私有。在口分田之外，贵族官僚有职田、位田和功田，寺院、神社也占有大量土地。这些土地的经营方式比较灵活，有利于调动劳动者的生产积极性，为私有土地所有者与国家争夺劳动力、兼并土地留下了隐患。随着人口的增加，国家用以班田的土地越来越少，8世纪初，政府便鼓励人们垦荒。723年，颁布《三世一身法》，规定垦生荒者可占三世，开熟荒者可终身享有。743年，又颁布《垦田永代私有法》，承认垦田私有。土地兼并日益加剧起来。到8世纪末，班田制便近废弛。不堪重负的班田农民被迫依附于势力之家，由国家依附民变为私家依附民；或者把自己的份地“寄进”(投托)给贵族寺社，成为他们的依附佃农。由此，在班田制破坏后，日本出现了类似西欧封建社会的庄园，走上了不同于中国封建社会模式的发展道路。

日本的庄园与西欧封建社会的庄园相比，其相同之处是庄园内的土地都分为庄民的份地和领主的自用地，以劳役剥削为主；另外，日本有势力的庄园领主拥有不向国家缴纳租税和不准官吏干涉庄园事务的所谓"不输""不入"的特权，与西欧封建社会的领主司法权相似；其不同之处在于日本庄园是由于垦荒和"寄进"形成的，不是自上而下分封建立的。

庄园出现后，日本社会产生了不同于西欧封建骑士的武士阶层，并使国家政治也发生了根本性的变化。地方豪强为了保护自己的庄园，扩大势力，便在血缘关系和主从制的基础上将自己家族和仆从中的青壮年武装起来，成为武士。开始时，武士以农为主，平时务农，战时从军作战。后来，武士完全脱离农业生产，成为一支专门的武装力量。随着班田制的瓦解，以天皇为中心的中央集权政治体制的力量也越来越弱，统治阶级内部矛盾日趋激烈，武士成为各方势力拉拢的对象。11 世纪，无数分散的武士逐渐形成地区性的武士集团，其中最强的是关东源氏和关西平氏。1185 年，源氏打败平氏取得中央政权。1192 年，源赖朝被任命为"征夷大将军"，在镰仓建立幕府（1192～1333 年），名义上尊重天皇统治，实际上是天皇之外的新政府。从此，日本进入军事封建贵族专政时期（1192～1868 年）。

镰仓幕府建立的是以幕府将军为首的中央集权统治体制。幕府在中央设政所、侍所和问注所，分管全国的政治、军事和司法大权。在地方上，幕府将军派武士担任守护和地头。他们在地方上逐渐取代国司和庄官的职权，发展为守护大名和地方豪强。将军与武士之间以"御家人制"维系，即武士作为将军的家臣（御家人），要宣誓效忠并承担纳贡和服军役的义务；将军赐予家臣以官职和土地并保护其既得利益。那些游离于"御家人制"之外的武士称为"非御家人"，但作为将军的臣民也必须接受将军的管辖和指挥。

地方上担任守护的御家人，作为各地的军政长官，在外戚北条氏操纵镰仓幕府以及元朝入侵日本时期，势力大增，日益发展为守护大名（武士大封建主），并开始蔑视幕府，觊觎幕府的领导权。1338 年，足利尊氏自任"征夷大将军"，建立了室町幕府（1336～1573 年）。足利尊氏只能在不损害强大的地方守护大名利益的基础上建立一种地方大封建主的联合政权,实行地方分权的封建统治。所以,室町幕府时期战乱不断。战国时期(1467～1590年),各守护大名之间混战不已,一些在地方上拥有实权的幕府中、下级武士和国人领主趁机扩充力量,成为独立于幕府体制之外的大封建主(战国大名)。战国大名采取"富国强民"的政策,励精图治,积极发展经济,渐渐发展成一股统一的力量。1573年,尾张国大名织田信长战败数十个战国大名,进入京都,推翻了室町幕府的统治。1590年,织田信长的部将丰臣秀吉完成了全国的政治统一。1603年,丰臣秀吉的部将德川家康任"征夷大将军",在江户(今日本东京)设幕府,史称江户幕府(亦称德川幕府,1603～1868年)。

班田制的破坏和中央集权制的瓦解,说明中国的封建制度并不完全符合日本的国情。幕府政治是中国先进的典章制度与日本残留的原始血缘关系相结合的产物。值得注意的是,日本的封建制度在战国时代就有趋于瓦解的迹象,可是到江户幕府建立后,这种瓦解进程非但没有加快,反而使封建依附关系进一步加强。

自古以来,中日两国人民关系密切,往来频繁。中国先进的生产技术,如养蚕缫丝、织绢、制陶等不断传入日本。7世纪起,日本开始向中国派遣隋使和遣唐使。留学生和僧人往往一同前来,把中国的典章制度、文化技术、医药科学等带回日本,对中日文化交流起了重要作用。日本留学生阿倍仲麻吕(约698～770年),19岁到中国长安读书,曾任秘书监,掌管经籍图书,后任左散骑常侍、镇南部护,唐玄宗赐名朝(晁)衡,与诗人李白、王维等结下深厚友谊,后殁于中国。日本僧人空海不仅带回佛教经典,在日本建立密宗教派,而且还研究中国文学、文字学,回国后介绍中国文学批评,并编纂了日本第一部字典。8世纪时,年逾花甲而又双目失明的中国僧人鉴真东渡日本,带去很多佛教经典,还介绍了建筑和雕刻艺术。日本最初没有文字,曾采用汉字作为书写工具。后来根据汉字创造了自己的文字。日本人把汉字叫作"真名",根据汉字创造的自己的标音文字叫"假名",其中借助正楷汉字偏旁创造的日本楷书字母叫"片假名",模仿汉字草体而创造的草书字母叫"平假名"。文字的创制对于日本文化的发展起到了巨大的促进作用。

第二节　南　亚

南亚次大陆在中古时期始终没有形成统一的国家，印度只是一个地理名词，不是国家概念。以德干高原为界，南亚次大陆明显地分为南、北两大部分。

在中古时期，北部印度先后建立了笈多王朝（320～540 年）和戒日王国（606～647 年）。戒日王统治时期统一北印度，迁都曲女城，建立起严格的行政制度。当时正值玄奘访印，他给予玄奘以很好的礼遇，玄奘评价他“政教和平，务修节俭，营福树善，忘寝与食”。之后，印度北部地区便陷入政治混乱。一些印度教王公自立为王，自称“拉其普特”（源于梵语 Rajputra，意为“王孙贵族”），因此，7～12 世纪印度北部进入“拉其普特时期”。政治分裂为外族入侵提供了有利条件。10 世纪，突厥人在阿富汗建立的伽色尼王朝（962～1186 年），在马哈茂德统治时期（998～1030 年）就曾侵入印度的恒河流域。12 世纪，另一支突厥人建立古尔王朝（1148～1215 年），推翻伽色尼王朝，继续南下侵入印度，进抵孟加拉。1206 年，古尔王朝宣告分裂，其一军事将领库特布-乌德-丁・艾贝克在北印度的德里建立苏丹国，于是开始了印度历史上的德里苏丹国时期（1206～1526 年）。

与北方各政权同时并存的南部印度，虽曾崛起过一些强大的王朝，但也都没有统一成一个国家。印度半岛南端有潘迪亚人建立的以马都赖城为中心的潘迪亚国家（约 580～1323 年）、在德干高原有以克里希纳河上游的瓦塔比城为首都的查鲁其亚国（遮娄其，约 550～750 年）和以现在的马德拉斯城附近的坎奇为中心、与查鲁其亚国相对抗的帕拉瓦国（约 550～910 年），是为“南方三国”。三国在相互争战中相继衰亡。最早灭亡的是查鲁其亚，它为新兴的罗希特罗库塔所灭。罗希特罗库塔地跨印度南、北两方，曾与北方的婆罗提哈罗和波罗国家争夺曲女城，是“北方三国”之一。查鲁其亚人自始至终没有放弃反抗斗争，到 10 世纪末再度兴起，称后查鲁其亚（10～12 世纪）。而此时的帕拉瓦政权已被朱罗人建立的朱罗国所代替。910年，朱罗国击败潘迪亚，并其国土，与后查鲁其亚并称南印“双雄”，到12世纪末陷入分裂。12世纪末到14世纪上半叶，南印度出现地处半岛西海岸克里希纳河上游的曷萨拉、以德瓦吉里为首都的雅达瓦、以华朗伽为首都的喀喀迪耶和南端重新崛起的潘迪亚四国争霸的局面。后三者为北方的德里苏丹国所灭，前者为1336年建立于通加巴德拉河一带的维扎雅纳加拉（维查耶那加尔）国所灭。14世纪中叶以后，维扎雅纳加拉国称霸南印两百多年，于1565年被德干的几个伊斯兰教国家组成的联军攻灭。

南亚在整个中古时期没有形成单一的政治中心，所以它的封建化进程在各地是很不平衡的。通常认为，封建制度萌芽于笈多王朝，确立于戒日王时期。主要资料来自去印度求法的两位中国高僧的记录，即法显的《佛国记》和玄奘的《大唐西域记》。印度的封建制度始于统治者对婆罗门和神庙、寺院的土地赠赐。法显说：“自佛般泥洹后，诸国王、长者、居士为众僧起精舍供养，供给田宅、园圃、民户、牛犊、铁券书录，后王相传，无敢废者。”这可由现存的笈多王朝时期大量的赐地文书得到证明。土地分封从宗教机构和个人开始，逐渐扩大到国家官吏。到玄奘去印度时，所看到的戒日王国家已是“王田之内，大分为四：一充国用祭祀粢盛；二以封建辅佑宰臣；三赏聪睿硕学高才；四树福田，给诸异道……宰牧、辅臣、庶官、僚佐，各有份地，自食封邑”。

因南亚封建制度是在不断的王朝更替中形成的，而且多数王朝是由外族建立的，它们不可能进行严格的行政管理，不得不借助地方社会组织，所以其封建制度呈现出以下主要特点。(1)不仅没有从根本上触动种姓制度，而且造就了一些新的种姓集团；(2)农村公社长期存在，且发挥着极其重要的作用。

在封建制度确立的同时，南亚次大陆的宗教也经历了一场巨大的变革。佛教由盛转衰，印度教则由相对冷落趋向复兴。佛教的发展得益于统治者的大力推广，正因如此，它的发展使其失去了对现实社会的反抗精神，在攀附权贵的过程中丧失了自身的独立性。而作为新婆罗门教的印度教，则因其所具有的包容性和广泛的适应性，将佛教变成了它的一个分支。如印度教信仰中就有佛教的业报轮回说；印度教毗湿奴派的化身说就将佛陀作为毗湿奴的化身之一。佛教在印度本土衰落,却传播到印度以外的亚洲其他地区。除了这一变化外,在屡遭穆斯林入侵、统治的过程中,伊斯兰教也在南亚次大陆扎下了根。这给印度社会带来了更加复杂的宗教矛盾。莫卧儿帝国阿克巴统治时期(1556～1605年),他就已经预感到这一问题的严重性,并试图创造一种为全体印度人所接受的统一的宗教。但至今这仍是一个引发多种社会矛盾的大难题。

第三节　伊斯兰教

伊斯兰教是世界三大宗教之一,兴起于7世纪的阿拉伯半岛。这是与阿拉伯人所处的社会发展阶段相适应的。

阿拉伯半岛的居民大致分为两大部分:一是南部的也门人。他们地处土地肥沃的农业区,工商业发达,在东西方贸易中发挥着极其重要的作用,社会发展水平较高,曾建立过经济繁盛的奴隶制国家。二是北部和中部的贝都因人。他们地处干旱、半干旱的沙漠地带,过着游牧、半游牧的生活。虽然整个地区的社会发展还处于原始社会解体时期的军事民主制阶段,但是阿拉伯半岛地处东西方交通要道,商业贸易比较发达。6世纪时,这一地区的红海沿岸已形成三大贸易城市:塔伊夫、麦加和雅兹里布(后称麦地那)。从事东西方贸易的骆驼商队在贝都因人的日常生活中占据着非常重要的地位,国际中介贸易成为他们维持生计的重要手段。

由于阿拉伯半岛所处的优越的地理位置和盛产西方人所需的香料,自古以来就是东西方大国必争之地。这对其历史发展产生了很大影响。从消极方面看:公元525年,拜占廷怂恿阿比西尼亚(埃塞俄比亚)占领也门,控制了东西方的商路。575年,萨珊波斯出兵驱逐阿比西尼亚人,控制了也门,并将东西方的商路改道由霍尔木兹海峡经由波斯湾到达中东。长期的战乱和传统商路的改变,使南部阿拉伯农业生产濒于崩溃,商业萧条,城市失去往日的繁华,定居的人口大量北移,使阿拉伯半岛又回到游牧或半游牧的生活状态。从积极方面看,国际商贸活动沟通了半岛与外部世界的联系，给阿拉伯社会带来了东西方先进的文化。如阿比西尼亚人带来了基督教；琐罗亚斯德教也随着波斯人对半岛的控制传入阿拉伯社会；犹太人在殖民麦地那及半岛北部绿洲的同时，也使阿拉伯人接触了犹太教。所以，信仰多神教的阿拉伯人早在伊斯兰教产生之前，已经接触到大量有关一神教的知识，并且产生了反对多神崇拜、提倡隐修、以求与神合一的宗教思想。

国际纷争和半岛经济的衰败使阿拉伯各氏族部落之间的矛盾、民族矛盾、阶级矛盾日趋激化。各种矛盾表现得最为剧烈的是麦加，因此，阿拉伯商人贵族为巩固统治、扩张领土和发展商业贸易，亟待建立能够与外族势力相抗衡的强有力的统一政权的愿望以及一般阿拉伯民众要求实现社会安定、过上美好幸福生活的愿望，在这里表现得也最为强烈。穆罕默德(约570～632年)出生在麦加的古莱西部落哈希姆族一个没落的商人贵族家庭。父亲在他出生前就死于去叙利亚经商途中，母亲在他6岁时去世。他由祖父和叔父带大，12岁便随商队外出经商。童年的不幸使他早熟，他很早便关注现实社会问题；早年的经商活动使得他谙熟半岛的风土人情和宗教信仰。25岁时，他与麦加富有的寡妇赫蒂彻结婚，这为他专心思考现实社会问题提供了雄厚的物质基础。经过一段苦心修行之后，610年的一天，他宣布已获得安拉的启示，伊斯兰教由此建立。

“伊斯兰”一词意为“顺从”，即顺从真主安拉的旨意。穆罕默德为自己所创立的宗教取名“伊斯兰”，其统一半岛的政治目的是非常明显的。但是，起初的传教是艰难的，在麦加首先遭到以苏菲扬为首的麦加贵族的反对，因为穆罕默德的宗教在触动阿拉伯人传统的多神教信仰的同时，还妨碍了控制着克尔白神庙的麦加商人贵族从神庙崇拜活动中获得收益。622年9月的一天，穆罕默德偕同少数信徒星夜逃往麦加以北的雅兹里布。这就是伊斯兰教历史上有名的“希吉拉”(“徙志”，后被定为伊斯兰教历元年元旦)，它在阿拉伯国家形成史上有着决定性的意义。

穆罕默德在雅兹里布将随他而来的穆斯林(迁士)和当地的穆斯林(辅士)联合了起来，组成了穆斯林公社(乌马)，将雅兹里布改名“麦地那”，意为“先知之城”。政教合一的阿拉伯国家雏形基本形成。之后，穆罕默德在穆斯林的支持下，积极扩大伊斯兰教的势力和影响。在624年的白德尔战役中，他率领的穆斯林武装取得与麦加贵族第一场斗争的胜利，士气大振。627 年的壕沟之战，再次击败来犯的麦加贵族军队。630 年，穆罕默德的穆斯林武装兵临麦加城下，麦加贵族被迫承认其权威，宣布接受伊斯兰教。半岛其他地区也纷纷表示归顺伊斯兰教。632 年穆罕默德去世时，阿拉伯半岛在伊斯兰教的旗帜下完成了政治统一。

伊斯兰教的教义、教规和社会政策都反映在其经典《古兰经》之中。《古兰经》共 114 章，6236 节，记载了穆罕默德在 23 年的传教过程中颁布的经文。其内容包括：穆罕默德在传教过程中同阿拉伯半岛的多神教和犹太教进行斗争的记述；以信仰一神安拉、反对多神崇拜为中心的宗教信条；针对阿拉伯社会情况提出的宗教制度和社会主张；为了传教引用的一些流行于阿拉伯社会的故事和传说；等等。因此，它不仅是宗教经典，而且是政治文献，是阿拉伯国家的第一部成文法典。

伊斯兰教与犹太教和基督教一样，同为一神教，崇拜唯一真神安拉（亦称“真主”）。安拉是万物的创造者，全知全能，至仁至善，不生不灭。穆罕默德是安拉的使者，是先知，是人民的警告者。如果说教义是伊斯兰教在理论上的主张，教规则是在实践中的要求。其教规即所谓的“五功”：念功，规定每个穆斯林从生到死时刻都要念诵“除安拉外，别无神灵，穆罕默德是安拉的使者”；拜功，要求每个穆斯林每天面向克尔白方向礼拜五次，其中星期五中午的礼拜为公众礼拜，在清真寺集体进行；斋功，规定每年回历 9 月为斋月，从黎明到日落不饮不食，并戒除一切享乐之事；课功，规定穆斯林应志愿施舍财物，救济穷人，后来演化为一种税收制度，即每人应捐献收入的 2.5％为财产税；朝功，规定每个穆斯林一生应到麦加朝拜一次。

伊斯兰教是社会大变革在意识形态上的反映，其社会政策也反映了这个变革时期的要求。它强调单纯的信仰，教义和仪式都比较简单，任何人只要在众人面前朗诵一次信仰的信条，即可被承认为穆斯林；它强调平等，认为信仰真主的人都是兄弟，彼此平等，礼拜时不分贫富，比肩而立；承认私有财产，承认奴隶制，承认一夫多妻制，反对高利贷剥削。

正因为伊斯兰教适应了社会发展的需要，随着阿拉伯帝国的扩张，伊斯兰教发展为世界性宗教。

第四节　阿拉伯帝国的盛衰

穆罕默德死后,继任者称为“哈里发”,意为“先知的继承人”。最初的四任哈里发,都由阿拉伯军事团体从穆罕默德的近亲和密友中选出。第一任哈里发艾布·伯克尔(632～634年)在短暂的统治期内首先平息了半岛各部落的叛乱,调节了穆斯林各派别之间的关系,巩固了政权,接着走上了对外扩张的道路。第二任哈里发欧麦尔(634～644年)发动了阿拉伯历史上空前的大征服运动,在“圣战”的旗帜下,对内部危机四伏、国力削弱的拜占廷以及波斯等各国发动了一系列军事进攻,636年在约旦河支流的雅姆克河谷大败拜占廷军队,占领了叙利亚,638年进攻耶路撒冷,征服了巴勒斯坦,不久又占领伊拉克,深入波斯腹地,于651年攻灭萨珊波斯帝国。与此同时,西路大军占领开罗,遂使埃及纳入哈里发国家的版图。第三任哈里发奥斯曼统治时期(644～656年),阿拉伯贵族和牧民之间的差别日益明显,国家政权开始具有明显的贵族专政性质。奥斯曼的亲信及其家族成员——倭马亚家族把持着国家和军队的高级职位,在叙利亚、埃及等地占有大量土地。以阿里为代表的反对派创立了什叶派,反对奥斯曼政权,伊斯兰世界从此开始了长期的宗教纠纷和政治内讧。656年,什叶派刺杀了奥斯曼,阿里任第四任哈里发(656～661年)。以叙利亚总督穆阿维叶为首的倭马亚家族拒不承认阿里政权;一部分不满阿里的人也从什叶派中分裂出来,另组军事民主派——哈瓦立及派,使伊斯兰教之争更加严重。661年,阿里被军事民主派刺杀,叙利亚总督穆阿维叶夺取了哈里发的权位,开始了倭马亚王朝的统治(661～750年)。

倭马亚王朝初年,主要致力于镇压反对派,巩固统治。而后在“圣战”的口号下继续大规模扩张。阿拉伯军队几乎同时向北、东、西三个方向出击。在西方,阿拉伯军队势如破竹,横扫北非,占领了从突尼斯直到摩洛哥的马格里布,领土扩张到大西洋沿岸。之后,征服西哥特王国,占领比利牛斯半岛,深入欧洲腹地。732年,为法兰克军队所败,入侵西欧内陆的势头受阻。在北方，曾三次进攻君士坦丁堡，由于遭到顽强抵抗而终未得手。在东方，进攻伊朗和中亚地区。8世纪初，已到达帕米尔高原，直接威胁到唐代中国的边疆。8世纪中期，阿拉伯帝国形成，其疆域东起印度河流域和帕米尔高原，西临大西洋，南达北非的尼罗河流域，北抵里海和咸海南缘，横跨欧、亚、非三大洲，是当时世界上领域最大的帝国，分别与唐帝国、拜占廷帝国和法兰克王国为邻，并世称雄。倭马亚王朝的各项管理机构和制度逐渐完善，阿拉伯社会封建生产关系的发展也十分迅速，阿拉伯语成为帝国官方语言。

倭马亚王朝统治后期，阶级矛盾、民族矛盾、宗教矛盾以及统治阶级内部的矛盾，日益错综复杂，尖锐激烈，各教派和各民族人民的反抗斗争此伏彼起。747年，奴隶出身的波斯人阿布·穆苏里姆在波斯东部呼罗珊发动起义，主张减轻赋税，取消劳役，得到广泛响应。750年，起义军占领了大马士革，灭亡了倭马亚王朝。伊拉克大贵族阿布·阿拔斯夺取了胜利果实，他自称哈里发，建立了阿拔斯王朝(750～1258年)，762年迁都巴格达。

阿拔斯王朝时期，帝国中心东移。最初的百余年内，由于对外停止征服，社会比较安定，经济得以恢复和发展，政治也日趋稳定，文化繁荣昌盛，是阿拉伯帝国的黄金时代。这时，封建生产关系得到确立，生产力得到发展。农业作为国家收入的重要来源，受到国家高度重视。政府不断改善和扩大水利灌溉系统，减少田赋，禁止向农民额外征税。美索不达米亚，大马士革地区，波斯湾东岸和阿姆河、锡尔河流域，土地肥沃，物产丰饶，是阿拔斯王朝的四大粮仓。手工业在许多地区也迅速发展，大马士革的绸缎、玻璃，布哈拉的毛织品、香水、珠宝等都行销远方。商业也迅速发展起来，首都巴格达成为国际性都市。此外，还有许多大城市，如巴士拉、亚历山大城、大马士革等。国际贸易亦十分活跃，中国的丝绸和瓷器、印度的香料、中亚的宝石、东非的象牙和金砂等，都经阿拉伯商人转销世界各地。阿拉伯商人的足迹遍及亚、非、欧三大洲。

阿拉伯人对征服地区的行政管理，经历了一个渐次完善的发展过程。早期哈里发时代，并没有形成完备的国家制度，哈里发政权具有部落社会军事民主制色彩。倭马亚王朝承袭了东方君主专制政体，建立了一套完整的国家机构。哈里发是帝国最高首脑,集政治、军事、宗教权力于一身。世袭王朝建立后,帝国政体演化为君主专制制度。在哈里发之下,设宰相一职对其辅佐。中央设各部大臣,分管行政、财政、军事等事务。在地方,依靠旧有的行政机构设立 9 个行省,派总督实行统治。阿拔斯王朝时期,中央集权进一步发展,哈里发不再认为自己是先知的继承者,而是“安拉在大地的影子”,作为安拉的代理人,其权力来自神授,神圣不可侵犯。中央官僚机构更加复杂,有财政、驿站、司法、工商、农业和军事等部门,还有主管文书的枢密院和督察院等机构。宰相权力有所加强,可以任免行省总督,职位甚至可以世袭。后又重新划分地方为 24 个行省,以缩小总督权限,且任期较短。

全国各省开辟的驿道四通八达,设驿站 900 多处,传递信息,加强中央和地方的联系。哈里发拥有庞大的雇佣军和十多万近卫军。伊斯兰教为国教,阿拉伯语为官方语言。阿拉伯帝国幅员辽阔,种族复杂,信仰差异较大。伊斯兰教内部也因宗教和政治主张不同而长期纷争不息。帝国实际上是一个松散的军事和行政的联合体,集权主义是相对的。各省总督和阿拉伯长老对哈里发政权在一定程度上是一种制约力量,哈里发只是伊斯兰社会中权力相对集中的政教首脑。

阿拉伯帝国的经济基础是土地国有制。伊斯兰教认为土地是安拉的财产,只有先知的继承人哈里发才有权支配。从倭马亚王朝开始,土地便以哈里发名义收归国有,重新分配和调整。土地有三种占有和使用形式:一种是由哈里发直接掌握的王室土地,称“沙瓦非”;另一种是授予各级官吏和军人的土地,称“伊克塔”,这种份地只能终身享用,死后归还国家;还有一种是清真寺土地,称“瓦克夫”,用以供养寺院之用,不能转让、抵押或买卖。以上三种土地由农民耕种,农民按拜占廷和波斯帝国旧制向国家和贵族缴纳封建地租,农民变为封建国家的依附农民。阿拔斯王朝时期,军事封土制度更加发展,伊克塔的规模悬殊极大,小至一村,大至一省,10 世纪以后,伊克塔占有权演变为世袭支配权。同时,阿拉伯边远地区还存在少量私人土地,称为“穆尔克”,可以自由转让、买卖。

阿拉伯帝国的中央集权统治体制和土地国有制对后来的伊斯兰国

家产生了深远影响。

阿拔斯王朝后期，帝国内部阶级矛盾、民族矛盾和宗教矛盾日益复杂，人民起义、教派斗争层出不穷。为维持庞大的官僚机构和人数众多的军队，统治阶级不断加重人民的负担，更加激化了社会矛盾。9世纪中叶以后，人民起义遍及全国。816～837年，阿塞拜疆发生了著名的巴贝克起义，起义军曾多次打败哈里发军队，经过二十年浴血奋战，最后归于失败；869～883年，两河流域的巴士拉发生了黑奴大起义；891年，爆发了卡尔马特教派大起义。这些起义虽然相继失败，但对帝国的打击却是致命的。在此之后，各地封建主纷纷割据，称霸一方，抗命中央。西班牙、马格里布、埃及、叙利亚等地先后独立。到10世纪，帝国已徒有虚名。11世纪时，其统治区只剩下以巴格达为中心的两河流域。1055年，塞尔柱人占领巴格达，哈里发仅作为伊斯兰教领袖存在。1258年，蒙古军攻陷巴格达，阿拉伯帝国灭亡。

盛期的阿拉伯文化是公元8～13世纪阿拉伯帝国境内各族人民共同创造的文化。阿拉伯帝国幅员辽阔，其中美索不达米亚、波斯、印度、叙利亚和埃及等地都是世界古老文明的发祥地，而且与文化昌盛的唐帝国、拜占廷帝国毗邻。帝国政治的相对稳定、交通的发达、经济的繁荣，为阿拉伯文化的形成与发展提供了有利条件。统治者对文化的需求，使其一方面积极网罗人才为帝国服务，另一方面组织力量翻译和研究古代东西方文化典籍与著作，在一定程度上促进了帝国文化的发展。8世纪中叶，中国的造纸术和罗盘针传入阿拉伯帝国，对阿拉伯文化的繁荣和发展起了积极的促进作用。阿拉伯人经过长期的努力，将帝国境内希腊文化、波斯文化、印度文化和阿拉伯文化逐渐融合渗透，形成了一种新的阿拉伯文化。它以富丽、阳刚、豪壮的阿拉伯语为语言工具，以伊斯兰教及其人生观作为指导思想，其水平超出当时西欧若干世纪，在世界文化史上熠熠生辉。

阿拉伯文化丰富多彩，硕果累累，在哲学、史学、文学、科学技术等方面都取得了卓越的成就，并以巴格达、开罗和科尔多瓦为中心，向全世界发出绚丽的光彩。

哲学是阿拉伯人的精神土壤，是探知万物真相的知识。阿拉伯哲学的特色是力图将希腊古典哲学与伊斯兰神学加以调和，即理性和信仰的合一。阿拉伯哲学的代表人物有阿尔·法拉比(870～950 年)、阿维森那(980～1037 年)和伊本·路西德(1126～1198 年)，他们的哲学体系具有泛神论和唯物主义的因素。伊本·路西德曾详细注释了亚里士多德的哲学，力图沿着理性与信仰相分离的途径去发展亚里士多德主义，竭力使科学脱离神学而独立。

阿拉伯史学是伴随圣训的编辑而产生的。其史学著作分为两类：一类为编年体，以波斯人泰伯里(838～923 年)所著的《历代先知和帝王史》为代表。该书从阿拉伯远古历史一直叙述到 915 年，是一部史料丰富的史书。另一类是纪事体，按朝代、国王、民族专题叙述。其中以马苏迪(？～956 年)的《黄金草原》(一译《淘金场与宝石矿》)最具代表性。马苏迪到过埃及、东非、叙利亚、波斯、印度、东南亚等地，《黄金草原》是他多年研究的结果。全书共 30 卷，记载了上述地区的地理风俗及社会制度，其中保存的历史资料极其珍贵，是研究阿拉伯帝国及周边各国历史的重要文献，其作者被誉为“阿拉伯的希罗多德”。

阿拉伯文学举世闻名。其中对世界文学有重要贡献的是《一千零一夜》。它是中世纪中近东各国、阿拉伯地区广大艺人、文人学士经过几百年收集、加工、提炼、编纂而成的。它以 6 世纪的波斯故事为根据，吸收了印度、希腊、希伯来、埃及等地的童话和寓言，到 16 世纪左右最后编定，成为一部童话和故事集。其中的多数故事，内容健康而又富于启迪意义，歌颂了劳动人民淳朴善良的高尚品质和爱憎分明的感情，揭露和鞭笞了封建社会的黑暗与不平。《一千零一夜》还反映了新兴阿拉伯商人经商航海、追求财富的冒险精神，同时也描写了伊斯兰世界各民族人民的社会生活与风俗习惯，是研究阿拉伯历史的宝贵参考资料。《一千零一夜》是世界文学史上的一颗明珠，它对后来西方各国的文学、音乐、戏剧和绘画都产生了深远的影响，高尔基誉其为民间口头创作中“最壮丽的一座纪念碑”。

阿拉伯艺术也别具特色，主要体现在清真寺的建筑中。由于受正统伊斯兰教派的影响，禁止偶像崇拜，人物和动物的造型艺术比较缺乏。艺术家独具匠心，利用阿拉伯字母和几何图案进行巧妙构思，使阿拉伯的绘画、雕刻、镶嵌艺术具有抽象化和形式化的特点。阿拉伯建筑艺术对欧洲尤其是对西班牙产生了明显的影响。

阿拉伯的科学成就较突出的是天文、数学与医学。

阿拉伯人吸收和继承了印度、希腊的天文学知识，结合自己的实践活动，取得了很大的成就。他们在巴格达、大马士革、开罗、科尔多瓦和布哈拉等城市建立了当时世界上最先进的天文台，用自制的仪器观察天体，对各大星辰进行命名。花剌子密(780～850 年)对地球子午线一度之长进行测量，由此推算出地球的体积和圆周。最杰出的天文学家是白塔尼(约 858～929 年)，著有《恒星表》，对哥白尼的天文研究产生了一定影响。

数学方面，阿拉伯人在吸收印度数学成就的基础上，创立了阿拉伯数字。它传到欧洲后，代替了繁杂的罗马数字。阿拉伯数学家还规定了三角中的正弦、余弦和正切的概念，创立了三角学和代数学。花剌子密不仅是天文学家，也是数学家，其著作《积分和方程计算法》将代数发展为一门科学，传入欧洲后，一直到 16 世纪还被欧洲各大学作为主要教本。

阿拉伯医学、医术在中古时期也达到了很高的水平。帝国首都和各大城市有大型医院 30 多所。巴格达医院院长拉齐斯(865～925 年)是富有创造性的医学家和临床医师，著有《天花与麻疹》和《医学集成》等，前者是相关专科最早的论著，后者是医院的百科全书。另一位著名医生是阿维森那，其名著《医典》是一部概述哲学、卫生学、治疗学和药物学的百科全书，是“古代知识和穆斯林知识的总汇”，传入欧洲后长期被奉为“医学圣经”。

阿拉伯人也是文化的传播者，中国古代的造纸术、罗盘针、火药和印度的代数学、十进位法，便是通过阿拉伯人传入西方的。同时，阿拉伯人又使古希腊罗马文化与欧洲文艺复兴之间建立了纵向联系，在欧洲文化发展史上起到了承先启后的作用。

第五节　蒙古帝国的兴亡

蒙古是漠北高原一个后起的少数民族，原居贝加尔湖东部和黑龙江上游一带，唐时称“蒙兀室韦”，分为很多部。12世纪，以战争、掠夺为荣的蒙古人占据了大漠南北广阔的草原，东起贝加尔湖和黑龙江沿岸，西至额尔齐斯河和叶尼塞河上游，南抵长城，北达西伯利亚。大多数部落住在草原地带，从事游牧，少数部落住在林区和河畔，从事原始的渔猎生活。蒙古人居无定所，其住处是可以随时拆迁、装在牛车上运走的毡帐。他们的游牧单位称为“古列延”（意为“圈子”），包括几十个或上百个幕帐，排列成环形，部落首领的毡帐居于中央。在蒙古高原的许多部落中，较为强大的是蒙古、塔塔儿、克烈、乃蛮等邻近农耕地区的部落。

12世纪后期，蒙古社会发展较快，开始经营农业，可以生产铁制工具，出现了私有制和阶级分化，氏族社会解体。13世纪，以氏族为单位的集体游牧方式被一家一户的个体游牧所代替。部落首领（汗）和贵族（那颜）拥有大量的牲畜和牧场，在他们身边还有一批由部落成员组成的亲兵队（伴当）。各部落间的掠夺战争日趋频繁，当时的情况是“星天旋转，诸国争战，连上床睡觉的功夫也没有，互相抢夺捕掠……”[①]。无休止的争战、仇杀，使社会生产遭到了严重破坏，上百个分散部落在聚散兴衰中结合为几个大的部落集团。13世纪初，出生于乞颜·孛儿只斤部的成吉思汗（原名铁木真）（1206～1227年），开始了统一蒙古草原的战争。1200～1206年，成吉思汗先后征服了塔塔儿、克烈、乃蛮和蔑儿乞部落，实现了蒙古各主要部落的统一。

1206年春，蒙古草原各部落首领在斡难河畔召开大会，一致推举铁木真为大汗，尊号“成吉思”，意为“海洋”“强盛”，以显示蒙古大汗的至高无上、威力无比。这个新生的国家东起兴安岭，西达阿尔泰山，南至阴山，幅员极为辽阔。世代饱受战乱之苦的蒙古草原各部落，至此过上了

① （佚名）《蒙古秘史》，中华书局1957年版，第249页。

相对安定的生活，并逐渐融合为一个民族。

成吉思汗建立了一套完整的统治制度。他实行行政、军事和生产合一制，将全国居民分为十户、百户、千户和万户，分别由成吉思汗的亲属和开国功臣担任的十户长、百户长、千户长和万户长统辖。这些长官虽大都由原部落首领、贵族充当，但已不是原来的氏族首长，而是新兴国家的官吏。分封制按地域划分人口，打破了氏族部落的血缘关系，巩固了蒙古的统一，也使封建关系逐步确立。

成吉思汗还组建了一支直接归他指挥的常备武装力量——怯薛，职守明确，制度严密，装备精良。全蒙古的青壮年男子，也一律为兵，由各级长官统领，实行军政合一，平时生产，战时作战。同时，设立掌管刑法和审判的大断事官及管理宗教事务的别乞，使司法和行政制度进一步建立和健全。最初，蒙古人采用畏兀儿字母拼写的文字（即回鹘文），该文字后经长期的实践应用和发展，演变为通用的蒙古文字。

在实现统一、完成社会改革与结束混乱局面之后，这个新兴的游牧民族国家，便开始了史无前例的大征战。成吉思汗及其子孙们的足迹遍及亚、欧两洲广大地区，"蒙古旋风"在世界历史上留下了深远的影响。

1205 年、1207 年和 1209 年，蒙古三次进攻西夏，西夏战败求和，向蒙古纳贡称臣。1218 年，灭西辽。随后，又进行了三次大规模西征。1219～1225 年，成吉思汗亲率 20 万大军进行第一次西征。由于当时中亚大国花剌子模守将杀死了蒙古的骆驼商人，西征即以"复仇"为口号。此时花剌子模国内部矛盾重重，封建主各据一方，不能团结抗敌，致使蒙古军队的征战势如破竹。至 1222 年，蒙古军队便消灭了花剌子模，占领了整个中亚，然后以部分兵力挥师北上，越过高加索山，进入顿河流域的草原地带，击败了当时的突厥人和罗斯王公联军，之后回军。1225 年，成吉思汗率兵经里海回到阔别近六年的故乡。这次西征，席卷了上述广大地区，造成了极大的破坏，但并没建立稳固的统治。1226 年，蒙古又对西夏发动大规模进攻。1227 年 7 月，成吉思汗病死西夏，但秘不发丧，待夏主投降被处死始发丧北归，而立国近 200 年的西夏也至此灭亡。

1235～1242 年，蒙古进行了第二次西征，由成吉思汗的孙子拔都领兵，远征欧洲。1236 年，拔都在伏尔加河上游击败保加尔人，侵入罗斯平原。1240 年，攻占基辅，基辅罗斯公国部分领土沦陷。1241 年，拔都继续西侵，分南、北两路，进攻波兰和匈牙利。在攻掠了亚得里亚海东岸、塞尔维亚和保加利亚领土后，旋率军返回伏尔加河下游，建立了钦察汗国(1243～1480 年)，又称“金帐汗国”。

1252～1260 年，成吉思汗的另一孙子旭烈兀率领蒙古军队进行了第三次西征。这次西征的目的是征服波斯。1258 年，蒙古军攻下阿拉伯帝国首都巴格达，历时 500 余年的阿拔斯王朝灭亡。1260 年，旭烈兀继续西进，在攻下大马士革之后，蒙古军队被埃及马木路克军队挫败，西进中止。1264 年，大汗忽必烈(1260～1294 年)正式册封旭烈兀为伊儿汗，旭烈兀在其征服的伊朗、阿富汗、两河流域和中亚阿姆河西南地区建立了伊儿汗国。

通过三次西征，蒙古占领了中亚、西亚及东欧的大片土地，并在征服地区建立起钦察汗国、伊儿汗国、察合台汗国和窝阔台汗国(后两者分别为成吉思汗原来分给次子和三子的封地)，合称“蒙古帝国四大汗国”，名义上均臣属于帝国本部的大汗政权。

蒙古原受金控制，女真贵族对蒙古人民采取民族压迫政策。成吉思汗建国后，利用这一民族矛盾，于 1211～1214 年连续发兵，大规模进攻金朝，迫使金朝放弃中都(今北京)，迁都汴京(今河南开封)。1227 年蒙古灭亡西夏后，解除了后顾之忧，遂进一步扩大对金战争。窝阔台(1229～1241 年)继汗位后，采取联宋灭金政策。1233 年，攻克汴京，金哀宗出逃蔡州(今河南汝南)。1234 年，南宋派精兵两万赴蒙古之约，进攻蔡州，金朝灭亡。随后，蒙古军队深入黄河流域，占领中原广大地区，隔淮水与南宋为邻。1251 年，蒙哥汗继位(1251～1258 年)，派其弟忽必烈进军川滇，以包围南宋。1253 年，忽必烈灭大理；1254 年，招降吐蕃诸部，控制了西藏及整个西南地区。之后，蒙古军兵分三路，向南宋发动进攻。1259 年，蒙哥汗殁于军中，次年忽必烈继汗位，建元中统，后迁都燕京(今北京)，称大都。1271 年，改国号为“元”。1274 年，忽必烈发动了最后灭亡南宋的战争。他派 20 万大军分水、陆两路南下，南宋无力抵抗。1276 年，宋都临安(今浙江杭州)沦陷。1279 年，南宋左丞相陆秀夫背幼主赵昺投海，南宋灭亡。

南宋的灭亡，使元朝完成了中国的大统一，结束了五代以来长达300多年的分裂割据局面，巩固和发展了统一的多民族国家，也加强了国内各民族之间的联系。然而，震惊世界的西征同时也给被征服地区的人民造成了极大的灾难，无数的社会财富被掠夺，无数的生灵遭屠杀，生产力遭到极大的破坏。但客观上看，西征冲破了长期以来各国相互隔绝的状态，促进了东西方经济、文化的交流。

此外，蒙古人还进行了东征，攻略朝鲜、日本、缅甸、越南和爪哇等国家和地区。其中除了对朝鲜以藩属的名义进行统治外，在其他地区皆未立足。

蒙古汗国在崛起几十年后发展成为世界历史上疆域最大的帝国，版图东起朝鲜半岛，西达波兰。蒙古人能在短时间内征服广大地区，原因是多方面的。首先，蒙古有一支强悍的骑兵和勇往直前的冒险精神。由于长期的游牧生活，蒙古人习于骑射，作战勇猛，他们“上马则备战斗，下马则屯聚牧养”，出征时“只是羊马随行，不用运饷，羊食尽则射猎野兽，不举烟火”，所以行军迅速，“来如天坠，去如电逝”。他们还从汉族那里学会了使用火炮和飞火枪等攻城武器，大大加强了军事力量。其次，蒙古军事统帅如成吉思汗、拔都、旭烈兀、忽必烈等都是杰出的军事家，长于战略战术，善于用兵。另外，当时中亚封建国家大都处于分裂状态，内部矛盾重重，不能协调一致，为蒙古征服提供了可乘之机。

然而，这个幅员辽阔的帝国没有共同的经济基础，没有共同的文化和语言，不可能实现长久统一的治理。

刚从原始社会跨入文明门槛的蒙古征服者，较之被征服的先进民族和国家要落后得多，不可能给被征服地区带来先进的生产方式。相反，由于原始的游牧习性，诸多落后习俗干扰了被征服地区封建社会的正常发展。从另一方面讲，东亚、西亚和东欧的封建社会结构迥然不同，中亚与俄罗斯南部草原更以游牧宗法封建关系为主，蒙古帝国本部与各汗国之间的社会封建结构差异突出。散居在各地的蒙古人，一旦从马背上下来，很容易被被征服者同化，采用被征服者的语言、宗教信仰和文化，从而丧失了自己的特点。因此，蒙古统治阶级只好因地制宜，对被征服地区分而治之。

随着侵占地区的日益扩大，当地封建制农业经济的影响加深，蒙古征服者滋长了土地观念，地域统治观念也日益建立起来。统治阶级的封建领地逐渐发展成为独立的封建王国，利害冲突不断。各封地对大汗没有明确的臣属关系，主要靠宗族关系维持大汗的君主地位，而且各汗国和中央大汗之间也缺乏经常性的联系。加之王朝内部争夺汗位的斗争持续不断，诸汗更是拥兵自重，甚至于与中央大汗分庭抗礼。

1260 年，忽必烈继任大汗，无力统治如此庞大的帝国，于是钦察汗国、察合台汗国、窝阔台汗国和伊儿汗国，逐渐发展为独立的汗国。它们以不同的方式沿着各自不同的道路独立地发展着。

钦察汗国初为成吉思汗长子术赤的封地，领有钦察人的居住地——咸海、里海以北地区。1235 年，术赤长子拔都西征俄罗斯和东欧，扩大辖地。1243 年，在伏尔加河下游的萨莱建立钦察汗国，因蒙古王的帐篷为金色，故俄罗斯人称其为“金帐汗国”。统治范围包括西起多瑙河、东至鄂毕河、南达高加索山脉和咸海一带的广大地区。初期钦察汗国承认元朝皇帝(大汗)的最高权威，接受皇帝的册封和岁赐，处于宗藩地位。到 13 世纪五六十年代，钦察汗国脱离大汗政权独立存在，14 世纪上半叶达到鼎盛。

钦察汗国统治的广大地区，社会发展水平极不一致。有的游牧部落和民族尚处在原始社会解体阶段，有的开始从奴隶社会向封建社会过渡，西北部的罗斯各公国则早已走上了封建制道路。钦察汗国对各游牧部落地区实行直接统治，对罗斯各公国则保留其原有的封建政权，但它们必须向汗国称臣，缴纳贡赋，承担军役，接受册封和诏令。钦察汗国的统治重心在里海和黑海北岸草原地区，蒙古贵族主要与这些地区属于突厥系统的各游牧部落贵族合流。由于自身文化十分落后，14 世纪钦察汗国蒙古人的语言已并入突厥语系，在蒙古人改信伊斯兰教后其又并入斯拉夫语系，征服者与被征服者融合为一。

14 世纪中叶前后，钦察汗国日渐衰落。各地封建割据势力相继崛起。统治阶级内讧不断，宫廷内不断上演惨烈的争权夺势的斗争；阶级矛盾和民族矛盾日益激化，汗国进入“大混乱”时期。1360～1380 年，汗位易手 25 次，仅 1361 年一年汗位就更替 6 次。在莫斯科大公和帖木儿不断打击下，钦察汗国江河日下，15 世纪分裂为喀山、克里米亚、阿斯特拉罕、西伯利亚等汗国。1480 年，莫斯科公国的蒙古军队被驱逐。1502 年又败于克里米亚汗国，钦察汗国遂亡。

伊儿汗国，1258 年建立，奠基者是成吉思汗的孙子、忽必烈的胞弟旭烈兀。其领土包括今伊朗、阿富汗、两河流域和阿姆河西南地区，幅员辽阔，都于大不里士。境内民族众多，有蒙古人、突厥人、波斯人、库尔德人等。统治阶级以蒙古、突厥的游牧军事贵族为主，波斯贵族受到歧视和排斥。汗国初期，游牧军事贵族坚持游牧生活和蒙古传统，信仰萨满教，残酷剥削当地各族人民，租税贡赋率 80% 以上，徭役也十分沉重，人民难以生存，遂"弃其村庄家屋而逃"，致使"城乡为荒"①，工商业日益凋敝，城市变为乡村。因此，被压迫人民不断反抗和斗争，社会秩序混乱。

合赞汗（1295～1304 年）即位后实行了一系列改革。首先改奉伊斯兰教，这既缓解了与当地居民在宗教上的矛盾，又促进了蒙古人的伊斯兰化；推行伊斯兰国家的土地制度，国有土地除由王室、寺院占有外，还在贵族、士兵、官吏之间分封，受封者需要负担兵役，缴纳赋税，封土可以继承而不得买卖、转让；废除包税制度，规定了较为缓和的税率和征收制度；改革官僚机构，严惩贪污；改革蒙古的习惯法，设立法院作为专门的司法机构；鼓励开垦荒地，兴修水利；统一度量衡和货币，减轻工商税收，整治驿站。改革使社会经济得到恢复，汗国统治一度加强。

合赞汗还注重发展文化和教育事业。首都大不里士建有天文台和研究实用科学的学校。学者和文化人士受到尊重，出现了一批较好的历史和文学著作。大臣兼史官拉施特编纂《史集》，流传至今。诗人撒狄的《果园》和《玫瑰园》是脍炙人口的文学名著。此外，伊儿汗国同拜占廷、热那亚、威尼斯等许多地方都有文化往来。

14 世纪，封地变为世袭领地，封建主势力强大。合赞汗死后，因汗位继承问题，各封建主集团发生混战。农民起义、城市贫民起义也接连不断，国家陷入分裂。1388 年，终为新兴的帖木儿帝国灭亡。

察合台汗国是成吉思汗次子察合台的封地，位于中亚地区，领有西

---

① ［瑞典］多桑，冯承钧译：《多桑蒙古史》下册，中华书局 1962 年版，第 335 页。

辽旧地。14 世纪初，与窝阔台汗国合并，遂兼有天山南北麓和阿姆河以东广大地区，建都阿力麻里(今新疆自治区霍城县永定镇西北)。在社会经济生活中，传统的游牧经济占相当比重，农业和手工业发展缓慢。汗国统治集团由蒙古军事贵族和当地突厥等游牧部落贵族组成，蒙古人的突厥化现象严重。宗教上信仰伊斯兰教，对基督教和犹太教持宽容态度。14 世纪中后期，人民生活负担沉重，社会战乱不止，国内阶级矛盾、民族矛盾和统治集团内部矛盾相互交织，异常尖锐和激烈。诸王纷争，汗位空有其名，遂分裂为东、西两部，东察合台汗国曾臣服于明朝。西察合台汗国则被帖木儿帝国所灭，蒙古人的统治就此终结。

帖木儿(1336～1405 年)是西察合台汗国的一位突厥化蒙古贵族的后裔，1370 年推翻西察合台的统治者，占领撒马尔罕，自称苏丹，宣布自己是成吉思汗的继承人，之后依靠中亚突厥游牧封建主形成了强大的军事力量。他用了十年左右的时间控制了河中地区花剌子模一带，企图在此基础上像成吉思汗一样建立一个庞大的帝国。1380 年，开始进攻伊儿汗国，占领呼罗珊，迅即占领伊朗和阿富汗。1390 年以后，多次进攻金帐汗国和小亚细亚的奥斯曼土耳其人，甚至还东侵印度，洗劫了德里。帖木儿还梦想征服中国，但 1405 年病死于军中。

帖木儿军队的征服战争较之成吉思汗远征，在粗暴和残忍方面有过之而无不及，大军所至，烧杀劫掠，每下一城，生灵涂炭。被征服地区的社会经济遭到严重破坏。

帖木儿帝国仅维持了几十年的短期强盛局面。首都撒马尔罕工商业一度发达，手工业者在 15 万人以上。在对外关系上，与中国、埃及、西班牙、印度德里苏丹国都有联系。伊斯兰文化也取得了一些成就。

帖木儿帝国没有统一的经济基础，各地经济发展极不平衡，国内民族矛盾和阶级矛盾尖锐。15 世纪后期，各地人民起义接连不断，封建主混战不休，帝国陷于分裂。1500 年，在北方游牧的乌兹别克人侵入中亚，1507 年帖木儿帝国灭亡。帖木儿的后裔巴布尔南下进入印度，于 1526 年建立莫卧儿帝国。

蒙古的征服给被征服地区带来了灾难，与此同时它也对东西交通和文化交流产生了巨大的促进作用。

古代的汉帝国和罗马帝国时期，亚欧大陆的交通畅达，但此后中断了千年之久。蒙古征服把亚欧大陆的广大地区统一到一个大帝国的控制之下，把原来因地理、政治、经济等因素而互相隔绝的文明地区联结起来，并且建立了秩序，实现了和平。亚欧大陆的交通不仅恢复，而且大大扩大了范围。当时不仅陆路畅通，海路也十分便捷。中国航船可通东南亚、印度、阿拉伯，直达东非各地。中国东南沿海的广州、泉州、杭州都是重要港口，有许多外国商人在此居住；同样，东南亚、印度、诺夫哥罗德等地，也都有中国的商业据点。

除贸易外，东西方文化技术交流也空前活跃。随着蒙古的西征，大批蒙古人、汉人、突厥人向西迁徙，进入中亚、西亚、欧洲各地，有的就在当地定居下来，把东亚文明传入该地区。随着蒙古远征军东归，又有大批中亚人、西亚人、俄罗斯人等东来，其中有许多是蒙古人专门带来的技艺精湛的工匠，他们同样在东亚传播了各自的文明。

蒙古帝国建立后，东西交通畅通无阻，各地商人、使臣、僧侣、旅行家等来往更为频繁，各地间的经济文化交流更为密切。元朝的周达观和汪大渊根据亲身经历写成的旅行记，介绍了东南亚、南亚、西亚和东非等地的政治、经济、文化、历史以及风土习俗等情况。生活于大都的畏兀儿人景教（基督教）僧侣拉班·扫马于 1278 年前后旅行到了伊儿汗国，后来奉阿鲁浑汗之命出使西方，前往君士坦丁堡、那不勒斯、罗马、巴黎和伦敦等地，先后会见了拜占廷皇帝安德罗尼库斯二世、法王腓力四世、英王爱德华一世和教皇尼古拉四世。西亚、中亚各地也多有到中国来者。阿拉伯著名天文学家扎马鲁丁于 1267 年向元世祖忽必烈进献《万年历》，并制作许多天文仪器，用来观测天象。叙利亚人爱薛曾经在中国创建广惠司，用阿拉伯医药治病。意大利人马可·波罗就是在这个时期到达中国。

宗教也随着蒙古的征略传播。蒙古人原来信仰萨满教，但他们对帝国境内的各种宗教一律实行宽容政策，准许各教自由传播，不搞一教独尊，也不搞宗教迫害，这就为帝国境内各种宗教特别是基督教、伊斯兰教和佛教提供了有利的发展环境。

此外，蒙古的征服和统治改变了亚洲和部分欧洲地区的政治组织和民族构成。一些国家灭亡了，其中有的永远消失了；有的后来形成了新的国家；有些地区的人民被灭绝或四处流散，永远改变了种族特征。具体到中亚，蒙古征服的最重要后果之一是突厥人势力的加强。蒙古征服者为扩充军队，大量征用突厥人，因此造就了一大批突厥军事贵族，他们成为统治阶级的一部分。后来蒙古人改信伊斯兰教并逐渐突厥化，成为突厥人的一部分。这样，突厥人就在整个中亚和西亚地区占据了优势。

第六节　突厥势力的扩张

突厥人的对外扩张开始于塞尔柱时期，其巅峰是奥斯曼帝国的建立。

塞尔柱突厥人是中国北方游牧部落中突厥人的西部分支。大约10世纪中期，在其酋长塞尔柱率领下从久居的中亚北部草原西迁，在锡尔河下游一带定居，皈依了伊斯兰教。11世纪移居到呼罗珊北部，臣服于伽色尼王朝。

塞尔柱突厥人勇敢剽悍，势力强大。1040年前后，趁伽色尼王朝内乱占领呼罗珊，建立国家。1055年，进军巴格达，其王图格鲁克伯克强迫哈里发授予他苏丹称号，成为阿拉伯帝国的实际统治者。1064年，又征服了亚美尼亚地区。1071年，在曼兹克特大败拜占廷军队，挺进小亚。到马立克沙统治时期(1072～1092年)，塞尔柱帝国达到极盛，其版图西起地中海东岸，南达阿拉伯海，北至黑海，东与中国接壤。

塞尔柱帝国是封建国家，依靠突厥军事贵族进行统治。由于苏丹称号是以冠冕堂皇的和平方式从阿拉伯哈里发那里获得的，所以塞尔柱人尊重阿拔斯传统，基本上承袭了阿拉伯帝国的典章制度。塞尔柱帝国是一个以突厥军事贵族为主体、与波斯和阿拉伯官僚以及法学家联合专政的军事封建帝国。苏丹的主要职能是监督政府工作，率领军队从事对外征伐和平息内乱，帝国的工作主要由原地方王朝的机构和官员来主持。在这种体制下，帝国的最高行政长官宰相享有很大的权力。宰相之下有职责分明的一套管理体系：行政部、司库、秘书处、军事和组织处、情报和调查处。这样，中亚和部分西亚地区的政治建制较传统并没多大改变，而是沿着原来的趋势向前发展。

继阿拉伯帝国之后，塞尔柱帝国也实行土地国有制。苏丹将土地分封给军事贵族，苏丹的家族成员和军官均被授采邑，占有城市、乡村，甚至包括城市、乡村的整个省区。农民耕种土地，以实物缴纳田赋，封建主将田赋的一部分上缴国库，在这里军事采邑可以世袭。

塞尔柱帝国兴盛时期，注重发展教育，提倡文化事业，为穆斯林文明增添了光彩的一页。1065 年，在巴格达建立了东部伊斯兰世界第一所大学——尼采米亚大学，为帝国培养了一大批法学家和行政管理人才；以著名天文学家欧麦尔、赫雅木为首的学者，创制了哲拉里历，极为精确，每 5000 年才相差一日；政治家莫尔克撰著《治民要术》一书，总结了毕生的行政管理经验，并向苏丹提出清明政治的各种设想和建议。

1092 年，马立克沙驾崩，一代名相莫尔克也惨死于政治倾轧，塞尔柱帝国渐衰，不久便分裂为许多小国，在叙利亚有安条克、大马士革、阿勒颇，在两河流域有摩苏尔苏丹国，在小亚细亚有罗姆苏丹国等。这许许多多的小塞尔柱苏丹王朝，割据一方，互相混战，帝国势力急剧削弱。这种“政治上的无政府状态”和“社会和经济方面的灾难性混乱”，最终“引来了十字军的东进”[①]。1194 年，新兴的花剌子模取代了塞尔柱人控制了巴格达哈里发。13 世纪中叶，蒙古人所向披靡，阿拔斯王朝的哈里发连同大部分塞尔柱小国最终从西亚、中亚消失，代之而起的是塞尔柱人的兄弟支族——奥斯曼土耳其人。

正当塞尔柱人向西挺进之时，其他突厥部落正向南部扩张，向南亚次大陆进军。兴起于阿富汗的突厥王朝——伽色尼王朝在苏丹马哈茂德时期(998～1030 年)曾 17 次入侵印度次大陆西北部，吞并了旁遮普。12 世纪末，伽色尼王朝为古尔王朝所征服。古尔突厥人于 1192 年占领德里，向东进入恒河流域。1206 年，古尔苏丹穆罕默德遇刺身亡，突厥籍奴隶出身的总督库特布-乌德-丁・艾贝克自立为苏丹(1206～1210 年)，他以德里为中心，开始了印度历史上的德里苏丹国(1206～1526 年)时期。

① [美]西・内・费希尔著，姚梓良译：《中东史》(上)，商务印书馆 1979 年版，第 161 页。

德里苏丹国是印度历史上第一个较为稳固的伊斯兰教政权，共存320年，其间屡有更迭，历经奴隶王朝（1206～1290年）、卡尔其王朝（1290～1320年）、图格拉王朝（1320～1414年）、赛义德王朝（1414～1451年）和罗第王朝（1451～1526年）。图格拉王朝时代，德里苏丹国发展到鼎盛时期，版图西起印度河流域，东至孟加拉，北至喜马拉雅山脚下，南达科佛里河流域。

德里苏丹的统治改变了印度传统的政权形式，采用政教合一的伊斯兰教神权政体，是以突厥、阿富汗军事贵族集团为支柱的军事封建专制国家。苏丹作为全国的最高统治者，集君权和教权于一身，并直接指挥常备军队。中央政府由各部组成，分别掌管税收、司法、军事、驿政和文书等。各部长官由苏丹任命。地方行省共有23个，各省总督由苏丹任命。中央与地方的关系随苏丹力量的强弱而时有变化。在国家政权中，所有各部的高官显职均为来自中亚和突厥的大家族所垄断，土著印度教封建主只能担任乡村小吏和收税吏。

德里苏丹实行伊斯兰教式的土地国有制。苏丹没收了原有土著封建主的一切土地，除苏丹直接支配的土地外，大部分土地作为军事采邑分封给突厥和阿富汗贵族以及改信伊斯兰教的印度贵族。初时，封地只能终身享有，死后归还苏丹，14世纪后期，变成了世袭封建领地。另外，伊斯兰教特权阶层和清真寺也占有世袭领地。

德里苏丹国时期，阶级矛盾和民族矛盾非常尖锐。它缺乏一般伊斯兰政权的宽容精神，推行明显的民族压迫和宗教歧视政策。伊斯兰封建主中的突厥人和阿富汗人等，与印度人之间不仅存在民族矛盾，还存在宗教矛盾。国家歧视和迫害非穆斯林并对其课以重税，因而引起原有各阶级、阶层对外来入侵者的愤恨，所以从13世纪起，印度人民展开了广泛的武装反抗斗争。统治阶级内部也矛盾重重，苏丹与地方封建主以及各地封建主之间不时爆发封建混战，宫廷政变不断，政局极不稳定。

在此期间，外族继续入侵。13世纪前期，蒙古人三次侵入印度西北部，虽然均被击退，但大大消耗了德里苏丹国的实力。1398年，帖木儿率大军侵入，烧杀掳掠，洗劫德里，苏丹国家从此一蹶不振。以后的王朝只能维持德里附近狭小的地区而苟延残喘，德里苏丹名存实亡，北印度再次分裂。

奥斯曼土耳其人也是西突厥人的一支，原居于今蒙古西部直至中亚的广大草原地区。13世纪初，为躲避“蒙古旋风”迁至小亚，依附于塞尔柱人的罗姆苏丹国，接受伊斯兰教，其酋长埃尔托格鲁尔从罗姆苏丹国接受了位于萨卡里亚河流域靠近拜占廷边境的一块不大的封地。40年代，罗姆苏丹国在蒙古人的西侵中解体，埃尔托格鲁尔的儿子奥斯曼（约1290～1326年）继承首领职位，乘势扩大势力，打败邻近的拜占廷军队，于1299年建国。

国家独立之后，奥斯曼仿效塞尔柱突厥人的军事采邑制，分封土地，封建关系日益滋长，同时也刺激了奥斯曼土耳其人的对外扩张。奥斯曼的儿子奥尔罕统治时期（1326～1359年）建立了常备军，包括正规步兵、骑兵和后备军。依靠这支军事力量，奥尔罕吞并了原来罗姆苏丹国的土地，继而又把矛头指向海峡对岸的欧洲，首当其冲的是拜占廷帝国。

1326年，奥斯曼土耳其人轻取布鲁萨城并迁都于此，1331年攻克尼西亚城，1337年又占领尼科米底亚，进而征服了拜占廷帝国在小亚的全部领土，同时奠定了奥斯曼土耳其帝国的基础。1345年，拜占廷帝国内部因王位之争发生内讧，奥斯曼土耳其人利用其矛盾与拜占廷皇帝结盟，并取得了对巴尔干半岛掠夺的特权。1354年，奥斯曼土耳其人渡过达达尼尔海峡，占领加利波里，并以此为桥头堡，大举进军东南欧地区。穆拉德一世时期（1359～1389年），对外扩张进入一个新的阶段。1362年，占领亚得里亚堡，不久以后迁都于此，遂切断了君士坦丁堡与欧洲大陆之间的陆上通道，使之变成一座孤岛。接着又向保加利亚、塞尔维亚等地进军。巴叶齐德时期（1389～1403年），奥斯曼土耳其人在1389年的科索沃战役中打败巴尔干多国联军，吞并塞尔维亚，之后又征服保加利亚、阿尔巴尼亚等国，整个欧洲为之震惊。1396年，奥斯曼土耳其军队在多瑙河畔的尼科堡几乎全歼欧洲天主教诸国组成的十字军。到14世纪末，巴尔干半岛绝大部分地区被纳入奥斯曼土耳其人的统治之下。

15世纪，帖木儿帝国的扩张威胁到奥斯曼土耳其在亚洲的统治。1402年安卡拉一役，土耳其军队一败涂地，苏丹巴叶齐德被俘后忍辱而死，帝国进入空位内乱时期，暂时中止了对外扩张。

穆罕默德二世(1451～1481 年)时期,奥斯曼土耳其人又掀起新的扩张高潮。1453 年,20 万土耳其大军和数百艘战船,攻下君士坦丁堡,继而迁都于此,之后将之更名为伊斯坦布尔,圣索菲亚大教堂改为清真寺。存在千年之久的拜占廷帝国成为历史陈迹,君士坦丁堡成为伊斯兰世界新的政治中心,奥斯曼帝国从此进入更加兴旺与强盛的时期。

奥斯曼土耳其人于 15 世纪后期基本完成了对巴尔干半岛其他地区的征服,并制服黑海南北两岸的特拉布宗国和克里木汗国。然后,1514 年攻入伊朗萨非王朝;1517 年进军开罗,占领埃及,灭马木路克王朝;接着征服埃及以西的北非地中海沿岸一带地区。到苏丹苏莱曼时期(1520～1566 年),帝国达到极盛,面积达到 500 万平方公里,版图东起波斯湾,西到匈牙利,北抵高加索,南到埃及和马格里布东部地区,地跨欧、亚、非三洲,直接与欧洲封建国家对峙。这个由游牧民族建立的最后一个世界性帝国,一直存在到第一次世界大战结束。

奥斯曼土耳其帝国是一个典型的军事封建专制国家,苏丹拥有政治、军事、宗教等无限权力;国家机构分为教、俗两部分;中央设专门行政机构,辅政的宰相"维西尔"掌管行政和军务,下设司法、财政大臣各二人,机密大臣一人;首都和地方设有审判官和法学家;国家税收初由中央财政机构管理,后实行包税制度;全国分为 31 个省,250 个县,设省长和县长治理。

帝国依赖军队维持对各地的统治,军队的核心是近卫军,主要从巴尔干优秀青年中征召,装备精良,训练有素。近卫军在服役期间不得结婚,待遇优厚,享受种种特权。帝国通过军事封土还拥有约 20 万骑兵,也进一步扩充海军,拥有 300 艘战舰。

苏丹权力的精神象征是穆斯林机构,它与行政机构平等,分为宗教、教育和法律三个部分。穆斯林机构和职员享有特权,可以免交捐税,其财产不得充公。

奥斯曼土耳其帝国实行土地国有制,土地的最高所有权属于苏丹。国有土地称为"米尔"。土地占有有以下几种形式:最好的土地归苏丹直接掌管,收入由苏丹和王室支配;一部分作为禄田分给文武大臣,称"哈斯";绝大部分土地以采邑的形式分给封建主,受封者应为苏丹服骑兵兵役，能提供五名骑兵的采邑称“提马尔”，提供五名以上的称“札美特”，采邑制是帝国军事力量的基础。另外，伊斯兰教清真寺拥有的土地，称“瓦克夫”；对于有功的大臣和贵族，国家还赐予土地，称“穆尔克”。这两种土地都是私有地。

奥斯曼帝国工商业政策的特点是国家垄断。手工业者由国家管理，产品的种类和数量由国家控制，并且产品必须首先供应宫廷、封建主和军队，为军队生产被服、武器的手工业部门发展最快。同样，商业也受国家的监督，商品的质量和价格都由法令规定，盐、肥皂、蜡的贸易由国家垄断。

突厥人的扩张对于东西交通和文化交流有一定的促进作用。塞尔柱帝国曾大力发展文化和教育事业，出现了一批有影响的哲学家、天文学家和地理学家，其中安萨里的哲学体系对欧洲经院哲学的发展产生了深刻的影响。突厥人先后建立起的塞尔柱帝国、德里苏丹国和奥斯曼帝国都信奉伊斯兰教，都继承了阿拉伯帝国政教合一的中央集权制度和土地国有制，伊斯兰教和伊斯兰—阿拉伯文化继阿拉伯帝国之后在更广的范围内传播。

对于奥斯曼帝国的影响应当具体分析。奥斯曼土耳其人占领君士坦丁堡和东部地中海后，控制了通往黑海和东方的商路，经过这一地区的商人要交纳苛重的捐税。另外，无休止的战争和海盗活动，也妨碍了地中海贸易的发展。这导致地中海贸易衰落，商人视地中海为畏途，西欧开始在大洋上寻找通往东方的商路。

【延伸阅读】

1. 丁晨楠：《海东五百年：朝鲜王朝（1392～1910）兴衰史》，漓江出版社2021年版。

2. 葛兆光：《想象异域：读李朝朝鲜汉文燕行文献札记》，中华书局2014年版。

3. 哈全安：《哈里发国家史》，天津人民出版社2016年版；《土耳其史》，天津人民出版社2016年版；《奥斯曼帝国史》，天津人民出版社2016年版；《阿拉伯伊斯兰国家的起源》，天津人民出版社2016年版；《土耳其通史》

（修订本），上海社会科学院出版社2021年版。

4. 胡炜权：《明智光秀与本能寺之变》，华文出版社2022年版。

5. 金宜久主编：《伊斯兰教史》，江苏人民出版社2008年版。

6. 蓝琪：《昔班尼汗在中亚历史上的地位》，《贵州师范大学学报》（社会科学版）2005年第1期；《论阿富汗伽色尼王朝对北印度地区的影响》，《贵州师范大学学报》（社会科学版）2012年第5期；《论帖木儿帝国的政治统治》，《贵州师范大学学报》（社会科学版）2018年第5期。

7. 林太：《印度通史》，上海社会科学院出版社2012年版。

8. 刘欣如：《印度古代社会史》，商务印书馆2017年版。

9. 马坚译：《古兰经》（第4版），中国社会科学出版社2013年版。

10. 马明良：《简明伊斯兰史》，经济日报出版社2001年版。

11. 苗威：《乐浪研究》，高等教育出版社2016年版。

12. 纳忠等：《传承与交融：阿拉伯文化》，浙江人民出版社1993年版；纳忠：《阿拉伯通史》，商务印书馆2005年版。

13. 彭树智主编：《阿拉伯国家史》，高等教育出版社2002年版。

14. 尚会鹏：《种姓与印度教社会》（修订版），北京大学出版社2016年版；《印度文化史》（第三版），浙江大学出版社2016年版。

15. 孙卫国：《大明旗号与小中华意识：朝鲜王朝尊周思明问题研究（1637～1800）》（修订版），四川人民出版社2021年版；《古代朝鲜对纪传体的认知与实践》，《郑州大学学报》（哲学社会科学版）2022年第1期。

16. 王金林：《简明日本古代史》，天津社会科学院出版社2019年版。

17. 王立新：《国家史观视域下新印度史学的叙事建构：从雅利安文明到莫卧儿帝国》，《世界历史》2021年第2期。

18. 王三义：《"土耳其人阻断商路"说与西方的近东殖民》，《历史研究》2007年第4期；《外债问题与奥斯曼帝国的深层危机》，《世界历史》2014年第6期；《奥斯曼帝国的制度建构及其管理模式》，《吉林大学社会科学学报》2016年第2期；《帝国之衰：奥斯曼帝国史六论》，社会科学文献出版社2018年版；《大国"治权"与特殊行省——奥斯曼帝国行省管理的"埃及难题"》，《复旦学报》（社会科学版）2022年第4期；《帝国之治：奥斯曼帝国的政治制度》，上海人民出版社2023年版。

19. 王新生：《日本简史》（第3版），北京大学出版社2016年版；王新生

主编:《日本通史》,江苏人民出版社 2023 年版;

20. 吴廷璆:《日本史通论》,江苏人民出版社 2019 年版。

21. 徐逸樵:《先史时代的日本》,生活·读书·新知三联书店 1991 年版。

22. 晏绍祥:《一千零一夜的世界:阿拉伯帝国的崛起与灭亡》,《历史教学》2022 年第 6 期。

23. 昝涛:《奥斯曼—土耳其的发现》,北京大学出版社 2022 年版。

24. [印度]斯迪芬·麦勒迪斯·爱德华兹等著,尚劝余译:《莫卧儿帝国》,青海人民出版社 2009 年版。

25. [埃及]艾哈迈德·爱敏著,赵军利译:《阿拉伯—伊斯兰文化史》第 1～6 册,商务印书馆 2019 年版;纳忠等译:《阿拉伯伊斯兰文化史》,商务印书馆 2019 年版。

26. [印度]巴布尔著,王治来译:《巴布尔回忆录》,商务印书馆 2017 年版。

27. [澳]A.L.巴沙姆主编,闵光沛译:《印度文化史》,商务印书馆 1997 年版。

28. [日]坂本太郎著,汪向荣等译:《日本史概说》,商务印书馆 1992 年版。

29. [英]帕特里克·贝尔福著,栾力夫译:《奥斯曼帝国六百年:土耳其帝国的兴衰》,中信出版社 2018 年版。

30. [美]米夏埃尔·比尔冈著,温海清译:《蒙古帝国》,商务印书馆 2015 年版。

31. [美]罗宾·多克著,王宇洁等译:《伊斯兰世界帝国》,商务印书馆 2015 年版。

32. [瑞典]多桑著,冯承钧译:《多桑蒙古史》,中华书局 1962 年版。

33. [美]西·内·费希尔著,姚梓良译:《中东史》(上),商务印书馆 1979 年版。

34. [英]卡罗琳·芬克尔著,邓伯宸等译:《奥斯曼帝国:1299～1923》,民主与建设出版社 2019 年版。

35. [日]夫马进著,伍跃等译:《朝鲜燕行使与朝鲜通信使》,商务印书馆 2020 年版。

36.[美]小阿瑟·戈尔德施密特等著,哈全安等译:《中东史》,东方出版中心2015版。

37.[法]格鲁塞著,龚钺译:《蒙古帝国史》,商务印书馆2017年版。

38.[美]约翰·惠特尼·霍尔著,邓懿等译:《日本史:从史前到现代》,商务印书馆2013年版。

39.[波斯]拉施特主编,余大钧等译:《史集》,商务印书馆1983~1986年版。

40.[美]约翰·理查兹,王立新译:《莫卧儿帝国》,云南人民出版社2014年版。

41.[日]林佳世子著,钟放译:《奥斯曼帝国:五百年的和平》,北京日报出版社2020年版。

42.[古阿拉伯]马苏第著,耿昇译:《黄金草原》,人民出版社2013年版。

43.[美]詹姆斯·L.麦克莱恩著,王翔等译:《日本史》,海南出版社2020年版。

44.[美]阿兰·米哈伊尔著,栾力夫译:《奥斯曼之影:塞利姆的土耳其帝国与现代世界的形成》,中信出版社2021年版。

45.[古波斯]尼扎姆·莫尔克著,蓝琪等译:《治国策》,商务印书馆2017年版。

46.[英]威廉·穆尔著,周术情译:《阿拉伯帝国》,青海人民出版社2006年版。

47.[俄]皮库林等著,陈弘法译:《蒙古西征研究》,内蒙古人民出版社2015年版。

48.[美]爱德华·W.萨义德著,王宇根译:《东方学》(第3版),生活·读书·新知三联书店2009年版。

49.[美]丹尼斯·塞诺著,蓝琪译:《剑桥早期内亚史》,商务印书馆2021年版。

50.[日]寺泽薰等著,米彦军等译:《讲谈社·日本的历史》,文汇出版社2021年版。

51.[印]R.塔帕尔著,林太译:《印度古代文明》,浙江人民出版社1990年版。

52.［美］希提著，马坚译：《阿拉伯通史》，新世界出版社 2008 年版；《阿拉伯简史》，商务印书馆 2013 年版。

53.［美］斯坦福·肖著，许序雅等译：《奥斯曼帝国》，青海人民出版社，2006 年版。

54.［美］理查德·M. 伊顿著，马骥等译：《德干社会史（1300～1761）》，云南人民出版社 2014 年版。

55.［韩］郑炳说著，丁晨楠等译：《权力与人：思悼世子之死与朝鲜王室》，上海书店出版社 2023 年版。

56.［伊朗］志费尼著，何高济译：《世界征服者史》，商务印书馆 2017 年版。

【思考与讨论】

1. 由“田柴科”到“科田法”，中古朝鲜土地制度发生了怎样的变化？
2. 概述日本班田制瓦解和土地庄园化的过程。
3. 论日本幕府政治的形成、演变及实质。
4. 概述中古时代的中日文化交流。
5. 南亚中古历史具有怎样的特点？
6. 试论伊斯兰教产生的宗教、历史根源。
7. 试论伊斯兰教在阿拉伯历史上的作用。
8. 试述阿拉伯帝国政治制度和土地制度的特征。
9. 试论阿拉伯文化的主要成就及历史地位。
10. 阿拉伯帝国在中古东西文化交流中发挥了怎样的作用？
11. 论蒙古帝国的历史影响。
12. 评合赞汗改革。
13. 突厥扩张在伊斯兰教传播中发挥了怎样的作用？
14. 伊斯兰文化圈是怎样形成的？

第八章 中古欧洲

本章讲述 5～15 世纪的欧洲历史。

日耳曼人在西罗马帝国废墟上所建众"蛮族"国家中，法兰克王国存在的时间最长，影响最大，封建化过程最为明显。法兰克王国的封建化于 9 世纪完成，不久西欧其他国家和地区也开始封建化进程。843 年加洛林帝国的分裂奠定了法兰西、德意志和意大利三国的雏形。1066 年诺曼征服将法国的封建制度带到英格兰。从 8 世纪开始，西欧各基督教国家支持下的西班牙的收复失地运动使法兰克的封建制度逐渐推广到伊比利亚半岛。在东部，德国封建主通过领土扩张，又将封建制度传入捷克、波兰和匈牙利。正因为西欧封建制度是在法兰克的影响下完成的，所以总体上表现出许多共性。其共性主要有二：以土地分封为基础的等级制；以劳役剥削为主的庄园制。当然，由于各地具体情况的不同，也表现出许多差异。

从 10 世纪开始，西欧城市普遍兴起。这是西欧封建社会由早期走向发展时期的重要标志之一。面对教俗封建主的敲诈勒索，城市在兴起之初即采用武装斗争和金钱赎买的办法，取得一定程度的自由和自治权，从而出现了意大利的城市共和国那样的典型的自治城市。城市是手工业生产的基地。为应对社会的侵害和毁灭性的竞争，城市手工业者建立起行会组织。一些城市的大商人为保证生命财产的安全和谋得更大的商业利益而联合起来，组成城市同盟，最为典型的是德国城市同盟。城市的兴起对西欧封建社会的发展产生了重大影响。

基督教会是西欧封建社会一支重要的社会力量。早在法兰克王国时期，王权就与教权互相利用。随着封建化的完成，西欧陷入严重的封建割据，教会乘机扩大势力。在王权与教权的斗争中，教权在很大程度上取得胜利。到教皇英诺森三世统治时期，教会势力达到鼎盛：教会是封建神权统治的巨大国际中心，教会是西欧最大的封建主集团，教会垄断了文化和教育。为了进一步扩大势力，西欧教俗封建主发动了长达两个世纪的十字军东征。东征客观上沟通了东西方经济、文化交流。

在消除封建割据、加强王权的过程中，西欧国家以英国、法国为代表，形成议会政治。议会政治的形成同城市兴起、城市市民成为一支重要的社会力量是密不可分的。

14～15 世纪，西欧社会发生了许多重大变化。经济方面，对经济发展模式进行了诸多调整。这主要表现为畜牧业有了很大发展，经济作物种植面积有所增加，农村日益卷入商品经济，落后地区发展起新城市，城乡联系更加密切。在经济发展的新形势下，庄园制、农奴制瓦解了。阶级关系方面，阶级矛盾空前尖锐，发生了扎克雷起义和瓦特·泰勒起义那样的大规模反抗斗争。长期争夺领地的斗争导致了英法百年战争的爆发。百年战争结束后，英法王权继续加强，民族国家兴起。1492 年，西班牙最终完成收复失地运动，实现了国家的统一。而同时期的德国和意大利分裂局面依旧。在民族国家兴起的同时，天主教会日益衰落，以威克里夫和胡斯为代表，发动了早期宗教改革运动。

中世纪西欧是在比较原始和落后的基础上发展起来的，基督教会由于其特殊的地位，在长时间里垄断着西欧文化。对于基督教会的历史作用，应当辩证地分析。随着封建社会的发展特别是城市的兴起，世俗文化兴起，突出表现在大学的兴起和骑士文学、城市文学的产生。所有这些都为文艺复兴奠定了坚实的基础。

西罗马帝国灭亡后，拜占廷帝国(东罗马帝国)保存下来，其封建化过程呈现出与西欧不同的特点。查士丁尼时期编纂的《民法大全》在人类文明史上具有重要地位。以东正教为特色的拜占廷文化对东欧其他国家产生了重要影响。东欧其他国家多为斯拉夫人所建。俄国、捷克、波兰等国都没有经过奴隶社会阶段而直接过渡到封建社会。俄国在蒙古统治者的过程中不断加强王权，到伊凡三世执政时建立起中央集权国家。由于德国移民的影响，捷克、波兰文化有着不同于东欧其他国家的特点。从15世纪开始，由于东欧各国商品经济的发展以及西欧对于东欧粮食需求的增加，东欧农奴制产生，其产生时间、条件和方式都与西欧明显不同。

第一节　封建化问题

封建化谈论的主要是封建制度的产生问题。因此有必要搞清楚什么是封建制度，因为对封建制度的理解不同，对封建化的解释自然也就不会相同。

“封建”一词在中国古代典籍《诗经》《尚书》和《左传》中即已出现。《左传·僖公二十四年》：“故封建亲戚，以藩屏周。”其中心思想是指一种政治措施，属政治制度之列。如果以此为封建制度的内容，那么中国的封建社会恐怕只有西周时期才是典型的。西方著作中到18世纪才出现“封建”一词，见于法国启蒙学者孟德斯鸠《论法的精神》一书中的“封建法律”条目，开了从法律制度、政治制度来研究封建制的先河。之后，资产阶级学者对封建制度的研究，虽然形成众多的派别，但基本认识是一致的，所强调的封建制的主要内容是封建主之间所形成的特殊的封君封臣关系，与封君封臣制相适应的封土制，封建领地内独立的政治权力的发展和中央权力的衰落。由此出发，他们在研究封建化问题时，所着重的是封臣制和封土制的起源。这便产生了有关西欧封建制度起源的两大派别，即罗马派和日耳曼派。罗马派认为，西欧封建社会中的各种制度，如封臣制、庄园制、农奴制等来自罗马，而日耳曼派认为这些来自日耳曼人。① 西方资产阶级学者就封建制度的某一问题所进行的考察是系统的，其理论是完整的，能够自圆其说。但是他们对封建制度的理解是片面的，是以西欧历史为基础而得出的结论。他们大多认为封建制度

① 参见马克垚：《西欧封建经济形态研究》，商务印书馆2020年版，第2章。

不具有普遍性，不是世界各民族历史上所必经的发展阶段，因此，与马克思主义的观点相去甚远。马克思主义的历史科学认为，封建制度是社会生产力发展到一定阶段所产生的一种生产方式，这种生产方式决定了当时社会的整个面貌，形成封建社会形态。苏联学者是以马克思主义唯物史观来看待封建制度的，但他们长期以来仍将目光局限于欧洲范围之内，对东方各国的历史情况分析不够，因此对封建制度的概括仍是不全面的。

从马克思主义唯物史观出发，我们认为，封建生产方式的本质内容有两点。一是大土地所有制与个体小生产的结合。在封建社会，直接生产者所持有的土地，绝大部分是封建主或封建国家授予的。生产者世代耕种这块土地，“为此他要交出自己的一部分收益或者服一定的劳役”[①]。二是超经济剥削。在古代社会，生产力水平极为低下，发展也很缓慢，要想获得财富只有靠超经济强制手段剥削劳动生产者，才能获得更多的剩余劳动产品。奴隶制是最为直接也是最不人道的一种剥削方式。在封建生产方式下，超经济强制仍是实现封建剥削的必要条件。这种强制有的是以国家法律的形式由国家机关实行（如中国、朝鲜、日本、阿拉伯帝国、拜占廷帝国等），有的是通过土地分封将统治权层层下放，由领主代表国家实施超经济强制措施（如西欧各国的领主分封制等）。

所谓“封建化”就是封建生产方式的上述两项本质内容得以实现的过程。但是，这一过程从什么时期开始，到什么时期结束，各以什么为标志，却是一个颇费思量的难题。从理论上讲，按照一般的社会发展规律，封建化应包括封建经济在奴隶社会晚期的萌芽、发展直到在社会经济中占据统治地位的全过程。而在实际操作过程中则存在许多困难。如西欧的封建化是应当从罗马帝国的奴隶制危机、隶农制的发展讲起，还是从日耳曼国家的建立讲起，在学术界还没有统一的意见。可是，在现行的教科书中，欧洲封建社会的历史大多仍从西罗马帝国灭亡开始讲起。另外，西欧封建制度的确立是以奴隶制在西欧的彻底消失为标志，还是以自由农民的彻底农奴化或变为依附民为标志，也就是说，当封建制度

① 《马克思恩格斯选集》第1卷，人民出版社2012年版，第298页。

确立时，自由农民是否就不复存在了？封建农奴的社会地位、具体生活状况究竟怎样？对于这些问题，我们目前还停留在一般理论的探讨上，还没有深入实际研究中。有人认为，西欧的封建农奴地位极低，完全丧失自由，是主人的所有物，除了不能被任意屠杀或伤残肢体外，几乎和奴隶没有区别。如果以此为标准来衡量封建制度的确立与否，那是比较牵强的。如果说中古西欧的农村居民大多数为封建依附农民，经济上、人身上、法律上都不同程度地依附于主人，还是能够成立的。但是如果说他们大都变成我们理论上理解的那种农奴，则恐怕很难成立。研究愈深就愈会证明这种人可能只是少数。西欧的农奴制并不与封建社会相始终，它只是在封建社会短时间存在。它是否一度在农业劳动中占据多数，也是一个很大的问题。①

第二节　西欧早期封建国家

按照为学术界普遍接受的观点，西欧的封建制度是罗马因素和日耳曼因素相互结合的产物。罗马因素包括罗马帝国高度发达的生产力水平、隶农制和帝国后期出现的家丁护卫制；日耳曼因素包括农村公社制度、比较特殊的奴隶制度以及亲兵制度。日耳曼人在西罗马帝国废墟上所建众“蛮族”国家中，法兰克王国存在的时间最长，影响最大，封建化过程最为明显。西欧的封建化是以法兰克王国为中心扩展完成的，因此对法兰克王国封建关系的考察有利于我们对整个西欧封建制度的总体把握和深刻了解。

法兰克人建国史大致如下：1 世纪，他们已居住于莱茵河的下游。

---

① 正是鉴于对封建化问题的这种研究状况，马克垚早在 1982 年就撰文呼吁对封建化问题和封建制度的起源问题展开重新研究，不要仅仅停留在一般理论的探讨上，要“先从个别国家、个别地区做起，然后再设法进行综合……应该选择几个典型国家细作剖析，以得出一些有益的结论。不宜先入为主……”参见马克垚：《应如何理解西欧“封建化”问题》，《历史研究》1982 年第 4 期。而且，马先生还身体力行，继 1985 年出版了对西欧封建经济形态综合研究成果《西欧封建经济形态研究》（人民出版社出版）之后，1992 年又出版了对西欧典型封建国家英国的剖析之作《英国封建社会研究》（北京大学出版社出版）。近年来，马克垚先生又发表《“西欧奴隶制向封建制过渡”的再认识》（《经济社会史评论》2018 年第 3 期）一文。

公元406年，他们随同西哥特人、勃艮第人等一起进入罗马帝国的高卢地区（主要在今法国境内）。481年，克洛维成为法兰克人的军事首领，经过一番征战，法兰克开始走向强大。486年，克洛维率军与高卢的“罗马人”西阿格里乌斯展开决战并取得胜利，开始获得高卢-罗马显贵的支持。496年，克洛维率众改信了基督教。从此，他既是法兰克人的国王，又成为高卢教会的保护人，赢得了罗马教会的信任。511年克洛维去世时，法兰克王国控制着罗马高卢的大部分地区。因克洛维出身墨洛温家族，他创建的王朝便被称为墨洛温王朝（481～751年）。

克洛维死后，法兰克即陷入割据混战的状态。他的四个儿子将他征服的土地当作战利品分为彼此相连的四个部分，分别以巴黎、苏瓦松、奥尔良和兰斯为中心。各部互争雄长，混战不已，逐渐形成了纽斯特里亚（瓦兹河西部）、奥斯特拉西亚（瓦兹河东部、马斯河与摩泽尔河周围）和勃艮第（索恩河-罗纳河流域）三个独立的王国。达格伯特统治时期（629～639年），法兰克王国暂时得到重新统一，但达格伯特一死又告分裂。这次分裂，使墨洛温王朝的国王大权旁落于宫相之手。宫相原为王室田产管理人，后来逐渐过问起国事。宫相掌权后，国王成为不理朝政、坐着牛车游乡串村的“懒王”。于是，内战又在各宫相之间展开。687年，奥斯特拉西亚的宫相赫里斯塔尔的丕平击败所有对手，成为全法兰克唯一的宫相，但纽斯特里亚和勃艮第的大贵族拒不承认丕平的最高权威，内战的硝烟仍不能消散。与此同时，莱茵河以北的弗里西亚欲挣脱法兰克人的控制，萨克森人攻入莱茵地区的法兰克尼亚，阿瓦尔人打到巴伐利亚，阿拉伯人也越过了比利牛斯山进逼阿基坦。法兰克王国处于生死存亡的关头，更大规模的战争不可避免。

建国和内战时期是法兰克封建化进程的第一阶段，主要表现是大土地所有制的成长和自由农民逐渐沦为依附农民。

在法兰克王国，法兰克人只占人口的少数，高卢-罗马人占据多数。在征服过程中，法兰克人对高卢罗马人的大地主并未明令剥夺其土地，他们所占领的主要是罗马皇室的领地。国王将这些新占领的土地作为奖赏，赠送给他的廷臣、将军、亲信、教会和修道院。这样便造就了一批新兴的法兰克贵族地主，他们与被保留下来的高卢罗马大地主一起构成法兰克国家的地主阶级。他们使用隶农、半自由人和少数自由农民耕种，征收一定租税和劳役。

法兰克人在长期的迁徙和征战过程中，氏族血缘关系日渐松弛。在克洛维统治后期编纂的法兰克人的习惯法——《撒利克法典》中反映了这方面的情况。由法典可知，法兰克人这时已组成农村公社，以农业为主兼营畜牧业。公社的土地已是公有私营并可以世袭，开始只限于男性继承人，到 6 世纪中叶，女性继承人也被允许继承土地，私有的自主地出现了。另外，公社内部已出现阶级分化，如法典规定：奴隶和半自由人的偿命金是 100 索里达，可以分得公社份地的自由人的偿命金是 200 索里达，贵族的偿命金是 600 索里达。

法兰克人旧的氏族和部落组织已经解体，刚刚建立不久的王权在长期内战中又趋衰弱，这就导致受天灾人祸打击而不堪重负的个体自由民对强有力的私人而非国家的人身依附和经济依附——"委身"和"请求恩地"盛行。所谓"委身"，就是自由民由于种种原因已经丧失土地，生活无着，被迫投靠封建主，从而丧失了人身自由。所谓"请求恩地"，就是自由民还保有自己的一块土地，但由于某种原因经营不下去，被迫将土地呈献给封建主，然后再以纳租服役为条件，将原本属于自己的土地作为"恩地"领回。在他的土地获得了封建主的保护的同时，其人身自由也同时失去。接受"委身"和"恩地"的，除了世俗大地主，还有教会和大修道院。

第二阶段是宫相查理·马特的采邑制改革(714～741 年)。临危受命的查理·马特面对内忧外患，积极推行采邑制改革以加强统治和提高军队的战斗力。具体做法是：改变墨洛温王朝无偿赐地的做法，将赐地作为采邑进行分封，受封者必须以服骑兵役为条件获得采邑，且不得世袭。这一改革取得了两大明显成效：一是削弱了地方贵族的势力，加强了法兰克王国的军事力量。对心存反抗的贵族，查理·马特坚决予以镇压，没收其领地用作"采邑"分封。在采邑用地不足的情况下，他还没收了部分教会和修道院的土地，使教会封建主的势力也受到打击。同时，通过采邑分封，他得到了大批采邑领有者的支持，并获得了较为充足的骑兵兵源，使骑兵成为战争的主力，增强了作战能力。732 年，查理·马特率军在普瓦提埃击败进犯的阿拉伯人，从而阻止了阿拉伯人继续向欧洲推进。二是采邑是连带土地上的劳动者一起分封的，这就使劳动者更加固着在土地之上，加强了人身依附关系，因而促进了法兰克封建生产关系的发展。

采邑改革本身是法兰克社会已经开始的土地变革和封建化的结果，同时，它又促进了法兰克封建关系进一步向纵深发展。

加洛林王朝时期是法兰克封建化过程的第三阶段。

751年，查理·马特之子矮子丕平与罗马教廷相勾结，将墨洛温王朝最后一位"懒王"送进了修道院，自己登上王位，建立加洛林王朝。754年，教皇又为丕平加冕。为了报答教皇，丕平率军进攻威胁教皇的伦巴德人，把夺得的意大利中部的部分地区赠予教皇，从而确立了教皇对罗马附近及拉文纳总督区的统治，奠定了教皇国的基础。这一事件史称"丕平献土"。查理曼统治时期（768～814年），加洛林王朝的势力达到鼎盛。查理曼在位46年，参加过53次战役，有些战争甚至是旷日持久的，如对萨克森人的战争竟长达30多年，历经18次战役。通过开疆拓土，形成了一个版图广大、民族众多的帝国。800年圣诞节，教皇利奥三世（795～816年）在罗马的圣彼得教堂为查理曼行加冕礼，周围群众齐声欢呼，称他为"罗马人的皇帝"。

无休止的战争使承担军事义务的保持自由身份的农民，长期脱离自己的土地和生产活动，加之沉重的国家赋税、教会什一税、高额的司法罚金，更使自由农民陷入了一贫如洗的地步。这就为大封建主夺取农民的份地提供了有利的客观条件。所以，9世纪时"委身"和"请求恩地"的现象更加频繁。而且随着时间的推移，这种现象越来越取得国家的承认。847年，法兰克境内的三个国王联合发布《麦尔森敕令》。敕令宣布："在我们的王国里每个自由人必须按照他的意愿从我们或我们的忠臣中，选择一个领主。""而且我们命令，如无正当理由任何人都不得离开他的领主，任何人也不得接纳他们。"

随着大土地所有制的增长，"特恩权"也开始盛行起来。"特恩权"早在墨洛温王朝时就已经出现，是国王颁发给大封建主的一种在其领地内不受地方官吏干涉的特权证书。到加洛林王朝，这种办法推行得更加广泛。后来，随着王权的衰微，国家行政司法机构日益起不到实际作用，大多数封建主都在其领地内取得了司法和行政权。大封建主在获得土地所有权的同时，也获得了对这块土地上的劳动者的统治权。877年，西法兰克国王秃头查理(843～877年)颁布《克尔西敕令》，规定“领主可以把自己的特权与荣誉(爵位)移交给自己的儿子或亲属”，领地世袭得以合法化。

至此，大土地所有制与小生产相结合的超经济的剥削形式在法兰克确立了起来。法兰克王国封建化宣告结束。拥有土地的法兰克地主阶级的发展，使自由农民日渐丧失土地沦为依附农民，代表地主阶级利益的封建国家对封建化的成果以法律的形式肯定下来，这构成了法兰克封建化的一条主线。

封建化完成的标志是自由农民人身自由的丧失和大土地所有者司法、行政权的获得。这同时也是王权衰弱、地方封建主独立地位加强的过程。因此，随着法兰克封建化的完成，法兰克王国也逐渐走向解体。814年，查理曼死后，加洛林帝国即告分裂。843年，查理曼的三个孙子签订《凡尔登条约》，三分帝国：今日的德国西部分给路易，称“日耳曼”；今日的法国分属查理，称“法兰西”；路易和查理领地之间的部分加上今日意大利中、北部留给了罗退尔。三人所统治的地区虽然独立发展，但仍延续加洛林王朝的世系，直至10世纪。

加洛林帝国一分为三，成为后来法兰西、德意志和意大利三国的雏形。

《凡尔登条约》后，法兰克国家西部地区发展为法兰西王国。987年，休·加佩被推举为法兰西国王，开始了加佩王朝(987～1328年)的统治。加佩王朝初期王权微弱，国王领地只限于塞纳河和卢瓦尔河之间的地区，其余则为公爵、伯爵等领地，国家陷入严重的封建割据之中。

法兰克王国的东部发展为德意志王国。到10世纪初，其领地为五大公国——萨克森、士瓦本、巴伐利亚、法兰克尼亚和洛林所统辖。919年，萨克森公爵亨利被推举为王，是为亨利一世(919～936年)，他建立了德国历史上的萨克森王朝(919～1024年)。萨克森王朝最大的功劳是建立了强大而稳固的王权。亨利之子奥托一世(936～973年)即位后，不仅完全控制了五大公国，而且还发动了对意大利的战争，取得了

“伦巴德国王”的称号。955 年，奥托一世率领德意志和波希米亚联军彻底打败匈牙利马扎尔人的军队，消除了马扎尔人对德国的威胁，奥托一世被萨克森的僧侣维杜金称为“皇帝”。961 年，奥托一世率军翻越阿尔卑斯山，再次吞并伦巴德王国，并于第二年在罗马的圣彼得大教堂由教皇加冕为“罗马人的皇帝”，成为罗马帝国的合法继承人。1155 年，霍亨斯陶芬王朝的腓特烈一世（1152～1190 年）加冕时又称“神圣罗马帝国皇帝”。虽然萨克森王朝各王建立起所谓的“帝国”，但“帝国”完全是靠国王或“皇帝”对各地诸侯所拥有的军事优势来维护的，一旦这一平衡被打破，帝国就将不复存在。所以，帝国是靠武力建立，也是靠武力来维持的，从来没有形成一个有机的整体。

德国早期封建国家有两大突出特点：一是该地保留了大量的原始社会氏族部落的残余，在此基础上建立的部落公国具有较大的独立性，所以，德国早期封建国家在经历了短暂的统一之后便在政治上四分五裂了。二是德国是在东法兰克的基础上发展而来的，此地是日耳曼人的本土，划归法兰克的时间最晚，因此其封建生产关系产生得较晚，发展也极为缓慢。

加洛林帝国分裂后，意大利为承袭帝号的罗退尔所统治。855 年，罗退尔（817～855 年）去世，意大利从此长期陷入政治纷争之中。直到 1861 年之前，一直没有统一，甚至没有产生过名义上的中央政权。

英国封建制度是在 1066 年诺曼征服之后建立起来的。此前的英国经历了原始社会；罗马人曾在不列颠东南部建立过统治，但随着罗马人的撤离，其影响慢慢减弱；5 世纪进入盎格鲁-撒克逊时代。英国的封建化是在日耳曼的原始社会解体的基础上展开的，到 1066 年还远没有完成。诺曼征服加速了英国的封建化进程，也使英国的封建制度具有不同于欧洲大陆的特色。直到 13 世纪英国的封建化才告完成。

英国在 5 世纪前称“不列颠”，从考古资料可知，大约早在 25 万年前，不列颠就有人类活动；公元前 2500 年，进入青铜时代；公元前 600 年，进入铁器时代。公元前 1 世纪，不列颠开始遭到罗马人的入侵，至公元 1 世纪，不列颠正式成为罗马帝国的一个行省。到公元 5 世纪前后，随着罗马帝国力量的削弱，不列颠开始遭到日耳曼人大举入侵。入侵的日耳曼人主要分为三支:盎格鲁人、撒克逊人和朱特人。此后,不列颠才逐渐被称为“英吉利”或“英格兰”,意为“盎格鲁人的土地”。日耳曼人在征服不列颠当地居民的同时,相互之间也战争不断,自5世纪起大致形成了由北到南七个主要国家:诺森布里亚、麦西亚、东盎格利亚、埃塞克斯、肯特、苏塞克斯、威塞克斯。这便是英国历史上的“七国时代”。

七国时代是英国由分裂走向统一并开始封建化的时期。英国的政治统一进程是艰难的,其中既有日耳曼人建立的国家间的相互兼并,又有对入侵外族的抗击。

七国间的相互兼并,使英国先后形成了三大权力中心:诺森布里亚(7世纪)、麦西亚(8世纪)和威塞克斯(9世纪)。当威塞克斯称雄之时,英国开始遭到来自斯堪的纳维亚半岛的丹麦人的入侵。789年这一入侵始见于历史的记载,开始是断断续续的,以掠夺为主,到870年已发展成为攻城略地、大规模地占领。他们首先占领的是诺森布里亚和东盎格利亚。之后,麦西亚危在旦夕,威塞克斯也处于诺曼人的威胁之下。就在此时,威塞克斯出现了一位著名国王阿尔弗雷德(871～899年)。他采取较为灵活的战略战术,顶住了丹麦人的入侵,并逐步赢得了对丹麦人战争的主动权。面对丹麦人的强劲攻势,他采取贿赂的办法,为威塞克斯获得了五年的喘息时间。在此期间,丹麦人征服了麦西亚。875～878年,丹麦人开始对威塞克斯发动连续进攻。爱丁顿一战中,他取得了对丹麦人的绝对胜利。879年,双方签订了《威德摩尔和约》,把英格兰一分为二:从泰晤士河口到提兹河的盎格利亚的大部分割让给丹麦人,形成丹麦法区;丹麦人的首领古特伦接受基督教的洗礼。886年,阿尔弗雷德收复伦敦。到他去世时,威塞克斯已基本上统一了除丹麦人占领的丹麦法区之外的整个英格兰。他的后继者继续北进,逐步收复丹麦人所占领土,威塞克斯国王开始自称“全不列颠之王”。所以到10世纪前后,“England”一词才出现在英国的历史文献中。英国初步实现了政治统一。

10世纪末11世纪初,丹麦人的入侵又以新的姿态展开,但丹麦人所建立的卡纽特王国只是昙花一现,没有从根本上触动英格兰的政治制度和经济状况。1042年,威塞克斯王统的“忏悔者”爱德华(1042～1066

年)轻而易举地取得了英格兰的王位。

盎格鲁-撒克逊时期,英格兰建立了较为系统的王权体系。到10世纪,以国王的宫廷为核心,形成了中央机构。如国王的御前会议("贤人会议")成为定制;以前分管国王衣物和贵重物品的内臣司宫,如今成为国库的官员;主持宫中宗教事务的王廷神父,逐渐成为国王发布的各种文件的起草人。在地方上,形成了对国王负责的郡和百户区,设有郡法庭和百户区法庭。郡首除了征税和率领军队之外,还要经营国王的庄园和代表国王行使司法审判权。百户区长官称农长或管事,除了负责向各村摊派贡赋、征召民兵外,还负责处理百户区法庭的有关事宜。

盎格鲁-撒克逊时期,英格兰的封建生产关系也得到迅速发展。首先是大土地所有制的形成。在这一时期,国王成为最大的土地所有者,其次是教会。为了获得足够的军役,到阿尔弗雷德统治时期,便开始将所控制的土地的租用权授予国王的常备军"塞恩"(thegn),出现了"册地"或"书田"(bookland),塞恩开始向骑士转化。与此同时,农村公社的土地也开始私有化,主要是因为沉重的战费负担(如丹麦金的征收)和长期战争的直接破坏,使已将公社份地转为私有的公社成员刻尔(Ceorl)越来越无法经营下去了,其土地逐渐被塞恩兼并,成为自由租佃者"吉尼特"(geneat)或人身依附于领主的"吉布尔"(gebur)。另外,10世纪后期的《埃德加法典》中第一次出现了塞恩的自用地和佃户租地,自用地上的主要劳动者是吉布尔,这说明以劳役剥削为主要特征的庄园制的萌芽出现。盎格鲁-撒克逊时代,英格兰的封建化过程远没有结束,主要表现是大量自由民的存在,尤其是在过去的丹麦法区。这一过程在诺曼征服之后很长一段时间才告结束。

1066年,"忏悔者"爱德华去世,贤人会议推举戈德温家族的哈罗德为继承人,而挪威国王哈拉尔·哈德拉达凭借卡纽特王国的血统也要求得到英国王位。与此同时,法国的诺曼底公爵威廉也以与英王爱德华有姻亲关系而要求继承英国王位。最后,命运的天平倒向了诺曼底公爵威廉一边,他在苏塞克斯的黑斯廷斯与打败了挪威国王之后又与匆忙前来迎战的英王哈罗德相遇,轻而易举地取得了胜利,之后他顺利登上国王宝座,建立了英国历史上的诺曼王朝(1066～1154年),是为威廉一世

(1066～1087 年)。这就是英国历史上的“诺曼征服”。它给英国历史带来的影响不仅是流传至今的英国王室的诺曼血统,还有更为深刻的社会影响。

首先,诺曼征服为英格兰王权建立了强大的物质基础。威廉一世坚决镇压反抗的盎格鲁-撒克逊贵族,没收他们的土地,他占有了全国 1/7 的耕地,并将 69 个林区划归王室所有,占全国森林面积的 1/3。而且,1086 年威廉完成了对全国土地赋役状况的调查、登记和造册工作。调查是极其严格和细致的,被调查者像面临世界末日审判一样,所以这次的调查登记册又被称为《末日审判书》。它确立了“英国的封建土地均受自国王”的观念。这是大陆各国国王所不能企及的。

其次,诺曼征服为英格兰王权奠定了强大的阶级基础。有资料显示,当时英格兰有居民一二百万,而跟随威廉前来的诺曼人不足一万人。这意味着,威廉必须紧紧依靠追随他的诺曼人和归顺他的盎格鲁人。所以征服完成后,威廉把王室土地之外的全国土地的 1/4 分给教会,其余分封给 180 个大封建贵族(国王的直属佃户),形成了男爵领地(barony)。男爵之下是骑士,他们也被授予土地。1086 年 8 月 1 日,威廉在索尔兹伯里召开宣誓会,要求所有的领主参加,在英国确立了不同于大陆的封建原则:“我的附庸的附庸也是我的附庸。”也就是说,英国的大小封建主都直接听从于国王,直接为国王服役,封建主之间的私战在理论上是不存在的。

再次,威廉一世通过王室法庭将王权的统治范围扩大到全国。威廉一世曾将教会的审判权严格控制在有关灵魂的案件之内,禁止教会插手世俗事务。后来逐渐形成重大案件只能由国王法庭审理、其收入归国王的常规。重大案件包括破坏国王的和平,背叛、破坏效忠宣誓,谋杀、伪造、抢劫、强奸、疏忽军役等。到安茹王朝(1154～1399 年)的亨利二世(1154～1189 年)时,王室的司法权更进一步扩大到教会的某些领域和领主的领地辖区。审理的范围不仅限于重大案件,一般的民事案件也纳入王室法庭的权限。同时,亨利二世还广泛采用陪审制,使司法审判更趋合理。

在王权得到不断加强的同时,英格兰的封建化过程也日臻完成。其主要标志是作为自由民的维兰此时大部分已沦为农奴,他们开始承担婚姻税、继承税和获准进入或离开庄园的税金。另外,奴隶也逐渐消失。

第三节　西欧封建制度概论

西欧封建制度是在法兰克的影响下形成的。加洛林帝国的分裂奠定了法兰西、德意志和意大利的基础;诺曼征服将法国的封建制度带到了英格兰;从8世纪开始,西欧各基督教国家支持下的西班牙的收复失地运动,使法兰克的封建制度逐渐推广到伊比利亚半岛;在东部,德国封建主通过向东的领土扩张,又将法兰克的封建制度传入捷克、波兰和匈牙利。

正因为西欧封建制度是在法兰克的影响下形成的,所以从总体上表现出许多共性,主要有二:一是以土地分封为基础的等级制;二是以劳役剥削为主的庄园制。众所周知,西欧封建制度是罗马奴隶制解体后产生的封建因素与日耳曼人原始氏族制解体后产生的封建因素相结合的产物。在等级制与庄园制的形成中,我们可以看到两种因素在发挥作用。

以土地分封为基础的封建等级制是由封土制发展而来的,封土制来自封臣制,封臣制又源自罗马帝国后期的家丁护卫制和日耳曼人的亲兵制。罗马帝国晚期,由于统治力量的削弱,帝国已无力保护罗马大地主的利益,一些罗马大地主便自己豢养家丁护卫。家丁由主人处得到饮食、马匹、武器等,他们则肩负保卫主人并对之效忠的义务。日耳曼人在民族大迁徙过程中,一方面由于长途迁移,氏族血缘关系被打乱了,氏族公社原有的民兵制越来越难实行;另一方面由于战争的频繁,战争技术的发展,骑兵逐步成为战争的主力,而骑兵的装备和训练都是一般公社成员所不能完成的。国王和贵族门下开始豢养起专事打仗的亲兵,亲兵取代日耳曼人的民兵成为战争主力。亲兵多为骑兵,其主要任务是为主人作战,主人供养他们生活并提供武器装备等。

在墨洛温王朝,法兰克王权不能有效地统治全国,封建主之间的混战持续不断。所以,无论是罗马地主、日耳曼地主还是教会都拥有自己的亲兵,国王也有自己的亲卫军。亲兵有的来源于家奴,但更多的是由自由人委身而来。这些亲兵逐渐成为封臣。对亲兵的供养方法有二，一是集中于宫廷，由主人供应他们的一切；二是分予一块土地，让其利用土地上的收益装备自己，完成兵役。在经济不发达、运输不便的情况下，后一种办法较为有效。这种方法的进一步发展就是封土制。

加洛林家族就是依靠自己的封臣取得王位的，在后来的发展中更得益于封臣的大力支持，所以在加洛林王朝时期封臣制得到极大发展，而且封君与封臣关系的建立开始有了一整套的仪式，即臣服礼和效忠宣誓。臣服礼就是封臣脱帽、下跪、解下所佩武器，把双手放在封君合拢的掌中，说："阁下，我是您的人了。"接着是效忠宣誓，即封臣起立，手按《圣经》或其他圣物宣誓效忠于封君。为了使封臣更好地履行义务，加洛林王朝的大部分封臣都被分予采邑，封臣制与封土制相互结合了起来。采邑起初是终身享用的，后来逐渐变成了世袭的，世袭的采邑我们通常称作"领地"。

西欧封建社会的封君与封臣关系，纯粹是一种封建主个人之间的关系，而非国君与臣民的关系。国王可以有自己的封臣，国王的封臣也可以有自己的封臣，而且国王的封臣对于自己的封臣来说，他就是封君。君臣关系结成之后，相互间就肩负起一定的义务。封君有义务保证自己的封臣免受不正当的攻击，或者在受到不正当攻击时为封臣的利益而诉诸战争或法庭。此外，封君还应负责维持封臣的生活供应，如赐给封土等，以使其能够服完军役。而对于封臣来说，其义务主要有二。一是帮助。当封君遇有战事，封臣要奉召亲自带领其封臣为封君服军役。有时封臣要奉召守卫封君的城堡、管理庄园或在封君出巡时负护卫之责。在封君遇有紧急需要时，封臣有义务给封君以金钱上的帮助，如封君长子晋封为骑士、长女出嫁、封君被俘需要赎身等。二是劝告。封臣有义务参加封君召集的各种会议，对某些重大问题向封君提出意见和建议以帮助封君作出正确判断或壮大封君的声势。正因为西欧封建社会的君臣关系的这种个人行为，一个人可以同时是两人甚至多人的封臣，再加上君臣关系是权利与义务相结合的，君臣任何一方不履行其义务，都可能导致相互间关系的破裂。这就使西欧封建社会常常陷于混乱，封建主之间、封建主与国王之间的混战也就司空见惯。

在西欧封建社会国家行政管理体系极不完善的情况下，封臣制不失为一种有效的管理办法。但我们也应该看到，封君在向封臣赐地并赋予其一定义务的同时，也将土地上的统治权一并下放给了封臣，它使土地所有权与政治统治权浑然一体，构成了西欧封建社会的领主权，从而使西欧封建主的超经济剥削更直接也更明显。在土地分封的基础上形成了西欧封建社会的等级制，国王只是名义上全国最高的土地所有者，其实际统治权基本不出王室领地之外。

西欧封建主的领地采取庄园制的经营方式。所谓庄园，就是封建主的领地分成自用地和农奴份地两大部分；所有耕地都呈条田状，领主自用地与农奴的份地相互交错插花分布，领主的自用地主要使用农奴来耕种和收割。庄园设有庄园法庭，主要审理有关农奴的案件。这是庄园制的两个重要的本质内容：一个是大土地所有制与小生产相结合的有力说明；另一个是超经济强制剥削得以实现的重要保证。

庄园内的小生产可以从罗马帝国后期的隶农制找到根源，但从庄园内耕地的分布情况和生产制度来看，它保留有大量农村公社的遗迹。在初期的庄园里，农奴份地的大小排列都有一定的规律。在法国，农奴的份地称“mansus”，其面积在 5～30 公顷，平均为 13 公顷；在英国，称为“virgate”，标准的 virgate 为 30 英亩，合 12.14 公顷；在德国，称为“hufe”，标准面积为 30 摩根，合 10.45 公顷。这显然是农村公社定期分配公地习俗的遗留。庄园实行的是敞地制，即在耕种后到收割前的这段时期内耕地是用栅栏围起来的，收割后便撤掉栅栏变为公用牧场。后来，将临时性的栅栏变成了永久性的，即收割后不再撤掉。但是，无论是条田制还是敞地制，这些都不是庄园的本质内容，而是历史的遗留。

庄园是一个自给自足的自然经济单位。庄园内，除了盐、铁等少量物品外，大部分生产和生活用品都可以靠农奴的生产劳动来获得。这种靠对农奴的劳役剥削加以维持的封建庄园，是与 9～14 世纪的生产力发展水平相适应的。法国中部和英格兰是这一时期典型庄园较为集中的地区。

庄园的本质是封建主将其作为对农奴进行超经济剥削的生产单位，领主自用地是封建主对农奴进行超经济的劳役剥削的主要场所。当领主自用地分割出租了之后，劳役剥削也随之不复存在，庄园也就宣告解体。

在西欧封建社会早期，以土地分封为基础的封建等级制和庄园制适应了当时社会生产力的状况，虽然土地的分封和国家权力的分割影响了王权的发展，但也使西欧各国封建政治走向不同于东方的道路，特别是不同于中国封建政治的道路。西欧各国的王权，即使是最为强大的英国王权，也始终没有强大到与中国皇权相当的程度。而在德国和意大利，王权则形同虚设。

第四节　西欧城市的兴起

罗马帝国后期至中世纪前期，西欧城市多遭破坏，失去工商业中心的地位。10 世纪开始，欧洲城市普遍兴起，并在很大程度上影响了西欧社会的发展。

城市的兴起是西欧社会经济发展的结果。封建制的确立和社会秩序的稳定有利于生产力的发展。9 世纪前后，欧洲耕地面积不断扩大，耕作技术也不断提高，突出表现在三圃制的广泛推行，使得农业剩余产品不断增加。与此同时，在封建主的领地内，形成了一批有熟练手艺的铁匠、木匠、武器匠、皮革匠、织呢匠以及陶工等。他们一般都渴望独立生产，脱离对封建主的依附。于是他们便离开原领地，在不属于原来主人的土地上，或者在废弃了的罗马城市的旧址上，或者在城堡、教堂附近，或者在水陆交通方便的地方筑起栅栏，聚居进行手工业生产。当时西欧的人身控制程度并不像我们想象得那样强，在一定条件下，农奴可以获得自由。在此情况下，便有成批的手艺人出走，到适合他们生产和生活的地方居住。他们把生产的手工业品卖给农村，买回粮食和原材料。社会分工逐渐加强并得以深化，城市在此基础上也进一步得到发展。由寻求自由的人聚居而形成集市，由集市扩大为城——西欧的城市是工商业发展的结果。从这一点来说，西欧中世纪的城市是自然天成，不同于中国中世纪城市。中国中世纪城市大多是“因治而设县，因县而成城”,是政治、文化、军事中心。

在欧洲中世纪,土地大多由领主占有。工商业者聚居地所在的封建领主们在城市兴起的初期客观上起了帮助作用。他们认为,在自己的领地上发展城市可以为自己提供各种商品,方便生活,又可以征收货币租税,增加收入,因而支持城市的发展。当时许多封建主都设法招徕从其他封建主领地上出走的手艺人,吸引他们到自己的领地上操业。

封建主利用自己的居住地——寺院和城堡庇护定居于其周围的各类居民的事例,在《末日审判书》中有所记载。其中贝里·圣埃德蒙兹城的形成最为典型。当地修道院的四周居住着一批寺院必需的手工业者和小商贩,他们是面包师、啤酒酿造者、裁缝、洗衣妇、鞋匠、罩袍缝制工、厨师、搬运工、代理商和所有为教徒、院长、修士提供日常服务的人。由于自身的需要,修道院向他们提供了各种保护,这里因此而逐渐发展为一个新兴的中世纪城市。英国中世纪城市的兴起有许多属于这种情况,法国更是如此。在法国的500个城市中,有420个是这种情况。①

此外,西欧的部分封建主还直接投入人力、物力或财力参与城市的兴建。德意志的萨克森和巴伐利亚公爵狮子亨利在伊萨河畔建造了慕尼黑城,并在河上修建了一座桥梁。他还重建了吕贝克城,修筑城墙,建立市场和造币厂。位于德国西部美因河流域的42座城市中,有12座城市归功于维尔茨堡主教们的规划;另有其他9个地方的领主参加了其中30座城镇的兴建。犹太人是中世纪时期的最富有者之一,许多封建主曾为了自己领地上城市的发展而想方设法吸引他们。德意志施佩耶城主教鲁迪格曾用现金和一部分谷地换取城郊的一块山坡地,用以安置犹太人。后来,他又将土地转让给他们,并且给予了他们一系列政治、经济特权。

中世纪欧洲的城市最先在地中海沿岸兴起,11～12世纪之后在欧洲各地普遍兴起。较早兴起的地中海城市中,比较著名的有意大利的威尼斯和热那亚,这些城市当时的内外贸易都相当发达。欧洲其他地区这一时期兴起的比较著名的城市,有法国的马赛、巴黎,英国的伦敦,德国

---

① 参见[法]P. 布瓦松纳著,潘源来译:《中世纪欧洲生活和劳动》,商务印书馆1985年版,第194页。

的科伦，捷克的布拉格等。上述城市都是工商贸易高度发达的都会。城市的兴起是西欧封建社会进入发达阶段的重要标志之一。

欧洲新兴城市大都隶属于教俗封建主，有的城市还同时隶属于两三个甚至更多的封建主。封建主派家臣进行统治，行使行政和司法权力。和对待庄园里的农民一样，封建主向他们征收捐税，摊派劳役和兵役。随着商品经济的发展，封建主对城市的勒索日益加重，甚至公开抢劫来往客商，袭击城市，破坏市场。他们这样做阻碍了工商业的发展，威胁到手工业者的生存，因而激起了城市反对封建主、争取自治的斗争。

城市争取自治的斗争是城市居民争取自由解放的斗争，开始于11世纪，至13世纪时遍及西欧各地。由于城市所处的具体条件不同，斗争形式和斗争所取得的结果也不尽相同。一些比较富庶的城市常以金钱从领主那里赎买自治权，如法国南部和意大利的一些城市便是这样取得自治权的。另一种形式是通过武装斗争的道路获得自治和独立。11～12世纪，法国东北部有40多个城市通过起义取得了自治权。最早的是康布雷城，1077年市民举行起义，宣布成立公社。而最著名的是琅城。1108年，琅城人民用巨额金钱向主教戈德里赎买了自治权，成立了公社。但戈德里挥霍掉赎金后背弃诺言，取消城市自治权。1112年，琅城公社领导人们举行起义，冲进主教住宅，杀死了戈德里。起义遭镇压后又恢复了封建主的统治。但琅城市民坚持斗争，最终于1128年赢得了争取自治权利斗争的胜利。

经过曲折复杂的斗争，西欧城市大多摆脱了封建主的直接控制，取得了不同程度的自治权。意大利、德意志和法国北部的一些城市获得了较为充分的自治权。在法国，康布雷、苏瓦松、琅城等一批城市建立了城市公社；在德意志，出现了吕贝克、纽伦堡、乌尔姆、奥格斯堡等一批所谓的帝国自由城市。

自治城市享有行政、司法、财政和军事大权，它们自行组建市政机构，审理案件，征收租税，铸造货币，建立军队，决定战争与媾和等，俨然独立的城邦。自治城市只在名义上属于皇帝或大封建主。它们对领主所应尽的义务，仅限于交纳一定数量的定额捐税，战时提供少量军队。每个自治城市都有自己的法律，城市市民在法律面前享有平等权利，他们根据城市法规选举自己的代议机关、市议会和市政官员。市议会是最高权力机构，城市的一切重大事项由其讨论和投票决定。自治城市的居民全部为自由民。他们可以随意来往，自由支配自己的财产，自由从事商业活动。

但是，并不是所有西欧城市都获得了上述自治权。有些城市只拥有有限的自治权利。比如，法国的奥尔良、南特、里昂及英国的许多城市，虽然也有城市议会，但必须接受国王委派的官吏的监督。至于一些中小城镇，由于既无财力赎买又无同领主进行斗争的力量，自然屈从于领主的统治之下。但是，即使是在这些城市中，居民也大都摆脱了封建依附，他们的人身是自由的。

典型的自治城市是意大利的一些城市共和国。

早在 7～8 世纪，意大利的手工业与农业分工就日益明显。9～10 世纪，许多地方出现了定期集市。罗马时代的旧城又渐活跃，逐渐成为工商业中心。伦巴德和托斯卡纳还出现了一系列新兴城市。它们与东地中海沿岸各国发展贸易往来，把东方的贵重商品转运到西欧，获取巨额利润。城市商人积累了大量的货币资本，并将其投入手工业、商业和银行业中。手工业生产发达，分工日趋细密。银行业发达，意大利一些城市的货币在国际市场上流通。

日益富裕的意大利城市为捍卫自身的利益、取消封建义务、铲除发展工商业的障碍，与统治它们的教俗封建主展开了激烈的斗争。在斗争过程中，它们不仅获得了城市统治权，而且逐渐控制了城市周围的广大地区，形成了一些城市国家。城市国家统治权所达到的地区内，封建贵族和农民也都变成了城市国家的公民。城市国家所辖地区包括许多小市镇和众多农村。

意大利城市国家在政体上与欧洲其他封建国家不同。欧洲大陆当时盛行君主政体，而意大利城市国家一般实行共和政体。国家机构最早是全体成员大会和地方执政官会议。后来由选举产生的委员组成议会取代原来庞大的全体成员大会，由其决定立法、宣战、媾和等重大事项。执政官由市民选举产生，但一般为显贵家族所垄断。在执政官之下设立各种委员会，各个城市所设有所不同。各城市的统治权一般为贵族和富商所掌握。意大利著名的城市共和国有威尼斯、佛罗伦萨、热那亚和比萨等。

威尼斯是世界著名的水上城市。最初城市建在长约 3.2 公里、宽约 1.6 公里的群岛和泥滩上。5 世纪中叶时这里还只是个渔村。568 年伦巴德人入侵北意大利时，许多大陆居民被逐往潟湖诸岛并建立较大的居民区，7 世纪中叶形成为一个独立的政治实体，称“拜占廷威尼斯群岛”。810 年，查理大帝之子丕平率舰队占领威尼斯，旋为拜占廷夺回。翌年，双方订立和约，查理大帝承认威尼斯为拜占廷疆土，并授予威尼斯人在半岛大陆上贸易的权利。因为处于拜占廷帝国境内，与君士坦丁堡的经济联系密切，并能充分利用与东方恢复贸易的有利条件，威尼斯的经济实力增长迅速。9 世纪 40 年代，威尼斯脱离拜占廷成为独立的城市共和国。

9～10 世纪，威尼斯在地中海十分活跃。除了从事东西方商品贸易外，威尼斯商人还将欧洲的基督徒贩运到阿拉伯帝国卖为奴隶，从中获取巨额利润。其领土也扩张至达尔马提亚，并控制了通往巴勒斯坦的海上通道。欧洲十字军东征给威尼斯突飞猛进的扩张带来了好时机，它乘机在地中海东岸夺取了西顿、推罗等港口作为对东方的贸易据点。特别是第四次十字军东征中，威尼斯商人贵族从中获得巨大利益。13～15 世纪，威尼斯臻于鼎盛，成为一个包括克里特岛、塞浦路斯岛和爱琴海中众多岛屿在内的广袤的海上大帝国。当时它拥有 300 艘大商船、3000 只小船和 46 艘军舰，有 3.6 万名水手。威尼斯城是当时欧洲最大的城市，人口约 20 万人。威尼斯自 1284 年开始铸造金币杜卡特，杜卡特是当时国际市场上通用的标准货币。当时威尼斯年收入达 100 万杜卡特，欧洲其他国家无法与之相比。

威尼斯共和国是商人贵族进行统治的国家。最高权力机关大议会设立于 1172 年，具有立法权和监察权，选举任命总督。1297 年，通过立法形式明确规定：只有“黄金簿”上列名的几百家大贵族家庭的成员才有权选举大议会的议员；只有以往四年中是大议会成员的人才有资格当选议员；大议会成员除非由于世袭，不再增加新的成员。行政权属于从大议会中选出的小议会，小议会由 6 名议员组成。城市共和国的一切重大行政措施和宣战媾和等决策均由小议会执行。国家元首由选举产生，称作“总督”，为终身职。

威尼斯共和国的商人贵族世袭统治曾遭到中下层市民的反对。1310 年，以提埃波洛为首的下层市民举行暴动，但遭到了市政当局的镇压。此后成立了一个由 10 人组成的治安委员会，秘密监视上自总督下至一般市民的一切不轨行为。它对被告人的审讯和判决都秘密进行。对于认为威胁共和国安全的人，或实行暗杀，或关入“铅牢”。

15 世纪末年新航路发现以后，商业重心转移到大西洋沿岸，威尼斯共和国逐渐走向衰落。

佛罗伦萨地处意大利中部的阿尔诺河畔，是从北方进入罗马城的必经之地。原为古罗马军队的驻扎地，6 世纪中叶起属于拜占廷帝国，不久被伦巴德人征服，查理大帝时代又并入法兰克王国。1115 年，托斯卡纳女公爵马提尔达去世，教皇与神圣罗马帝国皇帝为争夺马提尔达的领地而展开斗争。托斯卡纳诸城坐收渔利，获得事实上的独立，佛罗伦萨亦在此时成为独立的城市公社。

13 世纪末是佛罗伦萨历史的转折点。1289 年 8 月，市政当局正式下令废除所辖地区的农奴制度，此举大大地促进了城市共和国内农业和工商业的发展。从此以后，佛罗伦萨的富商、银行家和大工场主采取种种措施逐步把封建贵族排挤出了政权系统。1282 年，佛罗伦萨的七大行会开始完全掌握行政大权，官吏的任免由它们决定。有关法令规定，未列名大行会的贵族不得担任官职。根据当时制定的《正义法规》，七大行会各出 1 名代表，14 个小行会选出 2 名代表，组成长老会议作为共和国的最高权力机关。长老会议的首脑称“正义旗手”，同时也是城市武装民兵的最高司令官。从此，佛罗伦萨确立了“肥人政治”，实行大商人、大银行家和大工场主的联合统治。

14～16 世纪是佛罗伦萨政治、经济和文化事业空前繁荣的时期。自 1252 年起铸造的金币弗罗林，至 14 世纪时成为地中海区域通用的货币。当时的佛罗伦萨是欧洲银行业和呢绒制造业中心，有银行 80 余家。因受理教廷存款和代替教皇在各国征收教会什一税，银行的业务格外兴隆。大银行家们还向各国君主贷款，比如大银行家巴尔迪家族等在

1338年向英王爱德华三世(1327～1377年)贷款136万弗罗林。

1336～1338年,佛罗伦萨已有手工工场200家,生产呢绒七八万匹,价值120万弗罗林。原料和本色粗呢等半成品多来自西班牙和英国,加工精制成细呢后行销欧亚国际市场。佛罗伦萨的呢绒在欧亚国际市场上颇负盛名。

佛罗伦萨的"肥人政治"既排斥封建贵族,又剥夺了一些小行会及未参加任何组织的中下层市民的参政权利,无权民众对富人的不满情绪日益增加。1378年7月,佛罗伦萨的梳毛工人联合未加入行会的小手工业者举行武装起义。镇压起义后,佛罗伦萨的"肥人"竭力寻求更有效的统治方式,日益把政权集中于个别最有势力的家族手中。佛罗伦萨开始由共和制向僭主制过渡。15世纪初年,靠经营银行业发迹的美第奇家族登上了僭主的宝座。

美第奇家族在13世纪开始参与政府管理,因1378年支持梳毛工人起义而受到打击。14世纪末期开始经营银行业,获利丰厚。美第奇家族注意笼络人心和讨好平民群众,最终利用政敌的失误而击败了对手,夺取了共和国的最高统治权。1434年,科西莫·美第奇成为佛罗伦萨实际上的最高统治者,其执政时间为1434～1464年。名义上他虽只是长老会议的议员,但实为佛罗伦萨的无冕之王。长老会议经常在他的官邸里召开,官吏的任免必须由他决定,政府决策只有经他首肯才能生效。此时的佛罗伦萨城市国家虽然形式上是共和制,但实际上是僭主独裁统治。

在科西莫·美第奇之孙洛伦佐·美第奇执政时期(1469～1492年),佛罗伦萨的权力进一步向美第奇家族集中。出于个人集权的需要,他把百人会议改为"七十人会议";1490年,又把权力授予由17人组成的委员会。美第奇家族的集权统治引起了各阶层人民的不满。1494年,圣马可修道院院长萨伏那洛拉领导人民起义,推翻了美第奇家族的统治,佛罗伦萨城市国家的共和制度重新得以恢复。

在从科西莫·美第奇到洛伦佐·美第奇的60年间,佛罗伦萨政治上呈倒退逆行之势,却是文艺复兴的极盛时期。为了使家族的"功业"长存,科西莫·美第奇组织修复和建造了圣马可修道院等许多寺院和教堂。他认为这些建筑物会长期保存下来，成为美第奇家族权势的象征。他还聘请著名建筑家米开罗佐·迪·巴多罗米欧为其设计建造了驰名全欧的美第奇宫，聘请著名画家吉贝尔提和多纳泰罗等创作了许多名画。此外他还组建柏拉图学院，支持一些从事古典学研究的学者深入研究柏拉图学说和古希腊罗马的学术与艺术。柏拉图学院后来成为西欧文艺复兴时期的学术中心。

洛伦佐·美第奇统治时期，佛罗伦萨的文艺复兴运动达到新的高峰。在洛伦佐·美第奇的支持下，比萨学院从1473年开始得到系统发展，洛伦佐·美第奇每年为学院提供6000弗罗林。这所学院为佛罗伦萨培养了大批人才。许多著名学者、艺术家，如波吉亚、阿列桑德罗、米开朗琪罗等，都是该学院培养的。他提倡用托斯卡纳方言从事文学作品的写作，竭尽全力庇护人文主义文学家和艺术家。著名画家波提切利在美第奇宫中作画，受到洛伦佐·美第奇的优待，他的名作《春》《维纳斯的诞生》等就是在该时期创作的。

16世纪以后，佛罗伦萨社会动荡不安，经济和文艺复兴运动逐渐走向衰落。

热那亚濒临利古里亚海，10世纪起以商业活跃于地中海上，并且成为西欧与东方的重要贸易中介，十字军东征期间取得了叙利亚和巴勒斯坦一带城市的商业特权，成为海上强国。13～14世纪，热那亚进入全盛时期，于1284年和1298年分别打败海上劲敌比萨和威尼斯。14世纪末，因内部矛盾激化国势转衰，在对外战争中失败。1378～1380年，热那亚两次在海战中被威尼斯人打败。拜占廷帝国灭亡前，热那亚与其有着比较密切的经济联系，君士坦丁堡近郊有加拉太热那亚人殖民聚居地，他们在当地享有商业特权。1453年，君士坦丁堡为奥斯曼帝国攻占，随后由于新航路的开辟和欧洲商业中心移至大西洋沿岸，热那亚的地位日渐衰落。

在意大利诸城市共和国中，比萨的影响虽不及以上三国，但有自己的特点。它位于利古里亚海东岸，是托斯卡纳的天然良港。11世纪时在与阿拉伯人的作战中开始崛起，发展非常迅速，1081年就建筑了比萨新城。由于在热那亚人通向东方的海上通道旁边，并且率先崛起，比萨在几个世纪里一直是热那亚的劲敌。1284年海战中被处心积虑的热那亚人打败后，国势逐渐转衰。同热那亚一样，比萨城市国家富商占据统治地位。

欧洲城市是手工业生产基地。手工业者用自己的劳动工具和原料进行简单商品的生产，产品归自己所有，主要是为了出售。生产在狭小的作坊里进行，作坊主称“匠师”，通常有帮工、学徒2～3人。在此情况下，每个劳动者自始至终制造一件产品，直到完成为止。手工业产品的质量和每个生产者的经验、技术水平直接相关。

城市兴起初期市场狭小，产品销路不大，手工业者一遇封建主侵害和逃亡农奴竞争，生产和生活就难以为继。为了避免这种情况发生，他们组织了同业行会，同时组建了行会武装。可以看出，所谓行会，是同行匠师出于“对保护财产、增加各成员的生产资料和防卫手段的关心”[①]。行会对于内部而言主要是为了防止成员之间的竞争，对外则追求本行业的垄断地位。逃入城市的农民手工业者或外地来到本城的手工业者都不得从事已组成行会的手工业门类的生产。如有违犯，必定受到有关行会的追究。

行会为了消除内部的竞争，明确限定每个匠师拥有的工具和帮工学徒的数量；限定劳动时间，日出而作，日没而息；产品的数量和质量也有明确规定，不得违反，违者重罚。从上述措施看，行会在经济上采取平均主义有限制生产发展的一面，同时也有保证产品质量和维持从业者生产生活基本水平，保持内部相对团结、稳定的一面。

能够参加行会的手工业者只有作坊主，他们又被称作“行东”。行东地位的取得来之不易，他们一般都要经过一定时期的学徒和帮工阶段才能参加行会，获准开设作坊成为匠师。学徒期限因行业而异，最短的2～3年，长的7～8年，有的行业甚至长达10～12年。学徒年限依手艺的复杂程度而定。学徒时在师傅家食宿，要交纳学费，要从事各种艰苦的服务性劳动。学徒期满可以成为帮工。帮工根据合同受雇于匠师，可以得到一定数量的工资。帮工通过一定期限的工作后，经考核才能成为

① 《马克思恩格斯选集》第1卷，人民出版社2012年版，第186页。

匠师。

西欧的手工业行会出现于11～12世纪。起初，它在保护小商品生产者免遭社会侵害和毁灭性竞争方面，在促进生产经验积累、劳动工具改进和产品质量提高方面都有积极作用，但14世纪以后逐渐走向了自己的反面。

西欧城市一般都由城市贵族掌握政权。城市贵族包括大富商、高利贷者、房主和地主等，他们一般都身居城市要职，出任市议会议员、政府首脑、司法审判团成员等，实际上握有城市的行政、经济、财政、司法和军事大权。手工业者要缴纳苛重的税赋，而城市贵族拥有大量财产却几乎不纳税。他们承包生活必要品的间接税，同时还竭力抬高这些商品的价格，由此引起了广大中下层市民的反对。城市行会与城市贵族之间的斗争由此而发生。

13～15世纪，西欧各城市几乎都发生了反对城市贵族的斗争。手工业者反对城市贵族的压榨和奴役，争取自身的政治和经济权利，因行会是领导者，因而这场斗争被称作"行会革命"。由于各城市的情况有差别，所以斗争的结局也不尽相同。一些城市的行会斗争胜利了，这是因为该类城市中手工业比较发达，行会占据优势地位，如佛罗伦萨、奥格斯堡、科伦等城。另一些城市的行会斗争之所以失败，是因为该类城市中商业和商人占据绝对优势地位，如威尼斯、热那亚、汉堡、吕贝克等城。但是，行会斗争取得胜利的城市市政大权也不是掌握在下层行会手中，而是由富有的上层大行会与城市贵族联合统治，比如佛罗伦萨、科伦与斯特拉斯堡。

随着生产的发展和市场的扩大，行会内部手工业者之间的竞争加剧了。虽然行会竭力限制，但这是无法改变的发展趋势。有些手工业者适应市场需要，竭力扩大自己的生产规模，力求增加产量；大的作坊主和较富有的手工业者则开始为小作坊和小匠师提供原料和半成品，然后收购包销他们的产品，以此来获取垄断性利润。这样一来，就出现了各手工业行会内部富有者越富有、下层行会成员往往破产沦为城市贫民的情况。

另外，手工业行会的分化还表现在各行会的不平等关系上。有些行会资财雄厚，居于统治的地位；有些行会则日趋衰落，处于从属的可怜境地。类似情况，佛罗伦萨、伦敦、巴黎、巴塞尔等城市都有。最后，行会的这种两极分化终于导致了行会制度的瓦解。

随着行会成员的分化和行会间的分化，手工业者社会地位的分化也深入到了手工业作坊内部。14～15 世纪，帮工和学徒的处境日益恶化。少数富裕行东控制行会，制定有利于自己的行规，排斥新的作坊的设立，限制帮工上升为行东，使之成为实际上的永久帮工。他们延长帮工的工作时间，压低帮工的工资，为帮工的晋级制造人为障碍。帮工每天的工作时间大多延长至 14～18 小时。在此情况之下，行东实际上成了压迫帮工和学徒的狭隘社会集团。

为了维护自身的利益，帮工和学徒曾自行组织“兄弟会”“友谊会”等与匠师开展斗争。他们要求提高工资，缩短工时，甚至采取了罢工和起义的形式。1350 年，伦敦的剪毛业行会发生了行会帮工罢工斗争。他们在递交给行东的请愿书上写道：“匠师们与其发生的冲突要由匠师出面来协商，问题未解决前大家不再干活，不再为主人服务。”1410 年，德国的康斯坦茨曾发生裁缝业帮工的罢工。1415 年，伦敦的帮工掀起斗争浪潮，领袖人物为裁缝业的帮工。帮工们开展的上述反对城市市民上层的斗争，在一定程度上改善了他们日趋恶化的社会处境。

中世纪城市既是手工业中心，也是商业中心。随着地区贸易和国际贸易的发展，13～14 世纪在欧洲出现了两个主要贸易区。首先是自古以来就存在的地中海贸易区。意大利威尼斯等地商人在这里占据主导，主要从事东西方贸易。他们运来的东方商品主要是香料、丝绸、棉花、棉布、宝石、金银首饰等，向东方输出木材、呢绒、金属等。其次是北海和波罗的海贸易区。这里以佛兰德斯诸城市，特别是布鲁日为中心。在这里销售的商品主要有罗斯的木材、毛皮、蜂蜜，瑞典的金属，德意志的粮食、亚麻，英国的羊毛和佛兰德斯的呢绒。

在经商的过程中，一些城市的大商人为保障生命财产安全和获得更大的商业利益而联合起来，组成同盟，最为典型的是德国城市同盟。

12～13 世纪，德意志工商业得到相当程度的发展，许多旧城市迅速扩大，新城市也不断涌现。德国北部城市如吕贝克、汉堡、不来梅等，从

13 世纪起从事海外贸易；南部城市如奥格斯堡、纽伦堡等，和意大利北方城市早有商业来往。事物往往有相互矛盾的两个方面。德意志城市的发展得益于宽松的政治环境，得益于王权衰弱和小邦林立，但发展到一定程度时也受限于此：各地设立关卡，任意征税；更为严重的是，许多无地骑士、强盗骑士团伙公开抢劫，阻碍了城市工商业的发展。为对付封建主的骚扰，保护自身的利益，一些利益相关的城市寻求联合，遂结成了城市同盟。

城市同盟曾出现于德国的许多地区。其中，最重要的是汉萨同盟。此外，还有莱茵同盟和士瓦本同盟。

“汉萨”一词拉丁语意为“商业公会或集团”，汉萨同盟萌芽于 13 世纪。中心城市吕贝克和汉堡是从神圣罗马帝国皇帝那里获得特许状而成为帝国自由城市的。1241 年，吕贝克与汉堡结为同盟，以保护其连接波罗的海和北海的陆上通道。1256 年，文德人诸城市，包括吕贝克、斯特拉尔松、维斯马、罗斯托克等举行了第一次有记载的会议，吕贝克成为诸城同盟之首。“汉萨同盟”一词始见于 1344 年的一份文件中，一般认为这一年是汉萨同盟成立的较确切时间。

汉萨同盟是以从事贸易为目的的松散的商业联盟，自 14 世纪中叶起进入鼎盛时期，最多时联合了近 200 个北欧城市，它们分布于东起波罗的海东南岸、西到尼德兰的广大地区。同盟的最高权力机关是每三年召集一次的代表会议。第一次同盟会议召开于 1356 年。开会地址一般在吕贝克的黄金大厦。按规定，入盟城市必须派一至两名本市议会的议员作为代表出席。会议决议由代表投票表决，半数以上为通过。决议有法律效力，全体成员城市必须遵守，违者一般是令其出盟。汉萨同盟没有常设管理机构，也没有自己的印章，一般以吕贝克市的印章作为同盟标识。此外，汉萨同盟也不同于古希腊时代的一些城市同盟，它没有共同的金库和常备军。有战争或向君主贷款以换取商业特权需要资金时，筹款是临时摊派。作战所需军事力量是临时集结各城市的陆海军。1368～1370 年，汉萨同盟和瑞典等国结盟，大败丹麦国王瓦尔德马四世(1340～1375 年)，迫使其缔结《斯特拉尔松和约》。丹麦此后被迫承认了汉萨同盟在波罗的海和北海地区的贸易特权，汉萨同盟取得了在松德海峡的捕渔权。

汉萨同盟的商业活动主要是中介贸易,贸易范围南达英格兰、北至波罗的海沿岸诸国。同盟在海外贸易的中心城市设有商站,比较重要的有伦敦、布鲁日、卑尔根、维斯比和诺夫哥罗德等城市商站。每个商站还在附近城市设若干分站。商站享有治外法权。它们可以不执行当地的法律,管理和运营按照同盟的法规进行。同盟的法规实际上是吕贝克的法规。

15 世纪中叶以后,汉萨同盟逐渐走向衰落。原因有三:一是欧洲各中央集权民族国家形成后限制其在本国的活动;二是新航路开辟后欧洲的商业重心发生了变化;三是同盟内部各集团间的矛盾日趋加深。1494 年,莫斯科大公伊凡三世把北德商人逐出诺夫哥罗德,关闭了汉萨同盟在该城的贸易商站。新航路开辟后,欧洲的商业重心转移到了大西洋沿岸各城市,尼德兰和英国的城市迅速崛起,它们的经济实力超过了汉萨同盟。至 1500 年,荷兰人在波罗的海的船只总数已多于汉萨同盟。北德城市此后无力与荷兰竞争,北海和波罗的海的商业特权由此丧失。同盟成员有集团之分,各集团之间矛盾的加深也是汉萨同盟日渐衰落的重要原因。以吕贝克为首的属于波斯拉巴斯拉夫族系的文德人城市集团,竭力阻止波罗的海东部城市与北海各国进行直接贸易。此举不但遭到了英国和荷兰的反对,而且也引起了上述两部分同盟城市的不满。波罗的海东部的普鲁士—立沃尼亚城市集团公开摆脱盟主的阻挠,与西方国家建立了直接贸易关系。以科隆为首的莱茵河流域城市集团与英国、尼德兰均有密切的贸易联系,当同盟与英、尼对抗时,该集团的商人总是持反对态度。至 16 世纪末,同盟的影响已不复存在。1669 年,汉萨同盟正式宣布解散。

城市的兴起对西欧历史发展产生了重大影响。第一,促进了生产力的发展。它为手工业的发展提供了集中、方便的场所,为农业发展开辟了市场,因此又促进了商业、交通运输业的发展,并导致银行业的产生。第二,部分地改变了西欧封建社会内的阶级结构和阶级关系。随着城市的兴起,在城市内部产生了城市贵族(担任一定公职的大行东、大商人、大高利贷者等)、市民(一般行东、商人等)和城市平民(帮工、学徒、短工、小商贩等)。城市贵族、市民都与旧封建领主有一定的矛盾,市民在一定条件下是农民反封建的友军,城市平民则是农民反封建的同盟军。在农村,商品货币经济的发展促使封建主阶级发生分化,一些中小封建主日益摆脱军役束缚,参与市场经济,地位不断提高;相反,那些只是坐享地租的大封建主不能适应新的经济变化,被时代抛弃。另外,随着货币地租的推行,农奴的依附关系减弱,大量农奴获得解放。第三,促进了政体的改变。随着经济地位的提高,市民阶级日益登上政治舞台。13~14 世纪,英、法等国的国王和旧的教俗贵族不得不允许城市代表参加政权,从而形成了英国的国会和法国的三级会议这类等级代表会议。第四,为科学、文化和教育的发展创造了条件。城市兴起后,经营工商业的需要产生了城市文化,突出表现在城市文学的产生和城市私立学校、大学的兴起,学校培养了一批新型的为市民服务的知识分子。总之,城市的兴起促进了西欧封建制度的灭亡和资本主义的产生。

第五节　王权与教权

在西欧封建社会,王权是通过封臣制建立起来的一套封建隶属关系来实现对全国的统治的,国王很难对全国实行直接控制,这就为以罗马教皇为首的天主教会势力的发展提供了可乘之机,从而引发了王权与教权之争。

王权与教权之争的理论根源可以追溯到 5 世纪的奥古斯丁(354~430 年)。他在《上帝之城》一书中批驳了罗马城于 410 年陷落于西哥特人之手是罗马接受基督教的后果的说法,进而提出上帝之城的永恒性和地上之城的暂时性。上帝之城在地上的代表就是教会;世俗国家的地上之城只有服从、服务于教会,才能成为上帝之城的一部分。很显然,在奥古斯丁这里,世俗国家的权力要低于教会的权力。未曾想,在罗马帝国时期没有引起争论的问题,中世纪时则成为争论的焦点。

如果单从教会管理属灵事务、世俗王权管理属世事务来看,教权高于王权只是一个理论之争。但事情的发展并不如此简单,因为教会在标榜拯救人的灵魂的同时，也大肆攫取世俗权力，这就使两者之间的斗争远远超出了理论斗争的范围。

王权与教权之争首先要从教皇国的形成和教皇势力的发展来分析。自从392年罗马帝国的狄奥多西一世(379～395年)下令关闭一切异教神庙、禁止献祭活动后，基督教便成为罗马帝国的国教，教会也开始接受大量的捐赠。到5世纪时，基督教会已成为西欧社会最大的土地所有者。西罗马帝国灭亡后，教会依靠其强大的经济力量而独立。568年，伦巴德人大举南下直逼意大利，严重威胁着罗马的安全，而此时，拜占廷帝国又无力顾及罗马的事情，因此，教皇成了抵抗蛮族入侵的组织者和领导者。最后，教皇在法兰克人的帮助下，于756年彻底打败了伦巴德人。“丕平献土”奠定了教皇国的基础，但引起拜占廷帝国的不满。拜占廷帝国认为这片领土理应属于自己。为保住领土，罗马教皇不惜伪造了一份名为《君士坦丁的赠礼》的文件。文件写道：君士坦丁为了酬谢罗马主教治好了他的麻风病，迁都君士坦丁堡，把罗马乃至整个西罗马帝国都交给罗马主教及其后继者管辖。我们不难看出，罗马教皇对世俗事务的关注不亚于他对属灵事务的关心。

其次，罗马主教并不满足于统治教皇国这一隅之地，在中世纪欧洲还自称是彼得的继承人，享有彼得的地位，应位列其他主教之上；在天主教教政体制中，他享有最高立法、行政和司法权，如有权就教义等问题发表权威声明，制定或废止教会法规，创立教区，任命主教等。如此这般，教皇不仅是教皇国的实际统治者，而且还是西欧各国教会的最高首领。所以，随着西欧封建制度的确立，教皇也建立起与西欧封建社会等级制相类似的教皇体制，各地主教和修道院长都成了罗马教皇的附庸。西欧各国在封建制度确立之后，王权并不是始终强大的，当他们为大封建主的割据势力所困扰的时候，教皇则正好趁机大肆攫取世俗国王的权力，凌驾于西欧各国君主之上，成为西欧国际事务的仲裁者。

王权与教权之争在西欧各国普遍展开起因于法国克吕尼运动。910年，克吕尼修道院建立，其严格遵循本尼狄克特制定的规章制度，得到许多修道院的响应。11～12世纪，以该修道院为样板在整个西欧兴起了一场修道院改革运动，史称“克吕尼运动”。后来该运动的领导人希尔德布兰德成为教皇，即格里高利七世（1073～1085 年），这使克吕尼运动达到高潮。运动的主旨是整顿修道院纪律，重振教会；严禁神职人员结婚，防止教产因在神职人员的亲属中间分配而减少，以致影响教会的物质基础；鼓吹教权至上，教皇永无谬误，公开干预政治，与世俗君主争权夺利。

在西欧早期封建社会，王权与教权之争因各国具体情况不同，表现出的激烈程度也不一样。与英、法两国相比，德国的王权与教权之争要激烈得多，这是与德国国王奉行的政策相适应的。

在德国，国王或皇帝借助教会来加强统治，各地的主教和修道院院长是国王或皇帝的封臣或附庸，要向国王或皇帝宣誓效忠，并接受国王或皇帝的任免。为此，德国国王或皇帝授予他们以广泛的特权，即“奥托特权”。克吕尼运动兴起之后，教皇对德国的主教任免权也提出要求，主张教会权力不应受自国王，皇帝也无权插手主教的遴选和叙任。无论是教皇尼古拉二世（1058～1061 年）还是亚历山大二世（1061～1073 年），都不断提出对德国主教的叙任权，直到格里高利七世，王权与教权的矛盾白热化。1075 年，格里高利七世以整饬教规、反对教会世俗化、禁止买卖神职和神职人员结婚为由，通谕废除世俗君主对教职的叙任权。皇帝亨利四世针锋相对，于 1076 年 1 月在沃姆斯召集德国主教开会，谴责教皇。同年 2 月初，教皇在拉特兰宫召开会议，将亨利四世开除教籍，解除其臣民对他的效忠誓约。10 月，德国国内反对皇帝一派的主教和贵族集会赞同教皇剥夺亨利四世的教籍，要求亨利四世放弃皇位。被逼无奈的亨利四世只好于 1077 年 1 月翻越阿尔卑斯山到教皇驻地卡诺莎城堡请求教皇赦免。亨利四世在卡诺莎身披悔罪衣，赤足冒雪哀求三天，最终取得教皇的谅解，恢复了教籍和统治权。这便是历史上著名的“卡诺莎事件”。亨利四世的悔过只是权宜之计。恢复权力之后，亨利四世立即回国镇压了反对派，稳定了国内局势，接着挥军南下，将格里高利七世拉下教皇宝座。格里高利七世被迫随同前来救援的诺曼人离开罗马，最后客死他乡。

王权与教权双方如此大动干戈，绝不仅是因为名义上的主教叙任权之争，其背后隐藏着的是对物质利益的争夺。当时，主教、修道院长等神职是获利颇丰的“肥缺”。一方面，教会领地不会像世俗封建主那样因继承问题而被分割，相反的是不断扩大；另一方面，教会拥有一套严密的组织系统，能够通过各种宗教活动把教徒的一生都控制在教会的掌握之中，可以在宗教的名义下征收各种名目的租税、罚金和接受捐赠等。所以，这些高级神职成为贪婪者的追逐目标。谁册封这些神职，谁就可以把教会或修道院的收入据为己有。国王和教皇自然都不肯放过如此好的获利机会。在德国，皇帝或国王册封主教和修道院长自奥托一世时起，就已作为王权与地主诸侯做斗争的主要手段，因此，大多数的德国主教和修道院长是作为国王的封臣而存在的，其领地上的收益当然归国王所有。而罗马教皇则以教皇至上为由，坚决反对由世俗国王任命神职人员。这无疑是从国王口中夺食，严重动摇了德国王权统治的基础。因此，双方的斗争是不可调和的，斗争的胜负完全取决于实力的对比和当时的国际、国内形势。

亨利四世与格里高利七世之间的斗争并没有取得最终结果，王权与教权的斗争在两者的后继人中间继续展开。直到1122年双方才相互妥协，签订了《沃姆斯宗教协定》，把主教、修道院长的宗教权力和世俗权力平分为二，由教会和国王分别授予。根据协定，德国皇帝同意教会自由选举主教和其他高级神职人员，教皇同意在德国的选举应在皇帝或其代表莅临下举行，遇有分歧由皇帝出面裁决。神职人员人选确定后，首先由皇帝授予权标，作为领地世俗权力的标志，接着由教皇授予指环和牧杖，象征领地上的宗教权力。皇帝的神职授予权大为削弱。德国的主教叙任权之争至此告一段落。

教皇权势在英诺森三世（1198～1216年）任教皇时达到顶峰，形成了一系列具有中央集权性质的教会管理制度。1215年，他主持召开第四次拉特兰宗教会议，确定基督教圣礼为洗礼、坚信礼、婚礼、弥撒、忏悔、圣职授任礼和临终涂油礼七项，要求每个教徒每年至少向神父忏悔一次，做弥撒一次，西欧基督徒的宗教生活被大大规范化。1199年，英诺森三世曾向各地教会征税，此后教皇取得了在西欧范围内的征税权，教皇的财政收入大为增加。他还曾迫使英王约翰（1199～1216年）纳贡称臣，干预德国皇位继承。

总之，王权与教权的斗争，是西欧封建王权衰弱的表现，是罗马教皇势力发展的结果，它在整个西欧封建社会都是十分引人注目的话题。

第六节　十字军东征

自11世纪末年开始，西欧封建主在宗教旗帜下对地中海东岸各国发动的军事殖民远征，史称“十字军东征”。

十字军东征的根本原因是西欧各国的教俗封建主企图到先进的东方扩张领土和掠夺财富。城市兴起后，商品经济迅速发展，封建主阶级各阶层贪图享受的欲望因此而急剧膨胀。除了国王、公爵、伯爵一类的大封建主企图竭力掠夺东方国家的领土和财富外，中小封建主对东方也十分向往。其中有两种人：一部分是因实行长子继承制而继承了前辈领地的封建主；另一部分是不享有继承权的无地骑士。就拥有产业的封建主而言，他们往往禁不住商品经济的诱惑，荒淫挥霍，手头拮据，需要增加收入来满足贪婪的欲望。无地骑士更渴望侵占土地和掠夺财富，他们和有产业的中小封建主一起构成后来十字军队伍的主力。

十字军东征的第二个原因是罗马教廷和西欧教会的怂恿。他们追求物质财富的增加，又向往扩大西方教会的势力。企图把东方正教教会置于罗马的控制之下，同时梦想从伊斯兰教徒手中夺回失去的地盘。1095年11月，教皇乌尔班二世在法国克勒芒召开的宗教会议上向与会者发表蛊惑人心的演说，抨击东方伊斯兰教徒的残暴，号召各国领主、骑士和普通人拿起武器，夺回主的坟墓。此后不久，十字军东征正式开始。

此外，意大利各商业共和国出于自身利益考虑，也对十字军东征起到了推波助澜的作用。特别是威尼斯和热那亚，一直与近东地区有密切贸易关系，他们的竞争对手是拜占廷商人和阿拉伯商人。意大利商人企图利用西欧的军事力量打击自己的竞争对手，以便独占东西方贸易。他们因此而支持十字军向东方扩张，并且曾在十字军东征中扮演了极不光彩的角色。

十字军东征从1096年春开始到1291年结束，先后进行了八次。其中第一次和第四次影响最大。

第一次十字军分为农民和骑士两支队伍。1096年初春，法国北部和德国莱茵地区集结了六七万人，他们在法国阿缅的隐修士彼得的领导下沿朝圣者的路线向东方进发。由于缺少武器，又无粮秣供应，沿途以乞讨和抢劫为生，他们到达小亚细亚后被突厥人围歼，损失惨重。

骑士是第一次十字军的主力。1096年秋，他们自法国、德意志和意大利分别向君士坦丁堡集结，1097年春集结完毕，共有三四万人。由诺曼骑士塔兰托的鲍埃蒙德等人率领向小亚细亚进击。进入亚洲后，他们南下巴勒斯坦，于1099年7月攻陷耶路撒冷。城中居民约7万人惨遭杀害。以该城为中心，骑士十字军建立了耶路撒冷王国，国王为洛林骑士领袖布雍的戈弗雷。在此之前，十字军还建立了埃德萨伯国和安条克公国，此后又建立了的黎波里伯国。十字军各公国和伯国以耶路撒冷王国为宗主，原则上隶属王国，但实际上各自独立。西欧封建主把西方的封建制度原封不动地移植到了近东。它们的政治制度和社会制度与西欧极为相近，国王由推选产生，国家首脑的权力受到大领主会议的限制。

十字军各国在近东处于孤立无援的境地。为确保十字军占领的土地，教皇于1119年在耶路撒冷建立了圣殿骑士团。圣殿骑士团以法国人为主，是一个宗教性军事组织。其他重要的宗教性军事组织还有医院骑士团和条顿骑士团。医院骑士团又称“圣约翰骑士团”，以意大利人为主；条顿骑士团成立时间晚一些，以德国人为主。这些骑士团名义上隶属教皇，有严格的组织纪律，实际上各自为政。

1144年，塞尔柱突厥人、摩苏尔总督赞古攻占埃德萨，教皇为此曾组织了第二次十字军东征，时间为1147～1149年，结果失败。

1187年，埃及苏丹、库尔德人萨拉丁夺取耶路撒冷，西欧震惊，于是又组织了第三次十字军东征。虽然这次有英、法、德三国国王参加，但他们之间矛盾重重，战略不一，未能夺回耶路撒冷。

第三次十字军东征失败不久，刚上任的教皇英诺森三世便组织了第四次东征。

第四次十字军东征充分暴露了它以宗教纷争为借口，目的是掠夺地中海东部地区领土和财富的本质。

第四次十字军东征最初确定的进攻目标是埃及，目的是捣毁占领十字军东方领地的阿尤布王朝的老巢。大军去埃及需要大量船只运送，于是他们请求威尼斯给予帮助。威尼斯与埃及有频繁的贸易往来，他们不希望埃及受到战争破坏，因此总督恩利克·丹多洛（1192～1205 年）以 8.5 万银马克的高价相要挟。在威尼斯商人的要挟和怂恿下，第四次十字军东征被迫改变方向转而去进攻同一宗教的拜占廷帝国。1204 年，十字军攻占拜占廷首都君士坦丁堡，并在征服的拜占廷土地上建立了拉丁帝国，领土包括色雷斯、南希腊大部和小亚细亚西北部。拉丁帝国存续至 1261 年，最后被残存的拜占廷统治势力依靠人民的力量摧毁。

后来，十字军又进行了四次东征，均遭失败。1291 年，十字军的最后一个据点阿克城被攻陷，十字军东征至此彻底失败。

近两个世纪的十字军东征使地中海东部各国生灵涂炭，大量财富被毁，许多文明古迹化为瓦砾灰烬。十字军东征运动阻碍了上述地区各国社会历史的发展。同时，战争也给西欧各国人民带来了苦难和不幸。有几十万人因参加十字军而死于非命，社会生产力也因此而遭到破坏。

但是，战争也是当时各国、各民族交往的一种方式。十字军东征运动后，东西方的往来更加频繁，商品交换更趋活跃，从而促进了手工业和商业的发展，西欧的商品货币经济由此日益繁荣，这一结果是人们所始料不及的。此外，交往频繁有利于生产技术的传播。在交往中，东方的一些先进生产技术和优良的物产传到了西方。

西欧封建主的生活方式因此而发生变化是十字军东征的又一影响。他们到东方后开阔了眼界，领略了海外诸国较高的物质文明和精神文化式样，此后的生活方式明显不同于以往，他们在吃、穿、住、用诸方面更加追求奢侈和豪华，货币需要量由此而增加。该趋势对于商品关系的发展有一定积极作用。

十字军东征的另一重要后果是削弱了拜占廷、阿拉伯商人在东西方贸易中的地位，提高了西欧商人在地中海贸易中的地位。

第七节　西欧议会政治

所谓议会政治，是指国会或类似的代议机构在一国的政治生活中居于重要地位。议会政治又称“代议政治”，表现形式是统治者与社会上层或社会各重要阶层之间互有权利和义务，其实质是统治者与被统治者之间形成了政治上的契约关系。专制政治之下最高统治者的权力是绝对的、不可分割和不受制约的。议会政治则与之不同，议会政治下最高统治者的权力不是绝对的，要受到制约和平衡。中世纪时期，英国、法国、尼德兰、卡斯提尔、阿拉贡以及卡斯提尔与阿拉贡联合后组成的西班牙，都有议会政治存在。

英国是中世纪西欧实行封建议会政治的典型国家，它的议会政治起源于《自由大宪章》和《牛津条例》。

英国在诺曼征服后建立起较为强大的王权。此后，英国王权不断加强。1154 年，征服者威廉孙女之子、法国安茹伯爵亨利继承英国王位，是为亨利二世(1154～1189 年)，从此开始了安茹王朝(又名“金雀花王朝”，1154～1399 年)的统治。亨利二世除统治英国外，还在大陆上拥有诺曼底、安茹、布列塔尼等领地。亨利二世致力于推行司法改革和军事改革。他限制封建主的司法权力，国王法庭在全国范围内较为有效地行使司法权。他还推广此前曾实行的“盾牌钱”制度，规定部分中小封建主可以交纳一定数量的货币代替军役。盾牌钱实行后，国王开始用货币雇用军队，减少了对封建主的依赖；同时，一部分中小封建主摆脱了封建军役束缚，专门经营农牧业，形成一个新兴阶层。

英国王权虽然较强，但仍然存在着封建贵族割据独立的倾向。无地王约翰统治期间(1199～1216 年)与法国发生战争。为了筹集战争军费，约翰向各封建主征收款项，规定不交或迟交即受罚款。这一做法引起了世俗贵族的不满。另外，约翰平时专横暴戾，勒索无度，也触犯了中小贵族和市民的利益。一些大封建主利用人们的不满，在市民和骑士支持下组织武装，进攻伦敦，迫使约翰于 1215 年 6 月签署了《自由大宪章》这一限制王权的封建文件。《自由大宪章》规定：未经领主代表会议同意，国王不得向他们征派款项；未经同级贵族的合法判决，国王不得逮捕或监禁任何人，不得剥夺他们的土地和财产。1258 年，英国大贵族们又在牛津开会，通过了进一步限制王权的决议——《牛津条例》。当时在位的国王亨利三世(1216～1272 年)被迫接受了条例。《牛津条例》规定：

由15个大贵族组成委员会，实际掌握国家政权；同时，由实际执掌国家政权的贵族和另外选出的12名贵族组成国会，每年开会三次，讨论重大国事。《自由大宪章》和《牛津条例》在英国历史上具有重大而深远的意义，它确立了法律高于王权的原则，初步提出了组成国会管理国家的思想，奠定了英国封建社会制税原则的基础，即“不出代议士不纳税”、纳税主体有权决定纳税事宜。

有理有节的斗争是社会成员向统治者争取正当权利的重要途径，英国议会政治确立的历史能给以有力的说明。《自由大宪章》和《牛津条例》签署后，约翰和他的继任者均无诚意遵守，人们便继续进行斗争。1263年，内战爆发，莱切斯特伯爵西蒙·孟福尔联合骑士和市民打败并俘虏了国王。1265年，英国召开了有封建贵族、主教以及各郡骑士代表和各大城市市民代表参加的封建主大会。孟福尔此后虽然在继起的内战中失败并被杀害，但他开创的由封建主开会决定国家大事的先例被继承下来。1295年，英王爱德华一世(1272～1307年)为筹集军费召开国会，出席会议的社会成员成分与1265年会议完全一样。此后国会经常召开，并以1295年的国会为榜样，称为“模范国会”。1297年，国会正式获得了批准赋税征收的权力。14世纪初，国会又获得了颁布法律的权力，同时成为王国的最高法庭。由于各个等级的利益不同，英国国会从1341年起分为上、下两院。上议院由教俗贵族组成，下议院由地方骑士和市民代表组成。至此，等级代表会议与国王相结合的统治形式在英国正式确立。

与此同时，法国形成三级会议这一等级代表会议制度。

随着城市的兴起，法国国王找到了城市这一同盟者，王权不断加强。城市为发展工商业要求国家统一，以金钱和武力支持国王与割据势力做斗争，而国王则给城市以自治权，采取措施发展工商业。腓力二世(1180～1223年)曾先后给41个旧城和43个新城颁发自治许可证。在城市的支持下，腓力二世在与英王约翰的斗争中取得胜利，夺取了英国在法国的大片领地，并将佛兰德斯置于法国的控制之下。

路易九世(1226～1270年)通过改革继续致力于加强王权。首先是司法改革。他自任最高法官，规定重大案件须送交国王法庭审理。禁止在王室领地内进行封建私斗，在诸侯领地内，实行“国王四十日”制度，即在 40 天内封建主之间只许宣战，不许开战，受到挑战的一方可以在此期间向国王提出申诉，由国王裁决。针对货币混乱的状况，路易九世下令王室领地除国王所铸造的货币外不得使用其他货币。军事上，他开始招募雇佣军，作为保卫王权的重要力量。

在加强王权的过程中，法王腓力四世（1285～1314 年）把矛头指向天主教会。为了寻求社会各阶层的支持，腓力四世于 1302 年召开了法国历史上第一次三级会议。参加会议的有高级僧侣、贵族和市民三个等级的代表。此后相当长的时间内，法国的三级会议曾不间断地召开。会议召开方式是由国王召集，三个等级分别开会，每个等级只有一票表决权。法国三级会议的职能是：国王要征收新税，事先须经其同意；监督赋税的开支；讨论国家有关和战重大问题。此外，对国家的重大人事安排三级会议也有权过问。

类似英国、法国的代议机关，尼德兰、卡斯提尔、阿拉贡以及从斐迪南（1479～1516 年）到卡洛斯一世（1516～1566 年，即神圣罗马帝国皇帝查理五世）统治时期的西班牙的议会也有限制王权的作用。

资产阶级革命前的尼德兰，各省有省议会，在其上有全国性的三级会议。如果在尼德兰征收新税，须经省议会批准。西班牙国王卡洛斯一世及其继任者腓力二世无视尼德兰的这一传统，加重税收，结果导致了革命。卡斯提尔的议会最初由贵族和僧侣组成，从 13 世纪起有城市代表参加。国王的征税法案只有经议会通过才能实行。阿拉贡的情况与卡斯提尔相同。15 世纪末期卡斯提尔、阿拉贡以及加泰罗尼亚等合并为统一的西班牙国家后，原来各国的等级会议依然保留，它们仍对国家王权有一定的制约作用。比如，1520 年初，卡斯提尔议会在表决补助金提案时，曾向卡洛斯一世提出条件，要求其不得任命外国人担任官职，不得把金钱运往国外。最后，国王做出让步，同意了议会的要求，提案才被通过。总之，西欧各国大多自中世纪中期就形成了制约王权的议会政治，它们与东方集权专制国家在行政制度上有很大不同。

第八节 14～15世纪的西欧社会

14～15世纪,西欧社会发生了许多重大变化。在困境中,经济发展模式进行了诸多调整,庄园制、农奴制瓦解了。阶级矛盾空前尖锐,人民群众的反抗斗争进入高潮。英法在百年战争后王权进一步加强,民族国家日益形成。在世俗势力不断发展的同时,天主教会日益遭到削弱,西欧社会正在迈入一个新的历史阶段。

14～15世纪,西欧发生了严重的饥荒。一方面是由于自然灾害。1314～1316年,西欧连年歉收,造成了1315～1317年的大饥荒,大批城市居民因买不到粮食而饿死。1348～1349年,“黑死病”(一种淋巴腺鼠疫)横扫西欧,在以后几十年里又不时爆发,夺走成千上万人的生命。在爆发严重的地区,有1/4以上的人口死于黑死病。另一方面是由于战乱和雇佣兵的骚乱。14～15世纪,大封建主和国王发动了一系列规模大、时间长、破坏严重的战争,为筹集战争经费,政府增加税收,发行劣币,造成通货膨胀。雇佣兵战时杀人越货,平时四处抢劫,破坏公共设施。所有这些造成土地播种面积减少,一些土地重新抛荒。

为了应付和摆脱危机,西欧经济进行着一系列自发的调整。在农村,人口日益集中在土地肥沃的地区,比较粗放的农业向比较集约的农业转化。耕地面积的减少为畜牧业的发展提供了条件,草场大量增加,种植业和比较发达的畜牧业开始结合在一起,成为西欧未来农业的一大特点。英国的养羊业、尼德兰的奶牛业迅速发展,产品大量出口。水果、亚麻、啤酒花等经济作物的种植面积大为增加。与此同时,人们的饮食结构逐渐发生变化,肉、蛋、奶等食物的消费量增加,谷物的消费量随之下降。总之,这是西欧农业史上一个重要的转折时期,近代欧洲农业的许多特点在这一时期萌芽。

工商业的发展也呈现出一些新特点。由于社会对手工业产品的需求量不断增加,手工业产品的价格居高不下,部分城市手工业者集聚了大量财富。远离城市、受行会规章束缚较弱的矿冶业日益发展。由商人提供原料、收购产品的家庭手工业作坊(多从事呢绒生产)在意大利城市、佛兰德斯等地迅速发展起来。农村日益卷入商品经济之中,农民同市场的直接联系比以前更加密切,国家税收负担的加重迫使农民更多地出售农产品或做雇工,以换取货币纳税。

城市的新发展令人注目。在原来比较落后的地区,发展起星罗棋布的新城市。随着对外贸易的进行,德国北部、东部的许多城市财富增加,经济和政治地位提高。德国中部的奥格斯堡和纽伦堡等城市也十分繁荣。消费结构的变化导致城市对酒和肉的需求大量增加。有些富裕的城市居民购买郊区的果园、牧场经营,或同农民合伙经营牧羊业,或购买耕地出租给农民。城乡之间的经济联系更加密切。

经济和社会的一系列变化导致西欧许多地区庄园的衰落和农奴制瓦解。早在13世纪,农村中商品经济的发展就已经较为明显地影响到封建庄园的经营,封建主更多地使用雇工耕种自营地。14～15世纪,许多封建主离开庄园外出作战,或到国王宫廷服务,或因为追求享受而定居城市,于是,农奴乘机拒服劳役,庄园管家中饱私囊;加上战乱频繁,人口减少,劳动力短缺,庄园经营日益困难,封建主得自庄园的收入大为减少。在这种形势下,封建主不得不缩减自营地面积,甚至完全不经营自营地。14世纪中叶以后,出租自营地成为西欧大部分地区的普遍现象,主要表现形式是先把偏僻、贫瘠的自营地分成小块出租给农民,最后逐渐把整个自营地分割出租。但有些封建主仍保留部分好地自己经营。领主自营地的减少和消失必然导致庄园组织的瓦解。庄园上农奴的依附地位主要根源于耕种领主自营地的需要,随着领主自营地的消失,农奴制失去其存在的意义,许多农奴获得解放。

14～15世纪,西欧爆发了空前的人民群众的反抗斗争。这与社会经济的发展变化密不可分。由于瘟疫的流行、战争的频繁、政府苛捐杂税的增多、部分地区恢复农奴制的反动企图,农民的状况恶化。不仅如此,随着商品经济日益深入农村,农村贫富分化加剧,商人的中间盘剥日甚,部分农民的贫困加剧了。在城市,贫民队伍不断壮大,包括不能再升为师傅的帮工、学徒,受雇佣的工人,街头流浪汉等,他们为改善境遇不断进行斗争。

在中世纪的西欧，人民运动往往受宗教影响。1304 年，意大利爆发了多里奇诺农民起义。多里奇诺本人是 13 世纪流行于意大利各地的“使徒兄弟会”的成员，使徒兄弟会宣传“千年王国”不久会在人间实现。多里奇诺号召，要实现“千年王国”，必须用强力推翻现政权，消灭教皇、主教等。他的宣传吸引了广大群众，他们在意大利西北部的阿尔卑斯山中建立了根据地。教皇派十字军讨伐，反被击败。后来封建主把起义军堡垒附近的农民强迫迁走，起义军得不到供应，于 1307 年被镇压，多里奇诺壮烈牺牲。

这时期典型的农民起义是法国的扎克雷起义和英国的瓦特・泰勒起义。

法国的扎克雷起义发生在英法百年战争第一阶段，起义的原因是：兵祸和黑死病流行，大量人口死亡，农民陷入了绝望境地；战争加重了人民负担；封建领主的盘剥，引起人们不满。

1358 年 5 月，法国北方博韦地区的农民首先举行起义。之所以称作“扎克雷起义”，是因为法国封建主一直蔑称农民为“扎克雷”，意为“乡下佬”。起义很快席卷了法国北部及巴黎附近地区。在农民吉约姆・卡尔的领导下，起义者提出“消灭所有贵族，一个也不留”的口号，捣毁贵族的住宅和城堡，杀死领主，焚烧登记农民义务的账册。当时，巴黎的市民也正在举行起义。约有 3000 名手工业者在艾田・马赛的领导下冲进王宫，杀死宫内两名近臣。国王“恶人”查理逃出巴黎，在北方集结军队准备反扑。起义农民曾对巴黎市民起义给予援助。1358 年 6 月 10 日，六七千起义农民与封建贵族和国王组织的一支千余人的军队在博韦地区的麦罗村决战。面对如此众多的对手，国王“恶人”查理（1349～1387 年）不敢妄动，遂采用欺骗手法，佯称谈判，将起义领袖吉约姆・卡尔骗到军中并予以扣留。失去领袖和指挥的农民被贵族军队击败。此后，统治者又到处捕杀起义者，先后杀死农民两万余人（包括老弱妇孺），吉约姆・卡尔也未能幸免。至此，扎克雷起义被镇压下去。

英国的瓦特・泰勒农民起义发生于英法百年战争的第二阶段，因起义者领袖为瓦特・泰勒，故名。起义的导火线是政府一再增加人头税。

1377 年，新国王理查二世（1377～1399 年）一即位就为了同法国进行战争开征人头税，规定凡年满 14 岁的男女，无论贫富都必须缴纳。1380 年，人头税税额倍增，激起人们的普遍不满。次年 5 月底，埃塞克斯郡农民杀死征收人头税的税吏，揭开了瓦特·泰勒起义的序幕。

东南地区农民发难后，起义很快席卷了英国的 25 个郡。各地农民起义后多在当地同贵族斗争，而埃塞克斯和肯特郡农民 10 万之众则在起义领袖瓦特·泰勒的率领下分两路进军伦敦。在伦敦贫民的帮助下，他们顺利进城，捣毁大臣官邸，杀死法官，冲进监狱，释放囚犯，理查二世吓得躲进了伦敦塔。起义群众迫使国王出来谈判，首次谈判在迈尔恩德举行。起义农民要求减轻农奴义务，每亩货币地租限定在 4 便士，要求确保全国贸易自由并赦免起义者。这些要求主要反映了富裕农民的要求。国王应允，并颁发敕令作为保证。部分农民相信其言，当晚自伦敦返乡。大部分农民不满足，在瓦特·泰勒领导下要求与国王进行第二次谈判。谈判在斯密茨菲尔德举行。起义农民要求没收教会土地分给农民，将领主占领的土地还给农民，废除雇工法，取消领主特权。这些要求反映了贫苦农民的要求，谈判期间伦敦城贫民起来响应，捣毁商店，打死富商和高利贷者。在此情况下，国王、贵族和伦敦富豪密谋决定用欺骗和暴力来镇压起义。会谈时，伦敦市长刺死瓦特·泰勒，国王则用谎言欺骗农民尽快返乡。农民离开伦敦后，国王派骑士到各地进行镇压，起义最后归于失败。

瓦特·泰勒起义在英国历史上具有重要意义，它推动了农民争取自由的进程，加速了农奴制的瓦解，到 14 世纪末，英国已成为自耕农占多数的国家。

英法农民起义的一个共同原因是英法百年战争的进行。

1337 年，英法互相宣战，战争断断续续地拖延到 1453 年结束，史称“百年战争”。

1328 年，法国加佩王朝最后一位国王查理四世(1322～1328 年)死后无男嗣，王位转到瓦卢瓦家族的腓力六世(1328～1350 年)之手。查理四世为腓力四世(1285～1314 年)之子，腓力四世外孙、英王爱德华三世要求以外孙的名义继承王位，而法国贵族则以“妇人或其子均不得继承王位”的回答予以拒绝。从此矛盾激化，战争爆发。

王位继承问题只是战争的导火线,根源在于领土的争夺,一是争夺英王在大陆上的领地;二是争夺工商业发达的富庶的佛兰德斯。

英、法两国争夺大陆上的领土的斗争由来已久。自征服者威廉进入英国夺取王位后,英王在大陆上的领土逐渐为法王所兼并。至14世纪初年,法王想进一步收回英王在法国西南部的最后一块领地阿基坦,而此时的英国则不但想保住这块领地,而且想恢复并扩大其在法国的领地。百年战争前,两国争夺法国南方领土的斗争异常尖锐。

佛兰德斯的归属问题同样是两国矛盾的焦点。14世纪以后,英国的商业逐渐在佛兰德斯占据了优势地位。1326年前后,佛兰德斯城市公社起义反对他们的伯爵,法国应伯爵之邀出兵镇压。法国军队屠杀了大量市民后趁机加强了对佛兰德斯地区的控制,此举引起了英国的不满。1336年,英国开始禁止向佛兰德斯出口羊毛。佛兰德斯各城市市民主要以羊毛原料制呢为生,因此便推选代表与英国谈判并订立商约,承认爱德华三世为法国国王和佛兰德斯的君主,公开反对法国。佛兰德斯的态度坚定了英王向法国开战的决心。1337年,英王爱德华三世自称法兰西国王,战争由此爆发。

百年战争大致可以分为三个阶段:第一阶段从1337~1360年,法军在此期间屡战屡败;第二阶段从1369~1380年,法军收回大部分失地,英军只占有沿海少数据点;第三阶段从1415~1453年,英军虽一度占领了北部半个法国,但终被法国军民所驱逐,最后只据有加来港一地。

英、法两国虽从1337年11月开始进入战争状态,但到1338年才正式开战。法王宣布没收爱德华三世在法国的领地,并出兵包围基恩。1340年,双方海军在斯海尔德河口的斯鲁伊斯港发生战斗,法军初败。1346年,在佛兰德斯边境克雷西战役中法军再败,损失骑士约1500人。1347年,英军夺取加来港,取得了进攻法国的基地。1356年,法军又在普瓦提埃战役中惨败。法王约翰二世(1350~1364年)和许多王亲贵族都成了英军俘虏,法国国内处在一片混乱之中。战争打不下去了,双方于1360年签订《布勒丁尼和约》。和约规定英王爱德华三世放弃对法国王位的要求,法国则把加来港和西南部地区割让英国,并许以重金赎回国王。1364年,法王约翰死于伦敦,太子查理继位。查理五世(1364~

1380年)执政后,利用喘息时机整顿内政和财政,并取得三级会议同意,征收经常税。他还重建军队,废除骑士军,改用雇佣兵,装备炮兵,建设海军,准备再战。

1369年,法军向英军发动进攻,战争进入第二阶段。法军改变战术,允许英军长驱直入,避免同英军进行阵地战,只用精锐部队袭击英国入侵者。改变战术后英军遭受重大损失,法军很快就收复了普瓦提埃和布列塔尼。法国舰队于1372年攻占拉罗舍尔,重新控制海峡,封锁了英国在北部的运输。到1380年,法国收复大部分失地,只有几个沿海城市及其周围地区尚处于英军占领之下。

法国国王查理六世(1380～1422年)时期统治阶级发生内讧,封建贵族分为奥尔良和勃艮第两大集团,相互斗争,削弱了国家力量。英王亨利五世(1413～1422年)利用法国内部的混乱,联合勃艮第党人做内应,于1415年开始大举进攻法国,百年战争进入第三阶段。英军在1415年的阿金库尔战役中大败法军,俘虏奥尔良公爵,重新占领诺曼底。王太子查理逃往南方,勃艮第党人掌握国家政权。1420年,英国与勃艮第党勾结,把不平等的《特鲁瓦条约》强加给法国。按照该条约,法国的半壁河山尽入英人之手,查理六世以后的法国王位由英王继承。1422年,英、法两国国王先后去世,不满周岁的英王亨利六世(1422～1461年)被宣布兼任法国国王。南方的法国王太子查理亦在布尔日宣布即位,史称查理七世(1422～1461年),法国一度形成了南、北两个政权对峙的局面。

1428年,英军围攻奥尔良。奥尔良是卢瓦河上的要冲,是通往南方的门户,保卫奥尔良是关系法国命运的决战。法国农村姑娘贞德于1429年觐见国王,获准率领军队解救奥尔良。5月,经艰苦奋战,大败英军,奥尔良之围解除,贞德威名远扬,荣获“奥尔良姑娘”的尊号。1430年,在康边附近的战役中贞德为勃艮第党人所俘,并被以4万法郎的价格卖给英国人。1431年5月24日,贞德在鲁昂被宗教法庭判以女巫的罪名处以火刑。

英国人的残暴激起法国军民的普遍愤怒,他们连续打击英军,不断收复北方失地。1453年,英军在波尔多决战中全军覆没。至此,法国收复除加来港之外的全部领土，取得了战争的最后胜利。

百年战争之后，英、法两国均在经济恢复和发展基础上加速了近代民族国家形成的进程。路易十一时期(1461～1483年)，法国政治统一基本完成。随着统一的完成，法国的王权更加强大。1484年以后，三级会议整整70年未曾召开，法国已由等级君主制向君主专制过渡。百年战争后，英国的国内矛盾激化，陷入长期内战。战争的一方是兰开斯特家族，支持者主要是经济比较落后、政治上称霸一方的北部封建主集团；战争的另一方是约克家族，支持者是经济比较发达的南部封建主集团以及力图建立强大王权的城市市民和乡绅。由于兰开斯特家族以红玫瑰为族徽，约克家族以白玫瑰为族徽，因此这次战争史称"玫瑰战争"(1455～1485年)。1485年8月，兰开斯特家族的远亲亨利·都铎在博斯沃思战役中击败一切对手，自立为王，称为亨利七世(1485～1509年)，从此开始了都铎王朝(1485～1603年)的统治，玫瑰战争也随之结束。玫瑰战争对于英国的发展具有重要意义。在战争中，封建旧贵族自相残杀，死伤殆尽，而乡绅和新兴资产阶级乘机成长起来，成为王权的重要支柱。英国从此进入健康发展的历史时期。

14～15世纪，西班牙的收复失地运动最终完成，建立起统一的国家。

西欧民族大迁徙时期西哥特人在瓦利亚率领下于418年进入伊比利亚半岛，尤利克时期(466～484年)西哥特王国臻于鼎盛。6～7世纪，西哥特封建关系形成，半岛经济获进一步发展。711年，崛起的阿拉伯帝国派骑兵从北非渡过直布罗陀海峡进入半岛，西哥特王国灭亡。

718年，阿拉伯人和北非柏柏尔人越过比利牛斯山进攻法国，于732年被查理·马特战败于普瓦提埃。阿拉伯人进攻西欧腹地的计划受挫，遂于759年全部退回半岛，将西班牙变为阿拉伯帝国的一个行省。阿拉伯人统治半岛后推行伊斯兰教，同时注意引进西亚较为先进的耕作技术，社会经济和文化事业均有发展。科尔多瓦在阿拉伯人统治时期是欧洲最著名的科学教育中心之一。

8世纪，阿拉伯人攻占西班牙时把西哥特人压迫到北部山区，形成了阿斯都里亚小王国；9世纪时，它吞并西部的加利西亚；10世纪时，又向东扩张，建立了较大的莱昂王国。11 世纪初，莱昂东部又形成了卡斯提尔王国。在此前后，在马尔克的基础上还并列出现了阿拉贡、巴塞罗那和那瓦尔诸国。巴塞罗那以后又演变成加泰罗尼亚王国。以上诸国皆为基督教国家，它们决心夺回被阿拉伯人侵占的土地，掀起了收复失地运动。

运动于 11 世纪进入高潮。1085 年，卡斯提尔联合莱昂等占领托莱多。托莱多的攻占是收复失地运动的里程碑，为西班牙人继续南进打开了大门。1212 年，西班牙诸国军队又和欧洲十字军联合在托洛萨大败北非穆瓦希德王朝的军队。从此以后，西班牙阿拉伯人和柏柏尔人的势力被大大削弱。13 世纪后半期，伊比利亚半岛大部分地区为西班牙人所占领。

当时形成了四强并立的局面：阿拉贡王国据有半岛东部和地中海沿岸地区；卡斯提尔占据半岛中部，北起比斯开湾，南至直布罗陀海峡；12 世纪中期，脱离莱昂和卡斯提尔独立的葡萄牙占据了半岛西部地区。阿拉伯人只剩下了南部格拉纳达一狭小的地区。

14～15 世纪，卡斯提尔王国和阿拉贡王国内部都多次发生农民起义，为了联合对付农民起义，并彻底把阿拉伯人与柏柏尔人赶出西班牙领土，两国合并组成了统一国家。1469 年，阿拉贡国王子斐迪南与卡斯提尔女继承人伊萨贝拉结婚，1479 年两国正式合并。合并后的西班牙开始建立君主专制制度。他们依靠城市、小贵族和天主教会的支持，严厉打击封建大贵族，没收土地，剥夺财产，取消他们的铸币权。随后，又限制城市自治权利。1480 年，西班牙开始设立宗教裁判所，残酷迫害反抗国王和教会的人，异端罪名成为专制统治者翦除政敌和镇压人民的武器。1492 年，西班牙军队攻陷格拉纳达，收复阿拉伯人占据的最后一个据点。西班牙从此成为统一的独立王国。

在英国、法国、西班牙等国建立统一国家的同时，德国却仍处于分裂割据的局面。所谓的神圣罗马帝国只是一个空名，与中古时期的法国一样，德国并不是一个政治上统一的国家。而且在英、法王权走向强大的时候，德国皇帝的地位反而变得虚弱。直到 19 世纪中期德国才最终实现统一。

中世纪德国没能实现统一的原因是多方面的。

经济方面，德国生产力发展起步较晚，到 12 世纪才完成封建化进程。但即使如此，各地区之间的发展很不平衡，在有些地区，农村公社长期存在，各公社之间几乎没有经济联系，更谈不上共同的经济利益。另一方面，德国城市的兴起比法国和意大利晚 200 多年，而且主要在边境地区经营对外贸易，没有一个城市能像英国的伦敦那样成为全国的经济中心。城市同盟主要是独立城市间的松散联盟，目的是保护局部地区的利益，并不关心国家的统一。

德国封建主阶级奉行的侵略扩张政策是没能实现统一的决定性原因。其扩张有两个目标：一个是意大利；另一个是斯拉夫居住的东欧地区。对意大利的侵略始于奥托一世时期。到红胡子腓特烈一世(1152～1190 年)时期达到顶峰。他在位不到四十年，先后六次侵入意大利。如果说侵略意大利主要是皇帝领导的，那么向东欧的扩张则主要是由大封建主进行的。这种扩张具有军事移民的性质。最终，在斯拉夫人的土地上建立了两个德意志国家：勃兰登堡和普鲁士。由于皇帝和封建主都没有把注意力放在国内，王权彻底衰落，一再错失统一良机。比如，奥托一世曾经完全控制了五大公爵领地，但由于他很快把主要力量转向意大利，一心想当皇帝，统一的希望破灭。正如恩格斯所说："罗马皇帝的称号和由此而来的称霸世界的野心使得民族国家不可能组成并且使得力量在历次侵略意大利的征战中消耗尽了。"①

从 13 世纪起，德国实行选举皇帝的制度。1356 年，查理四世颁布《黄金诏书》，使选举皇帝制度法律化。《黄金诏书》规定，皇帝由七大选侯选举产生，并且规定诸侯在领地内政治独立，享有征税权、铸币权和司法权，皇帝不得干涉诸侯的内政。这样，诏书成为诸侯割据的合法依据。不仅如此，选皇帝制后患无穷。因为皇帝由诸侯选举产生，王权强大就意味着统一，而诸侯总是想方设法阻止强大王权的出现，总是选举一些软弱昏庸之人当皇帝。正如恩格斯所说："皇帝要由选举决定，这就绝对不容许一个王朝的权力成为民族的体现，相反地只要各诸侯开始感到某

① 《马克思恩格斯全集》第 18 卷，人民出版社 1964 年版，第 648 页。

皇室的权力变得过分强大，就经常引起……王朝的更替。”①

在西欧国家王权加强、民族国家兴起的同时，天主教会日益走向衰落。如前所述，随着西欧封建制度的确立和发展，基督教也日益封建化。教会不仅是西欧社会的精神支柱，而且是西欧最大的封建主。教会的权力不但高于诸侯，甚至凌驾于君主之上。它利用各种形式从政治、经济、文化各方面加强自己的势力，由此导致西欧封建社会政体形式的二元结构。

基督教仿照世俗的等级制度建立了教阶制。最高宗教首脑是罗马教皇，其下分设大主教、主教、神父等。除高级主教外，男女修道院院长和骑士团首领也直接由罗马教廷任命。教皇格里高利七世曾宣称，他有上帝所授予的废除帝王之权；教会教条同时是政治信条，《圣经》词句在各种法庭中都有法律效力。

基督教又是西欧最大的封建主，它通过国王、各级封建主的赠予和破产农民的“贡献”兼并了大量土地，封建时代西欧大约 1/3 的土地掌握在教会寺院手中。教会财产享有免税特权。与此同时，教会则向全体教徒征收什一税。另外，教会还经营商业、从事高利贷活动。总之，教会是西欧中世纪最有经济实力的社会集团。

在思想文化领域，教会排斥异己。教会对古代文化极力压制、摧残。宣扬蒙昧主义，认为不学无术是真正虔诚之母，上帝是全知全能的，人民是上帝“不知不觉”的奴仆。宣扬禁欲主义，认为人一生下来就有罪，是为原罪。人所以生下来就有罪，是因为他们的始祖亚当犯了罪，他的子孙即整个人类亦都是罪人。人们只有相信上帝，用禁欲、斋戒、忏悔等方法，甘愿受苦，才能摆脱人世的罪恶和痛苦，得到上帝的挽救，死后升入天堂——上帝之城，否则要被抛入地狱，永世不能超度。

教会在社会、经济和文化等方面的极端做法引起了教会内部中下层人士的反对，异端运动由此而兴起。

规模较大而且影响较深远的异端运动是法国南部和意大利北部的阿尔比派。他们以法国南部的阿尔比城为中心开展活动，盛行于 12～

① 《马克思恩格斯全集》第 18 卷，人民出版社 1964 年版，第 648 页。

13世纪。教义采用摩尼教的某些思想材料，主张善恶二元；反对天主教会的仪式和组织，不承认教会的权力，谴责教会聚敛财富。其中又分为两个教派：一为韦尔多派；一为纯洁派。韦尔多派反对教会的奢侈生活，反对教会拥有财产，提倡简朴生活，主张均贫富；纯洁派则认为封建秩序和教会都是罪恶的化身，教皇是魔鬼的代理人，主张教徒以自身的纯洁来同罪恶划清界限。阿尔比派思想在人民中传播迅速，引起教会的极大恐慌，教皇于1208年亲自组织十字军到法国南部镇压。

镇压了阿尔比派之后，教皇设立异端法庭以强化镇压手段。但是，人民反封建斗争仍继续发展，在意大利又出现了异端教派“使徒兄弟会”。“使徒兄弟会”同样反对教会腐化。他们主张信徒财产共有，地位平等，吸引了大批贫苦农民和市民参加。该派遭到异端法庭的嫉恨，其创始人和领导者塞加雷利于1300年被烧死在帕尔玛。他的继承者在北部意大利地区的皮埃蒙特发动农民起义，坚持斗争四年多，最后被十字军镇压。

异端运动在一定程度上打击了教会的神权统治。英诺森三世之后，罗马教皇的势力迅速衰落。教皇势力由盛而衰的转折点是“阿维农之囚”。1296年，法王腓力四世为了增加财政收入，下令对教会财产征收20％的所得税，遭到教皇卜尼法斯八世（1294～1303年）的坚决反对。1302年，腓力四世召开三级会议，公开与教皇对抗，并于1303年9月7日袭击罗马教廷，卜尼法斯八世被软禁三日，愤懑而死。1305年，法国南部波尔多大主教被推选为教皇，是为克莱门特五世（1305～1314年）。腓力四世将教廷从梵蒂冈迁至法国南部的阿维农，教皇成为法王的人质达70年（1308～1378年）之久，史称“阿维农之囚”。

随着天主教会的日益腐败和渐趋衰落，西欧兴起了早期宗教改革。英国的早期宗教改革主要是罗拉德派运动。“罗拉德”一词源于中古荷兰语，意为“喃喃的祈祷者”。该教派反对天主教会，虽以英国为主要活动区域，但在西欧其他国家的农民和城市平民中也有传播。14世纪中叶，英国的罗拉德派多为威克里夫的信徒。威克里夫曾任牛津大学神学教授、神父，是欧洲宗教改革运动最杰出的先行者之一。他反对教皇至上，认为教皇无权从英国收取贡赋，主张教会应隶属国王，建议国王没收教会土地;否认教士有赦罪权,要求简化教会仪式,用民族语言礼拜,建立摆脱教廷控制的民族教会。但罗拉德派比威克里夫更激进,其代表人物、下级牧师约翰·保尔反对封建制度,反对教会占有土地,主张社会平等、财产平等。保尔的思想成为后来英国 1381 年瓦特·泰勒起义的思想武器,罗拉德派的许多信徒还参加了这场起义。此外,罗拉德派的活动对 16 世纪英国的宗教改革也有一定影响。

除此之外还有捷克胡斯领导的宗教改革活动(详见本章第十二节"捷克与波兰"部分)。

早期宗教改革是 16 世纪欧洲大规模宗教改革运动的先声。

第九节　西欧文化

中世纪初期,西欧教会获得了垄断文化和教育的特权,这主要表现在教会掌握了教育的兴办权和领导权上。教会兴办大主教学校、僧侣学校和教区学校,学校的教育目的是为上帝、教会和王权培养服务人才。各个等级的僧侣担任学校的教师,他们的主要任务是向学生灌输神学思想和神学知识,其他知识的教育都服从和服务于这一中心。《圣经》是最主要的教科书,教学内容中包括文法、修辞、逻辑、几何、算术、天文和音乐,称作"七艺",但它们是为改造学生的世界观服务的。同时,教学生掌握这些知识也是为了让他们在学习结束后更好地服务于神学事业。中世纪时期,教会对文化教育事业的垄断,就其本身而言,社会负面影响甚大。但是,教会向世俗统治者争得了独立办教育的场所,使社会进步思想得以萌生的历史作用值得肯定。欧洲历史上一些进步思想家得以在教会所办学校中生存并产生社会影响的事例很多。

经院哲学又称"烦琐哲学",是西欧中世纪时代的官方意识形态。经院哲学主张理性服从信仰,哲学应是神学的婢女,人们的学术活动中心任务就是论证基督教教条的正确性。该哲学学术思潮兴起于 9 世纪,盛行于 12～13 世纪。盛行时期,法国巴黎大学是重要的活动中心。经院哲学的创始者、爱尔兰人爱利吉纳说,真正的宗教便是真正的哲学,真正的哲学也就是真正的宗教。两者的不同在于哲学以思考为主，宗教以信仰为主。意大利的托马斯·阿奎那(约1225～1274年)是经院哲学的集大成者，他死后被三位教皇先后宣布为圣徒、天主教会博士和宗教哲学的最高权威。其所著《神学大全》被尊为经院哲学的百科全书，作为欧洲中世纪大学的神学教材，长达数世纪之久。托马斯·阿奎那在该书中用亚里士多德的形式逻辑方法为欧洲教会的现存秩序做脚注。声称理性与信仰一致，信仰是心灵的最高能力；身体隶属于灵魂，物质隶属于精神，哲学隶属于神学，世俗隶属于教会。他认为上帝创造世界，宇宙中的一切都是按等级的阶梯来安排的，从非生物体开始逐级上升到植物界、动物界，再上升到人、圣徒、天使、上帝；而教皇则是上帝在人间的代表，位在世俗君主之上。他还倡导下级服从上级，上级统摄下级，俗人服从僧侣，国王服从教皇。托马斯·阿奎那由此证明上帝安排的封建等级制度及教阶制度是合理的，若有人反对就是犯罪。托马斯·阿奎那的经院哲学思想直到今天在西方仍有着重要影响。

到11世纪，教会学校已不能满足新兴市民的需要，他们要求建立城市学校，由城市当局选聘教师、决定学费、确定入学条件，学习处理商业事务与行会行政事务，培养职业技术技能。于是，多数城市出现了世俗教育学校。城市学校包括用本民族语言教学的读写学校、职业技术教育学校、男童高级学校、女童初级学校。从兴办主体看，有城市当局创办的学校、教会管理的学校、社会办免费义校、行会创办的学校、知名人士建立的学校、教师私人经办的学校等。到15世纪，欧洲各城市掀起了世俗教育运动高潮，许多学校摆脱教会控制，奠定了近代欧洲世俗教育的基础。

中世纪欧洲大学教育的兴起推动了社会进步。欧洲中世纪大学有两类：一类是城市创办的世俗大学；另一类是由培养僧侣的教育研究机构发展而成的大学。11世纪，博洛尼亚大学创立。12世纪，巴黎大学、牛津大学相继出现。13世纪，剑桥大学建立。14世纪，罗马大学、比萨大学、布拉格大学、维也纳大学、海德堡大学等先后创建。到15世纪末，欧洲的大学达到了80余所。中世纪欧洲大学的兴起是世界教育发展史上的重大事件。欧洲大学不仅培育了像哥白尼、伽利略、哈维、莫尔、弗兰西斯·培根等一大批科学家、思想家、学者，而且栖息于大学中的许多时代杰出人物还直接参与社会改革，推动了欧洲社会的进步。13 世纪中期，英国牛津大学讲师罗吉尔·培根勇敢地站出来批判经院哲学，敢于同权威、同习惯势力做斗争，曾被教会幽禁长达 15 年，是欧洲脱离唯实论、“走向真实存在的事物的伟大运动的早期先驱者”；15 世纪初年，教皇派人到捷克兜售赎罪券，勒索捷克人民，布拉格大学教授胡斯敢于站出来公开揭露和抨击这一勒索行为，为此献出了宝贵的生命；16 世纪初，德国威登堡大学教授马丁·路德更是义无反顾地掀起了声势浩大、波及大半个欧洲、影响惠及当代的宗教改革运动。

随着社会经济的发展，中世纪西欧的文学呈现出三个不同的发展阶段。

中世纪早期流行的是教会文学。教会文学包括教士写的歌颂上帝的赞美诗，还包括宣扬禁欲主义和宗教迷信的诗歌、神话等。11～13 世纪是西欧封建制度的鼎盛时期，这一时期产生了反映世俗封建统治阶级思想感情的骑士文学。骑士文学的题材和内容，有的表现英雄与美人间的爱情，有的描写骑士的英勇无畏和献身精神。比较有名的骑士文学作品是法国的《罗兰之歌》、西班牙的《熙德之歌》、德国的《尼伯龙根之歌》以及英国的《亚瑟王传奇》。《罗兰之歌》歌颂了罗兰的英雄事迹。罗兰是查理大帝的大臣，为了基督教世界的利益，他在西班牙与入侵的阿拉伯人血战到底，战死在疆场。《罗兰之歌》在欧洲流传很广，罗兰也成为家喻户晓的人物。12 世纪以后，城市文学发展起来。城市文学一开始就带有明显的反封建、反教会倾向。比较著名的城市文学作品有《列那狐的故事》《巴特兰律师》《农民医生》《神父阿米斯》等。城市文学多为民间创作，流传很广。

9～12 世纪，西欧流行罗马式建筑，其特点是厚厚的石墙、狭小的窗户、低矮的屋顶。在当时战争连绵不断的情况下，这种建筑非常实用。中世纪著名的罗马式建筑有法国的普瓦提埃教堂、德国的沃姆斯大教堂、意大利的比萨大教堂。12 世纪以后，西欧兴起了哥特式建筑，其特点是高耸的尖塔，薄薄的墙壁，巨大的玻璃窗。高耸入云的尖塔和透过彩色玻璃从高处射入教堂的阳光象征着教徒期望接近上帝并最终进入天堂的愿望。著名的哥特式建筑有法国的巴黎圣母院、德国的科隆大教堂、英国的坎特伯雷大教堂等。

第十节　拜占廷帝国

公元 395 年，罗马帝国一分为二，以君士坦丁堡为首都的称“东罗马帝国”，因其都城地处古希腊商业殖民城市拜占廷的旧址上，所以又被称为“拜占廷帝国”(学界多认为拜占廷帝国历史始于 330 年)。帝国版图大时包括欧洲的巴尔干半岛，亚洲的小亚细亚、叙利亚、巴勒斯坦、两河流域和非洲的埃及等地，地跨欧、亚、非三大洲。

从封建制度的产生过程来看，拜占廷走的是不同于西欧的另外一条道路。476 年西罗马帝国灭亡后，拜占廷帝国不仅存在，并且在查士丁尼时期(527～565 年)大有恢复昔日罗马帝国之势。所以它是在原有的奴隶制帝国的国家机器的逐渐演变中实现封建化的，国家政策在封建化过程中起到了极其重要的作用。

拜占廷之所以在西罗马帝国灭亡后仍能延续，与其繁荣的经济保证了帝国的税收足额完纳、行政管理系统的有效运转有关。其经济之所以能够保持繁荣，与其特殊的经济结构和优越的地理位置密切相关。首先，拜占廷的奴隶制始终没有发展到西罗马帝国那样的规模和程度，在农业生产中，奴隶劳动并不多见，主要生产者是隶农、佃农和自由农民。所以这里的奴隶制危机并不像西罗马那样严重，这就保证了农业的繁荣。其次，拜占廷的工商业一直保持较好的发展状态。其手工业分官营和私营两种，前者以奴隶劳动为主，后者以个体的自由小生产者为主。其主要的手工业有纺织、采矿、金属加工、玻璃制品、纸草等。拜占廷地处东西方交通要道，国际贸易始终没有间断，这也促进了国内工商业的发展，保证了经济的长期繁荣。正因为如此，拜占廷顶住了外族的入侵，经受住了内部人民起义的打击，保持了国家机器的完整性，并一步步封建化。

拜占廷的封建化的背景是频繁的对外战争。6 世纪初，拜占廷在西方缺少与其抗衡的竞争对手，从而导致其扩张野心的膨胀。从533年起，查士丁尼派遣大将贝利萨留西征，先后灭亡汪达尔王国和东哥特王国，占领北非、意大利、科西嘉、西西里和伊比利亚半岛的南部。除了西征之外，查士丁尼对内加强中央集权统治。他在即位之初就组织起由法学家特里保尼安主持的法典编纂委员会，着手整理、编辑罗马法。由于当时流行的罗马法为数众多，内容庞杂，矛盾之处很多，贪官污吏有机可乘，所以迫切需要整理划一。委员会首先编成《查士丁尼法典》，汇集罗马共和国以来到公元534年历代罗马政府所颁布的法令。此外，还编写了三部法律文献：《法理汇要》，汇集了罗马法学家对法律的解释；《法学总纲》，简要概述了罗马法，供学习罗马法者使用；《法令新编》，汇编了534年后查士丁尼所颁布的各种新法令。这四部文献合称《民法大全》，把罗马法较为完整地保存下来，是欧洲历史上第一部系统完备的法典。罗马法的主要内容是民法，是基于城邦时代公民之间身份平等而形成的法律体系，它规定了作为小私有者的公民之间的各种法律关系，如债务、契约、所有权、婚姻与继承等，对后来西方资本主义国家的法律产生了重大影响。查士丁尼的专制统治招致了人民的不满，532年君士坦丁堡爆发了尼卡（“尼卡”是希腊语“胜利”之意）起义，查士丁尼用血腥手段予以镇压。

查士丁尼的辉煌是以国库的耗尽为代价的。他死后，不仅他的扩张事业难以为继，就是现有的局面也难以维持。568年，伦巴德人夺取了意大利北部和中部。紧接着东方的波斯人突破拜占廷人的防线，劫掠了叙利亚和卡帕多西亚。不久，斯拉夫人大举南下，侵入巴尔干半岛并大量定居在那里。随后，黑海北岸的阿瓦尔人南下夺取了沿多瑙河的堡垒，626年围攻君士坦丁堡。在东方刚结束与波斯人的战事，新的更为强劲的阿拉伯人的入侵又开始了。

移入帝国的斯拉夫人带来了农村公社组织，帝国境内的农村公社也因斯拉夫人的定居而得到巩固。8世纪初出现的《农业法》是拜占廷法和斯拉夫人习惯法相结合的产物，反映了当时农村公社的大致情况。村社是当时农村的基本组织，耕地归公社自由农民占有，收割后作为公共牧场，供全体成员使用。草地、牧场、森林等为村社公有。自由农民已开始分化，有些农民因无力耕种份地，被迫将土地转让给富裕家户，自己成为对分制佃农，而土地增多的富裕农户拥有奴隶和雇工。农村公社的解体、大土地所有制和租佃关系的发展，标志着拜占廷帝国正在向封建社会过渡。

由于战争已成为国家和政府的经常性职能，为提高军队的战斗力，希拉克略王朝(610～711年)开始将以前局部实行的军区制在整个帝国推行。在军区内，管理机构采用战时体制，不仅军政权力由将军控制，而且军区的各级权力机构也按师、团、营等军事单位设立，行政权力附属于军事系统。军区建立之初，政府采取每隔三四年分批发放军饷的办法，军队由国家财政供养。随着帝国领土日益萎缩，特别是在帝国财政收入中占极大比重的北非、西亚地区的丧失，帝国国库的年收入减少了1/2甚至2/3以上。帝国越来越无力支付军饷，只好以田代饷，将大量闲散弃耕的土地作为军饷，按照军种和级别颁发给各级官兵。分得土地的士兵，定居在其部队驻守的地区，平时经营田产，以土地经营所得装备自己。士兵在服役期间(一般为15年)，其土地不可剥夺，并享有免税权。士兵一旦得到田产，就可以永久占有，可以自由处理，包括买卖、赠送等，还可以将田产连同军役义务一起转给继承人。领有军役田产的士兵有两种服役方法：一种是直接的，即自己亲自服役，或参加远征军，或修路架桥，或建造船只等；另一种是间接的，即向服军役的士兵提供给养等。由此可见，军区制将本国人民作为军队的主要来源，在全国范围内建立起一整套军事化体制。

军区制的实行有着深远的历史影响。首先，它使拜占廷国家有了充足而稳定的兵源。加之军区的将军拥有军政大权，可根据本区实际情况统筹调动军队和组织生产，避免了军、地两方相互推诿扯皮，提高了军队的应急能力，加强了国防力量。其次，在战争不断和自然灾害频繁、小农面临破产的情况下，军区制为小农的复兴创造了条件。而小农的稳定发展又为国家财政提供了稳定的税收来源，从而增强了拜占廷的综合国力。所以，军区制的推行使拜占廷稳定了以巴尔干半岛为中心的疆域，使已经进入巴尔干半岛的斯拉夫人臣服，成为拜占廷的臣民。同时，拜占廷打垮了阿瓦尔人，击败了波斯人，并将处于极盛时期的阿拉伯人的扩张势头停留在小亚和东地中海一线，缓解了危机。军区制的推行为拜占廷此后数百年的强盛奠定了基础。

与此同时，军区制的推行也为军事大地产和贵族势力的崛起创造了条件，为拜占庭的封建化开辟了道路。各军区的将军和中央的一些高级官职，由于临时的或长期的需要，被授予较大的权力，职位逐渐变成世袭，形成了军事贵族阶层。军区的将军们握有对农兵的管理、调动大权和征税权，极易将小农牢牢地控制在自己手中。所以，他们的兴起对小农阶层构成了巨大威胁。9 世纪中期，在拜占廷文献中已开始出现这样的大贵族家族的记载。到 10 世纪，在小亚细亚和巴尔干半岛北部地区，这样的“权贵者”就更多了。这样的军事贵族一旦出现，其本身的发展和小农的破产都是以加速度进行的，这可从军区数目的不断增加加以说明。7 世纪末，拜占廷相继建立了亚美尼亚、奥普西金、安纳托利亚、色雷斯和基维莱奥冬 5 个军区，至 9 世纪时发展到 10 个军区，10 世纪进一步增至 29 个，11 世纪竟然达到 38 个。在军区越来越多、规模越来越小的同时，到 11 世纪末，拜占廷的国有小农几乎不复存在。科穆宁王朝(1081～1185 年)时期，军区制被监领地制度(“普洛尼亚制”)取而代之，即政府将国家的和农村公社的土地分给公职贵族监领。监领主必须为国家服役，并按监领地的大小提供相应的兵员为国家服军役。监领主同时也拥有对监领地上农民的支配权。因此，在监领地制形成的同时，自由农民也成了依附农，拜占廷的封建化也宣告完成。

封建化的完成，暂时增强了拜占廷的国力，然而其长期发展的结果则是地方割据势力的膨胀，最终导致了帝国力量的削弱。十字军的东征，特别是第四次十字军东征，更使拜占廷帝国元气大伤。此后，拜占廷帝国虽然恢复了元气，但只能偏安于君士坦丁堡附近地区。1453 年，奥斯曼土耳其帝国最终攻陷君士坦丁堡，使拜占廷帝国彻底退出了历史舞台。

西罗马帝国灭亡后，延续了千年的拜占廷帝国除了在查士丁尼统治时期主动对外扩张以外，大部分时间处于穷于应付的防御状态，因此，它的对外影响力主要体现在文化扩张上，特别是东正教的传播上。正是通过这一方式，拜占廷将其文化和政治模式输送给了东欧的斯拉夫人。所以有人认为，拜占廷对东方的斯拉夫世界来说，犹如罗马对西方的日耳曼世界。其影响主要体现在两个方面：文化上，在拜占廷的影响下，斯拉夫字母产生。863 年，应摩拉维亚大公的邀请，君士坦丁堡牧首差遣西里尔（827～869 年）前往传布基督教。西里尔为摩拉维亚人创造了一套斯拉夫字母，虽然在摩拉维亚的传教以失败而告终，但西里尔创立的斯拉夫字母则被保加利亚人、罗斯人和塞尔维亚人等所采用。根据西里尔所创的文字拼写的古斯拉夫语，至今仍是这些国家教堂仪式中的用语。西里尔和随同他一起传教的兄长美多德（约 815～885 年）同被称为“斯拉夫人的使徒”和“斯拉夫文化之父”。政治上，这些受拜占廷影响的斯拉夫国家都确立了类似拜占廷的政教体制。拜占廷始终保持着罗马帝国的传统，基督教完全听命于国家的最高统治者，教会是国家机构的一部分。斯拉夫人大多看中的就是东正教有利于政治统一这一特点，尤其是基辅罗斯。

第十一节　基辅罗斯与莫斯科中央集权国家

基辅罗斯公国是由东斯拉夫人建立的。1～2 世纪，斯拉夫人活动于维斯瓦河东南与喀尔巴阡山东北地区，到 6 世纪时已明显分为三支：(1)西斯拉夫人（波兰人、捷克人、斯洛伐克人和摩拉维亚人）；(2)南斯拉夫人（保加利亚人、塞尔维亚人、克罗地亚人、斯洛文尼亚人）；(3)东斯拉夫人（俄罗斯人，其后又分为大俄罗斯人、小俄罗斯人或乌克兰人以及白俄罗斯人）。东斯拉夫人在 5～6 世纪已迁居东欧平原，仍过着原始氏族制的生活。7～8 世纪时原始社会解体，出现了农村公社“米尔”或“维尔夫”。正当东斯拉夫人出现阶级分化逐步走向建国道路时，8～9 世纪，来自斯堪的纳维亚半岛的一批诺曼人即瓦里亚格人入侵东斯拉夫人居住地。虽然他们的社会发展水平并不比东斯拉夫人高，但其入侵却加速了东斯拉夫人向文明社会过渡的进程。

瓦里亚格人，斯拉夫语意为“商人”，又称“罗斯人”，意为“北方人”。他们以武装商队的形式，由波罗的海经东欧平原上的水道到达黑海，与希腊人(拜占廷人)和阿拉伯人进行贸易。这条贸易大通道就是著名的“瓦希之路”(由瓦里亚格人到希腊人之路)。瓦里亚格人在沿路建立起众多的贸易据点,向当地的斯拉夫人等征收和掠夺毛皮、蜂蜜、蜂蜡等,用以进行贸易。862年,瓦里亚格人的首领留里克(862～879年)占领了诺夫哥罗德并建立起自己的统治(862～879年);另外两位瓦里亚格人的首领沿瓦希之路继续南下,占领了基辅。882年,留里克的亲属摄政王奥列格攻占了基辅并把首都由诺夫哥罗德迁到基辅,建立基辅罗斯国家,古罗斯国家形成。

基辅罗斯建立初期,居于统治地位的瓦里亚格人仍以经商为主,他们的统治主要体现在对当地居民的贡物征收上。征收贡物的方法是“索贡巡行”,即每年冬初大公率领亲兵挨家挨户征收毛皮等贡物。这实际上带有掠夺性质,所到之处往往是洗劫一空。征收和掠夺所得,一部分分配给亲兵,用来维系主从关系;大部分则运到拜占廷和东方市场上出卖,以换回各种必需品和奢侈品。

在与拜占廷贸易的过程中,基辅罗斯逐渐接受了先进的拜占廷文化。988年,基辅大公弗拉基米尔(980～1015年)宣布接受基督教,不仅大公本人受洗,而且还令基辅全体居民都跳入第聂伯河接受拜占庭神父的洗礼。此事的历史意义非常重大。首先,一神的东正教代替了东斯拉夫人的多神自然崇拜,使基辅罗斯大公的统治带上了上帝认可的光环,有利于国家的政治统一。其次,东正教带来了拜占廷先进的文化和艺术,为日后罗斯文化艺术的发展奠定了基础。最后,加速了基辅罗斯国家的封建化进程。

基辅罗斯国家是在原始公社瓦解的基础上建立起来的,其封建化进程非常缓慢和漫长。9～10世纪,基辅罗斯的农村公社定期分配土地的做法才停止,出现了类似于日耳曼人农村公社的“自主地”的“祖传地”“世袭地”,公社成员对耕地的使用权可以继承,土地私有制逐渐产生,封建化也由此开始。10世纪,王公贵族和波雅尔贵族开始占有土地和田庄,封建土地所有制开始形成。11～12世纪,大公的亲兵也开始被授予土地,以此取代贡物的分配,亲兵也加入了波雅尔贵族的行列,并成为波雅尔贵族的主要成分。除了这些世俗贵族外,修道院和教会通过赠予、转让、购买、抢占等方式也获得大量土地，成为封建大土地所有者。随着封建大土地所有制的成长，以前人身自由的农村公社成员斯美尔德逐渐变成了封建王公或国家的依附民：扎库比和里亚多维奇。前者是由于债务而由斯美尔德沦为依附农民的，后者是由于封建契约而沦为依附农民的。此外，基辅罗斯长期存在奴隶劳动，只是随着封建化的进展，奴隶的地位日益与依附农民接近。基辅罗斯的封建化自始至终伴随着自由农民的反抗和斗争。

1054 年，基辅罗斯被雅罗斯拉夫大公的三个儿子瓜分，从此各王公之间便内讧不断，最终到 12 世纪分裂为许多小公国，进入封建割据时期。

古罗斯国家的解体为蒙古人的进入提供了便利。1235 年，蒙古大汗派拔都率军西征。1237 年，蒙古军队进入东北罗斯地区，先灭里亚赞公国，随后攻占莫斯科和弗拉基米尔。1240 年 12 月，攻占罗斯古都基辅。1243 年，拔都以伏尔加河地区为中心建立了钦察汗国，欧洲人称为“金帐汗国”。钦察汗国首都设在萨莱，统治着东北罗斯、西北罗斯和西南罗斯的一部分。蒙古征服者以少数统治多数，靠武力镇压和分而治之维持统治，采取的统治方式是利用罗斯王公来管理罗斯人民。为了迫使罗斯王公就范，金帐汗采用册封全罗斯大公的办法。这样一方面可以选择忠实的奴仆；另一方面也可以挑起罗斯王公之间的不和，使他们互相猜忌，彼此攻讦，竞相投效蒙古大汗，坐收渔利。

莫斯科原为罗斯托夫-苏兹达尔公的属地，蒙古人统治时期借助蒙古大汗的力量发展起来。13 世纪末 14 世纪初，莫斯科作为公国登上了历史舞台。这时，莫斯科大公与特维尔大公拼死争夺全罗斯大公的权位。莫斯科大公伊凡一世（1325～1340 年）绰号“钱袋”，他经常用金钱收买蒙古王公和自己的政敌，同时也采用暴力来消灭竞争对手；对金帐汗则奴颜婢膝，百依百顺。1328 年，伊凡一世被册封为“弗拉基米尔及全罗斯大公”。此后大公的头衔基本上为莫斯科公国大公独占。

整个 14 世纪，莫斯科公国的力量不断增长，金帐汗国的力量却日趋衰落，宫廷内部斗争激烈，大汗易人频仍。从 1360～1380 年的 20 年间，汗位易手 25 次。其中，仅 1361 年一年就更替了 6 次。金帐汗国的衰落为莫斯科公国摆脱蒙古的统治提供了可乘之机。

本来金帐汗想利用特维尔来对付莫斯科，但未能奏效。1378年，马麦汗亲调大军以别吉乞为统帅进攻莫斯科，结果在奥卡河支流沃查河上被莫斯科军队打败。此战对莫斯科公国历史发展有着重要影响。

马麦汗在沃查河战役失败后并不甘心，他积极搜罗兵马，准备与莫斯科一决雌雄。他集结了五六万人的军队，与立陶宛大公亚盖洛结盟，商定于1380年9月1日会师奥卡河，联合进攻莫斯科。是年夏，马麦汗沿顿河北上，等待与立陶宛军队会师。莫斯科公国得到情报后一面集结军队迎击，一面瓦解蒙古与立陶宛联盟，于9月8日渡过顿河后与蒙古军在库里科沃平原交战，马麦汗被迫应战。经过一整天的激战，马麦汗被彻底打败，只身逃走。库里科沃平原战役是莫斯科摆脱蒙古统治的具有决定意义的重大战役。战役的组织者和指挥者莫斯科大公迪米特里获得了“顿河英雄”的光荣称号。

15世纪前期，莫斯科公国的领土迅速扩大。此后它的扩张虽因宫廷内讧而中断，但15世纪末年又重新开始。1471年7月，莫斯科大公伊凡三世(1462～1505年)进攻诺夫哥罗德。诺夫哥罗德失败后被迫接受伊凡三世为自己的最高立法者和审判者。1478年，伊凡三世将诺夫哥罗德吞并。1485年，伊凡三世以特维尔王公勾结波兰为借口，率军包围特维尔，王公逃到立陶宛，贵族们出面请降。此后其他小国因无力反抗，或者成为莫斯科公国的附庸，或者直接并入莫斯科公国。

莫斯科公国彻底摆脱蒙古人的统治是在1480年。是年夏，阿合马汗(1481～1502年)再次远征莫斯科。本指望得到波兰、立陶宛的援助，但因有莫斯科公国军队的堵截和受到克里米亚汗的进攻，波兰军队未予响应，阿合马汗不得不撤兵，伊凡三世赢得胜利。至此，蒙古贵族对罗斯人200余年的统治最后结束。

在驱逐蒙古统治者、实现国家统一的同时，伊凡三世进行了一系列改革。他把原先临时召集的领主杜马改为大公直属的最高权力机关。实行“军功领地制”，以服军役为条件分封土地，归其终身占有，从而建立起一支由大公直接控制的国家常备军。取消大封建主的征税特权，设立专门的国家税收机关。1497年编成第一部全俄法典，对法庭组织、司法程序、法律内容都有所规定，法典把农民离开主人的日期限制在每年尤里日（俄历 11 月 26 日）的前后一周内，是为农民失去人身自由的开始。通过改革，伊凡三世建立起中央集权的国家制度。到伊凡四世（1547～1584 年）执政时，中央集权制度进一步加强。

第十二节　捷克与波兰

捷克人是西斯拉夫人的一支。7 世纪中叶至 9 世纪初，捷克人处在原始公社解体和国家产生的阶段。9 世纪初，在多瑙河中游和易北河上游建立了大摩拉维亚公国（830～906 年）。863 年，在第二任王公罗斯提斯拉夫（846～870 年）的邀请下，君士坦丁堡牧首派遣西里尔和美多德兄弟前来传教。870 年，罗斯提斯拉夫政权被篡夺。新政权与罗马教廷关系密切，拜占廷布教团全被赶出大摩拉维亚，从此罗马天主教在捷克取代了东正教。906 年，大摩拉维亚被匈牙利人灭亡。

895 年，以波希米亚为中心形成了捷克国家。但在很长时间里，其王公依附于神圣罗马帝国。1086 年，帝国皇帝改捷克大公为国王；到 13 世纪，捷克国王成为帝国七大选侯之一。在此期间，德国人大规模向捷克移民。首先是教士，紧接着是商人和手工业者。捷克国王为增加收入，允许德国商人和手工业者建立自治城市，并享有各种特权，这样德国商人很快变成大权在握的城市贵族。德国移民把先进的生产力带到捷克，在一定时期内促进了捷克的发展。但另一方面，在捷克国内形成了一个由德国教俗封建主、城市贵族和矿山主构成的特殊社会集团。他们人数众多，占有生产资料，享有政治特权，直接剥削捷克人民。

随着经济的发展，捷克的民族意识日益觉醒，人民开始要求建立独立统一的民族国家。捷克人民对德国贵族和封建制度的不满集中表现为对教会的仇恨。因为教会是捷克最大的封建主和剥削者，教会的上层几乎全是德国人。罗马教皇通过捷克教会，大肆搜刮，把捷克当作教廷的重要经济来源。不仅如此，捷克人民的宗教活动也很不自由，当时的宗教活动主要用拉丁语，而捷克人大多不懂拉丁语。因此，从 14 世纪后期起，捷克掀起了反对天主教会的斗争，其中以胡斯的宗教改革影响最大。

约翰·胡斯(1369～1415 年)是布拉格大学教授，历任神学系主任、校长。1401 年受神父职，次年起兼任布拉格伯利恒教堂教士。他受英国宗教改革家威克里夫思想影响，提出了自己的宗教改革主张。他反对德国封建主与天主教会盘剥捷克，严厉谴责教皇兜售赎罪券；反对教会占有土地，抨击教士的奢侈堕落行为；主张用捷克语举行宗教仪式；认为主礼教士和教徒是平等的，他们在弥撒仪式中应同领象征圣体的面饼和象征圣血的葡萄酒。胡斯的上述宗教改革主张得到了捷克农民、市民和下层贵族的普遍支持，但却引起了罗马教皇和德国天主教会的仇恨。1414 年，康斯坦茨宗教会议诱骗胡斯到会，然后将其逮捕，次年 7 月以异端罪用火刑处死胡斯。胡斯之死激起了捷克人民的极大义愤，由此而引发了捷克人民长达 15 年之久的反对德国封建主和天主教会的民族解放运动——胡斯战争。

胡斯战争自 1419 年爆发，到 1434 年结束，它是以胡斯党人为领导、在胡斯宗教改革旗帜下爆发的大规模农民战争。胡斯战争的参加者来源很广，由于根本利益的不同，在战争初期就形成两大派别：圣杯派和塔波尔派。圣杯派的成员主要是城市的中等阶层、小贵族和富裕农民。他们的主张反映在布拉格四条款中，要求摆脱德国人的控制，没收教会财产，传教自由，用捷克语祈祷，俗人也可以用圣杯领圣餐，宗教平等，用胡斯派教会取代正宗教会。他们是起义队伍中的温和派。塔波尔派是战争中的激进派，主要参加者是农民、矿工、城市贫民等。他们以塔波尔城为中心组织公社，要求用暴力驱逐德国统治者，废除私有财产，实行财产共有；不要国王，消灭等级特权，没收封建主土地，建立人民当家作主的共和国。该派的领导人起初是约翰·杰士卡，后来是大小普罗可普兄弟。战争爆发后，由于共同的利益，1420～1431 年，两派联合打败罗马教皇和德国皇帝的五次进攻。但随着战争的深入，圣杯派的要求日益得到满足，他们由塔波尔派的同盟者变成镇压者。1434 年，两派激战于里旁，塔波尔派全军覆灭，轰轰烈烈的捷克农民战争结束。

胡斯战争是人类历史上光辉的一页。它沉重地打击了以教皇和德皇为首的教俗反对势力，保证了捷克国家在一定时期内的政治独立，同时促进了捷克民族语言和民族文化的发展。胡斯和塔波尔派的思想对欧洲各国特别是16世纪的德国宗教改革和农民战争产生了深远影响。

波兰人是西斯拉夫人的一支。历史上有记载的第一个波兰王公是梅什科一世(960～992年),他征服广大地区,建立普雅斯特王朝(960～1370年)。由于受捷克影响,在梅什科一世时期,波兰接受了罗马天主教。其子波列斯拉夫(992～1025年)继续扩张领土,1025年,教皇为他加冕,承认他为波兰国王。随着封建制的形成,波兰陷入封建割据,外族乘虚而入。从12世纪中叶到14世纪中叶,德国人大批移入波兰。由于封建经济的发展和外族入侵的加剧,14世纪初开始出现国家统一的趋势。1320年,罗凯迪克(1320～1333年)在统一大小波兰后加冕称王,建都于克拉科夫(1596年后改以华沙为首都),波兰统一国家开始形成。

波兰国王为了维护国家统一,维护自己的统治地位,竭力依靠小贵族支持,与小贵族结盟,以对付大贵族的割据势力。在这一过程中,波兰形成了独具特色的议会君主制。1454年,在小贵族挟持下,国王卡西米尔四世(1447～1492年)颁布《涅夏瓦条例》,规定禁止大贵族身兼数职,地方代表会议("小议会")由小贵族组成,国王不经小议会同意不得颁布任何法律,不得宣战和征收新税。1496年,国王阿尔波特(1492～1501年)颁布《彼得罗科夫条例》,规定小贵族可以享有酿酒的垄断权,还可以享有免税输出农产品的权利;在农村,小贵族可以自由占有荒地,可以无限期地追回逃亡农奴。可以看出,波兰这时期政治制度发展的特点是限制国王权力,削弱大贵族权力,加强小贵族权力,忽视市民权利,践踏农民权利。15世纪末,波兰议会君主制形成,全国议会分上、下两院:上院由教俗大贵族代表组成,下院由各地小议会选派的小贵族代表组成。几乎没有城市代表参加议会。在议会中,国王权力十分有限。国王由议会选举产生,没有常备军,没有固定的税收,没有宣战、媾和的权力。国王必须每两年召开一次议会,会期不得少于六个星期。而议会有权选举国王,有权决定宣战、媾和、军事和财政等重大问题。1652年,议会又实行"自由否决权"制度,即议会的决议必须一致通过,任何一个代表都可在议会中单独行使自由否决权。可见,波兰议会君主制实际上是对国王权力加以各种限制的贵族代议制,与西欧等级君主制明显不同。

13世纪，立陶宛建立了统一的国家。14世纪，波兰和立陶宛都遭到来自德国的条顿骑士团的威胁。面对共同的敌人，从1385年起，两国联合起来。1410年7月，波兰—立陶宛联军在格伦瓦尔德战役中彻底打败了条顿骑士团。16世纪后半期，两国又面临着莫斯科的威胁，于是决定实现进一步的联合。1569年，波兰贵族在卢布林召开的议会上宣布波立合并，建立波兰立陶宛王国。该王国有一个共同的国会、一个共同的国王，对外政策一致；但对内保持自治，双方都有各自的行政机关、军队和法庭。卢布林合并后，波兰—立陶宛王国成为东欧一个封建强国。

15世纪中叶以后，易北河以东的德国、捷克、波兰、匈牙利和俄国等东欧国家和地区形成了农奴制，17～18世纪达到鼎盛。这在时间上与西欧有着明显区别：西欧农奴制度的典型时期为11～13世纪，14～15世纪已日趋瓦解。另外，西欧农奴制经济以自然经济为主，农奴劳动主要是为了满足封建主及自身需要；而东欧农奴制经济的产生、兴盛却与西欧资本主义发展和国内市场的活跃密切相关，农奴劳动主要是为了生产粮食出售给西欧及国内，进行的是商品生产。

东欧国家封建制发展较晚，且大多由原始社会直接向封建社会过渡。长期以来，农业上的直接生产者是各种依附农民和自由农民，他们对封建主的负担主要是实物地租，封建主就靠农民提供的实物维持生活。劳役地租在这里比重很小，封建主也没有多少自营地经济。从15世纪开始，东欧各地的商品经济有了相当发展，封建贵族也改变过去的生活方式，放弃使用直接征自农民的、久已厌倦的粗糙消费品，转而使用城市生产的、由国外运来的各种精美产品。要得到这些产品，封建主手中必须拥有大量货币，而要获得货币，改征货币地租是最便利的办法。然而，当时东欧也受西欧价格革命的影响，收取货币地租经常面临贬值的风险。比较稳妥的办法是出售他们手里的粮食。要扩大粮食来源，或者征收更多的实物地租，或者自己组织生产。若采用前者，农民必然反抗，具体表现形式就是逃亡，而对于地广人稀、劳动力缺乏的东欧来说，这是非常致命的。因此，封建主大多采用了亲自组织生产的方式，把农民控制在土地上，以生产更多的粮食。也就是说，封建主放弃了实物和货币地租，转向征收劳役地租。

西欧社会的变动助长了这一势头。15世纪末开始，西欧资本主义迅速发展，城市人口不断增加，急需更多的粮食供应。出售粮食十分有利可图，东欧向西欧的粮食输出不断增加，波兰的格但斯克成为粮食主要输出港口。这种形势刺激东欧封建主扩大劳役庄园制，向农民榨取更多的粮食。他们把庄园中最好的土地变为自营地，不断缩小农民份地。随着封建主自营地的扩大，农民的劳役数额不断增加。到17世纪上半叶，波兰农奴的劳役时间达到每周4～5天，俄国农奴的劳役时间在16世纪也达到每周2～3天。

劳役庄园制发展的过程也就是农奴制形成的过程。这里许多农民本来是自由的，为地主耕作采用契约的形式，期满就可以离开另觅工作。而东欧劳动力缺乏，遇有不和，农民出走或逃亡是常事，封建主也经常设法引诱别人的农民前来为自己工作。这对于劳役庄园制的建立是十分不利的。为了保证全体封建主的共同利益，必须剥夺农民出走的权利，把他们固定在土地上，受封建主控制，即把他们变成农奴。这一过程在东欧与劳役庄园制的发展是同步的，具体表现就是国家颁布法令逐步取消农民的各种权利。这也是东欧农奴制有别于西欧农奴制的一大特点。

1496年，波兰规定每年每个村子只许一个农民在未得到封建主允许的条件下离开，同时只许农民的一个孩子进城学艺或服役，独生子则不允许。到16世纪，波兰议会不断颁布法令，限制农民出走，农民如果逃亡要受追捕，并连同其家属及财产一起交还原主人。1521年，国家法庭不再接受农民对领主的上诉，而把农民置于领主的司法控制之下。1543年则完全剥夺了农民迁徙的权利。1565年，教皇使节这样描写波兰农民："农民是主人的下属，主人对他们拥有生死之权。农民无权向上级法院申诉，也没有土地财产……没有主人允许他们不能迁居别村，因为被固定于土地。当主人出售村子时，连同其上的农民一起出售。"在俄国，1497年伊凡三世规定，农民只能在尤里日前后各一周内，在结清账目的情况下改换领主。这是从法律上对农民自由行动加以限制的开始。不过由16世纪农民与地主所订的契约可见，农民实际上仍在其他许多时间离开主人，只不过在尤里日离开的较为普遍。到16世纪下半叶，由于沙皇特辖区的推行，农民流离失所，逃亡出走现象频频发生。为了稳定秩序，进一步把农民固定在土地上，1581年，伊凡四世开始实行“禁年制”，规定凡宣布为“禁年”的年份，农民即使在尤里日前后也不能离开主人。1592～1593年，政府进行地产登记，农民一经登记，就永远不能离开主人，成为固定的农奴。1597年11月24日，沙皇费多尔·伊凡诺维奇规定，追回逃亡农奴的期限为5年。1607年，沙皇瓦西里·舒伊斯基规定，追回逃亡农奴的期限可以延长至15年。1649年，罗曼诺夫王朝颁布《1649年法典》，明文禁止农民在尤里日前后迁徙，所有农民都要按地产登记簿永久地固定于土地，封建主可以无限期地追捕逃亡的农奴，逃亡农奴连同妻子家人、财产一并归还原主，而该农奴子女的配偶及所生子女也一并追回。到此为止，俄国农奴制在法律上完全固定下来，一直到1861年才被废除。

【延伸阅读】

1. 陈文海：《中世纪世俗史学的社会政治功能及叙史逻辑》，《华南师范大学学报》(社会科学版)2013年第5期；《法国史》(第2版)，人民出版社2014年版；《〈法兰克人史纪〉的写作及其社会秩序诉求》，《中国社会科学》2017年第1期；陈文海译注：《弗莱德加编年史》，人民出版社2017年版；《法兰克人史纪》，人民出版社2018年版；《法兰克王家年代记》，人民出版社2019年版。

2. 陈志强：《拜占廷学研究》，人民出版社2001年版；《巴尔干古代史》，中华书局2007年版；《地中海世界首次鼠疫》，《历史研究》2008年第1期；《拜占庭史研究入门》，北京大学出版社2011年版；《古代晚期研究：早期拜占庭研究的超越》，《世界历史》2014年第4期；《一四五三年君士坦丁堡战役参战人数考辩》，《历史研究》2015年第6期；《鹰旗飘落：拜占庭帝国的末日》，北京大学出版社2016年版；《拜占庭帝国史》，商务印书馆2017年版；《拜占庭文明》，北京师范大学出版社2018年版；《公元6世纪地中海大瘟疫的应对策略》，《南开学报》(哲学社会科学版)2020年第4期；《晚期拜占庭帝国雇佣兵控制权的丧失及其影响》，《世界历史》2021年第3期；《拜占庭帝国政治史论》，江苏人民出版社2023年版。

3. 冯天瑜：《“封建”考论》，湖北人民出版社2018年版。

4. 顾銮斋：《中西中古社会赋税结构演变的比较研究》，《世界历史》

2003 年第 4 期;《中西中古赋税理论中的一些概念及其界定》,《华东师范大学学报》(哲学社会科学版)2007 年第 1 期;《赋税制度与欧洲政治制度的演进》,《史学理论研究》2014 年第 2 期;《英国中古时期的税收习惯》,《世界历史》2014 年第 6 期;《中西中古税制比较研究》,社会科学文献出版社 2016 年版。

5. 侯建新:《"封建主义"概念辨析》,《中国社会科学》2005 年第 6 期;《中世纪英格兰农民的土地产权》,《历史研究》2013 年第 4 期;《欧洲文明不是古典文明的简单延伸》,《史学理论研究》2014 年第 2 期;《中世纪与欧洲文明元规则》,《历史研究》2020 年第 3 期。

6. 黄春高:《"封建主义的悖论"与中古西欧封建国家》,《世界历史》2007 年第 6 期;《走向领主权:中世纪欧洲史研究的新趋势》,《北大史学》2014 年刊;《何为封建主义——冈绍夫之问小议》,《清华大学学报》(哲学社会科学版)2017 年第 4 期;《11—15 世纪英国封建主义演变的经济逻辑》,《历史研究》2022 年第 2 期;《封建时代的领主经济》,《中国社会科学》2022 年第 10 期。

7. 李化成:《黑死病期间的英国社会初探(1348～1350 年)》,《中国社会科学》2007 年第 3 期;《黑死病期间西欧的鞭笞者运动(1348—1349)》,《历史研究》2013 年第 1 期;《论 14 世纪英国聚落环境与黑死病传播》,《世界历史》2011 年第 4 期;《14 世纪西欧黑死病疫情防控中的知识、机制与社会》,《历史研究》2020 年第 2 期。

8. 李隆国:《从"走"到"坐":西方史家治史从古代向中古的转变》,《史学史研究》2013 年第 4 期;《加洛林早期史书中的丕平称王》,《历史研究》2017 年第 2 期;《查理曼称帝与神圣罗马帝国的形塑》,《史学集刊》2018 年第 3 期;《外圣内王与中古早期编年史的叙述复兴》,《史学史研究》2019 年第 3 期;《重建"神圣的罗马帝国":中古早期欧洲的政治发展道路》,《历史研究》2020 年第 2 期。

9. 李腾:《"全球中世纪"概念的理论建构及其批判性反思》,《史学理论研究》2022 年第 2 期;《秩序重构下的 11—12 世纪欧洲政教之争》,《历史研究》2022 年第 3 期;《"全球中世纪"概念的形成与反思》,《社会科学文摘》2022 年第 7 期。

10. 李云飞:《中世纪英格兰庄园法庭探微》,《世界历史》2005 年第

2 期;《中世纪英格兰农奴制探微——以黑死病前的劳役限定和折算为视角》,《世界历史》2007 年第 5 期;《分歧、焦点与出路:农奴制的政治经济学》,《历史研究》2007 年第 6 期;《从高效到超:中世纪英格兰巡回法庭的兴衰》,《世界历史》2012 年第 4 期;《自愿委身与十一世纪法国底层社会的依附关系》,《中国社会科学》2012 年第 10 期;《钦差巡察与查理曼的帝国治理》,《中国社会科学》2017 年第 8 期;《加洛林王朝代际更替中的疆土分治与王国一体》,《历史研究》2021 年第 2 期;李云飞译注:《圣伯丁年代记》,人民出版社 2021 年版。

11. 刘虹男、陈文海:《墨洛温王朝教务会议与法兰克王权理论的构建》,《历史研究》2021 年第 1 期。

12. 刘寅:《莱德拉德与里昂德“加洛林革新”》,《历史研究》2020 年第 5 期。

13. 马克垚:《中西封建社会比较研究》,学林出版社 1997 年版;《封建经济政治概论》,人民出版社 2010 年版;《英国封建社会研究》,北京大学出版社 2016 年版。

14. 孟广林:《英国封建王权论稿》,人民出版社 2002 年版。

15. 庞国庆:《古希腊文化与拜占庭帝国的塑造——以〈荷马史诗〉为例》,《世界历史》2019 年第 3 期;《希腊民族历史书写视域下的拜占庭研究(1821—1930 年)》,《史学理论研究》2021 年第 5 期;《拜占庭帝国黑暗时代的人口危机及其治理》,《世界历史》2022 年第 6 期;《拜占庭帝国圣像崇拜的确立》,《世界宗教文化》2022 年第 2 期;《法律编纂视域下的 7—8 世纪拜占庭帝国转型》,《历史研究》2023 年第 1 期。

16. 彭小瑜:《教会法研究:历史与理论》,商务印书馆 2011 年版。

17. 钱金飞:《数百年来学术界对神圣罗马帝国的研究及其新进展》,《思想战线》2021 年第 2 期。

18. 王玖玖:《11～13 世纪西班牙犹太人——基督徒共生机制探析》,《全球史评论》2015 年第 2 辑;《中世纪盛期西班牙犹太人与基督徒的族群融合》,《中山大学学报》(社会科学版)2018 年第 6 期。

19. 夏继果:《711～1031 年的科尔多瓦:穆斯林与基督徒的互动与共生》,《全球史评论》2012 年第 5 辑;夏继果、王玖玖:《从“哥特神话”到“互动共生”:中世纪西班牙史叙事模式的演变》,《世界历史》2019 年第 2 期。

20. 向荣等主编:《中世纪晚期与近代早期英国政治和文化变革研究论集》,武汉大学出版社 2020 年版;向荣:《敞田制与英国的传统农业》,《中国社会科学》2014 年第 1 期;《第二次鼠疫大流行与意大利和英国的社会应对》,《世界历史评论》2021 年第 3 期。

21. 徐家玲等:《略论第一次十字军东征在东方战场的军事调整——以阿尔伯特的〈耶路撒冷史〉为中心》,《世界历史》2012 年第 6 期。

22. 许明杰主编:《中世纪晚期与近代早期英格兰的经济社会变迁研究论集》,人民出版社 2019 年版;许明杰:《封建危机与秩序重建——从劳工法看中世纪晚期英国社会与政治的互动》,《世界历史》2017 年第 4 期;《从 1381 年剑桥骚乱事件看中世纪英格兰王权》,《历史研究》2020 年第 4 期;《中世纪晚期英格兰议会政治中的大宪章与王权》,《世界历史》2020 年第 5 期。

23. 阎照祥:《英国史》,人民出版社 2003 年版。

24. 杨昌栋:《基督教在中古欧洲的贡献》,社会科学文献出版社 2000 年版。

25. 张芝联主编:《法国通史》,北京大学出版社 2009 年版。

26. 赵文洪:《中世纪西欧三个等级的观念初探》,《史学月刊》2005 年第 5 期;《中世纪欧洲村庄的自治》,《世界历史》2007 年第 3 期。

27. 朱孝远:《宗教改革与德国近代化道路》,广西师范大学出版社 2019 年版。

28. [法兰克]艾因哈德、圣高尔修道院僧侣著,戚国淦译:《查理大帝传》,商务印书馆 2017 年版。

29. [英]佩里·安德森著,郭方等译:《从古代到封建主义的过渡》,上海人民出版社 2016 年版。

30. [南斯拉夫]乔治·奥斯特洛格尔斯基著,陈志强译:《拜占庭帝国》,青海人民出版社 2006 年版。

31. [美]朱迪斯·M. 本内特著,林盛等译:《欧洲中世纪史》(第11 版),上海社会科学院出版社 2021 年版。

32. [英]詹姆斯·布赖斯著,孙秉莹等译:《神圣罗马帝国》,商务印书馆 2016 年版。

33. [法]马克·布洛赫著,余中先等译:《法国农村史》,商务印书馆

2017 年版；张绪山等译：《封建社会》，商务印书馆 2017 年版。

34. [法]P. 布瓦松纳著，潘源来译：《中世纪欧洲生活和劳动》，商务印书馆 1985 年版。

35. [英]比德著，陈维振等译：《英吉利教会史》，商务印书馆 2017 年版。

36. [英]诺曼·戴维斯著，刘北成等译：《欧洲史：帝国时代(约 330～1493)》，中信出版社 2021 年版。

37. [德]乌尔夫·迪尔迈尔等著，孟钟捷等译，《德意志史》，商务印书馆 2022 年版。

38. [美]布莱恩·蒂尔尼等著，袁传伟译：《西欧中世纪史》(第六版)，北京大学出版社 2011 年版。

39. [英]彼得·弗兰科潘著，欧阳敏译：《第一次十字军东征》，海南出版社 2019 年版。

40. [比]弗朗索瓦·冈绍夫著，张绪山等译：《何为封建主义》，商务印书馆 2017 年版。

41. [法兰克]都尔教会主教格雷戈里著，寿纪瑜等译：《法兰克人史》，商务印书馆 2017 年版。

42. [德]赫伯特·格隆德曼等著，张载扬等译：《德意志史》(第一卷)，商务印书馆 1999 年版。

43. [英]约翰·哈彻等著，许明杰等译：《中世纪的模型：英格兰经济发展的历史与理论》，上海三联书店 2021 年版。

44. [英]约阿希姆·惠利著，陆赟译：《神圣罗马帝国》，译林出版社 2022 年版。

45. [英]乔治·霍尔姆斯编著，苏圣捷等译：《牛津中世纪欧洲史》，北京日报出版社 2020 年版。

46. [德]恩斯特·H. 坎托洛维奇著，尹景旺译：《国王的两个身体——中世纪政治神学研究》，上海社会科学院出版社 2020 年版。

47. [德]弗里兹·科恩著，戴鹏飞译：《中世纪的王权与抵抗权》，商务印书馆 2021 年版。

48. [俄]瓦·奥·克柳切夫斯基著，张草纫等译：《俄国史》，商务印书馆 2013 年版。

49.［法］雅克·勒高夫著，张弘译：《中世纪的知识分子》，商务印书馆2017年版。

50.［法］埃马纽埃尔·勒华拉杜里著，许明龙等译：《蒙塔尤》，商务印书馆2017年版。

51.［英］米里·鲁宾著，陈日华等译：《中世纪》，译林出版社2022年版。

52.［法］阿敏·马卢夫著，彭广恺译：《阿拉伯人眼中的十字军东征》，民主与建设出版社2017年版。

53.［英］西里尔·曼戈编，陈志强、武朋译：《牛津拜占庭史》，人民日报出版社2021年版。

54.［法］皮埃尔·米盖尔著，蔡鸿滨等译：《法国史》，中国社会科学出版社2010年版。

55.［比］亨利·皮朗著，乐文译：《中世纪欧洲经济社会史》，上海人民出版社2014年版；王晋新译：《穆罕默德和查理曼》，商务印书馆2021年版。

56.［意］卡洛·M.奇波拉主编：《欧洲经济史》第1卷，商务印书馆1988年版。

57.［意］路易吉·萨尔瓦托雷利著，沈衍等译：《意大利简史——从史前到当代》，商务印书馆2013年版。

58.［英］彼得·萨里斯著，刘洪涛等译：《拜占庭》，译林出版社2022年版。

59.［英］乔纳森·赖利-史密斯著，欧阳敏译：《十字军史》，商务印书馆2016年版。

60.［美］詹姆斯·W.汤普逊著，徐家玲等译：《中世纪晚期欧洲经济社会史》，商务印书馆2017年版；耿淡如译：《中世纪经济社会史》，商务印书馆2017年版。

61.［意］洛伦佐·瓦拉著，陈文海译注：《〈君士坦丁赠礼〉伪作考》，商务印书馆2022年版。

62.［美］A.A.瓦西列夫著，徐家玲译：《拜占庭帝国史》，商务印书馆2019年版。

63.［英］克里斯·威克姆著，李腾译：《中世纪欧洲》，民主与建设出版社2022年版。

64.［英］菲利普·沃尔夫著，郑宇建等译：《欧洲的觉醒》，商务印书馆

2011 年版。

65.［英］克里斯托弗·希伯特著，冯璇译：《美第奇家族的兴衰》，社会科学文献出版社 2017 年版。

【思考与讨论】

1. 试述中国学术界关于封建主义研究的最新动态。
2. 欧洲封建化主要包括哪些内容？
3. 试论查理·马特采邑改革的历史影响。
4. 加洛林帝国是怎样形成的？
5. 概述西欧封建制度。
6. 诺曼征服对英国历史产生了怎样的影响？
7. 西欧中古城市是怎样兴起的？
8. 试论西欧中古城市的自治。
9. 中古意大利为什么会形成城市共和国？
10. 试论西欧中世纪行会的基本特征。
11. 试探西欧中古王权与教权的关系。
12. 西欧中古基督教会是怎样发展起来的？
13. 如何认识十字军东征的历史影响？
14. 试论西欧中古议会政治的历史文化基础。
15. 谈谈西欧中古议会政治的普遍性。
16. 试论 14～15 世纪西欧历史发展的特点。
17. 如何评价西欧中世纪的历史地位？
18. 试论英法中古农民起义的特点。
19. 如何评价西欧中古早期的宗教改革？
20. 如何评价西欧中古经院哲学？
21. 试论拜占廷封建化过程。
22. 东欧再版农奴制是怎样形成的？

第九章　资本主义萌芽

15～16世纪，欧亚大陆两端都产生了资本主义萌芽，东端主要是中国、日本，西端则有意大利、英格兰、西班牙和尼德兰。资本主义萌芽及资本主义萌芽的发育生长处于封建社会向资本主义社会过渡的时代，而大凡过渡时代，新旧因素必然并存。因此，要从理论上说明资本主义萌芽的概念，必须抓住这一过渡特征，深入生产关系的细部进行探讨和概括。资本主义萌芽产生以后，在经济关系中便有一定的表现，这种表现随着时间、地点等条件的变化而变化。但万变不离其宗，只要较好地把握资本主义萌芽的概念，便能从千头万绪、错综复杂的生产关系中分辨出哪些是萌芽中的资本主义关系。萌芽的产生依靠生产力的发展，其生长发育则需要资本原始积累的支持。如果把萌芽喻为一株植物的幼芽，那么资本原始积累就是供应这株幼芽发育生长的养料。没有充裕的资本的滋养，资本主义萌芽就会枯萎甚至夭折。手工工场是资本主义萌芽在产生以后所必须依存的经济组织，它脱胎于手工业行会，始终伴随资本主义萌芽的发育生长。资产阶级革命成功以后，由于新的经济组织尚未形成，它还继续存在，直至大机器工业产生。但须知，资本主义萌芽的产生并不意味着资本主义生产关系的确立。确立的成功还需要资本主义萌芽的健康生长发育，而生长发育又必须具备一定的历史条件，这些条件的具备与否、具备程度的差异等因素使各国的萌芽经历了迥然不同的历史命运。而探讨这些不同命运发生的原因，则是一件富于现实意义、理论意义和激发人们志趣的事情。

第一节 概 念

中国学术界关于资本主义萌芽的研究起步很早,迄今发表的论著已难计其数。特别是近几十年,出于我国经济建设的实际需要,关注研究这一问题的人越来越多,于是这朵一度被戏称的“金花”不再为历史学家所专有,而为政治学、经济学、社会学、文化学等学者所分享。但当你深入这一讨论的深处仔细审视这些成果时,你就会发现我们的理论其实还很薄弱。即使就资本主义萌芽的概念而言,也没有一个令人满意的说明。大学的世界史教材在谈到资本主义萌芽时,往往引用马克思《资本论》或列宁《卡尔·马克思》的有关论述作为理论依据。马克思说:“两种极不相同的商品所有者必须互相对立和发生接触;一方面是货币、生产资料和生活资料的所有者,他们要购买别人的劳动力来增殖自己所占有的价值总额;另一方面是自由劳动者,自己劳动力的出卖者,也就是劳动的出卖者。”这里的“自由”具有双重意义:一是“脱离生产资料而自由”,一是“从隶属地位和行会束缚下解放出来”而自由。“商品市场的这种两极分化,造成了资本主义生产的基本条件。”①列宁的论述是对马克思这一说明的转述,但较之马克思说得更直接、更明确。列宁说:“资本产生的历史前提是:第一,在一般商品生产发展到比较高的水平时,一部分人手里积累了相当数量的货币;第二,存在两种意义上的‘自由的’工人,一方面他们出卖劳动力不受任何拘束或限制,另一方面他们脱离土地和脱离任何生产资料,这是无产业的工人,是只能靠出卖劳动力来维持生活的工人‘无产者’。”②马克思和列宁在这里所讲的其实是资本主义确立时生产关系的完整形态,而不是它的萌芽形态。比如,关于雇佣工人问题,他们都强调两种意义的自由,而这种自由工人只有在资本主义社会才存在,封建社会晚期还没有产生,劳动者只能处在向自由工人转化过程中。再看中国古代史教材,它们对资本主义萌芽问题的处理大多限于

---

① 《资本论》第1卷,人民出版社2004年版,第821页。

② 《列宁选集》第2卷,人民出版社2012年版,第431页。

现象的描述,而缺乏理论的说明或概括。即使是有影响的研究性著作,也没有给读者一个满意的答案。

以上叙述反映了我们的理论的薄弱,同时也说明了资本主义萌芽问题的理论难度。正因为如此,下面的说明只能是一种尝试,希望能起到一点抛砖引玉的作用。

从一般意义上说,萌芽是指事物的不完全形态。资本主义萌芽也就是资本主义生产关系的不完全形态。由资本主义萌芽到资本主义生产关系的最终确立要经过一定阶段,甚至是一个漫长的历程。其中,封建主义因素与资本主义因素并存且呈现此消彼长的趋势,封建因素由强变弱,逐渐转化为历史的残余形式。资本主义因素则由弱变强,逐渐取代前者而占据社会的统治地位。至此,历史的发展完成了新旧社会的交替,进入资本主义社会。

上面所引马克思的论述虽非资本主义萌芽的概念,但为我们研究这一概念提供了方便。资本主义生产关系产生或确立的条件如此,资本主义萌芽也就是这两方面条件的萌芽。从货币、生产资料和生活资料的所有者来说,他的货币和生产资料在一定程度上已经转化为资本,这种情况作用于剥削方式,必然表现为封建剥削和资本主义剥削两种成分的并存。就劳动者而言,在身份上,他已获得一定程度的自由,但还没有完全摆脱封建隶属关系;在生产手段上,他已经丧失一部分生产资料,但还没有完全同生产资料相分离。这样,资本主义萌芽就是不完全意义的资本主义剥削者剥削不完全意义的雇佣工人。

资本主义萌芽包括工业资本主义萌芽和农业资本主义萌芽两种形式。

工业资本主义萌芽的产生一般通过两条途径:一条是小生产者的分化。在封建社会的条件下,手工业生产多由小生产者进行。在封建社会前期,这些小生产者的经济实力、生产规模、劳动效率等大体上呈均衡状态。但到了封建社会后期,这种状态逐渐被打破,竞争随之产生。为了赚取更多钱财,在竞争中致富的作坊主率先冲破行规,雇用更多人手,扩大了生产规模。这时的佣工一般包括三部分:一是流入城市的破产农民;二是在竞争中失败的作坊主;三是原有的帮工和学徒。他们可能已被永远堵塞了晋升的道路，成为形异而实同的雇佣工人。这样，双方就发生了雇佣关系。按我们前面所给定的概念，作坊主的资金在雇用劳动力增殖其价值总额的意义上转化为资本，而破产的农民、失败的作坊主以及帮工和学徒，则在被雇佣的意义上转化为出卖劳动力的雇佣工人。但须知，这时的资本主义关系还不完全，这在剥削方式、财产关系、身份地位等方面均有明显的反映。另一条是商业资本的一部分转化为生产资本。商人从商业资本中分出一部分用来购买原料，然后将这些原料分发至农村或城郊居民，令其按要求加工商品，然后再收集商品投放市场。随着这种关系的发展，商人甚至贷给农民生产工具和生产设备。这种商人即马克思所说的包买商。这里，为商人加工制作的农民获得一定的报酬，而商人则谋取一定的剩余价值。按照我们前面给定的概念，包买商与农民的这种雇佣关系具有资本主义萌芽性质。因为在这里，生产资本还从属于商业资本，包买商还不是购买农民的全部劳动力，农民也还没有完全丧失生产资料，没有完全摆脱封建隶属关系。

农业资本主义萌芽的基本形式是租地。马克思在《资本论》中所论租地农场主实际上是资本主义生产关系确立后的农业资本家，而同时提到的“管事”“分成农”“半租地农场主”则无疑为农业资本家的萌芽形态。管事或管家原为封建庄园的管理人，分成农则是指承租地主土地并把一定比例的收成作为地租缴给地主的比较富裕的自耕农。管家与分成农承租的土地一般有限，但有时面积也会很大，在这种情况下，承租者大多为管家。管家何曾积有这样多的资财？必须结合管家的地位做出回答。作为封建主的庄园和财务管理人，管家有较多的机会积累钱财，主要方式有三。(1)篡窃。篡窃不仅仅指将封建主的土地趁社会动乱划归自己的名下，更多的情况是将资财窃为己有。(2)收礼。基于较高的社会地位和与封建主的特殊关系，管家不时收到农奴送来的礼品。量虽不大，但时间长了，自有可观的积累。(3)受赠。管家大多精明干练，管理有术，年度结算完毕，常常受到封建主嘉奖。乔叟的《坎特伯雷故事集》以文学的形式描述了管家接受嘉奖的情况，可供参考。这样日积月累，便有了丰厚的积蓄。所以，当14、15世纪封建主出租土地的时候，最先且最多承租的便是管家。但在一般情况下，管家和分成农所租土地需要的经营资本要超出他们的财力所允许的范围，因此他们只能筹集经营资本的一部分，而另一部分如牲畜、大型农具则由地主提供。这里，一方面，承租者没有足够的资本进行完全的资本主义经营；另一方面，地主所得部分并不具有纯粹地租的性质，它可能实际上包含他所预付资本的利息和超额地租，也可能实际上吞并了租地者的全部剩余劳动。管家和分成农租得地主土地，然后再雇佣人手耕种这块土地。14、15 世纪，西欧产生了一个人数众多的小农阶层，他们虽大多拥有小块土地，却经不起任何天灾人祸的打击，所以很快贫困化。而为了生存，他们必须受人雇佣。管家和分成农所雇人手即主要来自这种破产农民，此外便是贫困或破产的封建主和外来移民。这里的雇佣劳动者无论在人身关系上还是在生产手段上都还没有获得“完全的自由”。

第二节　概　貌

在世界历史上，资本主义萌芽最早产生于意大利城市共和国。基于优越的地理环境，这里很早就兴起了繁荣的工商业。9～11 世纪，城市已由城堡和主教驻节地转变为工商业中心，并凭借经济实力摆脱了封建主的羁绊，获得独立地位。12 世纪以后，工商业经济渐趋繁荣，至 14～15 世纪达于极盛。这一时期，佛罗伦萨是西方世界的纺织中心。1338 年，它拥有呢绒纺织工场 200 多家，呢纺织工 3 万多人，年产呢绒 10 多万匹。呢绒生产分工相当细密，生产过程分为 20 多道工序，各有专人负责。而各道工序又有进一步的分工，即使技术最为简单的梳毛工序，也还分为抄车、煮毛、洗毛、开毛和剥皮等小工序。它的银行业亦居全欧之冠，不仅在西欧各主要国家设有分行，而且与国王、教皇有着频繁的信贷关系。威尼斯则以造船业、航海业发达而著称，在 15 世纪，它拥有 3000 多艘商船和 17000 多名船员，年造船只达 1000 多艘。港口船只密集，进出繁忙，通宵达旦。此外，它的毛织业、丝织业、玻璃和武器制造业也都兴旺发达，驰名全欧。其他城市如热那亚、那不勒斯、比萨等也都展示出空前繁荣昌达的经济图景。

经济的发展引起了生产关系的变革。行会师傅中,部分人由于作坊的日渐凋敝而开始向雇佣工人转化。以前可望在手工业行会中获得一席地位的帮工学徒阶层也被堵塞了晋升的道路。而由于城市经济的较早发展,农奴制度在12～13世纪受到冲击,越来越多的农民流离失所,到城市觅求工作。商业资本也逐渐将触角伸入生产领域,开始直接支配和剥削小生产者。早在13世纪,佛罗伦萨的毛织业中就经常见到包买商甚为活跃的形象,其典型代表是卡利马拉(Calimla)的布匹商人和羊毛商人。布商行会的主要业务是从国外贩运布匹到佛罗伦萨加工并出售,同时经营织造。他们从英格兰和香槟集市购买羊毛,交由佛罗伦萨市郊的农民纺成纱,继而在自己的作坊中织成布。由于布商经营有方,获利甚丰,羊毛商人遂竞相效法,利用贩运羊毛之便从事纺织。他们从萨丁岛、卡斯提尔、朗格多克和英格兰运来羊毛,雇人梳洗、加油,再由其经纪人发给四乡农民制成产品,然后出售。

布商和羊毛商的活动使西欧"黑暗世纪"出现了一缕新时代的曙光:商业资本部分转化为生产资本。这种资本以其性质的二重性同前资本主义社会的商业资本与资本主义社会的商业资本区别开来。一方面,它的一部分因购买别人的劳动力进行生产而转化为资本;另一方面,它的另一部分仍以纯粹商业资本的形态独立于生产过程之外。这一情况表现于剥削方式,必然是资本主义剥削和封建剥削两种形式的并存。大体来说,布商和羊毛商此时仍以经营商业为主,此外还从事纺织。

资本主义方式以榨取工人的剩余价值为特点,这在14世纪佛罗伦萨呢绒业中已有表现。据估计,这一时期佛罗伦萨呢绒业每个雇佣工人平均每天创造价值12～18索里达,而他们的工资却只有8索里达,企业主每天从每个工人身上至少榨取4～10索里达的剩余价值。梳毛工人的境况最为悲惨,每天工作长达14～16小时,而所得不足以维持家庭生活。

几乎与意大利城市共和国同时,英国也产生了资本主义萌芽。14～15世纪,城市经济迅猛发展,农业商品化加速进行。土地买卖于1290年获得法律认可,农奴制度逐渐式微。随着养羊业的加速发展,大量的耕地转化为牧场,农业经营也被纳入商品生产的轨道,作物的种植品类、数量比例皆受市场的制约。商品生产的发展引起了生产关系的变革。城市作坊主经济上的均衡格局遭到破坏，部分师傅积累了资金，扩大了生产，开始与作坊内的劳动者结成雇佣关系，通过剥削剩余价值增殖资本。商业资本的一部分已经转化为生产资本。日益活跃的呢绒、羊毛商人通过提供原料、收购产品、发放工资等开始直接支配生产。在广大农村，租地现象日趋兴盛，雇佣关系普遍发生，管家、分成农开始以资本主义的方式经营他们的地产。

英国资本主义萌芽最早出现于14世纪的毛织业，其表现是几乎同时产生或存在分散和集中两种形式的手工工场。英国经济史家将分散的手工工场称为"家内制"（domestic system）或"发放制"（putting out system）。14世纪的伦敦，呢绒制造相关行业的呢绒修整工、染呢工、织呢工和漂洗工等都试图控制呢绒生产的最后工序而出卖呢绒，斗争的结果是呢绒修整工获胜并支配了整个呢绒生产，而其他行业的师傅也就变成了他们实际上的雇佣工人。15世纪，"家内制"更加流行。科尔切斯特的呢绒商人将毛纱发放给贫穷织工织呢，而有的富裕织工则将羊毛发放给纱工纺纱。至16世纪，一些破产的作坊主和帮工更是形成一个广大的社会阶层，他们虽拥有自己的作坊，但已丧失生产独立性，只能为呢绒商人加工成品，计件领酬。沃敏斯特城的乔治·旺希家经常把漂呢、去结、补洞等工作交给"家内制"工人。这些工人同样计件领酬。集中的手工工场，有材料证明14世纪已经存在。爱德华三世下达的一份诏令中提到了布里斯托尔市的一位名叫托马斯·布兰克特的人，其家中安放了不少织机，并雇有织工和其他工人。这显然是一个小型手工工场。15～16世纪，大型甚至巨型手工工场已经出现。纽伯利城的著名呢绒商人约翰·温契康伯的手工工场拥有织机200余张，雇工1000多人。有一首歌描绘了这家手工工场的盛况："一屋宽且长，织机二百张。织工二百人，排列成长行……旁有一巨室，女工共百人……附近又一室，少女二百人……户外又一屋，贫儿一百五……又有一广厅，五十修剪工……又有八十人，将呢加浆洗。染工八十人，齐将颜色施。二十捍制匠，将呢折成匹。"①

① 周一良、吴于廑主编：《世界通史资料选辑》（中古部分），商务印书馆1981年版，第380～381页。

基于良好的工商业发展的基础，14 世纪的尼德兰也产生了资本主义萌芽。在南方十省中，佛兰德斯和布拉班特经济发展最快，14 世纪已出现手工工场，至 16 世纪，手工工场已在纺织、冶金、制糖、印刷等行业中普遍发生。在北方七省中，荷兰和西兰两省的经济最为发达，15～16 世纪，纺织业和造船业都采用了大型手工工场。随着商品经济的发展，农业资本主义生产关系也开始萌芽，土地大部分掌握在富商和经营地主手中，他们或者经营农场牧场，剥削雇佣劳动，或者出租土地，收取货币地租。

15～16 世纪的法国，纺织、印刷、制革、玻璃制造等行业中产生了资本主义萌芽，其中呢绒、丝织、印刷、武器制造业都采用了集中的手工工场。1546 年，图尔有 8000 张织机，里昂有丝织工 12000 人。同时期的西班牙，毛织业中的资本主义萌芽更为兴盛，塞维利亚有大型手工工场约 16000 家，织工达 13 万人。托莱多有丝织工场 3000 余家，织工达 3 万多人。另外，巴塞罗那、萨拉戈萨、巴伦西亚等城市也都产生了资本主义萌芽。

中国资本主义萌芽产生于明代中后期。随着商业资本的发展，商人控制生产的局面开始出现。如徽商阮弼在芜湖设立染局，而待资本有了一定的积累，他又扩大生产规模，在异地设置分局，所染织品远销吴越、荆梁、燕豫、齐鲁等地。松江布商外出收购棉布，然后交由染坊染色、踹坊压平。而染坊、踹坊也非独力劳作，而是招募染工、踹工加工生产。在这里，染坊、踹坊虽然剥削染工、踹工，但他们自己也在一定程度上丧失了生产独立性。而布商不仅控制了染坊、踹坊，而且通过染坊、踹坊进一步控制了染工、踹工。与此同时，集中的手工工场也已出现。江南各地有大批从事纺织的民间机户。他们中不乏拥有数张以至数十张织机的大户，与他们对立的则是众多丧失生产资料的小户。于是，“大户张机为生，小户趁织为活”，形成了“机户出资，机工出力”的劳动力买卖关系。不仅如此，隆庆、万历年间还形成了颇具规模的劳动力市场。苏州玄庙口每天早晨聚集着没有固定雇主的小户上百人，“听大户呼织，日取分金为饔飧计……一日不就人织则腹枵……”[①]。

第三节　资本原始积累

资本主义生产方式确立以前，通过暴力使小生产者同生产资料分离和货币资本积累的过程，称资本原始积累。这一过程之所以表现为原始的，是因为它形成资本以及与之相适应的生产方式的前史。

资本主义萌芽的产生不需要资本原始积累，但资本主义生产关系由萌芽状态而最终确立必须有资本原始积累的支持，否则，资本主义萌芽便会因缺乏足够的营养而枯萎以致夭折。但须知，资本原始积累只是资本主义生产关系确立的必要条件而不是唯一条件。因为如果只有充足的资本积累而不具备其他条件，资本主义萌芽同样会枯萎乃至夭折。

在世界历史上，资本原始积累主要经过两条途径：一是在国内剥夺小生产者，使其与生产资料相分离；一是掠夺殖民地，利用其廉价劳动将财富（主要是贵金属）攫为己有。这两条途径又表现为若干具体形式，主要有圈占土地、购买公债、承包赋税、捐买官职、向政府贷款、掠夺殖民地的财富等。

圈占土地作为资本原始积累的一种形式主要发生在英国。14 世纪末，特别是进入 15 世纪，英国农民大都转化为身份自由且占有一定土地的小农，按社会地位和土地关系的差别，可划分为两类：一类是自由租地农，按合同租种庄园土地；另一类为公簿持有农，依据庄园法庭提供的文书记录租种庄园土地，这个文书相当于封建主与农民订立的契约。由于土地使用权比较稳固，他们的生活有一定保障。但是，随着地理大发现时代的到来，这种封建生产方式下的田园牧歌被打破了。海道大通所带来的世界市场的形成刺激了羊毛需求量的增长，羊毛价格扶摇直上，封建贵族领主见养羊业有利可图，便依据他们对土地的封建所有权，通过赤裸裸的暴力手段，将农民从他们世世代代耕种的土地上驱逐出去，然

① （明）蒋以化：《西台漫记》卷四，明万历年间刻本。

后用壕沟、篱笆等将土地圈占起来。这种对土地的圈占从15世纪最后30年开始,到19世纪初结束,历经300多年,史称"圈地运动"。作为资本原始积累的一种形式,圈地运动应大体止于17世纪40年代,因为资产阶级革命成功之后资本主义生产关系业已确立,而不再属萌芽形态,与之相应,圈地运动所获利润也不再归原始积累的范围。圈地运动将数以万计的农民赶出家园,为资本主义生产创造了劳动力大军,马克思称之为"生产关系的革命"。这里"革命"具有两层含义:一是指贵族地主将圈占的土地通过养羊赚取的利润积累并转化为资本;一是被赶出家园的农民与资本相结合转化为雇佣工人。

海外掠夺是西欧各主要国家资本原始积累的共有形式。但在不同国家,这种形式又有不同的表现。英国在这种形式的初始阶段,主要以海盗抢劫为特点。伊丽莎白时代,许多海军将领如霍金斯、德雷克等即出身海盗。这些海盗出没于美洲与非洲的海岸,大肆劫掠这里的沿海城市。霍金斯早在1562年即到几内亚海岸捕捉黑奴到美洲出卖。德雷克则曾袭击秘鲁、智利沿海,将西班牙装箱待运的价值150万英镑的金银抢走。据统计,在伊丽莎白统治的45年间,英国通过海盗等活动获取的财富价值达1200万英镑之巨。西班牙、葡萄牙两国,作为近代殖民主义的先驱,则主要攫取殖民地国家的贵金属。它们利用殖民地的廉价劳动力开采那里的贵金属矿藏,然后炼成金银运回母国。据统计,1521～1660年,西班牙从拉丁美洲运回的黄金达200吨之多,白银达18000吨之巨。1493～1600年,葡萄牙仅从非洲运走的黄金就达276吨。通过建立公司实施掠夺是西欧各国原始积累的普遍形式。例如,英国1555年成立莫斯科公司,专营俄国、波斯和中亚一带的贸易;1579年成立伊士特兰公司,专营波罗的海沿岸各国的贸易;1581年成立黎凡特公司专营地中海东岸各国的贸易;1588年成立几内亚公司从事非洲地区的贸易;1600年建立东印度公司,垄断自好望角以至东方国家的贸易。荷兰1602年成立东印度公司,取得了由好望角至麦哲伦海峡的贸易垄断权;而早在1621年它就建立了西印度公司。法国1664年建立东印度公司,并大体与此同时建立诺曼底商人公司。这些公司在政府的庇护支持下,打着公平贸易的旗号,干着抢劫、欺骗、贩奴、征掠等不可告人的勾当。通过这些公司,殖民地或落后国家的财富源源不断地运抵西欧,大大促进了西欧的资本原始积累和资本主义萌芽的生长。

承包赋税、高利放贷、捐买官职是15～16世纪法国资本原始积累的常见形式。这一时期,法国战事连绵,王室财政匮乏,入不敷出,常常旧欠未清,已举新债。为了解决这一难题,国王常常将某项税款的征收交由债主承办,例如将间接税、盐税的征收交由银行家、商人包办。这样国王所欠债务不仅可以得到偿甚至偿清,承包人也因所征税率高于甚至远超素常的规定而获利,甚至借此进入国家权力系统,影响国家政策的制定。著名商人、企业家雅克・科尔即通过放贷、包税而任职于政府。包税是世界历史上一种古老的征税形式,在这种形式下,包税人是最大的受益者,而纳税人由于包税人所获利益是以赋税的形式转嫁到他们身上而负担加重。在封建社会晚期,所谓资本原始积累正是指纳税人所纳超过国家规定税率的部分税款集中于包税人之手,从而增加了资本积累。

基于同样的原因,卖官鬻爵成为这一时期法国政府司空见惯的现象。而无独有偶,"三年清知府,十万雪花银"的官场腐败不仅明代的中国有之,此时的法国亦有之,这又大大刺激了人们捐买官职的欲望。于是,官府卖官,富人买官,有供有求,而无滞销、紧缺之虞。买卖的官职多属财政司法部门,因为财政官职可以直接聚敛钱财,司法官职可以收受贿赂。而一旦官职到手,买官人便将其看作自己的私有财产,行使权力犹如从自己的世袭领地上收取地租。无需多长时间,所费成本便轻易捞回,接着便开始资本积累。

第四节　手工工场

在封建生产方式下,行会是手工业生产的组织形式。行会生产的特点是人手少,规模小,工具简单,几无分工,手工业者从头到尾生产每一件商品。到了封建社会晚期,行会生产发生了变化,内部开始出现分工协作。这种生产形式开始常常是为了完成某种偶然性的工作而把较多数量的工人集中在一起,按分工协作的原则组织某一产品的生产。后来这种形式越来越突破行会规定的种种限制，成为固定的内部分工协作的作坊。马克思把这种形式称为简单协作。马克思说："许多人在同一生产过程中，或在不同的但互相联系的生产过程中，有计划地一起协同劳动，这种劳动形式叫做协作。"[①]马克思把这种劳动形式称为"资本主义纪元的开端"。

简单协作是一种生产方式，而不是一种生产组织形式。手工工场则是一种生产组织形式，而不是一种生产方式。因而，当我们谈及资本主义生产的发展阶段时，不应将它们作为同质的概念混为一谈。以生产方式划分资本主义生产阶段，迄马克思生活的时代应为两个，即简单协作和机器生产。以生产组织形式划分阶段，情况则较为复杂，在封建社会向资本主义过渡的时代，则应将手工工场与手工业行会相衔接，而其间不宜插入一个简单协作。但传统教材在谈及这一问题时，无不说资本主义生产经过了三个阶段，即简单协作、手工工场和机器工业。这就将生产方式和生产组织形式在概念上混淆了。大体可以认为，简单协作和手工工场是相互适应匹配的，也就是说，简单协作依存的生产组织形式是手工工场，而手工工场采用的生产方式是简单协作。如此，则应认为，接手工业行会的是手工工场，而不应是简单协作。其实，马克思在《资本论》中多处表达了这一思想，如"就生产方式本身来说，例如初期的工场手工业，除了同一资本同时雇用的工人较多而外，和行会手工业几乎没有什么区别。行会师傅的作坊只是扩大了而已"[②]。这里隐含着手工业行会转化为手工业工场的思想。但在行会和手工工场之间并没有插入一个简单协作阶段。

然而，简单协作并不是手工工场时代的孤立现象，这就需要我们区别不同时代或不同条件下简单协作的不同性质。在人类历史初期，在狩猎民族中，在古代中世纪，或者在印度公社的农业中，我们都可以看到劳动过程中协作的盛行，但是这些协作，或者以生产条件的共有制为基础，或者以个人尚未脱离氏族或公社的脐带这一事实为基础，或者以直接的

---

① 《资本论》第1卷，人民出版社2004年版，第378页。

② 《资本论》第1卷，人民出版社2004年版，第374页。

统治关系和从属关系即奴隶制和农奴制为基础。[①] 而在资本主义萌芽时代，不仅生产条件的共有制和氏族血缘关系已不存在，奴隶制和农奴制也已解体，劳动者已获得相当程度的自由。一种全新的生产关系正处在萌芽产生过程中。

手工业工场由手工业行会转化而来，正因为如此，初期的手工工场与行会几乎没有什么区别。那么，如何认识手工业工场下资本主义的内涵呢？或者说手工工场怎样较手工业行会大大提高了生产力和生产效率，改变了现存的生产关系呢？如上所述，马克思强调指出，行会与工场的区别仅仅在于工人人数的一个小小量的变化上，但是，“单纯的量的变化到一定点时就转化为质的区别”[②]。正是这个量的变化引发了以下几方面的效应，从而引起了由行会到工场的生产方式的质的变化。

第一，资金的积累。在这里，手工业师傅手中必须积有一个同时支付较大数量工人工资和购置一定数量生产设备的金额。支付较多工人工资和将这个工资总额多次支付给一个工人之间有着质的区别，而对较多设备的购置则更凸显了这一区别。

第二，管理者的产生。在行会生产的条件下，由于生产规模小，人手少，手工业师傅不可能摆脱劳动过程。只有当工人人数达到一定的量时，他才能够脱离这一过程，成为完全不参加劳动的管理者，而未来的资本家就是这样的管理者。

第三，生产力的飞跃。在分工协作的条件下，过去一个工人从事的多种多样的操作分配到许多工人身上，使每个工人只从事全部生产过程中的一项简单操作。“一个德国的行会造纸匠要依次完成的、互相连接的那些操作，在荷兰的造纸手工工场里独立化为许多协作工人同时进行的局部操作。纽伦堡的行会制针匠是英国制针手工工场的基本要素。但是纽伦堡的一个制针匠可能依次完成 20 种操作，而在英国，将近 20 个制针匠同时进行工作，每一个人只从事一种操作，后来，这 20 种操作根据经验又进一步划分、孤立，并独立化为各个工人的专门职能。”[③]

---

① 参见《资本论》第 1 卷，人民出版社 2004 年版，第 388 页。

② 参见《资本论》第 1 卷，人民出版社 2004 年版，第 358 页。

③ 《资本论》第 1 卷，人民出版社 2004 年版，第 392 页。

这种细密的分工和协作本身即意味着生产力的提高。而由于经常重复从事全部生产过程中的一种操作，工人的技术便越发熟稔。当许多熟练工人有机地配合、顺序地完成制造这一商品所需要的各种操作时，劳动时间便大大缩短，而生产率也就显著提高了。不仅如此，劳动群体的协作可以完成这个群体分散为个体所不能完成的工作，可以发挥出比个体劳动所发挥的生产力的总和大得多的生产力，因为协作不仅提高了各个体的生产力，而且创造了一种新的生产力，这种生产力就是集体力。而“一旦劳动过程的不同操作彼此分离，并且每一种局部操作在局部工人手中获得最合适的因而是专门的形式，过去用于不同目的的工具就必然要发生变化……使劳动工具简化、改进和专门化。这样，工场手工业时期也就同时创造了机器的物质条件之一，因为机器就是由许多简单工具结合而成的”①。

第四，劳动的节省。由于经常重复一种有限的动作，并把注意力集中到这种有限的动作上，工人就能够从经验中学会消耗最少的脑力和体力达到预期的效果，这就节省了活劳动。又由于在同一工场或场房内生产相同或相近的产品，一些边角材料可以得到最大限度的利用，这又减少了生产资料的消耗。而资本主义生产在某种意义上讲，正是以节约活劳动和死劳动为基本特征的。

手工工场的产生大致可分为两条途径。一条是作坊主将具有不同专长的手工业者集中在一个作坊中，马克思以马车制造为例分析了这种工场的产生。马车过去是由许多独立的手工业者如马车匠、马具匠、裁缝、钳工、铜匠、旋工、画匠、漆匠、金匠等劳动的共同产品，现在作坊主将这些具有不同专长的手工业者集中在同一个场房内，让他们协同劳动。当然，一辆马车在基本成品之前是不能油漆、描金的，但如果同时制造许多马车，那么，当一些马车还处在生产过程的较早阶段时，另一些马车就可以被油漆、描金了。另一条途径是把具有同一专长的手工业者集中在一个作坊中，例如将造纸工匠、制针工匠集中起来。在这里，手工业者都制造整个商品，因而顺序地完成制造这一商品需要的各种操作。这种方

① 《资本论》第1卷，人民出版社2004年版，第396页。

式仍然维持旧的生产力和生产率，但基于竞争的态势和生存的需要，它很快改变了旧的方式，走上分工协作的道路。[①] 因此可以说，两种产生方式殊途同归，不同的是后者走了弯路。

从表现形式讲，手工工场可分为分散的和集中的两类。分散的手工工场是指生产者接受工场主的订货，在自己的家中劳动。比如 15 世纪英国许多城市郊区的农民在自己的家中接受呢绒商人的订货，有的将羊毛去污梳理，有的纺线，有的染色，有的织呢，而羊毛商人则收集成品投放市场。在这里，劳动场所虽分散各处，而分工协作却将它们有机地联系起来，形成事实上的工场。一般说来，在资本主义萌芽的初期，手工工场大多呈现这种形式。集中的手工工场则将雇佣工人集中到同一工场或场房内工作，前面所举马车制造的例子即是如此。与分散的形式相比，这种形式便于雇主管理和雇工协作，且节约劳动和时间，其优越性显而易见。所以一旦条件具备，工场主都采用这种形式。马克思所说的"真正的工场手工业"即指集中的工场手工业，其占统治地位的时期约从 16 世纪中叶到 18 世纪末叶。[②] 而从 16 世纪中叶溯至资本主义的最初萌芽，则是分散的手工工场占统治地位的时期。

第五节　资本主义萌芽的历史命运

"资本主义萌芽"与"萌芽的历史命运"是两个不同的概念，后者具有一定的时间跨度，这个跨度约从资本主义萌芽最初产生延至 17～18 世纪之际。要历史地考察资本主义萌芽的命运，便不可不遵循这一时间跨度。而为了进一步说明问题，还有必要利用资本主义生产关系确立以后的材料。只有这样，我们才能获得比较完整的概念。

如前所述，欧亚大陆的各主要封建国家包括意大利、西班牙、法国、英国、荷兰以及中国都产生了资本主义萌芽。但由于所处的历史环境不同，具备的历史条件各异，这些国家的资本主义萌芽经历了迥然不同的

① 参见《资本论》第 1 卷，人民出版社 2004 年版，第 390～392 页。

② 参见《资本论》第 1 卷，人民出版社 2004 年版，第 390 页。

历史命运。

拥有某种雄厚的适于发展民族工业的自然资源是资本主义萌芽健康成长的基础，世界范围内的历史巨变带来的国际国内经济条件的变化是其成长的机遇。但是，这种基础和机遇能否得到合理利用并充分发挥效力，则取决于政府制定什么样的经济政策。上文所谓条件，择要而言，即自然资源、历史机遇和经济政策。

欧亚大陆东、西两端的资本主义萌芽有一个共同特点，即都最早产生于纺织业，而纺织业的发轫与发达，首先依赖于纺织原料的生产。而由于自然地理条件在纺织原料的生产中起着重要作用，我们将棉丝和羊毛分别看作中国和西欧封建社会的一项自然资源。

在世界历史上，意大利城市共和国曾因毛织业的发达而率先萌生资本主义萌芽，并成为西欧文艺复兴的圣地。但随着地理大发现时代的到来，这些共和国迅速衰落，工场主携带资金走出破败的场房，回到乡下重操务农旧业，资本主义萌芽由此而夭折。意大利资本主义萌芽何以会昙花一现？传统观点仅仅将之归因于新航路开辟带来的商路和市场的转移，而忽略了上面论述的条件。必须说明，这些共和国虽然产生了资本主义萌芽，但缺乏萌芽进一步生长发育的自然资源。这就如同母腹中的胎儿，虽已孕育成形还需充沛的营养供应。当其他国家的经济还处在落后状态、对原料的作用还没有充分认识的时候，共和国可以利用这些国家作为自己的原料产地。然而，一旦情况发生变化，共和国的原料供应就会受到影响。其实，在新航路开辟之前，羊毛和羊毛织品的价格已经开始上涨，这使羊毛输出国如英国意识到出口羊毛的失策。显然，情况如果相反，将羊毛加工成呢绒出售，则必独擅羊毛之利。于是一些国家开始限制羊毛出口，这种限制当然还不足以引起共和国原料供应的危机。但在新航路开辟之后，世界市场的初步形成进一步刺激了羊毛及羊毛织品价格的上涨。至此，羊毛输出国特别是英国一改过去限制出口的政策，全力推行禁止措施，这样一来，共和国毛织业的原料来源受到了严重影响。而原料供应的短缺与上述因素相互作用，终于导致了共和国经济的衰落和资本主义萌芽的夭折。另外，新航路的开辟和世界市场的形成对于许多国家来说是难得的发展机遇。但须知，在传统农业社会，因近代工业没有产生，发展机遇所以成为机遇，首先以原料为基础，没有这样的基础，也就必然无机可遇。由于意大利共和国缺乏这样的基础，新航路开辟以后，随着传统商路的冷落和商业中心的移位，英、荷等国的商业冒险家很快取共和国商人而代之。这样，其他国家的发展机遇便成了意大利共和国衰落的陷阱。

由意大利共和国向西，西班牙资本主义萌芽也曾展现过无与伦比的辉煌，但在地理大发现之后，它如同澎湃的海潮，同样迅急而无可挽回地退落了。

与意大利共和国不同，西班牙具有发展毛织业的充足的自然资源。优越的自然地理条件使它很早便发展了牧羊业，并形成了拥有金库、机关和法庭，能够左右国家政治的"牧主同盟"的实权组织。该组织所产美利奴(merino)羊毛相比英国优质羊毛毫不逊色，可以织造高级呢绒。羊毛是对外贸易的大宗，构成了国家财政收入的主要部分。由于养羊业发展较早，毛织业的历史也比较悠久，16 世纪已经形成巨大的毛纺中心，塞维利亚有作坊 16000 家，织工达 13 万人之多，规模不在英国毛纺中心之下。从发展机遇来看，它是欧洲各国的幸运儿。它最先发现了美洲，最先在那里建立殖民地，最先从那里掠走最多的金银，最具条件从羊毛和毛织业中获利，然而它为什么没有稳定、持续地发展，成为资本主义的发源地，而同意大利城市共和国一样扮演了国际竞争舞台的悲剧角色？原因既不在原料，也不在机遇，自然在经济政策。

自 15 世纪统一以来，西班牙政府和贵族便一直将注意力集中于海外，而很少关心本土经济的发展。因此，当邻国如英、法封建政府将经济政策的重心由日常生活用品的供应转移到对民族工商业的保护的时候，它仍旧悠然自得地出口原料和进口成品，而丝毫没有意识到问题的严重性。经济政策上的急功近利使这个国家付出了沉重的代价，并带来了深重的遗患。至 16 世纪末叶，它不仅丧失了国外市场，而且丢掉了国内市场，它的本土已经成为英、荷、法竞相倾销商品的场所。面对来自海外的强力竞争，鼠目寸光的西班牙政府没有采取必要的措施给予民族工业应有的保护，却基于眼前的利益和功利的需要不断赐予贵族迈斯达(mesta)以封建特权。而这不仅牺牲了作为国民主体的农民的利益，损害了农业,也断送了民族工业的前途。16世纪中叶,民族工业已出现衰落的迹象。16世纪下半叶,素来发达的毛织业便急遽萎缩,许多纺织圣地的呢绒生产陷于停顿,全国呢绒产量较16世纪前期萎缩了80%。面对内外交困的经济形势,庞大的帝国不得不依靠外国的供应来满足需要,于是英国的精纺毛呢与金属制品、荷兰的船舶、法国和意大利的丝绸很快取代了本国的同类产品。而与此同时,以羊毛为主体的原料或半成品源源不断地流向国外。

同其他国家一样,西班牙上流社会素有穿用外国呢绒的"雅好"。对此,政府既没有禁止哪怕限制外国呢绒进口,也没有责令其购买本国产品,结果使本来已陷困境的民族纺织业雪上加霜。

就资本主义萌芽的发育、生长而言,西班牙在欧洲国家中最具条件,因为在发现美洲金银产地后的近两个世纪里,它曾每年将数十吨金银运回母国。遗憾的是,如此雄厚的资金没有投入经济建设,而是虚掷于穷奢极欲的宫廷排场和腐朽糜烂的贵族生活等众多的非生产性消费上。而由于官僚机构的庞大无匹(每五人即有一官)及对外战争的无休无止,从16世纪前半期到17世纪中叶,财政非但没有储积,债务反而陡增了10倍,总额高达10多亿杜卡特。[①] 所以有观点认为:"白银很容易从塞维利亚流出,迅速流入银行家和军火商手里,结果,来自大西洋彼岸的新财富在王室手里不是用来造成'稳定的财政',而是起了反作用。有人说,来自西印度群岛的贵重金属,对西班牙而言,就像水浇在屋顶上,浇上去就流走了。"[②]

就这样,西班牙政府最终丧失了发展经济的天赐良机,由唯我独尊的超级大国迅速降为一个三流弱邦。如果说意大利的落伍是因为它既无天时又无地利,那么西班牙的落伍则是在天时地利兼具的情况下由于封建政府的昏庸腐败使然,其代价也惨重,教训也深刻。

中国的情况与西班牙类同,也具有资本主义萌芽发育生长的良好条件。就自然资源而言,中国的土质、气候比较适于种植棉桑。所以在明

---

① C.M.Cipolla, *Before the Industrial Revolution European Society and Economy, 1000-1700*, London, 1981, p.226.

② [美]保罗·肯尼迪:《大国的兴衰》,王保存等译,求实出版社1988年版,第66页。

代,植棉得到了迅速推广。至晚明,植棉点已遍布大江南北。同时,植桑育蚕也得到了较大发展。无疑,中国具有发展丝织业和棉织业的雄厚的资源基础。就历史机遇而言,中国具备在海上发展的条件,并最早出现在海上发展的趋势。早在宋代,东南沿海的商人即已努力向南海扩展,外国商人如阿拉伯商人也纷纷来华。封建政府注意发展海上贸易,以收取"市舶之利"。至元代,无论官府还是民间,对海外世界的认识都有很大提高,特别是官府实施开放政策,加强对外贸易,不惜代价远征日本、占城、爪哇等地。而15世纪上半叶,郑和率领的舰队更跨越南海,穿行印度洋,劈涛斩浪,直抵非洲东海岸。而这时的南洋、印度、非洲还多处在半开化甚至未开化状态。即使是欧洲,虽早已步入文明时代,其生产、技术仍难与中国匹敌。自南洋以迄非洲,这是何等阔远的海域,何等广大的市场,倘若政府维持已有的航海成果且无须扩大,则中国必有自己的制海权,中国的棉丝织品必然行销这一区域,而海道大通、世界市场形成后价格暴涨的织品便不唯欧洲的呢绒,亦会有中国的布帛。如此,中国的棉、丝织业必然获得巨大的推动,资本主义萌芽亦必有充沛的营养和雨露,健康而快速地成长起来。遗憾的是,政府没有利用这一机遇致力于海上事业的发展,反而厉行锁国政策,实施"禁海"。而所谓"禁海",专对民间而言,即禁止私船出海,官方的行动不在此限,郑和下西洋即一典型的例子。但是,资本主义萌芽产生于私营工商业,它的发育生长当然仍要依赖私营工商业。而禁止私船出海,恰恰是遏制私营工商业的发展,必然限制资本主义萌芽的生长。而在中国特定的历史条件下,官营工商业越是发展,私营工商业便越受压制。何况官方远航的目的,并非像西欧那样是发展贸易、开拓商路,因而不具有经济性质,而是为了弘扬国威,建立海外册封制度,以满足统治者的虚荣心理。不仅如此,这种出航除了耗费巨资而毫无所获外,还常常一掷千金,将大量珍稀物产赐予异域王臣,致使国库空虚,人民苦不堪言。这又与资本主义萌芽产生后对资本原始积累的客观需求相背。对这种不惜血本组织的政治性远航,史学家罗荣渠先生站在比较研究的高度做了如下断语:"中国走出了南洋,却没有真正走向世界。"而西欧新航路的开辟,则在"从地中海转向大西洋后”，取得了“革命性突破”[①]。这一断语深含着一代学人对中国资本主义萌芽历史命运的痛惜之情。

另一方面，明朝立国伊始，即以强本抑末作为政府的基本经济政策。这一政策的实施，直接抑制了资本主义萌芽的发育生长。强国的目的在于建立一个自足稳定的社会。在这个社会，百姓安守本分，吏员恪守职责；衣食所需，无求于人；举国升平，天下安然。然而，工商业的存在和发展必然引诱人们弃本从末，舍义逐利，从而引起贫富不均，造成社会不安。因此，要强本，须先抑末，而抑末的核心便是如何贬损压制商人。在这方面，明朝政府采取了大量措施，将工商业者置诸社会的最下层，使之成为官府反复盘剥的对象。

就这样，15～16世纪中国与历史机遇擦肩而过，而政府又借助政治手段强力遏制私营工商业的发展，致使嫩弱的资本主义萌芽在丧失历史机遇的情况下又经历了太多的磨难，虽未夭折，却半死不活，历经明末几十年、清代两百多年，直至西方列强占领瓜分中国，迄未摆脱萌芽状态而生长成材。

如上所述，意大利城市共和国因不具备自然资源、历史机遇诸条件，资本主义萌芽有如昙花一现而迅速夭折；西班牙和中国虽具备这些条件，但由于政府政策或发展战略的失误，资本主义萌芽也未获得好的结局。那么，英国呢？在这个孤悬于大海之上的弹丸之地，资本主义萌芽又遇到了怎样的历史命运呢？

在资源方面，英国的自然地理环境为养羊业的发展提供了得天独厚的条件：这里四面环海，气候温而不热，润而不潮，又垩地空旷，山冈连绵，植物丰茂，极便养羊；所产羊毛光洁柔韧，质地优良，备受中世纪西欧各纺织圣地的青睐。

基于良好的资源条件，历史机遇也自有其优越之处。然所谓优越，也仅仅相对意大利而言，比之于西班牙则要差劣，这在前面已经论及。但是，这种差劣在政策上得到了补偿，资本主义萌芽的发展因此走上了一条平坦而宽阔的道路。

---

① 罗荣渠：《为什么不会有中国哥伦布》，黄邦和等：《通向现代世界的500年》，北京大学出版社1994年版。

与短视的西班牙和中国封建政府相比，英国政府真可谓“目光远大，深谋远虑”。在13世纪以后的几百年里，它制定了一套既不同于中国又几乎可说与西班牙政府截然相反的经济政策，这一政策将毛织业作为民族工业，置于国民经济的核心地位，全面推动其发展。事实证明，这种战略设计是正确的。如果把当时的英国比作一列长长的火车，那么，毛织业便是这列火车的车头。正是毛织业这个车头，带动了国民经济的全面发展，保证了资本主义萌芽的健康成长。英国政府的经济政策涉及工商业发展的各主要方面，这里择其要者作一论述。

原料供应方面，英国毛织业也曾面临羊毛大宗出口而供应不足的问题，但英国政府对此很早便有觉察并设法解决。解决的主要办法是禁止羊毛出口。自亨利三世以来的历代国王大都颁布过羊毛出口禁令，有的甚至反复颁行。禁令涉及的物品不只是羊毛，有时还包括生产呢绒所需的其他原料，例如爱德华二世曾致函伦敦市长查禁途经伦敦而运往国外的起绒草、漂白土、黄油、茜草等原料，以保证国内供应，削弱竞争对手。有的国王则从关涉国计民生的高度看待原料供应，认为毛织业是英国手工业的主要行业，羊毛供应不仅关系到英格兰大宗出口产品的生产问题，而且关系到国民的就业问题，保证毛织业生产的正常进行，必须首先保证充足的羊毛供应。有了这样的认识，政策的导向便必然顺应经济发展的趋势，利于资本主义萌芽的生长了。

生产技术方面，英国毛织业在15世纪以前不仅落后于其邻邦佛兰德斯、意大利城市共和国，而且落后于低地国家和西班牙，这使英国呢绒生产无论在质量上还是产量上长期处于较低水平，无力在国际市场同他国竞争。这一问题的解决有多种方法，但最经济、最简便、最省时的方法莫过于提供优惠条件，吸引外国技术工人移居英国，直接提高加强英国的技术力量。在13世纪以来的数百年里，英国政府正是在这方面投入了最多的代价。1271年，亨利三世宣布：“所有男女织工，无论是佛兰德斯人还是他国人，均可前来我国安全织布。”[①]爱德华三世在其统治的50年间更多次颁令，鼓励外国工匠移居英国。1331年，授予移居英国的

① E.Lipson, *The Economic History of England*, Vol.1, London, 1945, p.465.

佛兰德斯工匠约翰·凯普和随同前来的仆从及学徒以特许证,以保护他们在英国就业。对于前来定居的外国织工,政府明令并提供了多方面的优惠。1337年,爱德华三世颁令:所有外国织工均可前来英国,在他们所喜欢的任何地方定居,国王除了提供安全保障外,将赐予最慷慨的优惠。亨利三世曾赐予移居英国者五年的免税待遇。爱德华二世曾接纳他们为英国居民,赐予他们与本国居民同等的权利。爱德华三世则允许他们建立自己的行会组织,制定自己的技艺规则,并豁免向王室缴纳的承包税。都铎王朝建立后,英国政府更加大了吸引外国织工移居英国的力度。亨利七世重申外国织工移居法令,爱德华六世甚至建立移民点,向移居织工提供贷款并赐予土地。伊丽莎白一世则利用尼德兰反抗西班牙专制统治的时机,大量接纳尼德兰织工。英国政府的移民政策取得了显著成效,早在14世纪,便不断有外国织工携带眷属、帮工、学徒和财产移居英国,包括佛兰德斯、西兰、布拉班特等纺织圣地的织工,定居的区域很广,包括伦敦、曼彻斯特、诺威奇、布里斯托尔、阿宾顿、约克等地。而至16世纪后期,正当西班牙毛织业迅速萎缩的时候,英国毛织业却在大量吸纳外国织工,特别是来自尼德兰的熟练织工,从而使纺织技术经历了前所未有的变化。在这一变化中,16世纪初期一度衰退的诺威奇接受移民达4000人,并迅速复苏,成为"新织品"生产中心;科尔切斯特在自1565年开始的20年里接受移民达13000人,成为另一个"新织品"生产中心。16世纪是世界历史特别是西方历史发展的一个特别关键的时期。这一时期,由于政策的作用,积累了千年之久的西班牙工业基础几近瓦解,而较之远为薄弱的英国工业基础则日趋雄厚与坚实。基于此,17世纪的资产阶级革命与18世纪的工业革命的凯歌首先在英国奏响,而与西班牙无缘。

充足的原料供应与先进的工艺技术意味着毛织品的高产与优质。优质是适销的重要条件,却不是唯一条件。在很多情况下,优质不一定适销,而高产却必定增加销售压力。在英国,由于对羊毛出口的限制和禁止以及对外国织工的吸引与接纳,呢绒产量迅速增加。呢绒产量增加当然是好事,却也给有限的市场带来了压力,使之不时出现滞销现象。面对这一情况,英国政府采取了与西班牙截然不同的态度,积极采取措施拓展销路。这种措施首先针对贵族制定实施，因为英国贵族同西班牙贵族一样，也喜穿进口呢料。所以，《牛津条例》责令："人人必须使用国产呢绒。"1332年，爱德华三世颁令禁止使用进口呢绒，1337年更宣布禁止进口外国呢绒，命令使用国产呢绒。1464年，爱德华四世再次颁布呢绒入口禁令，要求人们购买国产呢绒，1467年又颁布一系列法令反复申明上述规定。但是国内市场毕竟有限，要大力发展毛织业，必须打开并占领国际市场。于是英国诸王在颁布上述法令的同时，又采取措施鼓励呢绒出口。这种鼓励政策集中表现在呢绒与羊毛出口关税的税率上。1347年之前，出口呢绒均享免税待遇，其后虽规定征税，但税率极低，不及2%，而同期的羊毛出口税率却高达33%。[1] 政府的政策有效地拓宽了呢绒销路，增加了销量。1350年到1400年的50年间，宽幅呢绒的产量仅仅增长了3倍，而出口量却增长了近9倍，说明原在国内市场销售的部分转到了国际市场，而自14世纪中叶至17世纪初年，呢绒出口量一直呈扶摇直上之势。

不可否认，英国政府颁布关于毛织业的某些法令是出于政治目的或财政利益，但是，就政治目的而言，一些法令的颁布并非完全与经济发展意识无关，例如1337年禁止羊毛输出佛兰德斯。这一法令的颁布表面上看与王位继承和英法关系交恶相关，实际上是争夺封建领地的结果。作为西欧毛织业发展中心和英国邻邦的佛兰德斯，素与英国保持着密切的经济联系，佛兰德斯是英国羊毛的主要购买地，而英国则是佛兰德斯毛织原料的主要输入地。基于这种关系，英国早有并吞之意，只是缺乏合适的理由与机会。而假如佛兰德斯归属了英国，则必促进英国手工业乃至整个经济的发展。就财政利益来说，政策的制定与经济发展的意识在根本上是一致的，因为只有经济发展，财政收入才能增加，这一点可由国王倡导建立城市从而增加收入得到旁证。即使基于纯粹政治目的而制定的经济政策，与国王或政府发展民族工业的指导思想也不发生矛盾。否则便无法解释政府为什么招揽外国职工且给予免税特权，无法解释将羊毛出口税率定为33%，而呢绒出口免税或虽征却不及2%，从而

① D.Power, *The Wool Trade in English Medieval History*, London, 1942, pp.101-102.

无法解释限制、禁止而不是鼓励、扩大羊毛出口。按政府规定的税率，只有扩大出口政府才能获得更多的关税，而禁止出口则等于完全丢弃这项收入。

英国虽也已产生资本主义萌芽，但扶植、保护这一萌芽的资金条件远不具备。在国内，英国的贵金属矿藏至为少见，约在史前时期几已采尽。稍后的几个世纪里，只能在威尔士和爱尔兰发现少量的黄金。在国外，16～17世纪，英国还没有像西班牙那样拥有贵金属矿藏丰富的殖民地，所以无法供应国内以满足日益发展的要求。时人的记载表明，人们不仅普遍感到货币流通量的不足，而且已表现出不安与不满。显然，向流通领域追加黄金，已经成为政府亟待解决的难题。

面对这一难题，英国政府没有放任不管，而是采取措施予以努力解决，这些措施包括以下几个方面：第一，限制、禁止金银出口。在这一方面，政府颁布了大量法令。这些法令在13～14世纪主要是限制金银出口，14～15世纪则主要是禁止出口。[①] 第二，利用它的王牌产品——羊毛，吸引并在必要时强制金银入口。13～14世纪，针对国际市场货币成色日益低劣的情形，政府规定购买英国羊毛必须支付金银，英国羊毛商人须根据他们运往国外的羊毛数量带回相应比例的金银，前来英国的外商必须首先缴纳一定数量的金银给造币场。[②] 1429年，《金银条例》(*Bullion Ordinance*)重申，在羊毛中心市场所购羊毛的全部货款必须以金银支付。[③] 第三，通过商业贸易、海盗掠夺攫取拉美殖民地的黄金。16世纪，英国政府通过海盗手段掠取西班牙得自美洲的黄金已众所周知。据不完全统计，伊丽莎白女王在位期间仅从美洲一地掠取的黄金价值即达1200万英镑。然而，这远远不及贸易所得。这里所说的贸易主要指与葡萄牙的贸易。17～18世纪，巴西黄金、钻石的发现开采构成葡萄牙财政收入的主要来源。据估算，在作为葡萄牙殖民地时期，巴西向葡萄牙输出的黄金和钻石总值达1.7亿英镑。面对这一巨额财富，英国

① E. E. Postan et al., eds., *The Cambridge Economic History of Europe*, Vol 3, Cambridge, 1979, p.333.

② E. E. Postan et al., eds., *The Cambridge Economic History of Europe*, Vol 3, Cambridge, 1979, p.333.

③ J. L. Bolton, *The Medieval English Economy 1150-1500*, London, 1980, p.299.

政府垂涎三尺，虎视眈眈。它利用葡萄牙对英经济、军事的依赖，迫使葡萄牙允许巴西殖民地与自己通商，并同意签订《梅休因条约》，该条约使英国的毛织品打入了葡萄牙市场，并最终扼杀了处在襁褓中的葡萄牙纺织业，致使远在巴西矿山的奴隶也不得不靠英国衣料蔽体。于是，巴西金银、钻石经过里斯本源源不断地流入了英国国库。晚近的研究表明，巴西黄金对英国工业革命具有重要意义，它加快了英国货币资本的集中，加强了英国的货币体系，推动了英国现代化工业的建立。

资金问题解决之后，政府政策的作用就显得更加重要。如无政策的正确指导，储积起来的金银也可能像西、葡那样，在短时间内挥霍净尽。但是，如前所述，英国政府仍然一如既往地保护原料供应，发展呢绒贸易，支持羊毛生产。这些政策的连续贯彻，使英国形成了一个前所未有的羊毛生产的良好环境，从而将众多分散的私人资本吸引到羊毛生产上来，使毛纺业生产出现了一个新的高潮。这个高潮不仅表现为雇佣上千或数千人的超大型手工工场的增加，而且表现为手工工场的普遍出现和总量的急剧增加，手工工场最终取代行会组织成为羊毛生产的基本形式。

资金问题的解决和手工工场的迅速发展向政府提出了另一个难题：劳动力从哪里来？手工业组织由行会到手工工场过渡的重要变化之一便是生产规模的扩大和劳动人手的增加。在行会生产的条件下，一个作坊通常拥有包括师傅在内的多个劳动人手，拥有六七人的作坊即是大型作坊。手工工场则不然。16～17 世纪，不说雇佣上千或数千人的超大型工场，即使普通的中小工场也拥有上百或数十劳动人手，相当于十数或数十个作坊劳动人手的总量，而且手工工场方兴未艾、迅猛发展的势头需要不断追加劳动力。事实上，历史的发展正在解决毛织业劳动力不足问题，地理大发现、海道大通引发的圈地运动的巨潮已将数以万计的农民赶出家园。问题在于政府对此采取怎样的态度。显然，如果听任这种现象滋生蔓延，那就无异于纵容圈地、制造饥饿，因为圈地的发生必然引起粮田面积的缩减和粮食总产的下降，而这就意味着粮食供应短缺，引起饥荒。正是基于这一具体情况，英国政府最先做出的反应是限制土地圈占。然而，随着手工工场的迅速发展和对毛织业作为民族工业的巨大意义的深入认识，政府很快转变了立场，一举废除了自1488年以来颁行的全部反圈地法令。政府的这一决定在英国引起了强烈的震动。然而，当人们几乎还没从对这一决定的反应中醒悟的时候，国会又通过了更具震撼力的法令：在赫里福德郡的马登和布登汉姆圈地。国会的法令不啻一声惊雷，震慑了人们的心田，宣告了反圈地立法的彻底破产，也预示着圈地高潮即将到来。此后，国会不断通过新的圈地法令，特别是进入18世纪，颁令数目急遽增长。国会圈地法令的大量颁行极大地推动了圈地运动的发展，而圈地运动的发展又造成了大量农业人口背井离乡。基于上述原因，这些农业人口不得不受雇于手工工场，从而解决了毛织业的劳动力问题。18世纪，大约有一半农业劳动力涌入城市。[①] 这些劳动力当然受雇于许多行业，但主要在毛织业就业则是确信无疑的。

大量劳工从农业调配到毛织业是否导致农业的偏废，并反过来限制手工业的发展？回答是否定的，因为英国现代化启动的过程同时是经济结构调整的过程。在大量农业人口转向毛织业的同时，大量的土地也就转化为牧场。这显然不会影响农业生产的进行，因为农业现有土地面积和劳动力比例与以前相比基本维持不变。问题的关键在于手工业发展的优越性吸引了大量的来自未转化为牧场的土地的劳动力。但研究表明，这已经是18世纪的事情，而17世纪以来，特别是由于18世纪工业革命的发生，农业生产力已有很大提高，劳动工具获得了显著的改进和革新，这不仅使农业劳动力相对以前显得比较宽裕，而且由于生产力的提高，粮食产量获得了很大增长。粮食产量的增加提高了农业人口供养非农业人口的能力。1700年，一个英国农民可以供应非农业人口1.7人，1800年增至2.5人。这就为更多的农业人口转化为非农业人口提供了条件，从而促进手工业的发展。事实证明，此时英国已走上良性循环的发展道路。

这样，在原料、机遇具备的条件下，英国政府通过政策的作用很好地解决了技术、销售、资金和劳动力问题。正是由于这些问题的解决和自然资源、政策以及此二者与历史机遇的综合作用，英国的资本主义萌芽

---

① 参见王乃耀：《圈地运动——英国资本原始积累的主要方式》，戚国淦等主编：《撷英集》，首都师范大学出版社1994年版。

才健康发育成长，在世界历史上率先成长为资本主义的参天大树。

英国是世界历史上资本主义萌芽健康成长从而资产阶级革命获得成功的范例，但不是唯一的例子。而无论是否典型，讨论资本主义萌芽及其确立都不能不涉及尼德兰。如前所述，毛织业在资本主义萌芽产生以来一直在尼德兰手工业中占据主导地位，但与英国不同，由于低洼潮湿的地理气候，这里只能养牛、养鹅而不宜养羊，所以毛织业原料有史以来即依靠进口。向其出口的国家在地理大发现之前主要是英国和西班牙，之后则主要是西班牙和爱尔兰。在这一点上，应该说尼德兰与意大利城市共和国有共同之处。但须知，14 世纪末 15 世纪末，尼德兰是勃艮第公国的领地，自 16 世纪初起又转由西班牙帝国统治。勃艮第统治时期，由于世界市场尚未形成，羊毛尚未成为紧缺商品，而且勃艮第公爵一向实施开明政策，优容工商业，倡导国际贸易，尼德兰的羊毛供应自无紧缺之虞。转由西班牙帝国统治后，它更在原料供应上找到了稳定的来源，因为西班牙本土盛产羊毛。既然西班牙视之为掌上明珠，大部分税收从这里获取，它就必须保证这里的羊毛供应。事实也正是如此，革命前，双方虽时有摩擦，但供需关系大体未受影响。这是尼德兰工业乃至整个国民经济发展的一个重要条件。革命后，尼德兰虽然获得了独立，成为一个主权国家，但它的合理的经济政策、外交政策和富有效率的经济组织，使它不仅稳定而且扩大了革命前来自西班牙的进口。有材料表明，16 世纪中叶，西班牙羊毛约有一半运抵尼德兰，另一半出口意大利。16 世纪末，这一均衡被打破，尼德兰进口量开始激增，而意大利相应锐减；至 17 世纪，西班牙对意大利的出口停止，从而全部运销尼德兰市场。历史机遇方面，地理大发现之后，随着商路的转移，意大利为广阔的南欧大陆所阻隔，远离了日益繁荣的商业中心，而荷兰则走到了前台，充当了主角。"海上马车夫"的绰号不仅描绘了它在这一时期初步形成的世界市场上鱼跃阔海、鸟翔广宇的活跃形象，而且显示了它在国际贸易中的垄断地位。经济政策方面，革命前，尼德兰虽不是主权国家，但它的国会和各城市的政府却坚强有力，而且哈布斯堡王朝同勃艮第公国一样实行开明统治，虽不免采取一些专制措施，但总体上推动了尼德兰经济的发展。所以，近代早期一些具有强烈时代特征的经济政策如重商主义等，在这里得到了很好的贯彻。基于此，尼德兰的资本主义萌芽得以良好地发育生长，其在世界历史上率先取得资产阶级革命的胜利，进入资本主义社会。

【延伸阅读】

1. 顾銮斋：《资源、机遇、政策与英国工业化的启动——关于工业化的一项比较研究》，《世界历史》1998 年第 4 期。

2. 侯建新：《现代化第一基石——农民个人力量与中世纪晚期社会变迁》，天津社会科学院出版社 1991 年版；《社会转型时期的西欧与中国》，高等教育出版社 2005 年版；《经济—社会史：欧洲社会转型研究的重要平台》，《史学理论研究》2011 年第 4 期；《新视角：资本主义起源再探讨》，《史学理论研究》2013 年第 3 期；《资本主义起源新论》，生活·读书·新知三联书店 2014 年版。

3. 黄春高：《15、16 世纪英国农村工资劳动者的历史考察》，《北大史学》2004 年刊。

4. 厉以宁：《资本主义的起源——比较经济史研究》，商务印书馆 2015 年版。

5. 刘成：《欧洲中世纪三大特性与现代化起源》，《史学月刊》2009 年第 11 期。

6. 刘景华：《城市转型与英国的勃兴》，中国纺织出版社 1994 年版；《转型时期西欧商人资本的独立发展和消极作用》，《世界历史》2001 年第 2 期。

7. 马克垚主编：《中西封建社会比较研究》，学林出版社 1997 年版；马克垚：《资本主义起源理论问题的检讨》，《历史研究》1994 年第 1 期；《前工业社会中西经济周期性升降的比较研究》，《历史研究》2009 年第 2 期。

8. 沈汉：《近代英国农业的结构和性质问题——兼论从封建主义向资本主义过渡问题》，《史学理论研究》2007 年第 1 期；《资本主义还是后封建主义——论近代英国租佃农场制的性质》，《史学集刊》2011 年第 1 期。

9. 向荣：《移风易俗与英国资本主义的兴起》，《武汉大学学报》(人文社会科学版)2000 年第 3 期。

10. 许涤新等主编：《中国资本主义发展史》第 1 卷，社会科学文献出版社 2007 年版。

11. 徐泓:《中国资本主义萌芽问题研究范式与明清社会经济史研究》,《中国经济史研究》2018 年第 1 期。

12. 俞金尧:《“资本主义”与 1500 年以来的世界历史》,《学海》2007 年第 3 期。

13. 赵文洪:《私人财产权利体系的发展:西方市场经济和资本主义的起源问题研究》,中国社会科学出版社 1998 年版;《圈地运动之前对公地制度的侵蚀与反侵蚀》,《安徽史学》2013 年第 4 期;《英国公地制度研究》,社会科学文献出版社 2017 年版。

14. 朱孝远:《近代欧洲的兴起》,学林出版社 1997 年版。

15. [法]费尔南·布罗代尔著,顾良等译:《资本主义论丛》,中央编译出版社 1997 年版。

16. [英]詹姆斯·富尔彻著,张罗、陆赟译:《资本主义》,译林出版社 2013 年版。

17. 马克思:《资本论》第 1 卷,人民出版社 2004 年版,参阅第 11 章“协作”、第 12 章“分工和工场手工业”。

18. [美]拉里·尼尔等主编,李酣译:《剑桥资本主义史》,中国人民大学出版社 2022 年版。

19. [美]道格拉斯·诺斯等著,贾拥民译:《西方世界的兴起》,中国人民大学出版社 2022 年版。

20. [美]彭慕兰著,史建云译:《大分流:欧洲、中国及现代世界经济的发展》,江苏人民出版社 2014 年版。

21. [美]迈克尔·E. 泰格著,纪琨译:《法律与资本主义的兴起》,上海辞书出版社 2014 年版。

22. [英]R. H. 托尼著,赵月瑟等译:《宗教与资本主义的兴起》,上海译文出版社 2013 年版。

23. [美]王国斌等著,周琳译:《大分流之外:中国和欧洲经济变迁的政治》,江苏人民出版社 2018 年版。

24. [德]马克斯·韦伯著,阎克文译:《新教伦理与资本主义精神》,上海人民出版社 2018 年版。

【思考与讨论】

1. 怎样理解资本主义萌芽的概念？
2. 怎样认识资本主义萌芽的历史条件？
3. 资本主义萌芽的产生主要有哪些途径？
4. 试论历史机遇、国家政策对资本主义萌芽的影响。
5. 概述欧亚各主要国家资本主义萌芽的历史命运。

第十章 1500年以前的中南非洲与美洲

中南非洲与美洲曾被西方殖民者称为“洪荒僻壤，物鬼为祟之地”，那里的居民则被视为“食人生番”、未曾开化的“劣等民族”。最近几十年的考古发掘与历史研究的成果证明，这是一种历史偏见。古代非洲、美洲也是人类文明的摇篮，当地人民创造过高度发达的文明，有着丰富多彩的历史文化，对人类社会的进步做出过不可磨灭的贡献。

第一节 中南非洲的民族与国家

中南非洲是指撒哈拉沙漠以南的非洲地区，在地理上它又分为东非、西非和南部非洲几个地区。这里靠近赤道，气温偏高。地势东高西低，东部和南部有埃塞俄比亚高原、东非高原和南非高原，西部有刚果盆地和乍得湖盆地。河系较多，主要有刚果河(扎伊尔河)、尼日尔河等。湖泊多分布在东非裂谷带，主要有维多利亚湖、坦噶尼喀湖等。沿海地带多高山，赤道附近的乞力马扎罗山被称为“赤道雪峰”。中南非洲石油、金、金刚石等矿产资源十分丰富，咖啡、可可、花生、橡胶等经济作物也占世界重要地位，居民多为苏丹语系和班图语系黑人。中古时期，东非、西非和南部非洲居民曾建立过诸多文明国家。

15世纪末叶以前，东非的文明中心主要是苏丹和埃塞俄比亚。

苏丹位于埃及和埃塞俄比亚之间，古代埃及人称该地为“努比亚”。

从公元前3000年起，埃及法老不断派军南侵，掠夺努比亚的黄金、象牙等财物。公元前12世纪末，努比亚人摆脱了埃及人的统治，建立了独立国家——库施国，首都设在尼罗河第四瀑布附近的纳帕塔。公元前8世纪，库施国曾一度征服埃及，建立了埃及历史上的第25王朝，迁都底比斯，但不久就被凶猛的亚述军队赶出埃及。

公元前530年前后，库施王国南迁，定都麦罗埃(今苏丹首都喀土穆北)。公元1～3世纪是库施国奴隶制的全盛期，其农业和手工业十分发达，首都麦罗埃是地中海以南最大的冶铁中心，被称为“古代非洲的伯明翰”。现今古城遗址还遗留着两座2000年前的铁渣山，高达十几米，是当年冶铁业发达的明证。都城内建有宏大的宫殿、金字塔和太阳寺，寺内刻有库施人自己创造的象形文字，但至今还未被人释读。库施的贸易远达埃及、西亚、印度等地区。在麦罗埃遗址出土了大量古埃及、古罗马的钱币，还有一个中国式的鼎，这或许说明麦罗埃和中国也曾有过交往。

4世纪时，库施王国被阿克苏姆国灭亡。6世纪中叶，基督教传入苏丹，苏丹地区形成了两个基督教国家，即北部的穆卡拉和南部的阿勒瓦。7世纪中叶至13世纪，阿拉伯人逐步征服苏丹全境，苏丹日益阿拉伯化。

埃塞俄比亚是一个有着3000多年历史的非洲古国。公元前几个世纪，这里曾是库施王国的一部分。大约在公元前后，在现今埃塞俄比亚北部，兴起了阿克苏姆王国。3～6世纪，阿克苏姆王国的政治、经济、文化都处于繁盛时期。它向东渡红海征服也门，向西南征服库施，成为世界强国之一。阿克苏姆国王自称“万王之王”，拥有一支由象骑军、步兵、海军组成的常备军。从邻国掠夺的大量奴隶，用于生产的各个部门。国王大力推行基督教，使该地成为非洲大陆唯一的基督教文明古国。阿克苏姆王国经济、文化十分发达。在众多的古建筑遗迹中，有宏大的宫殿，有在峭壁上开凿的教堂，有高达20多米的巨石圆头碑，建筑及雕刻工艺都十分高超。阿克苏姆王国已有文字，今天埃塞俄比亚的阿姆哈拉文就是在这种古文字的基础上发展起来的。内外贸易是阿克苏姆王国的重要经济支柱。国内使用的货币有金、银、铜币，币上铸有国王手持宝剑和棕榈叶的图像。1世纪的《红海回航记》记述了阿克苏姆同埃及、西亚、罗马、印度等地的贸易。红海沿岸的阿杜里斯港成为欧、亚大陆的商品集散地。7世纪后，阿拉伯崛起，并控制了地中海贸易，阿克苏姆王国的经济受到影响，约于10世纪衰亡。

1270年，阿姆哈拉人叶库诺·阿姆拉克以绍阿为首都，建立了封建的埃塞俄比亚帝国。基督教为国教，国王、寺院、贵族占有全国的大部分土地，农民除负担沉重的租赋外，还要服兵役。教会不断扩充势力，干预朝政，控制文化教育。16世纪，埃塞俄比亚帝国受到葡萄牙和奥斯曼土耳其的侵略，国势日衰。

中古时期，西非先后出现过加纳、马里和桑海三个文明古国。

加纳位于塞内加尔河和尼日尔河上游一带(今马里西部和塞内加尔东部)。由于境内盛产黄金，8世纪的阿拉伯作家称其为"黄金之国"，后来的西方殖民者称其为"黄金海岸"。

加纳大约建国于3世纪，居民主要是尼格罗种索宁克人。9～10世纪是加纳王国的鼎盛时期。国王实行专制统治，拥有一支20万人的常备军，并建有一套较严密的行政机构。中央派总督管理各地，地方须向中央纳税。家庭奴隶制在社会中较为普遍，家奴可以被买卖或转让。国王和奴隶主常用奴隶来殉葬。加纳还保有氏族遗风，王位按母系继承，舅父传位给外甥。

加纳盛产黄金，吸引了北非及各地商人到此贸易。国王实行垄断，规定开采的金块归国王所有，民众只能淘取金沙。商人运进一驮盐要交一个金第纳尔，出境则要交两个金第纳尔。巨大的财政收入使加纳富裕有加，国王生活奢华，穿金饰金，连马鞍、马桩、狗项圈都是用大块黄金铸成的。富裕的加纳不断招致别国的侵袭。从11世纪中叶起，北非柏柏尔人不断入侵加纳，之后加纳虽然驱逐了柏柏尔人，但元气大伤，国势渐弱。13世纪前期，加纳被其藩属马里王国所灭。

马里原位于加纳南部、尼日尔河上游康加马地区(今巴马科附近)，约7世纪建国，依附于加纳。13世纪中叶，松迪亚塔(约1230～1255年)当政期间，不断对外征战，吞并了加纳，极大地扩充了版图，使马里成为当时西非最强大的国家。曼萨·穆萨(约1312～1337年)在位时，马里帝国达到鼎盛，其疆域北部深入撒哈拉大沙漠，南部控制了尼日尔河上游和塞内加尔河上游的产金区，向东占领加奥。马里同北非和南部各国贸易频繁，国库充盈。据说曼萨·穆萨于1324～1325年前往麦加朝圣，沿途挥金如土，致使开罗金价大跌。曼萨·穆萨重视文化建设，廷巴克图城内的图书馆藏书之巨，闻名世界。曼萨·穆萨死后，帝国陷入内部纷争。17世纪中叶前后，马里灭亡。

桑海位于加纳、马里以东，其居民原居尼日尔河中游，7世纪时溯河而上，9世纪建都加奥。1325年，桑海被马里帝国征服，15世纪初获得独立。国王索尼·阿里(约1462～1492年)继位后，经过30年征战，夺取了廷巴克图和迭内等商业重镇，吞并了马里帝国东部大片土地。1493年索尼·阿里的军事长官穆罕默德·杜尔(1493～1528年)篡位，并使用“阿斯基亚”(大王)的称号。他在执政期间进行了一系列改革，使桑海国家开始了由奴隶制向封建制的过渡，国势达于极盛。其疆域南达尼日尔河中游，北部深入撒哈拉沙漠，东到布萨瀑布，西抵尼奥罗，成为继加纳帝国、马里帝国之后西非的又一大帝国。

阿斯基亚·穆罕默德建立了一套复杂的统治机构，中央各部大臣和各省总督均选自王室成员。他重视发展经济，开凿运河，统一度量衡。鼓励发展文化事业，加奥、廷巴克图、迭内成为帝国三大经济文化中心；加奥居民达7万多人，廷巴克图仅学校就有150所。桑海国家盛行奴隶制，奴隶向土地的主人缴纳实物地租，地位近似农奴，社会内部已孕育封建因素。阿斯基亚·穆罕默德死后，桑海帝国陷入混乱，16世纪末灭亡。

刚果和津巴布韦是南部非洲最著名的国家。

刚果位于刚果河下游，是西班图族建立的国家，大约形成于公元14世纪。15世纪末，当葡萄牙人到达刚果时，刚果已发展为一个高度集权的繁荣大国。国王是全国的最高统治者，有权任命各级官吏。农村公社是社会的基本生产单位，农民要为国家耕种一部分土地，收获物被收缴国库。奴隶来源主要是战俘，国王的金矿、盐矿都使用奴隶劳动。铁器被广泛使用，刚果人冶金、冶铁的技术相当发达。1482年，葡萄牙人抵达刚果，之后对其烧杀掳掠，贩卖黑奴，昔日繁荣的国家日益走向没落。

津巴布韦古称“莫诺莫塔帕”，是南部非洲的重要文明古国，位于现在津巴布韦和莫桑比克西部，首都布韦（意为“石头城”）。考古发掘证明，津巴布韦的历史可上溯到 4 世纪，至 14～15 世纪国势最盛。当时农业十分发达，现在的许多地方仍留有当时的梯田、渠道和水井遗址。津巴布韦盛产钻石、黄金，其境内发现的古代金、银坑和冶炼熔炉多达几万处。古城遗址内有神殿、高塔、碉堡等巨石建筑，并有高达 9 米的城墙，建筑技艺十分高超。16 世纪以后，津巴布韦同刚果一样遭到葡萄牙殖民者的侵略。

第二节　美洲三大文明中心的文化成就

美洲印第安人勤劳智慧，早在西方殖民者入侵之前就创造了灿烂辉煌的古代文明，玛雅文化、阿兹特克文化和印加文化是其中的杰出代表。三大文明中心的文化成就极大地丰富了世界文化宝库。

玛雅文化是由玛雅族印第安人创造的，它分布于今中美洲的危地马拉、洪都拉斯、墨西哥的尤卡坦半岛一带。玛雅文化比美洲其他地区的文化产生得早，水平也高，因此玛雅人被称为“美洲的希腊人”。

公元前 10 世纪，玛雅人开始了定居的农耕生活。他们从野生植物中培育出玉米、马铃薯、番茄、南瓜、棉花、辣椒、可可和烟草等多种农作物，学会了养蜂取蜜、饲养家畜，并能制造各种石制工具和金银饰品。公元前后，在尤卡坦半岛南端贝登·伊查湖（今危地马拉贝登省境内）的东北部，玛雅人的奴隶制城邦开始形成，到 9 世纪末，仅有文字记载的城邦就达 110 多个。考古学家把这一时期的城邦称为“旧国”。城邦的首领称为“哈拉奇·维尼克”（意为“大人”），他独揽国家大权，职位世袭。贵族与僧侣占有大量土地和奴隶，也剥削一般村社成员。奴隶可以买卖，每个奴隶约值 100 粒可可豆。农民要负担沉重的徭役和贡赋。9 世纪末，尤卡坦半岛的玛雅城邦突然衰落，原因至今不明。

5～6 世纪，尤卡坦半岛北部兴起了奇钦·伊查等城邦。10～11 世纪，玛雅潘和乌斯玛尔等城邦又相继建立，这些城邦被考古学家称为“新国”。12～13 世纪，玛雅潘成为尤卡坦半岛北部的霸主，其地位一直维持到15世纪中叶(“玛雅”名称大概源于此时)。1441年,乌斯玛尔联合各邦打败了玛雅潘,尤卡坦半岛各邦陷入了长期纷争。16世纪,西班牙人入侵尤卡坦半岛,玛雅文明遭到严重破坏。

玛雅文化的卓越成就表现在天文历法、数学、文字、建筑等方面。种植的需要使玛雅人很早就注意观测天象,能推算出月亮、金星和其他行星的运行周期以及日食、月食的时间。他们创造的太阳历,得出一年为365.2420天的精确数据,比现在的365.2422天相差只有0.0002天。玛雅人在数学上创造了二十进位制。各种数目只用三种符号表示:黑点是1,短线是5,贝壳图形是0。

玛雅人在公元初就创造了自己的象形文字,这种文字既表音又表意,每个字都用方格式环形花纹围起来。玛雅人还用毛发制笔,用榕树皮做纸,写下了大量书籍,内容有诗歌、历史、神话、戏剧、天文历法等,后大多被西班牙殖民者焚毁,现仅存三部手抄本。玛雅人还有立碑记事的传统,各邦每隔20年竖一块石碑,刻记重大事件。已发现的纪年碑刻表明,玛雅人这一传统保持了1200多年,直到西班牙人入侵才中断。

阿兹特克人原居于墨西哥西部的海岛上,约在12世纪开始向墨西哥盆地迁移。据传说战神曾启示他们:如果看到一只鹰站在仙人掌上啄食一条蛇,那就是他们定居的地方。于是,祭司按照神意带领族人在墨西哥的特斯科科湖西岸定居下来,阿兹特克人称该地为“墨西哥”,意为“战神指定的地方”。鹰吃蛇的图案成为今天墨西哥的国徽。1325年,阿兹特克人在湖中的小岛上建立了自己的都城——特诺奇蒂特兰城(今墨西哥城)。到孟特祖玛一世(1440～1469年)时期,阿兹特克人已控制了整个墨西哥盆地,形成了早期奴隶制国家,人口多达600万。“最高会议”是阿兹特克国家的权力机关,由20名氏族首领组成,从中选出两名执政,一名管民事,一名管军事,后者权力较大,被视为神的化身。土地仍为村社所有,但土地私有和贫富分化现象已经出现,战俘和负债人沦为奴隶的现象越来越普遍。阿兹特克人的文化受到玛雅文化的影响。社会经济以农业为主,注意引水灌溉,并用在水中打桩和在木筏上铺湖泥的办法扩大农田和菜园面积,这种地被称为“浮动园地”。阿兹特克人能制造金、银、铜器,但还不会冶铁。陶器造型美观,以褐地黑纹为特征。

衣料多用棉花和各色羽毛混合织成,色彩极为艳丽。他们能用珍贵鸟羽和贝壳编织镶嵌成各种精美饰品,其工艺之精巧世界闻名。

阿兹特克人的历法和象形文字大体上同玛雅人相似。他们定一年为365.06天,分为18个月,每月20天,每周5天。每天都有特定的名称,如猴日、雨日、海兽日等。阿兹特克人用象形文字书写的书籍多被西班牙殖民者焚毁,保存下来的只有两部"贡赋册",是了解阿兹特克社会的宝贵资料。

特诺奇蒂特兰城是阿兹特克人建筑艺术的集中体现。城市建在两个小岛上,有三条宽阔的长堤与湖岸相连,其中一条长达7英里,长堤上架有吊桥,可以阻敌。城内街道整齐,花园遍布,供水系统完备,各类房屋几万幢,居民多时有10余万人。全城共建有金字塔神庙40座,位于中心广场的最大的一座高达35米,有144级台梯。富人住宅都涂成白色或红色,极为富丽壮观,就连初次看到这座城市的西班牙殖民者也连连赞叹它的美丽。1521年,西班牙殖民者占领该城,将其夷为平地。

印加人属于南美安第斯山区克丘亚族的一支,居住在安第斯山中部的库斯科谷地。"印加"一词印第安语意为"太阳的子孙"。公元13～15世纪,印加处在部落联盟阶段。1438～1533年,印加逐步发展为统一而强大的奴隶制帝国,版图以秘鲁为中心,包括哥伦比亚、厄瓜多尔、玻利维亚、阿根廷和智利的一部分,人口在600万人以上。

印加帝国奴隶制统治机构相当完备。国王被视为太阳之子,神的化身,权力至高无上,臣民觐见时必须弓背低头,不能正视国王面容。贵族和祭司享有特权,不生产,不纳税,靠剥削农民和奴隶为主。全国分为四个区,每区下辖若干氏族公社。社会的基层单位是"艾柳",即村社。村社土地分为三种:"印加田",属国家所有;"太阳田",供祭司或宗教所用;"公社田",归村社所有。三种土地都由农民负责耕种,农民要向国家纳税、服劳役。

印加人对人类农业文明的发展作出过重大贡献。他们培育的农作物约有40种之多,其中有番茄、木瓜、草莓、菠萝、龙舌兰等,许多作物都是当时其他大陆所没有的。印加人在建筑和交通方面创造了许多奇迹。首都库斯科的殿堂、庙宇全用巨石砌成,巨石之间不用任何泥浆,竟能丝缝严密，薄刃难进。城内的太阳神庙是全国的宗教中心，庙内大殿正面墙壁上是用黄金绘制的太阳神像，当初升的太阳照在人像上面时，就放射出万道金光。大殿外有一个献给太阳神的“黄金花园”，园中的各种花鸟草木、走兽爬虫全用金银制成，做工之精巧，足以乱真。印加人还修筑了遍布全国的交通驿道，两条主干道长达四五千里，贯通全国。驿道沿线设有驿站，建有严密的烽火信号系统，信息传递极为快捷，无论是建设水平还是长度都超过了古代罗马帝国。印加人有自己的度量衡，墓葬中出土有骨、木或银制的天平秤。在医学上，他们会制作木乃伊，能从古柯中提取麻醉药，甚至会施行开颅术。印加人没有文字，却十分重视教育。库斯科城中设有类似学校的机构——“知识之家”，学制四年，专门培养贵族子弟为各类专业人才。印加人用“基普”——一种结绳记事法来记忆历史与神话传说。

1531 年，皮萨罗率领西班牙殖民者入侵印加帝国。1532 年，他们诱捕了印加王阿塔瓦尔帕(1532～1533 年)，翌年在骗取了印第安人大量赎金后又残忍地将其杀害，印加帝国从此灭亡。

【延伸阅读】

1.《非洲通史》国际科学委员会:《非洲通史》(4 卷)，中国对外翻译出版公司 2013 年版。

2. 中国非洲史研究会非洲通史编写组:《非洲通史》，北京师范大学出版社 1984 年版。

3. 李安山:《非洲古代王国》，北京大学出版社 2011 年版。

4. 舒运国:《非洲史研究入门》，北京大学出版社 2012 年版。

5. 赵俊译:《非洲史》，东方出版中心 2012 年版;《非洲通史》(4 篇)，九州出版社 2021 年版。

6. 朱龙华:《叩问丛林——玛雅文明探秘》，云南人民出版社 1999 年版。

7.[法]F. -X. 福维勒-艾玛尔著，刘成富等译:《金犀牛：中世纪非洲史》，中国社会科学出版社 2019 年版。

8.[秘]印卡·加西拉索·德拉维加著，白凤森等译:《印卡王室述评》，商务印书馆 2018 年版。

9.［美］林恩·V. 福斯特著，王春侠译：《探寻玛雅文明》，商务印书馆2007年版；王春侠等译：《古代玛雅社会生活》，商务印书馆2016年版。

10.［美］戴维·C. 康拉德著，李安山译：《中世纪西非诸帝国》，商务印书馆2015年版。

11.［美］吉尔·鲁巴尔卡巴著，郝名玮译：《玛雅诸帝国》，商务印书馆2015年版。

12.［美］金·麦夸里著，冯璇译：《印加帝国的末日》，社会科学文献出版社2017年版。

13.［美］普雷斯科特著，周叶谦等译：《秘鲁征服史》，商务印书馆2009年版。

14.［美］芭芭拉·A. 萨默维尔著，郝名玮译：《阿兹特克帝国》，商务印书馆2015年版；《印卡帝国》，商务印书馆2015年版。

15.［美］乔治·C. 瓦伦特著，朱伦等译：《阿兹特克文明》，译林出版社2014年版。

16.［英］凯文·希林顿，赵俊译：《非洲史》，东方出版中心2012年版；《非洲通史》（第4版），九州出版社2021年版。

17.［英］布兰登·詹纽尔里著，简悦译：《印第安人》，天津教育出版社2011年版。

【思考与讨论】

1. 简述中南非洲各民族的历史。
2. 伊斯兰教是怎样传入中南非洲的？
3. 试述美洲三大文明中心的文化成就。

下　编

第十一章　古代城邦问题

从语源学上考察，中文史学著作中的“城邦”一词是对英文“city-state”的意译，英文“city-state”是对古希腊文“πολιζ”（英文音译“polis”，中文音译“波里斯”）的意译。“polis”含义多样，原初义是“要塞、城堡”，后引申为由一个要塞（上城）和一个居民点（下城）构成的居民地；其最常见的含义则指一个具有中心城市的国家。

远在隋唐时代，汉语中就有了“波里斯”的音译。《隋书·裴矩传》中已出现“拂菻”一词。《太平御览》卷七五八《前凉录》将君士坦丁堡称作“拂菻”（希腊文 πσλη 的音译）。πσλη 为“君士坦丁堡”的简称，即 πολιζ（城堡），当时的拜占廷人通常把君士坦丁堡称作“πολιζ”，即“城堡”。此外，“蒲林”“普岚”“伏卢尼”也是中国古籍中对“polis”一词的不同音译。早期的中国希腊史研究者将希腊城邦“polis”或译作“城”“市”，或译作“邦”，或译作“城国”“都市国家”“市府国家”。20 世纪 20 年代，陈衡哲教授在所著《西洋史》中将“polis”译为“城邦”，这有可能是中国出版物中最早出现“城邦”的译名。

古代城邦不仅与城市和国家的起源密切相关，而且涉及上古社会的经济状况、政权形式、阶级结构和思想意识等各个方面，同时也事关一系列重大理论问题。了解城邦问题将有助于认识上古世界各国历史发展的共性和特点，全面深刻地了解人类文明的最初建立及其发展的各个阶段。

第一节 关于城邦问题的争论

古代城邦问题，一向为国内外学术界所关注。学者们对城邦的形成过程、政治体制、外部形式、发展变化等进行了大量的研究和探讨，提出了不少新的观点。

国外学者对城邦问题的探讨集中于 20 世纪 70 年代，主要围绕城邦的概念和基本特征等问题进行讨论。

关于“城邦”的概念，在近代的史书里，城邦一般被称作“城市国家”，通常说是由一个中心城市及其周围的农村地区组成，具有小国寡民的特征。对于城邦的这种概括性说明，许多学者特别是西方的一些学者认为过于简单和笼统，未能表述出城邦的本质特征。在他们看来，城邦仅仅是一种政权组织形式。例如，L. H. 杰弗里认为，希腊城邦是由人们组成的一个单位，这些人享有自主权，表现在他们的政府是由他们自己组成，而不受外部的统辖。英国希腊史研究权威哈蒙德则把城邦视为古希腊罗马的一种城市政府形式：行政长官一般是一年一选；并有议事会，其成员或为世袭，或由退职的行政长官组成，或由选举产生；还有民众会，其参加者限于城市居民中的公民。另一些学者，主要是苏联学者如科瓦略夫、乌特琴科、安得列耶夫、科绍连科等，则把城邦视为建立在古典所有制之上的奴隶制社会形态的最重要的发展阶段，并认为古典所有制构成城邦的经济基础，决定着城邦的性质和特点。

关于城邦的基本特征，国外古史学者的概括和说明也有所不同。科绍连科把城邦特征概括为三点：一是城邦公民的身份和土地所有权互为条件；二是城邦最高权力属于由全体公民组成的公民大会；三是城邦公民即战士，他们既享有政治权利，又有直接参与保卫城邦的义务。乌特琴科则将城邦制度最有代表性的特点概括为以下四点：一是唯有全权公民才能拥有土地所有权和其他特权；二是城邦居民由全权公民、半权自由民和无权者这三类人组成；三是存在公民大会，它是体现私有者集体意志的机关；四是公民的权利与义务相平衡。

国外学者还就希腊罗马城邦的起源、发展、衰落以及城邦制度的存在范围等问题展开了讨论。

20 世纪 80 年代以来，国内学者对城邦问题的研究也取得了很大成绩。这些研究集中于城邦的概念、政体、存在范围、发展趋势等方面，但 21 世纪以来，对这一问题的研究进度不大。

什么是城邦？城邦的概念如何界定？这是首先必须弄清楚的问题。传统的看法是，城邦是以一个城市为中心联合附近的农村地区建立起来的国家，城邦即城市国家。随着讨论的展开，有人提出了新的看法。

一种见解认为，把城邦称为城市国家的概念是不准确的。小国寡民、以城为邦只是城邦的外在特征，城邦的本质特征是作为统治阶级的暴力机关；另一个特征则是保留了较多的原始社会制度(如氏族制、公有制、军事民主制等)的残余。

另一种见解认为，城邦即城市国家的概念只是侧重于城邦的外在形式，而不能反映出城邦的内在结构。“城邦”一词源于希腊文“πολις”，有三种不同的含义，即“城市、国家、公民公社”。城邦的三要素是一个对立统一的整体。公社是城邦的主体，城市是公社的形式和统治中心，国家机构则是城邦本质的标志。三者统一的基础是古典土地所有制。城邦即建立在古典所有制基础上的联合对抗外界的公民集体，是生产力和经济发展到城市阶段，农村公社瓦解，私有制和奴隶制发展，以及阶级斗争(主要是平民反对贵族的斗争)的结果。

对城邦概念的不同界定，衍生出城邦存在范围的争论。一种意见认为，城邦具有普遍性，存在于世界各国各地区，并非某一地区所特有。持此观点的学者指出，世界上最早出现的国家，都是城邦或城市国家。这样的奴隶制城邦，总有一个以某一城市公社为中心，而与周围的农村公社或较小的城市公社互相结合的过程。这种过程，在国家形成的正常情况下，各地是普遍存在的。它是早期奴隶制国家的普遍形式，雅典、斯巴达、罗马共和国、上古埃及的诺姆、两河流域的苏美尔城邦等，全都是奴隶制城邦。

另一部分学者持有条件的普遍说。他们认为一切原生的、自发形成的、具有三种结构的早期奴隶制国家都应列入典型城邦的范围。典型城邦绝不限于古典世界。同时，古典世界的城邦也并非一律都是典型城邦。如斯巴达，有城无社；又如弗西斯的城邦潘诺佩，有国无城，这类城邦不能算作典型城邦。所以说，城邦是普遍存在于古代世界的，但是有典型与非典型之分。还有学者认为，由于世界各地区、各民族历史发展的极不平衡性，并非在任何情况下原始公社瓦解都产生城邦，一些受到先进国家的经济文化的强烈影响，而又面临强大外敌的入侵，或者具有大规模向外扩张条件的部落或部落联盟，它们向国家过渡时就不一定形成城邦。如色雷斯人建立的奥德林王国，马其顿人建立的马其顿王国，以及居鲁士建立的波斯王国，就是如此。

第三种意见认为城邦不具有普遍性。他们指出，城邦并不是任何时代、任何地区、任何条件下都可以产生的。古代城邦是比较特殊的地理环境、生产力水平和国际分工下的产物，世界上大多数地区和民族都不曾有过城邦，这种国家类型只存在于古代地中海周围地区。早期的国家多是由农村公社联合而成，这种村社国家更具原始性和普遍性。

关于城邦政体，一种见解是城邦的政体必定是共和制的而不是专制主义的。他们认为，历史上不存在一进入文明、一出现阶级社会和国家就是专制主义统治的事实。东方和西方的城邦都是实行奴隶主贵族政治或奴隶制民主政治的共和国或君主国。历史上最早产生的原始民主政治以及贵族、平民两种议会制度，不是在西方，而是在东方，在西亚。在亚洲，赫梯、腓尼基、巴勒斯坦乃至埃兰和最早的米底、波斯，或自始至终是城邦共和国，或最初的国家形态是城邦共和国。印度列国时代，不仅有君主国，而且有共和国。城邦政治制度所具有的特点，中国春秋列国基本上都具备。而北非埃及城邦时代的政治形式是贵族政治。有的学者还分析了城邦实行共和制的原因，认为这是由于这些国家的政体都脱胎于原始社会末期的军事民主制，因此带有原始民主的残余，军事民主制时期的贵族会议和人民大会仍以各种形式残存，还在政治生活中发生作用。

有的学者则反对把城邦同共和国等同起来，指出城邦的政体不是固定不变的，而是随时间、地点等历史条件的不同而有所变化发展，采取多种形式。城邦一般有城邦首领、贵族会议和公民大会三种政治机构，但这些机构的存在并不等于实行共和政体，更不等于实行民主政体。如果城邦首领由一人充任并实际上实行终身世袭制，就应属于君主政体；如果城邦首领通过选举产生，就应属于共和政体；只有当政权掌握在全体公民和公民大会之手时，才属于民主政体。

关于城邦与帝国的关系。一种观点认为，由城邦到帝国是历史发展的客观规律，一切文明民族的奴隶制国家史，都先由小城邦分立，然后到大帝国统一。由小国寡民的实行共和制的城邦到广土众民的专制帝国是世界各地各族古代历史发展的规律。不仅希腊、罗马，而且西亚、埃及、南亚、东亚和拉美等地区的奴隶制国家，无一例外地经历了从城邦到帝国的发展过程。奴隶社会的一些帝国，如阿卡德帝国、巴比伦帝国、亚述帝国、波斯帝国、马其顿帝国、罗马帝国等皆从城邦制国家发展而来，都实行君主专制。

另有学者认为，从各种类型的城邦走向统一的专制帝国，是奴隶制国家政体发展的一般趋势。但城邦向高一级的国家形式的演变，因时因地而异，要做具体分析，不能一概而论。马其顿帝国的建立，并不是希腊城邦历史发展的趋势与统一要求，而是马其顿对希腊城邦的兼并与征服。

还有一种观点认为，城邦发展的道路有两条：一条是城邦靠不断地侵略扩张，使国土和公民数量不断扩大与增加，最后突破狭小的城邦界限，进入奴隶制帝国，从而结束城邦历史，如罗马；另一条是始终保持小国寡民的城邦，靠自身力量无法突破城邦界限，其结果是将毫无例外地被外来的强敌吞并，从而也结束了城邦的历史，如苏美尔、腓尼基和希腊城邦等。

古代中国是否存在城邦？一种意见认为，古代中国文明和国家的起源，毫无例外，也是从城邦和城邦联盟开始的。尧舜时代是古代中国城邦制产生的前夕，三王时代是城邦制的发生和发展期，五霸时代是城邦制的全盛期，战国时代则是城邦制衰亡的时期，最后城邦解体，全部统一于秦汉帝国。希腊城邦政治制度所具备的特点，春秋各诸侯国基本上都具备。城邦就是国家，古代中国未统一前的列国，称为“邦”，中国的邦就是国家，也就是古典的城邦。

国内多数学者对上述观点提出异议。他们指出，中国是大陆国家，以农牧业为主，其大陆环境，使它不可能产生城邦，而是一开始就建立王国；春秋以前诸小国与三代天子的关系是君臣关系，而非如希腊各邦那样的同盟关系；希腊各邦虽政体各异，但每一种都以部分或全体公民的利益为基础。而中国先秦国家自始至终是君主制政体，它从来不以公民的利益为基础；希腊城邦的公民与公民权、兵制与官制、民主与法制等都是先秦中国没有或与希腊有原则区别的；主张中国也有城邦的观点，多半是从人类历史发展的共同规律推导出来的，带有公式化和简单化的标记。

城邦的经济属性也是学者讨论的一个重点，这实际上是国外学术界讨论的回响。早在19世纪末，国外学者就展开了讨论。德国史学家迈尔将古史现代化，认为古希腊城邦经济与近代资本主义雷同，是商品经济性质的；20世纪60年代，美籍俄裔学者罗斯托夫采夫把这种观点发展到了极端。而德国经济学家卡尔·布赫则提出包括希腊城邦在内的古代西方经济是纯粹自然经济性质的；20世纪六七十年代英国学者摩西·芬利是这种观点的最著名和最有力的继承者。国外学者的讨论也波及中国学术界。20世纪20年代，陈衡哲在《西洋史》中明确指出，古希腊经济是一种商品经济，雅典城邦是工商立国；而40年代一位学者发表于《学术界》的论文则认定古希腊经济具有农本性质。到20世纪90年代，讨论再现高潮。最先提出这个议题的是郭小凌教授。他在《是工商业文明，还是农业文明？——古希腊史问题浅论》一文中对国内学术界长期流行的观点提出质疑，指出希腊城邦的经济基础同样是农本经济。随后，黄洋、徐松岩、刘启良也陆续刊文强调了希腊城邦的农本经济属性，否认古代世界有工商业城邦。但这种观点在近几年受到王瑞聚、毕会成等人的质疑。可能农本派认为自己的观点已讲得比较清楚，论述得也已相当充分，所以目前尚未看到他们的反批评文章。将讨论引向深入的可能性似乎很小。

除上述问题外，国内学者还围绕城邦的经济制度、城邦与城市的关系等问题展开了热烈讨论。

进入20世纪90年代，对城邦问题的学术讨论渐趋沉寂。相当多的学者已将注意力转向对上古世界各国政治制度、社会经济、奴隶制度等具体历史问题的探讨；还有一些学者通过对东西方历史进行宏观与微观等各个层面的比较，来说明上古历史发展的共性和个性，并取得了满意的成绩。目前，在学术研究和教学实际中，世界古代史学者已将城邦问题淡化或泛化，即把城邦概念分成广义和狭义两个层面加以阐释和运用：广义上的城邦是指原始社会解体后形成的以一个城市为中心、联合周围农村地区组成的小国寡民的上古早期国家，这种城邦具有普遍意义。狭义上的城邦（即所谓典型城邦或古典城邦）则形成于铁器时代，多建立在地中海沿岸，工商业在社会经济中发挥重要作用，政治上一般为共和制。这种典型城邦一般是指古希腊（以雅典为代表）和古罗马城邦。

20 世纪中外学者对城邦问题的学术探讨虽然未达成共识，学术界的争论依旧，但在客观上，对这些问题的讨论却大大推动了世界古代史学科的发展。学术争鸣活跃了世界古代史学界的学术气氛，一些悬而未决的理论问题和具体问题得到一定程度的解决或澄清。如上古世界各国历史发展的共性和特性问题、亚细亚生产方式问题、五种社会发展形态的普遍性问题、古代东西方社会的特点问题、古雅典工商业的发展程度问题、先秦中国的政体性质问题，等等。因此，围绕古代城邦问题所进行的学术讨论是具有重大意义的，在世界古代史学发展史上，这场持续数十年的讨论也将占有重要地位。

第二节 古代城邦史概论

我国史学著作中的“城邦”一词出自国外译名“城市-国家”（英文为 city-state，俄文为 whog-weygahcmqo，德文为 stadtsaat），国外译名则是对古希腊文“πολιζ”（polis，音译“波里斯”）的意译。国外的译名以及国内的译名均不十分精确，因为“城邦”难以概括“波里斯”的原义，只因长期沿用，约定俗成，故在教学和研究中仍普遍应用此概念。

在古希腊文中，πολιζ 有三种含义，即城市、国家和公民公社。我们在此使用“城邦”一词，指的是通常所说的城市国家，即广义上的城邦，包括古典城邦。

“城邦”一词的含义既然与国家、城市有关，所以，城邦的起源实际上与城市、国家的起源是密切联系在一起的。

从历史上看，古代城市的起源是由三种因素促成的。古代城市首先是作为设有城墙、城堡等防御工事的居民点而出现的。在许多地区，这种设防的聚居点的出现比城邦的产生还要早。古埃及在涅伽达文化Ⅰ时期，也就是公元前4000年代初，已发现有城堡、神庙等建筑；至涅伽达文化Ⅱ时期出现了更大规模的城市希拉康波里。英国考古学家也在印度河流域发现了哈拉巴等城市遗址。公元前3500年左右，两河流域苏美尔的乌鲁克境内已出现面积50公顷以上的中心市镇。古代城市产生的第二个因素是举行政治、宗教活动的需要。从出土的城市遗址看，大部分城市都有宫殿、大厅、神庙、广场等建筑群，如古埃及的塞特神庙、乌鲁克的塔庙、克里特的“迷宫”等。这些建筑物成为政治、宗教中心，也就是城市的中心。城市兴起的第三个因素是工商业的发展。随着第二、三次社会大分工，手工业和商业脱离农业各自成为独立的部门。而城市是从事工商业最有利的地区，因为城市是居民集中点，又是政治和宗教活动的中心，它为工商业的发展提供了劳动力、原料、市场、资金和技术。可见，古代城市最初是作为设防的居民点出现的，以后又成为政治和宗教中心，在不同程度上又成长为经济中心。

再看国家的起源。从国家的本质和社会功能分析，国家在本质上是社会矛盾不可调和的产物，是实现统治阶级意志的工具；但另一方面，国家又具有调整各种社会关系、组织和协调经济、文化等活动的职能，只有这样社会才能稳定，经济和文化才能发展。早期国家的许多社会改革都体现了国家这两方面的职能，其中以雅典的梭伦改革最为典型。它一方面设置了各种政府机关，以立法形式确认了以财产多寡为原则的等级划分，规定了各等级不平等的权利、地位和义务；同时又改善平民的经济和政治地位，限制土地的集中，实行有利于工商业发展的措施。因此，对国家的起源和职能应有全面的认识。

国家起源的外在表现就是城邦的出现。在文明起源时期，大部分地区以某一城市为中心，通过联合或征服等方式，结合周围农村地区形成了最早的国家，即城邦。城邦作为早期国家的一个阶段或形式具有一定的普遍性，这是由当时的历史条件决定的。城邦建立时期，生产力发展水平还较低，商品经济很不发达，各地之间保持着很大的闭塞性，交通工具还很原始，早期国家又大都是由领土狭小的部落或部落联盟发展而来的，因此不可能建立大规模的国家。为了防止周围国家或部落的侵袭和掠夺，也为了防止刚刚形成的被压迫者的反抗，必须有一个安全可靠的地方作为统治的中心，而这个中心就是设防的城市，因此刚刚建立的国家大多是以城市为中心的城邦。

考古资料证实了城邦的这种形成过程。考古学家推断，在尼罗河两岸有一些城镇，到公元前4000年代中期，以这些城镇为中心形成了几十个“诺姆”小国，其中最强大的有涅伽达、希拉康波里等。两河流域南部在公元前3000年前后也形成了数以十计的以乌鲁克等城镇为中心的小国。希腊城邦的起源也是如此。在大迁徙时期和以后，爱奥尼亚人和伊奥利亚人在小亚沿岸的居住地处于分散孤立状态，彼此互不往来，不能建立较大的统一国家，为了防范外来侵略，便在各个居住地中心设防，逐渐发展为社会和政治中心。于是，在公元前9世纪，他们在小亚沿岸和附近岛屿建立了一系列城邦。随后，多利亚人也在希腊半岛建立了为数更多的城邦。

上古世界最早的一批城邦形成于公元前4000年代中后期至前3000年代末期，最早是西亚两河流域南部和北非尼罗河流域的下游地区；接着是南亚的印度河流域和东亚黄河流域的中、下游；再后是爱琴海的克里特岛。这些城邦大都是以某一城市为中心，联合附近农村建立起来的。但处于金石并用或早期青铜时代的这些城邦的中心城市，大多还是一些围以城墙或以城堡防卫的规模较大、经济相对繁荣的村镇，是当时的行政和宗教活动的中心地。军事民主制残余的存在，村社所有和神庙所有成为基本的所有制形式，是这些早期城邦的一般特征。由于各邦之间围绕土地、水源、霸权展开兼并，加之游牧、半游牧部族的侵扰和征服，这些城邦先后被统一的王国甚至广土众民的帝国取代。

公元前1000年代，随着铁器的广泛使用，在西方的希腊半岛和意大利半岛上产生了典型的城邦形态（通称“古典城邦”）。这种典型城邦是一种建立在铁器时代生产力和经济发展水平较高基础上的、比早期城邦发展水平更高的国家形式。由于各城邦在形成途径、社会经济和组织结构上的不同,典型城邦也存在各种类型。但各类城邦基本或本质的特征都是公民公社和国家的统一,即都是一定范围内公民的集体,是奴隶主公民集体专政。这是典型城邦与东方统一王国或专制帝国所不同的特点:政治上,公民是城邦的主人;经济上,主要生产资料土地的所有制,是公民公社共有和公民份地私有相结合的双重形态,不存在王室、神庙和官僚贵族的大土地所有制;军事上,实行兵农合一的公民兵制,公民在军队中的权利和义务,是按其土地和财富的多寡来规定的,在城邦衰落以前,没有雇佣性的常备军。总之,典型城邦较多地保存和发展了氏族制度中民主性的一面,较多地控制或削弱了氏族制度解体和国家形成时期军事首领和贵族的权力。这种古典城邦在公元前1000年代中后期先后在希腊和罗马臻于极盛,表现出强大的生命力。弹丸之地的希腊诸邦曾借此制度的力量奇迹般地战胜了波斯帝国军队,维护了民族独立,并在此基础上进入了黄金时代,在政治、经济、文化等各个方面都对世界文明的发展做出了巨大贡献;古罗马统治者则凭借同心同德、凝聚力极强的城邦公民集体的力量,在极为险恶的外部环境中迅速崛起,从台伯河畔的一个小国发展成为地中海强国。

但古典城邦鼎盛期的历史只持续了二三百年的时间。因为城邦制度是建立在小农和小手工业者经济基础及小国寡民的版图规模之上的,当社会经济的发展突破了城邦制度所能容纳的范围,统治者追求超越城邦狭小范围的更大规模的地区性经济利益时,城邦原有的疆域范围、政治军事制度、经济体制和社会结构就不能适应新形势的需要,这必然要引起对外扩张或争霸战争。伯罗奔尼撒战争就是为了争夺霸权和海外经济利益而爆发的,结果是希腊世界两个最强大的城邦——雅典和斯巴达两败俱伤,雅典的损失尤为惨重。这场战争还导致了社会两极分化的加剧。战后,雅典有的大奴隶主拥有的奴隶多达千余人,有的农场面积达到778英亩,是罗马标准大庄园的十多倍。土地占有权和公民权的合一曾是城邦的一个重要特点,但是土地的集中使土地占有权与公民权分离。小农和小手工业者曾是城邦的社会支柱,他们的破产瓦解了城邦的社会基础。素以维护“公民集体”利益著称的斯巴达，到公元前4世纪下半叶，占有土地的公民从近万人骤降到不足千人。许多城邦发生了破产公民的起义。奴隶制经济的发展，引起了严重的社会分化与阶级矛盾的尖锐化。这是希腊城邦衰落的重要原因。

公民兵制曾是维护城邦独立与稳定的重要因素，在希波战争中发挥了重要作用。公民的破产引起了公民兵制的瓦解，雇佣兵制取而代之。这种雇佣兵缺乏爱国意识和公民的责任感，在许多城邦中军队成了少数人专政的工具；更有甚者，雅典的许多军人包括一些著名将领在内竟效力于以前的敌国波斯的军队。到公元前4世纪，希腊城邦赖以生存的军事基础也被破坏了。

城邦奴隶制经济大发展和广大公民的破产在政治上的后果是民主政治的衰落。雅典曾是最典型的实行民主政体的城邦，但到公元前5世纪末，民主政治已沦落为少数野心家的工具。伯罗奔尼撒战争之后，雅典等城邦普遍建立了僭主政治。这时的僭主政治与公元前6世纪庇西特拉图建立的僭主政治在性质、代表的阶级利益、实行的政策及社会作用等方面都有本质差别。

在各城邦内部斗争的同时，城邦间的矛盾和争霸也极为激烈。斯巴达、雅典、底比斯等为了本城邦的扩张，都企图称霸全希腊，寻求摆脱危机和战乱之路。但由于其对内部固有的矛盾均已力不从心，这反而加速了其自身的衰落。

这一切都表明希腊城邦制度已走到了尽头，生命力已告枯竭，埋葬这种过时制度的时机已经来临，超城邦的政治形式的出现已是历史的必然。但靠希腊内部自身的力量尚无法突破城邦界限。正在这时，希腊北方出现了马其顿王国，它征服了希腊半岛，结束了古希腊历史上的城邦时代。

罗马城邦在公元前6世纪末形成后，依靠其新兴之势，不断发动对外扩张战争，先是统一了意大利半岛，后又击败迦太基，于公元前2世纪形成了版图上的帝国。在此过程中，奴隶制经济得到充分发展，城邦共和制的基础即小农经济随着大地产的膨胀而趋于瓦解，引起社会阶级关系的变化和各种矛盾的激化。原有的城邦共和制度已过于狭隘，通过内战和改革，逐渐完成了向帝国的过渡，也最终结束了古典城邦的历史。

【延伸阅读】

1. 陈隆波：《城市、城邦和古代西亚、北非的早期国家》，《世界历史》1984 年第 4 期。

2. 符莹岩：《浅析希腊化时期阿凯亚城邦联盟的政治体制》，《世界历史》2011 年第 6 期。

3. 顾思作：《国外研究古代城邦的一些情况》，《世界历史》1989 年第 6 期。

4. 顾准：《希腊城邦制度》，商务印书馆 2022 年版。

5. 黄洋：《希腊城邦社会的农业特征》，《历史研究》1996 年第 4 期；《希腊城邦的公共空间与政治文化》，《历史研究》2001 年第 5 期；《迈锡尼文明、“黑暗时代”与希腊城邦的兴起》，《世界历史》2010 年第 3 期；《古代希腊的城邦与宗教——以雅典为个案的探讨》，《北京大学学报》(哲学社会科学版)2010 年第 6 期；《希腊城邦政治与西方法治传统的建立》，《经济社会史评论》2015 年第 2 期。

6. 蒋重跃：《周代的封国是否城邦——兼与希腊古典城邦的比较》，《中国社会科学院研究生院学报》2006 年第 2 期；《关于周代的封国与希腊城邦之异同》，《河北学刊》2006 年第 3 期。

7. 解光云：《古希腊和罗马城邦经济社会史文献选辑》，江苏人民出版社 2020 年版。

8. 李永斌：《希腊城邦兴起的几种理论及其转向》，《世界历史评论》2019 年第 2 期。

9. 廖学盛：《试论城邦的历史地位和结构》，《世界历史》1986 年第 6 期。

10. 日知主编：《古代城邦史研究》，人民出版社 1989 年版。

11. 石庆波：《城邦：无国家的社会——关于希腊城邦国家资格的争论》，《世界历史》2011 年第 4 期。

12. 田仲勋：《家国与城邦——中西古代政治组织结构浅议》，《国家关系学院学报》2008 年第 4 期。

13. 王敦书、于可：《关于城邦研究的几个问题》，《世界历史》1982 年第

5 期；王敦书：《略论古代世界的早期国家形态——中国古史学界关于古代城邦问题的研究与讨论》，《世界历史》2010 年第 5 期。

14. 王阁森：《城邦问题刍论》，《历史教学问题》1983 年第 6 期。

15. 魏凤莲：《古代雅典的城邦与宗教礼仪制度》，《外国问题研究》2016 年第 2 期。

16. 吴晓群：《公民宗教与城邦政权——雅典城邦的宗教管理》，《世界历史》2008 年第 3 期。

17. 徐松岩：《古希腊城邦经济结构刍论——兼评东西古国经济结构"迥异"说》，《西南师范大学学报》1995 年第 3 期。

18. 晏绍祥等：《君主制还是共和制——论初期国家政体的发展方向》，《华中师范大学学报》1990 年第 2 期；晏绍祥：《荷马时代的"polis"》，《历史研究》2004 年第 2 期；《演说家与希腊城邦政治》，《历史研究》2006 年第 6 期；《希腊城邦民主与罗马共和政治》，人民出版社 2018 年版。

19. 裔昭印：《从城邦的特征看古代雅典妇女的地位》，《世界历史》1999 年第 5 期；《论斯巴达城邦的特征》，《历史教学问题》2000 年第 3 期。

20. 远方：《关于世界古代城邦的几个问题》，《世界历史》1982 年第 4 期。

21. 张广智：《略说古希腊的城邦文明》，《湖北大学学报》（哲学社会科学版）1996 年第 2 期。

22. 中国世界古代史学会编：《古代世界城邦问题译文集》，时事出版社 1985 年版。

23. 祝宏俊：《伯拉西达的智慧——"城邦独立"：形成与影响》，《外国问题研究》2018 年第 3 期。

24. [苏联]安德烈耶夫等著，张竹明等译：《古代世界的城邦》，华东师范大学出版社 2011 年版。

25. [法]库朗热著，谭立铸等译：《古代城邦——古希腊罗马祭祀权利和政制研究》，华东师范大学出版社 2006 年版。

26. [法]菲利普・内莫著，张立立译：《民主与城邦的衰落》，华东师范大学出版社 2010 年版。

27. [英]杰弗里・帕克著，石衡潭译：《城邦——从古希腊到当代》，山东画报出版社 2007 年版。

28.[美]列奥·施特劳斯著,黄俊松译:《城邦与人》,华东师范大学出版社2022年版。

29.[美]埃里克·沃格林著,陈周旺译:《城邦的世界》,译林出版社2012年版。

【思考与讨论】

1. 关于城邦的基本特征,国内外学术界主要有哪些观点?
2. 试论城邦的结构。
3. 城邦主要有哪些政体形式?
4. 城邦的产生是否是一种普遍规律?
5. 帝国是城邦发展的必然趋势吗?

第十二章　农村公社及其理论创立

19世纪初年，随着印度农村公社的发现，公社理论研究悄然兴起。1847～1852年哈克斯特豪森《俄国国民生活特别是农村机构的内部关系之考察》一书的问世，引起了国际史学界的广泛关注，农村公社研究遂形成热潮。受哈克斯特豪森的启发，俄国革命民主主义思想家赫尔岑提出了公社中存有农民古老民主传统与社会主义的观点，从而开了俄国民粹派“农民社会主义”思潮的先河。而在俄国知识界“西学东渐”思潮中应运而生的斯拉夫派和西方派也迅速做出反应。西方派代表契切林认为，俄国公社的诸种形式之间不存在继承关系，原始自由公社早已消亡，而新的公社是由领主建立的，目的在于保证赋税的征收。19世纪的公社与中世纪的公社毫无共同之处，后者不存在土地公有和重分习俗，而前者则相反。此说一经提出，立刻遇到斯拉夫派的激烈反对。该派代表别利亚耶夫指出，农村公社是自然形成的，这一制度的核心便是土地公有制。双方各自著书立说，固执己见，互不相让。正当两派相持不下、胜负难决的时候，俄国迎来了1861年的农奴制改革，这场改革大大淡化了公社问题的历史色彩，而将之作为一个突出而尖锐的现实问题摆在了人们的面前。也正是在这时，政治上崇尚深入民间、学术上力主实地调查的民粹派登上了历史舞台，主导了20世纪七八十年代的学术思潮。该派比较认同斯拉夫派关于公社是俄国人民古老优良传统并可使俄国走上不同于西方发展道路的理论，但在其他方面，又与斯拉夫派存在分歧。比如，斯拉夫派坚持公社自然形成且亘古不变的观点，而民粹派因实地调查获得一些反证而往往对此予以反驳。

与俄国历史学界遥相呼应，西欧各国历史学家对公社问题也进行了大量的实证性研究，著述丰赡，多所创见。但由于西欧公社问题在现实中的意义不很突出，论争远不如俄国那样激烈。

马克思主义学者也满腔热情地投入了这场争论。马克思本人曾明确表示不同意契切林的“国家公社”或“公社起源于国家”的观点，亦不赞同民粹派关于公社是俄国人民古老优良传统并可使俄国走上不同于西方发展道路的理论。后来，马克思主义学者的观点逐渐受到西方派的影响，与民粹派的分歧日益突出，至普列汉诺夫时代，甚至与西方派结盟向民粹派宣战。

20世纪初，俄国民粹派学者恰亚诺夫循着老一代民粹派的思路提出了“社会农学”的口号，于是，农民问题作为一门崭新当然还十分稚嫩的学问登上了西方古老的学术殿堂。而不久“农民学”(peasantology)一词便出现在西方人文学著述的字里行间。接着，国际论坛进入了所谓“农民学辉煌的十年”。“农民学”的出现不仅有着深刻的历史背景，而且有着巨大的现实意义。它将历史的农村公社与现实的农民问题结合起来，成为现代化理论园地中一株富于魅力、引人注目的奇葩。

关于农村公社的基本概念，国内学术界看法大体一致。但涉及各国公社的具体情况，则存在分歧。关于印度古代农村公社，有学者认为，孔雀帝国时代并不存在农村公社的土地集体所有制，这种所有制形式在“好几个世纪以后才出现，这个时期没有任何证据”。关于俄国封建社会的农村公社，有学者认为，农村公社“‘公有→公有私有两重性→私有’的发展模式与俄国历史的实际发展格格不入，按此模式推延的‘公有公耕’(氏族或大家族公社)→‘公有私耕’(农村公社)→‘私有私耕’(阶级社会的土地私有制)这一土地关系与公社组织进化程序也完全与实际相左”[①]。至于中国的农村公社，则更是众说纷纭。

① 金雁、卞悟:《农村公社、改革与革命——村社传统与俄国现代化之路》，中央编译出版社1996年版，第64页。

第一节　农村公社及其历史遗存

农村公社是原始社会向阶级社会过渡时期的一种社会组织形式。基于这种特殊的过渡性质,农村公社具有鲜明的新旧因素并存交替的特征:在生产资料方面,公私两种所有制形式并存,耕地、草地、森林、牧场、水源等归集体所有,房屋、园圃、牲畜、工具、产品等则归个人所有;在定居方式上,以地域划分人口,血缘关系已经瓦解,但还可见到它的残存;在生产形式上,以家庭为单位进行个体生产;在专业结构上,主要是经营农业,同时兼营手工业;在管理机构上,原始民主组织开始蜕变,逐渐脱离人民,为富裕分子所把持。

原始社会末期,随着生产力的提高,农业生产组织由大趋小,家长制家庭分裂,一夫一妻制家庭应运而生。这种新生的家庭由于摆脱了家长制家庭血缘关系的羁绊,可以离开原来的居处到新的地方定居。随着来此定居的家庭的增多,一个不存在或很少有血缘关系、而为了共同利益以简单的地域原则结合在一起的共同体诞生了。这个共同体就是农村公社。荷马时代的希腊,王政时代的罗马,夏、商两朝的中国,苏美尔时代的西亚,雅利安时代的南亚,即大体处于这一历史阶段。

进入阶级社会,随着私有制的进一步发展,农村公社逐渐解体。但作为一种根深蒂固的历史社会组织,它没有也不会轻易消失或被新的制度彻底肃清,特别在前资本主义时代,它的残存在某些地区和国家甚至非常显赫,并产生着不可忽视的影响。

在上古时代,基于对原始社会的直接承续关系,农村公社的残余普遍存在。在孔雀王朝的印度,公社土地所有制居于重要地位。土地由公社分给各个家庭使用,家庭进行个体生产,向国家缴纳一般为收入的1/6的赋税。在波斯帝国的东部地区(伊朗、中亚),公社组织比较健全,自由农民大量存在,他们从公社领得土地,进行个体耕作。这些农民构成了波斯军队的主要来源。在西周、春秋时代的中国,农村公社表现为井田、里社诸形式。在这些形式下,国有土地以家庭为单位分配给成员耕种,而成员则向国家提供劳役或实物。另外,在古巴比伦、希腊、罗马,都可以看到公社解体后清晰的遗迹。

在中古社会,农村公社的残存一般不再像上古时代那样显著,例如,在那些与古代奴隶制有着直接承续关系的国家和地区,情况即如此。但在那些与奴隶社会虽有承续关系却又被蛮族征服的国家和地区像西欧诸国,情况则不同。在这里,中古社会早期的农村公社组织由蛮族从他们的故乡移植而来,表现形态相当完整,这从《撒利克法典》中看得很清楚。但须知,这种公社从蛮族一方说实际上处在原始社会向阶级社会过渡的历史阶段,因而显得完整。进入中古社会后期,它的完整形态已不复存在,但残存的公社关系在社会生活与生产中仍然清晰可辨。首先,公社的公有经济普遍存在,并且构成小农经济的一个重要部分。13~14 世纪,西欧各地普遍拥有公共土地、荒地、牧场、林地等,其所有权即归属村庄。而耕地虽分给各户使用,在庄稼收割后依然循例转化为牧场。与此相适应,原始民主、平等的风习仍有表现。对于公地、牧场、林地、水源,村民无论身份是否自由,都享有平等的使用权。而耕地在收割后转化为牧场后,各家也都可在上面放养牛羊。其次,作为一种社会组织形式,公社时隐时现,仍然发挥重要作用。例如,村民集体承租领主庄园、封赠教会土地、承包国家赋税或私人地租等。有的地方,村民集体制定村规。在反抗封建主的斗争中,公社更成为一种现成的组织手段。

有些地区和国家如印度,由于上古时代奴隶制关系很不发达,农村公社组织得以完整存留。南部印度的农村公社十分庞大,往往包括数十、数百甚至数千个居民点(或农户)。公社的发展水平不一,其经济细胞多为个体家庭,但有的还处在大家庭公社阶段,他们对土地都有世袭使用权。公社农民负担国家赋税,北方一般缴纳收成的 1/6,南方有的地方较重,有的地方则较轻。

在没有经过奴隶社会的国家如俄国,农村公社的存在则既完整又长久,直到 19 世纪,还保持着土地重新分配的习俗。17 世纪,苏兹达尔县洛特尼卡村的村民向沙皇呈文,要求当局支持米尔关于平均分配该村与近邻两个村的租税、纳税地和空地。1688 年,索洛金修道院领地的公社重新分配了耕地、宅旁地甚至园圃。18 世纪,由于开征人头税,重新分配制度更加兴盛普及，中部地区自不待言，北部边区、东部伏尔加河流域、南方黑土乌克兰、顿河—库班草原等地区也都如此。17 世纪，土地全部重新分配的周期为 10～15 年。进入 18 世纪，一般每进行一次全国性人口调查，土地便被重新分配一次。1719～1859 年，俄国进行了10 次人口调查，也进行了 10 次土地重新分配。

在中国，农村公社解体的情况又有不同。由于中原地区不断遭到北方少数民族的入侵和征服，农村公社解体的进程常常受到干扰，与此同时，少数民族又常常将他们的原有组织移植过来，所以又不断有新的公社制度建立起来。由于情况比较复杂，史学界对中国农村公社问题的看法颇不一致，有的学者认为，秦汉以后的中国曾先后存在家族公社、宗法公社等形式；有的学者认为，里甲制度也是农村公社的一种变态形式。

如上所述，阶级社会的农村公社在各国家、各地区解体的情况存在很大差异，这是因为这些国家和地区具有不同的地理环境、历史条件和经济发展水平。这些因素综合作用的结果，必然使农村公社的解体呈现出多样性特征。但是，这些公社都毫无例外地被打上了阶级社会的深刻烙印。由于至高无上的国家权力的出现，公社不再是土地的所有者，而必然作为国家权力的执行者，将已经收归国有或在一定程度上收归国有的土地授予公社成员。与此相适应，它已经蜕变为一个国家基层行政单位，成为国家权力体系中一个有机的组成部分。

第二节　农村公社理论的创立

农村公社及其在阶级社会的变形或残余形式，在今天已经成为历史的常识，然而在 19 世纪以前，人们还几乎毫无所知。19 世纪初年，曾任印度马德拉斯总督的英国人托马斯·蒙罗第一个发现了印度的农村公社。他以一个英国人特有的眼光观察印度与英国以至欧洲土地所有制之间的强烈反差，并根据实地调查写了一份报告，描述了印度土地公社所有、平均分配、单独耕种的特征。蒙罗的报告很快为其友人威尔克斯所转述，并于 1812 年在英国下院由关于东印度公司事务的第五次报告书所转载后,为坎伯尔在他的《当代印度》和马克思在《不列颠在印度的统治》以及《资本论》中所引用。19 世纪 40 年代,担任普鲁士政府顾问的德国人哈克斯特豪森为研究德国土地问题而转赴俄国考察,结果发现了俄国的农村公社,他将调查所得结集成书,取名《俄国国民生活特别是农村机构的内部关系之考察》。俄国的农村公社与印度的农村公社具有相似的特征:耕地归集体所有,在成年男子中平均分配;牧场、森林共同使用;村设村长,由选举产生。

自 19 世纪 40 年代起,西欧各国的历史学家开始寻踪并研究本土的农村公社。1854 年,德国人毛勒发表《马克制度、农户制度、乡村制度和城市制度以及公共政权的历史概论》一书。接着,他又出版了两卷本的《德国马克制度史》、四卷本的《德国领主庄园、农户和农户制度史》、两卷本的《德国乡村制度史》和四卷本的《德国城市制度史》。毛勒的著述卷帙浩繁,涉及广博,资料翔实,探究深湛,为西方公社理论奠定了坚实的基础。毛勒考察了日耳曼人由游牧转入农耕时的土地制度,指出:当时土地归公社所有,通过拈阄分给各家使用,但自塔西佗时代起,公社成员之间开始出现差异,氏族贵族所分土地较一般成员要多一些。日耳曼人进入罗马帝国后,土地逐渐停止分配,开始私有化。这里,毛勒注意到了罗马因素的影响作用。由于罗马固有的私有制因素和罗马法对私有制的保护,马克日益分裂,土地转移日渐严重,导致土地集中于少数富有者手中,引起农村公社的瓦解。毛勒还研究了庄园经济下农村公社的遗存问题,认为庄园形成后,公社并未消失,而是以改变了的形态继续存在并发挥作用。毛勒的理论不仅在当时具有重要意义,即使在今天也还具有相当的参考价值。

1871 年,英国人亨利·梅因出版了《东西方农村公社》一书,从更高的视野、以比较的方法综合研究了公社问题,提出了许多富有价值的观点。关于农村公社的内部关系,他认为,血缘关系虽已瓦解,其残余形式仍继续发挥作用。构成印度公社和条顿村落的基本细胞的家庭之间即存在一定的血缘关系。关于农村公社是不是一种合规律的现象,他认为,公社的发生具有普遍性,不仅印度人、日耳曼人有农村公社,凯尔特人、希腊人、罗马人也有农村公社。关于东方是否存在土地私有制问题,他指出，古代印度也存在土地私有制，这种私有制之所以未达到西欧那样绝对的程度，是因为印度封建化还远未完成。关于私有制是否亘古存在的问题，他认为，私有制是历史发展到一定阶段的产物，最早的土地所有制形式是集体所有制，经过长期的变化，才产生了私有制。梅因的观点大多触及了历史发展规律的理论，其正确性已为后世的研究所证实。

1879 年，俄国人马·科瓦列夫斯基出版《公社土地占有制，其解体的原因、进程和结果》一书，1890 年又出版《家庭与私有制的起源与发展》一书，对农村公社进行了深入研究。科瓦列夫斯基对公社理论的主要贡献有三。第一，进一步论证了公社的普遍性。他不仅引用了日耳曼人、印度人公社的材料，还引用了美洲印第安人和非洲阿尔及利亚人的材料。第二，力图从物质发展的一定水平出发研究公社的发展变化，而从毛勒到梅因，无不拘泥于法学的角度。第三，发现了大家族公社，为马克思和恩格斯建立唯物主义的公社理论提供了重要依据。

至 19 世纪 70 年代，西方学者关于农村公社的研究已取得重大成就。这主要表现在公社概念的确立、所有制的说明、普遍性的论证等方面。这里所说的"成就"，仅仅就公社的基本理论而言，事实上还有许多问题没有解决，甚至远未涉及。比如公社的源头问题，即公社是由何发展而来的。关于这一问题，今天稍有历史知识的人就可以做出正确的回答。然而在当时，人们（包括马克思和恩格斯）却普遍认为个体家庭是人类社会发展的起点。所以，恩格斯说："在 1847 年，社会的史前史，成文史以前的社会组织，几乎还没有人知道。后来，哈克斯特豪森发现了俄国的土地公有制，毛勒证明了这种公有制是一切条顿族的历史起源的社会基础，而且人们逐渐发现，村社是或者曾经是从印度到爱尔兰的各地社会的原始形态。最后，摩尔根发现了氏族的真正本质及其对部落的关系，这一卓绝发现把这种原始共产主义社会的内部组织的典型形式揭示出来了。"① 其实，哈克斯特豪森和毛勒发现和证明的仍然是农村公社由原始社会向阶级社会的过渡形态或在阶级社会的遗存形式，并非纯粹的史前状态。而恩格斯对摩尔根关于原始社会研究的贡献也做了过高的

① 《马克思恩格斯选集》第 1 卷，人民出版社 2012 年版，第 400 页脚注②。

估计。在19世纪70年代之前,人们对自己的史前状态的确毫无知晓;1877年摩尔根《古代社会》的问世,也的确使人们对此有了一定的了解,但它并没有将史前时代的人类状况全面准确地揭示出来。有关原始社会的分期则更是一种理论试验,这种试验早已被20世纪最初30年的科学考察所否定。

马克思、恩格斯自19世纪50年代起即开始关注和研究公社问题,他们在吸收毛勒等人的研究成果和研读摩尔根《古代社会》的基础上建立了自己的公社理论。这一理论散见于《不列颠在印度的统治》《给维·伊·查苏利奇的复信》《资本论》《马尔克》《家庭、私有制和国家的起源》等著述中。概而言之,主要包括以下内容。第一,公社的发展过程可以划分为以下几个阶段:第一阶段,母系氏族公社、父系氏族公社、家长制家庭公社;第二阶段,农村公社;第三阶段,马克公社。第二,从所有制形式看,第一阶段,财产公有;第二阶段,两种所有制形式并存;第三阶段,私有制占据主导地位。第一阶段属于公社的原生形态,第二阶段属于次生形态。所谓公社的源头即指第一阶段的几种公社形式。第三,通常意义的农村公社即指第二个阶段,马克思在《给维·伊·查苏利奇的复信草稿》中用比较的方法概括了农村公社的基本特征:"(1)所有其他公社都是建立在自己社员的血统亲属关系上的……'农业公社'是最早的没有血统关系的自由人的社会联合。""(2)在农业公社中,房屋及其附属物——园地,是农民私有的。相反,公共房屋和集体住所是远在游牧生活和农业生活形成以前时期的较古的公社的经济基础。""(3)耕地是不准转卖的公共财产,定期在农业公社社员之间进行重分,因此,每一社员用自己的力量来耕种分给他的地,并把产品留为己有。而在较古的公社中,生产是共同进行的;共同的产品,除储存起来以备再生产的部分外,都根据消费的需要陆续分配。"①

必须指出,马克思、恩格斯关于农村公社的材料由于主要来自毛勒、摩尔根等人的著述,有些已显陈旧。尽管如此,准确理解他们的理论,对于进一步研究农村公社问题仍有一定意义。

---

① 《马克思恩格斯全集》第19卷,人民出版社1963年版,第449页。

【延伸阅读】

1. 金雁等:《农村公社、改革与革命——村社传统与俄国现代化之路》,东方出版社 2013 年版。

2. 刘欣如:《印度古代社会史》,商务印书馆 2017 年版。

3. 李永采等:《驱拨谬雾究真谛》第 6 章,东南大学出版社 1994 年版。

4. 罗爱林:《俄国封建晚期农村公社研究》,广西师范大学出版社 2007 年版。

5. 马克垚:《西欧封建经济形态研究》第 6 章,商务印书馆 2020 年版。

6. 沈斌:《马克思给查苏利奇〈复信草稿〉中的农业公社问题》,《史学理论研究》2011 年第 3 期。

7. 孙成木:《揭开俄国农村公社的神秘——读罗爱林著〈俄国封建晚期农村公社研究〉》,《世界历史》2008 年第 5 期。

8. 吴阳松:《马克思论"农村公社"的谱系逻辑与价值意蕴》,《学术研究》2018 年第 3 期。

9. 俞良早:《俄国农村公社的命运及俄国发展道路的问题——研讨马克思致查苏利奇的复信〈二稿〉〈三稿〉〈四稿〉和正式〈复信〉》,《马克思主义理论学科研究》2021 年第 1 期。

10. 甄修钰等:《马克思研究农村公社的动机和方法论——兼论走出"亚细亚生产方式"问题的困境》,《历史研究》2012 年第 3 期。

11. 马克思:《给维·伊·查苏利奇的复信草稿》,《马克思恩格斯全集》第 19 卷,人民出版社 1963 年版;这两篇文章选自《马克思恩格斯全集》第 9 卷,人民出版社 1961 年版。邹如山等译:《科瓦列夫斯基〈公社土地占有制,其解体的原因、进程和结果〉一书摘要》,人民出版社 1978 年版。

12. 恩格斯:《马尔克》《论日耳曼人的古代历史》《法兰克时代》,《马克思恩格斯全集》第 19 卷,人民出版社 1968 年版。

【思考与讨论】

1. 什么是农村公社?

2. 印度、俄国的农村公社何以长期存在?

3. 农村公社的残余形式在欧洲中世纪史上产生了怎样的影响?

4. 怎样理解马克思、恩格斯关于农村公社原生形态和次生形态的概念?

5. 由《撒利克法典》论及日耳曼人的农村公社。

第十三章　古代的民主与共和

在人类历史上民主和共和制度及其思想源远流长，其渊源可追溯到古代。“民主”一词源于古希腊文，最早见于古希腊历史学家希罗多德的《历史》一书。从词源学来说，古希腊文中的民主，是由“人民”和“权力”两个词组合而成，含义为“人民的权力”，即“由人民执掌政权共同治理国家”之意。后来，西方国家将此词直译为“德谟克拉西”（英文为“democracy”）。在近代作为政治术语使用时，民主的内涵有所延伸和扩展，主要是指人民主权，与古代的含义不尽一致。而“共和”一词则出自拉丁文“共和国”，原意为“公众的事务”“公众的财产”，后来逐渐演变，在西塞罗的著作中已有国家意义，但在西塞罗时代，共和国概念尚在形成过程中，含义比较模糊，基本上等同于城市国家，准确来说等同于放大的城市国家，而与近代沿用至今的共和国概念有所不同。

第一节　民主与共和并非古希腊罗马的孤立现象

在古希腊罗马，民主与共和是两个既相联系又有区别的概念，用来表示一种国家形式和国家形态。民主是指一种国家形式即政体，称为“民主政体”或“民主政治”“民主制”。古代国家存在多种多样的国家政权构成形式，按照希腊古典作家根据当政者人数及其执政宗旨和方法手段划分政体类型的传统方法，可分为三种正宗政体及其相应的三种变形政体:(1)实行一人统治的为君主制(或称王制)和僭主制;(2)体现少数人统治的为贵族制和寡头制;(3)实现多数人统治的则为民主制和极端民主制(或称“暴民政治”)。这些政体各自又有不同的变种。所有变态政体,不论是一人专权的僭主制还是多数人统治的极端民主制,都具有专制的性质。至于共和国,则是一种国家形态。按照西塞罗的说法,共和国包括君主制、贵族制和民主制三种普通政体。换句话说,共和国既可实行君主制,也可实行贵族制,还可实行民主制。变态政体僭主制、寡头制和极端民主制则被排斥于共和国范畴之外。此外,共和国还有一种兼备上述三种普通政体成分和因素的混合政体,即共和政体,这是共和国最优良的政体形式。各式各样的政体在古代世界结伴同存,嬗变更迭,融合兼并,展示了古代政治舞台五光十色、纷繁复杂的历史图景。实行民主制或共和制的国家,在古代国家中虽属少数,但它们在人类历史特别是政治制度史上占有突出地位,产生了重要的影响。

通常来说,古代民主产生于古希腊世界的一些城邦,如雅典、叙拉古、阿哥斯、阿布德拉等,其中以雅典民主制最为发达完备;共和国存在于罗马和中世纪欧洲的一些城市,以罗马共和制为其历史典范。诚然,古希腊罗马世界萌发了民主和共和制并获得高度发展,其历史遗产后经中世纪影响到近代欧洲文明,但是,这并不意味着古代的民主与共和仅仅限于古希腊罗马地区,进而单纯地把古代西方当作民主与共和的发源地。其实,东方文明古国并非所谓的东方专制主义一统天下,许多国家都留存着民主与共和的历史痕迹。世界上最早出现专制主义的古埃及,在中央集权的专制君主制统一国家形成之前的前王朝时代,出现了希拉康波里和涅伽达等所谓“诺姆”国家分散林立的局面,其王权现在恐怕难以判定为专制的性质。在古代两河流域南部苏美尔地区,公元前3000年前后也产生了历史上最早的一批城市国家,如埃利都、乌尔、乌鲁克、拉格什和基什等,普遍存在王、长老会议和民众大会一类的国家组织机构;著名的《吉尔伽美什与阿伽》史诗反映了乌鲁克城市国家的公民战士大会握有战争最后决定权,是否可以作为民主制存在的佐证姑且存疑,无论如何,至少可资证明该城市国家政权机构中有着民主的成分。两河流域北部古亚述的情况与苏美尔相类似,在那里也能隐约见到公民大会掌握国家最高权力的事例。在古印度列国时代，十六国中大多数国家为君主国，但跋耆和摩罗明显具有共和国的特征，现代学者将这两国列为共和国范畴。佛祖释迦牟尼出生的释迦国，也属于共和国之列。公元前4世纪后期，马其顿国王亚历山大率军东侵古印度西北地区，随军人员在当地发现为数不少带有共和国色彩的政治共同体。在腓尼基和叙利亚等地，也有关于贵族会议执掌政权和公民大会残迹存在的零星资料。从古代中国来说，虽然较早实行专制主义，但在先秦时代甚至以后的历史时期中，国家政治制度和思想意识中的民主因素依然可见。总之，古代民主与共和的历史存在，并不限于古希腊罗马世界，而是包括东方国家在内的古代世界范围的一种历史现象，只不过在东西方国家中的表现有所差别而已。因此，探索民主历史长河的源头，还应追溯到人类的史前时期。

众所周知，在氏族制度下，存在着原始民主或称氏族民主的社会组织管理机制，氏族部落首领由选举产生，公社成员集体决定一切大事，所有问题都按传统规范和习惯来解决，人人处于平等地位，既没有强制性的政治权力，也没有制度化的特权存在。但在原始社会末期，随着氏族制度逐渐瓦解，原始民主也趋于衰落，进入到传统所谓的军事民主制或20世纪六七十年代人类学提出的酋邦的历史发展阶段。在此历史阶段，氏族制度的组织机构开始发生变化，程度不同地出现了氏族部落首领的个人权力，同时社会也开始分层分化，逐步萌生了各种等级制和特权制，但体现原始民主的集体组织机构和传统习俗仍然或多或少地保存下来。在氏族制度进一步解体和早期国家形成与发展过程中，在世袭的氏族部落首领个人权力占优势的时候和地方，他们僭取王权，并使王权达到国家权力的地步，便建立君主制或王制；在氏族贵族少数人占上风的时候和地方，贵族会议或元老院控制了国家政权，就产生贵族制；在平民大众力量强大，压倒王权和贵族势力的时候和地方，公民大会成为国家最高权力机构，即出现民主制；在贵族和平民力量对比和斗争结果取得相对均势的时候和地方，才形成共和制。

从氏族组织制度演进到国家的历史发展过程来看，古代东方大多数国家在史前发展阶段，由于各种原因较早滋长了氏族部落首领的个人权力，在形成国家时转为王权，建立了君主制，后又发展为专制主义；只有少数国家如古代西亚和印度的一些城市国家，原生的国家形式是贵族制或共和制，后来也都被君主制或君主专制国家吞并。同样，在希腊罗马世界，氏族部落首领个人权力膨胀的结果，也导致产生君主制。亚里士多德曾明确指出："古代各邦一般都通行王制。"这说明希腊城邦和古代东方国家一样，君主制是普遍流行的早期国家的原生国家形式。罗马王政时代也有七个王相继统治的传统说法。现代学者大多认为，王政后期即后三个伊达拉里亚王统治时期，已萌生了国家，实行的也是君主制。但是，由于希腊罗马保存着较多的原始民主遗风，始终留存了以军事民主制为传统的组织机构，加上新生国家城邦制结构特点，于是在贵族势力增强的情况下出现了权力下移的趋势，君主制建立一段时期后即被贵族制取代。后在希腊许多城邦出现贵族制、僭主制、寡头制以至民主制等政体嬗变交替的混乱局面，最后都臣服于君主制国马其顿。而在罗马，由于平民力量发展壮大，贵族制为共和制所代替，延续了几个世纪，直到罗马帝国时期才最终湮没于专制主义的历史潮流中。所以，从古代国家产生和发展道路来说，无论是东方文明古国还是西方的希腊罗马，起自君主制和终于专制主义可以说是共同的历史轨迹，所不同的是，极少数古代东方国家的原生国家形式是贵族制或共和制，而希腊罗马则在其间插有贵族制特别是民主和共和制的发展阶段。民主和共和制长期存在且高度发展，确实构成了希腊罗马世界一些国家历史发展中一种特殊的现象。

第二节　古希腊罗马出现民主、共和的原因

古希腊罗马世界出现民主与共和，原因是多方面的，而且是多种原因综合作用的结果。

首先，希腊一些城邦之所以能够产生民主，把民主制作为国家形式，罗马之所以能够建立含有民主因素的共和制，显然和它们史前社会和早期国家政治组织结构是分不开的。在原始社会末期氏族制度瓦解的基

础上，希腊罗马都进入了所谓军事民主制阶段，同时存在着王、长老会议和民众大会三种权力机构，当时王的个人权力虽然日渐扩大，但另两种集体性的权力机构始终存在，并构成王权的制约因素。建立城邦或城市国家后，军事民主制的组织机构蜕变为国家机关，氏族部落首领转变为王，长老会议演变为贵族会议或元老院，民众大会成为公民大会，它们在国家政治生活中程度不同地发挥着作用。当时，王掌握着国家大权，王位实行世袭制或带有世袭倾向，但希腊的民众仍有权拒绝不合适的王登位，罗马的王在名义上仍由民众选举产生；贵族会议和元老院作为王的咨询机构，同时也享有一定权力，公民大会则握有决定战争与和平等权力。所以，从希腊早期城邦和罗马城市国家政治结构来看，承袭了较为浓重的原始民主传统，同时在思想意识方面也保存着较强的集体意识和平等观念以及法治精神。希腊人对僭主统治的憎恨厌恶，罗马人在推翻王政后对暴君深恶痛绝，不啻反映了僭主和暴君的专横暴虐引起人民的愤懑，而且也反映了他们在传统思想影响下长期积淀的酷爱自由的心理状态和精神面貌。所有这些，无疑是促进民主和共和产生发展的有利的社会和思想条件。但是，仅仅据此来解释希腊罗马民主和共和的成因，显然是不充分和不全面的，因为希腊一些城邦的民主制和罗马的共和制都不是原生的国家形式，而是次生的国家形式。就雅典来说，经过了君主制和贵族制之后，才建立起民主制；而罗马在推翻王政以后才建立共和国，而在共和初期实行的是贵族制，只是后来经过平民反对贵族斗争才在贵族制中逐渐加入民主因素，形成共和制。所以，无论是雅典的民主制还是罗马共和制，都不是原始民主或所谓军事民主制的简单重复和直接翻版，而是在新的历史条件下政治发展的产物，是在新的社会基础上长期结出的成果。在希腊罗马新的历史时期即古典时期出现的民主及其因素，通常称为“古典民主”。古典民主和原始民主及其传统分属不同的历史发展阶段，具有不同的性质特征，尽管这两者有着继承关系，但不能混同起来。另外，在希腊，采用民主制的仅是雅典等少数城邦，而大多数城邦一直实行贵族制、寡头制、僭主制等政体。同是从原始民主和军事民主制演进而来的希腊城邦历史走向并不相同，也说明了单纯以传统因素来解释雅典等城邦出现民主是不能令人信服的。

其次，古希腊罗马产生古典民主的多种成因中，最主要的则是自由小生产相对稳定存在和发展，以及以其为骨干的平民力量强大并不断进行斗争的结果。在雅典，经过梭伦改革和庇西特拉图僭主政治统治，自由的小农经济得到恢复和发展，手工业和商业也有相当发展；希波战争期间和战后，雅典大力发展海军，建造舰队，第四等级公民纷纷参加海军，增强了平民的力量；提洛同盟的建立促进了雅典工商业和海外贸易的发展，雅典又以盟主自居，挪用盟邦岁帑大兴土木，带动社会经济兴旺发达，使得平民队伍不断扩大，力量日益壮大，从而奠定了民主政治的社会基础。再从民主化进程来看，以梭伦改革为开端，中经克利斯梯尼改革和厄菲阿尔特改革，到伯里克利时代达到鼎盛。在此时期，雅典通过一次次政治改革，采取立法步骤，逐渐改变原有的国家政权组织结构，建立民主政治组织结构，而这些改革都是在平民力量支持和展开斗争的背景下进行的，改革取得成功是平民和贵族反复较量和斗争胜利的结果。当然，贵族内部的分裂和纷争，贵族阵营中的一些有识之士分化出来，充当民主派的领导，在民主建设过程中从事卓有成效的政治艺术发明和创造活动，充分地发挥了个人在历史上的积极作用，这也不能忽视和抹杀。在罗马，情况更是明显。由罗马公社中下层成员和外来移民以及被征服地居民所组成的平民，人数众多，且大多集中于城市，便于组织发动，他们和贵族展开了长达两个世纪之久的斗争，迫使贵族步步退却，做出妥协和让步，终于获得人身自由的法律保障和与贵族同等的政治法律地位与权利，并改进了国家政权结构，在原来的贵族政治中加入民主成分，成为逐渐形成的共和制中不可或缺的构成部分。反过来说，丧失了自由小生产作为社会基础，失去平民作为主要社会力量和支柱，民主也就逐渐衰亡。公元前 4 世纪伯罗奔尼撒战争后，希腊社会发生严重分化，小生产者纷纷破产，以致雅典的民主制也走向衰落，后为君主制马其顿所控制。罗马在共和中、后期奴隶制获得发展，加上战争造成的破坏，促使小土地所有者大批破产，流入城市成为流氓无产者，不久，共和制即被帝制所取代。所以，自由的小生产相对稳定存在并不断发展壮大，才使古典民主获得赖以生存的基础。像雅典等所具有的这样的历史条件在希腊罗马世界中也不多见，在其他古代国家中更是罕见，难怪许多学者都认为古典民主实属世界古代史中出现的一种特殊的历史现象。

正是因为古典民主立足于自由小生产基础之上，是广大平民斗争的胜利果实，所以，在雅典等城邦所建立的民主制实行多数人参与政治，共同执掌国家权力，实现所谓多数人的统治。用亚里士多德的话来说，就是“政事裁决于大多数人的意志，大多数的意志就是正义”。表现在国家政权组织结构方面，所有公民有权参加的公民大会是国家最高权力机构，集立法、司法和行政大权于一身；公民大会定期召开，任何公民都有创议权，在会上自由发言和进行讨论，公民集体商议决定国家一切大事，最后决议以简单多数票通过；所有其他国家机构或是公民大会的派生物，或直接对公民大会负责。另外，国家公职人员人数众多，除少数专业技术性官职由选举产生以外，大部分公职则由拈阄决定，以便公民轮流当政；所有国家公职实行短任期制，禁止连任，担任公职完全没有财产资格限制或仅有很低的财产资格限制。为了吸引和保证贫穷的公民担任公职和从事政治活动，减轻为生计而忙碌的穷人的经济负担，国家发放公职津贴。民主制体现了多数人的统治，与专制独裁格格不入，又与个人权威相排斥，从这个意义上说，实行陶片放逐法，流放对民主制的威胁者，也是民主制的一个构成部分。这里应当指出，在民主制下，公民享受民主权利是凭着自身作为公民集体的一员，也就是说只有公民才能享受民主权利，不在此列的广大妇女和外邦人都享受不到公民权利，奴隶当然就更不用说了。所以，雅典民主有着明显的局限性和鲜明的阶级性。

随着社会经济特别是奴隶制的发展，雅典帝国的崩溃，古典民主在雅典伯里克利时代盛极而衰。马其顿兴起后，南下吞并希腊诸邦，雅典等邦遂成马其顿的附庸，丧失了独立地位。在希腊化时代，希腊一些城邦联盟如亚该亚联盟和埃托利亚联盟以及一些城邦，仍保存着一些民主制组织机构，但这不过是古典民主的回光返照而已，后来也被罗马废除。而罗马共和制中的民主因素，也随着共和制的衰亡和帝制的建立丧失殆尽。至此，古典民主最终完全消失于历史舞台。

第三节　罗马共和制的本质特征与结构原则

按照近代政治学理论观点，共和的含义比较广泛，涵盖着民主概念。具体来说，共和国相对于君主国而言，凡是非君主制国家便是共和国，共和国在历史上分成贵族共和国和民主共和国。应当说，这种政治理论观点可能适用于近代国家情况，但不合乎古代政治观念。如前所述，共和国概念源于古罗马，在西塞罗的著作中共和国基本上等同于城市国家，用来表示一种国家形态。西塞罗认为"共和国是人民的财产"，而人民则是由人们共同遵奉法律公正和达到互利目的而结成的共同体。按照西塞罗的说法，共和国有着君主制、贵族制和民主制三种普通政体之分，可见，共和国并不排斥君主制，反而容纳君主制。在西塞罗看来，凡是实行变态政体僭主制、寡头制、暴民政治的国家，就不能称作共和国，因为在那里人民遭受奴役，根本无财产可言。所以，西塞罗使用的共和国概念并非相对于君主制而言，而是相对于专制而言，不管是一人专权还是少数人或多数人的专制统治。这就说明古代共和国概念和近代共和国概念并不完全相同，不能以近代概念去套用古代国家的情况。另外，西塞罗还特别强调，共和国除了君主制、贵族制和民主制三种普通政体以外，还有第四种由上述三种政体因素结合而成的混合政体，这是共和国最优良的政体形式，具体体现在罗马的共和政体中。显然，作为混合政体的共和政体，既不同于君主制和贵族制，也有别于民主制。那么，从共和国引申出来的共和制的含义究竟是什么？罗马共和制的本质特征和结构原则又是怎样的呢？

第一，共和政体是一种混合政体，混合着君主制、贵族制和民主制三种政体的因素，准确些说，实际上混合着贵族制和民主制两种政体因素。大家知道，希腊思想家柏拉图和亚里士多德等人曾提出混合政体的政治理论，把兼备多种政体要素的混合政体奉为理想的政体，或视为挽救城邦危机而设想出来的切实可行的国家方案。波利比乌斯继承和发展了这一理论，把罗马共和制推崇为混合政体的历史典范。波利比乌斯指出，在罗马共和制中，执政官代表王制因素，元老院代表贵族制因素，人民（大会）代表民主制因素，这三者既分工协作又互相制约，使国家政权处于均衡状态，保证着国家长期稳定发展。西塞罗追随波利比乌斯，坚持认为混合政体并非人们构想出来的一种政治体制，而是既成的历史事实，具体体现在罗马历史中，单把罗马共和制当作混合政体的历史范例。尽管波利比乌斯过于拘泥于罗马共和制的宪政形式，西塞罗则把罗马共和制加以理想化，但他们关于罗马共和制即混合政体的论述，揭示了罗马共和制多元结构的本质特性。从实际情况来看，罗马共和政体拥有以执政官为首的行政长官、元老院和公民大会三大政权机构，其中，执政官等行政长官从属于元老院，卸职后又进入元老院，执政官所代表的王制因素并不显见，不能算作独立存在的要素；又因按照古典作家关于政体要素的说法，王制和贵族制都以才德著称，所以这两者可以归并为一类。其实，在共和制下，公民大会在形式上掌握国家最高权力，体现着人民主权的原则，而元老院及其附属的行政长官在实际上握有国家大权，据此，一般认为罗马共和制包含着贵族寡头制和民主制因素，是由这两者混合而成的一种独特的政体。饶有兴味的是，罗马共和国国名直译为“罗马元老院和人民”，也反映了罗马共和国二元政治结构的特色。

第二，罗马共和制并非共和国建立伊始即产生，而是经过长期发展过程才逐渐形成的。波利比乌斯曾经指出，作为混合政体的罗马共和制并非借助理性力量和个人立法达到的，而是通过长期斗争和艰难困苦中汲取经验教训才最终确立起来的。从罗马历史来看，初建的共和国就其性质来说属于贵族国家，所实行的是贵族政治，与梭伦改革以前的雅典政体相类似。后来经过平民反对贵族的长期斗争，才在贵族制中逐渐掺和民主制因素，这两者结合起来才形成了共和政制。共和政制在共和中期达到鼎盛，到共和后期便趋于衰落。由于罗马共和政制不是通过个人立法加以统筹安排，而是平民和贵族反复较量达成妥协的结果，是在历史实践中自然形成的，因而在其政制整体构架方面远没有达到完备无缺的地步，国家机构和官职的设置相当混乱，对国家机构职能及其权力关系除了有关法律的规定外，又有许多不成文的惯例长期为人们严格遵守。但在另一方面，共和政制是在历史实践中长期发展而成的，较能适应社会实际，应付复杂情况，同时其运行机制富于成效，显示出共和政制灵活性和实用性的特点。

第三，共和政体奉行的宗旨原则，既不是贵族制或寡头制所实行的等级不平等，也不是民主制所实行的人人绝对平等，而是实行所谓的等级平等。西塞罗指出，在君主制和贵族制下，民众被排斥于政权之外，享受不到自由权利和政治权力，即使有权力也微乎其微，而在民主制下所享受的平等也是不平等，因为它抹杀了等级的差别。在西塞罗看来，在公民中，财产不能平等，才能不可能平等，所要求的平等应是法律上的平等，但法律上的平等权利必须和等第联系起来，按照公民的出身、门第、地位、财产和才能相应地分配权利，实行等级平等。他认为，在共和政体中实行这种等级平等，使公民的职权、权利和义务处于均衡状态，才是真正实现了权利平等，促进公民内部团结一致，和睦相处，保证国家长治久安。在罗马，等级平等原则最清楚不过地表现于森都利亚组织制度，在公民中划分财产等级，实行各财产等级的权利和义务相一致的原则。后来，森都利亚大会之所以在公民大会中最具权威性，并不在于它起源古老，而在于它体现了等级平等的原则，被认为比以部落为基础的公民大会在组织原则方面更为公正合理。此外，在共和制下，公民大会虽在名义上是国家最高权力机构，但提出法案的创制权却掌握在担任大会主持者的高级长官手中。罗马人民在形式上拥有最高立法、审判和选举行政长官之权，但在实际上国家大权落在元老院，掌握在少数显贵手中。高级长官和其他公职对全体公民开放，但国家官职由选举或委任产生，而不是抽签决定轮流担任。出任官职没有财产资格限制，可是官职被视为荣誉职务，全无薪俸报酬，等等。这些无不体现着等级平等的原则。

第四，在罗马共和制中，贵族制因素比民主制因素更大，居于主导地位，因而罗马共和制偏向于贵族制，罗马共和国实质上是贵族共和国。西塞罗从等级平等原则出发，在论述政权结构关系时，一方面认为在共和制中应给予人民自由权利和对一些重要国事的审议权，但却把“最大多数的人不应当拥有最大的权力”作为“国家理应永远恪守的准则”；另一方面则强调元老院的领导地位，保持和发挥权威作用，由少数显贵来执掌实权。事实上，在罗马共和制下，人民享有自由权利，他们有权参加公民大会,掌握最高立法、审判和选举权,但公民大会有着很大的局限性,难以达到真正的民主。行政长官掌握着行政执行权,但他们从属于元老院,不过是元老院决议的执行者而已。元老院在名义上仍是咨询机构,却掌握广泛权力,处于权力中心的地位,在国家政治生活中发挥着领导和支配作用。而元老院又为少数显贵所长期把持,成为贵族势力的堡垒。所以,在共和政体中各种构成因素并非均匀的,而是偏重于贵族制一方,造成罗马共和国本质上是贵族共和国的性质。到共和后期,元老贵族故步自封,盘踞着元老院,力图维持自己的特权地位,终与社会历史发展趋势相违背,堕为保守和反动势力。而罗马人民也有分化,作为民主制因素的公民大会性质也起变化,渐渐成为个别政治野心家和派别斗争的政治工具和表决机器。在共和制衰落的同时,罗马社会中又出现了军事领袖乃至军事独裁,在政治生活中愈来愈起到重要作用。马略实行军事改革后,罗马推行募兵制,建立职业军队,在个人或集体军事独裁和具有暴民政治倾向的罗马平民之间架起了桥梁。于是,这两股力量联合起来,共同冲击元老贵族及元老院,终于促成了共和制的崩溃。奥古斯都建立元首制,结束了罗马共和制的历史,罗马共和制最终也淹没在专制主义的洪流中。

应当指出,在古代世界,共和政制和共和思想绝非罗马所独有。斯巴达和迦太基以及与斯巴达政制类似的克里特,也被希腊思想家列作混合政体的历史例证,其政制兼备多种政体要素。在斯巴达的贵族制和迦太基的寡头制中,公民大会具有重要地位和作用,民主制因素赫然可见,其政体无疑有着共和制的基本特征,应属于共和制的范畴。在古代两河流域和古代印度,也有共和国存在的历史痕迹。可惜,由于资料匮乏,难以像罗马那样较清晰地描述出这些国家共和制的全貌,恢复其历史本来面目。至于共和思想,在希腊思想家中恐怕早已有之。柏拉图所设想的理想国,实行的是哲学王的统治,属于君主制或贵族制,但他在晚年完成的《法律篇》中放弃了哲学王的观点,提出了接近于理想国但属次一等的国家方案,主张以法治代替人治,把公民分为四个财产等级并确定其相应的权利,设置公民大会、议事会和法庭等一套国家机构,选举产生37名护法官作为执政中坚,设想建立介于君主制和民主制之间的混合政体,这无疑有着共和思想构想,虽然带有浓厚的贵族寡头制的色彩。

在《政治学》中,亚里士多德所设想的共和政体明显地偏向民主制,具有希腊的特色,这和罗马共和政体偏向于贵族制恰成鲜明对照。亚里士多德生活在希腊城邦危机时期,他之所以苦心孤诣设想出共和政体,是为了替陷于危机的希腊城邦寻找出路,提供他认为是切实可行的较为优良的国家方案。但在贫富分化日益加剧和社会斗争愈演愈烈的情况下,共和政体不再适应社会发展需要,难以付诸实现。实行君主制的马其顿鲸吞希腊诸邦后,亚里士多德的共和政体思想论也就湮没无闻了。

综上所述,原始民主乃是人类社会民主历史发展长河的源头。原始社会末期,氏族部落首领个人权力膨胀,导致进入文明的古代国家普遍盛行君主制,只有极少数国家实行贵族制或共和制,但在这些国家早期历史发展阶段都或多或少地保存着原始民主传统。由于社会历史发展的具体情况不同,古代东方国家非专制性质的君主制和贵族制或共和制,不久便发展为或并入专制主义体系,而在古希腊罗马世界,经过作为次生的国家形式的贵族制之后,出现了古典民主,即雅典等城邦把民主制作为国家形式,在罗马的贵族制中掺进民主因素,形成共和制,并各自获得充分发展。但雅典民主制和罗马共和制存在数百年后也分别被君主专制吞并或取代。所以,从古代国家的历史发展趋向来说,无论是古代东方国家还是古希腊罗马,都最终走向专制主义,只不过在时间上有先后,发展程度有所差别而已。

【延伸阅读】

1. 黄洋:《"雅典革命"论与古典雅典政制的建构》,《历史研究》2012 年第 5 期;《西方政治学的前史:公元前 5 世纪希腊的政治思想》,《历史研究》2020 年第 1 期。

2. 李尚君:《公元前 4 世纪雅典的"激进民主制"》,《复旦学报》(社会科学版)2009 年第 3 期;《德谟斯提尼的修辞策略与雅典民众政治角色的塑造》,《历史研究》2011 年第 4 期;《德谟斯提尼演说与雅典民众政治角色的塑造》,《历史教学》2012 年第 4 期;《雅典民主政治研究的新视角:德谟斯提尼的演说修辞策略与民众的政治认知》,《史林》2012 年第 4 期;《民主制雅典的公民自由与政治领袖的军事动员》,《历史教学》2022 年第 2 期;《公元前 5 世纪末雅典“内乱”中的政治领袖与城邦共同体的重建》,《世界历史评论》2022 年第 3 期。

3. 施治生、郭方主编:《古代民主与共和制度》,中国社会科学出版社 2002 年版。

4. 施治生、刘欣如主编:《古代王权与专制主义》(修订本),中国社会科学出版社 2015 年版。

5. 王绍光:《抽签与民主、共和:从雅典到威尼斯》,中信出版社 2018 年版。

6. 王以欣:《英雄与民主——古代雅典民主政治剖析》,《世界历史》2007 年第 4 期。

7. 魏凤莲:《苏格拉底之死与雅典民主政治中的自由》,《鲁东大学学报》(哲学社会科学版)2007 年第 3 期。

8. 晏绍祥:《古典民主与共和传统》,北京大学出版社 2013 年版;《波斯帝国的“专制”与“集权”》,《古代文明》2014 年第 3 期;《米利都与波斯:专制帝国中地方共同体的地位》,《世界历史》2015 年第 3 期;《雅典民主政治发端之论争》,《武汉大学学报》(哲学社会科学版)2019 年第 1 期;《公元前 5 世纪阿尔戈斯的民主政治》,《世界历史》2019 年第 6 期;《阿吉纽西审判与雅典民主政治》,《历史研究》2019 年第 5 期;《希腊城邦民主与罗马共和政治》,人民出版社 2019 年版;《希腊与罗马:过去与现在》,商务印书馆 2019 年版;《公元前 5 世纪中后期叙拉古的民主政治》,《首都师范大学学报》(社会科学版)2020 年第 4 期。

9. 张新刚:《希腊“自由”观念的历史考察》,《史林》2012 年第 3 期。

10. [英]M. I. 芬利著,晏绍祥、黄洋译:《古代世界的政治》,商务印书馆 2017 年版。

11. [英]安德鲁·林托特著,晏绍祥译:《罗马共和国政制》,商务印书馆 2017 年版。

12. [英]克里斯托弗·罗等主编,晏绍祥译:《剑桥希腊罗马政治思想史》,商务印书馆 2016 年版。

13. [古希腊]亚里士多德著,日知等译:《雅典政制》,商务印书馆 2017 年版;吴寿彭译:《政治学》,商务印书馆 2017 年版。

【思考与讨论】

1. 如何理解上古文明中民主与共和的普遍性?
2. 试探上古文明实行直接民主制的原因。
3. 罗马共和制是怎样产生的?
4. 试析上古文明民主与共和的异同。
5. 试论罗马共和制的本质。
6. 地理环境对雅典民主政治的形成产生了怎样的影响?

第十四章　古代奴隶制社会经济形态问题

奴隶制社会经济形态的普遍性和特殊性问题曾是各国史家广泛持久讨论的宏观史学热点问题之一。早在19世纪末，西方便开始就奴隶制在古代西方的地位展开讨论。较大范围的争议肇始于20世纪20年代末和30年代初的苏联。结果，包括奴隶制社会经济形态在内的一元化的五种社会经济形态演进的模式作为对马克思、恩格斯理论的唯一正确解释被固定下来，并在联共（布）党史中得到经典式的阐述。20世纪六七十年代，苏联和欧洲史学界曾掀起新的争论。我国史学界在之后也对此展开认真研究和热烈讨论，出现了各种饶有兴味的提法。

第一节　西方非马克思主义奴隶制认识的基本线索

"奴隶制社会普遍说"是一个地道的西方观念，是西方人经验的历史作用于西方一些思想家头脑之后所产生的一种由局部经验归纳并进而演绎出的科学假说。我们可以对19世纪末叶之前影响马克思、恩格斯思考的西方奴隶制认识的基本线索做简要概括：（1）如同古代西方人因自身的需要创造了奴隶制一样，古代奴隶制问题是因近代西方人自身的需要提出来的。（2）将奴隶制确定为一个时空范围相当大的历史阶段、经济类型或文明形态的基本标志的做法，在马克思和恩格斯之前及其同代以及之后均已有过尝试。但有一点与20世纪不同,就是提出和论述这种宏观认识的人绝大多数不是致力于考据和实证研究的专业史家,而是具有比较宏观目光的历史哲学家、社会学家、经济学家,这同启蒙时代以来西方学界为寻求历史规律而对人类历史进行宏观研究的时代趋向紧密联系在一起。(3)虽然在大多数情况下,西方学者笔下的“古代”专指古典古代(德文为antike,英文为antiquity),即古希腊和古罗马时代,但在国内可以找到的英译本中我们也看到有时用的是泛指的“古代的”(ancient)一词,如上引韦伯的论述。所以,倘若是身处19世纪的马克思、恩格斯提出奴隶制社会普遍说的话,那不是出于他们的凭空想象或是他们的一家之言,而是采摘了19世纪西方学术之树结出的现成果实并对它们多少有所发展而已。

第二节　马克思主义奴隶制社会普遍说的提出和发展

奴隶制普遍说是怎样提出,又是怎样在马克思主义史学界占据统治地位的,这个史学史问题一直是半个多世纪以来马克思主义史学界关注的课题。参与古代社会性质讨论的东西方学者尤其是马克思主义史学界(包括苏联、东欧、西方马克思主义和中国史学),无论有多少出自众人之手的一种“层累”的理论陈述,但大体上是由马克思和恩格斯的有关思想、列宁和斯大林等马克思主义思想家的有关诠释以及经现代马克思主义史学、哲学、经济学等学科对经典作家有关思想的再诠释这样一系列成分逐渐积淀而成。正因为如此,各国学者把很大精力花在对这一“层累”理论的各个沉积层面的剥离清理工作上。

经过长期对马克思和恩格斯著作钩沉索隐、穷原竟委的研究,有关材料的收集到了竭泽而渔的地步,但人们对同一些白纸黑字的理解却仍然相去甚远,歧见甚至呈越来越多的趋势。比如对马克思在《〈政治经济学批判〉序言》中的那句名言,就有传统五形态单线说、一元双线说、一元三线说等多种诠释,这还不包括三形态、二形态等其他另辟蹊径的说法。

因此，问题讨论了半个多世纪，奴隶制社会在马克思、恩格斯的社会形态演进模式中是否是一个必要的组成部分仍是悬案。归纳起来，各家看法大致可分成两类：一类认为无论是马克思还是恩格斯都没有在自己的社会形态模式中提出过包括奴隶制社会在内的一元单线的五形态说，现有说法是由列宁在《论国家》一文中首次提出、斯大林在《辩证唯物主义和历史唯物主义》一文中加以确定的。持这一看法的学者在国外居多，在国内也不在少数。再一类则坚持传统五形态说是对马克思、恩格斯有关思想的最合理诠释。

各种解释之间存在的差异表明，以奴隶制社会为基本环节之一的传统五形态说确实难以满足现代马克思主义史学对古代史的认知需求，因而需要重新加以认识。同时也说明完整准确地理解马克思、恩格斯的有关论断并不像我们通常想象得那样简单。问题的难度在于具有终极解释权的马克思、恩格斯均已故去，他们的有关论述明摆在那里却自己不会说话。因此，参与讨论的每位解释者都必须通过个人的阅读去感知马克思和恩格斯有关文本的内涵及其表达的基本思想。

从理论上讲，对同一处论述的真实解读应当只有一个，也就是说解释者在阅读过程中通过思想与文本的交互作用在头脑中重构或复原马克思、恩格斯论述的本来思想，从而实现准确领会文本含义的目的。但在实际解读过程中，认识主体（有意歪曲原意者除外）对作品原义予以准确重构的难度是相当大的，有时甚至是不可能的。这主要是因为存在着一些主客观条件的局限。

就主观条件而言，解读者是否具备正确领会文本含义的逻辑思维能力，或解读者是否对与文本内涵相关的语境（哲学、经济学、历史、德文、俄文等）有足够的了解，或在解读过程中认识主体是否做到了小心谨慎，注意到所有给定的条件，等等，都对正确解读具有至关重要的意义。就客观条件而论，马克思、恩格斯有关论述是否存在一些不甚明确之处，在不同时期的不同文本以及两个人之间对同一个论题阐释的角度和论点之间是否存在出入，或各个文本的思路虽有清晰可辨的线条，表述也严谨贯通，但因含义深刻，内涵丰富，专门术语和背景知识过多，以及中文译本的误译等因素，都有可能造成解读者的困惑和误读。特别是马克思、恩格斯关于古代社会性质的观点，缺乏定理式的明确陈述，有多个相异的前提条件，涉及复杂的社会历史和个人历史背景，而文本作者又不能出面澄清这种多义性和不确定性，因此各种解读都没有一个可靠的方法来最终验证其理解的合理性，从而导致各种诠释中尽管可能包含相对最为忠实于马克思、恩格斯著作原义的理解，却没有任何人有权说自己的诠释是唯一正确的诠释，这和音乐界中"有十个指挥家，就有十个贝多芬"的说法是同样的道理。当然，这并不妨碍我们对某位指挥的诠释做出最忠实于原作的价值评判。

基于以上认识，传统五形态说还是更接近于马克思、恩格斯的原创思想。对此，国内外学者已有详细论证，笔者提不出什么新的论据。需要说明的一点是，这里所述的"更接近于"并非是"等同于"，理由有二。

首先，传统五形态模式的陈述毕竟同马克思和恩格斯的相关陈述不同，带有后人诠释的成分。马克思、恩格斯的确没有从普遍意义上使用过"奴隶制社会""奴隶占有制社会""奴隶制社会经济形态"这样的术语，只是谈到过古代社会、古代国家、古代经济、古代生产的"基础"是奴隶制，奴隶制是古代生产劳动的"统治形式""支配形态""广阔基础"等。但马克思、恩格斯始终是在社会形态进化的有序性中去注意和讨论奴隶制的，恩格斯在《家庭、私有制和国家的起源》中列举的三大奴役形式有明确的先后次序，马克思在《〈政治经济学〉序言》中的那段话若与前面对其历史唯物主义基本原理的"简要地表述"联系起来看，以及考虑到其中关于五种形态的话语表述本身的链接关系，将"亚细亚的、古代的……"理解为依次更替的单线序列要更符合逻辑。如果再结合马克思、恩格斯在谈论"社会形态""各个世代"这样一些大型历史过程时，总是喜欢使用"依次交替""依次更迭""过程的连续系列"之类的用语，我们可以认为周怡天先生据德文本《资本论》第3卷所考出的证据，即"亚细亚的"生产方式对应"原始共同体""古代的"对应奴隶制的传统解释就显得更为合理一些，至少可以说在马克思、恩格斯的著作中，"亚细亚"生产方式是前"古代"的生产方式。

其次，马克思的主要陈述同后来列宁、斯大林的陈述在语气上有明显的差异，国内外学者都广泛注意到这一点，这就是马克思的语气往往是提示性的、大概的(suggestive),而不是权威性的、确定的(definitive),比如那段五形态的典型陈述就做过一个事先的提示“大体说来”,这一点非常重要。马克思的这种留有余地的态度是一种科学探讨的态度,而现存的五形态说或“五项公式”被列宁、斯大林处理成毋庸置疑的、放之四海而皆准的绝对真理或规律,这是与马克思的态度有所区别的。恩格斯在《反杜林论》中对这种僵化机械的处理方法曾有过尖锐的批评。他指出,社会历史的资料非常匮乏,根本不能同有机界相比,所以在这个领域中的认识“本质上是相对的”“暂时的”“谁要是在这里猎取最后的、终极的真理……他是不会有什么收获的,除非是一些陈词滥调和老生常谈……”列宁和斯大林的解释恰恰犯了绝对化的毛病。这个毛病当然不能由马克思和恩格斯负责。从这个意义上说,视列宁为绝对化的奴隶制社会普遍说的最初倡导者、斯大林为最终确立者的说法是正确的。

列宁在 1919 年发表的即兴演说《论国家》中首次明确化了五形态说,并且使用了目前标准的术语“奴隶占有制社会”来标志阶级社会的第一个阶段。但当时这个演说并没有在苏联学术界产生任何反响,因为它没有发表,也没有作为内部文件在党内外传达。

1917～1935 年是苏联马克思主义史学的形成时期,学术界需要学习马克思主义经典作家的著作,需要分析归纳马克思、恩格斯历史思想的脉理,而这种初始的工作又与现实的政治需求联系在一起。20 世纪 20 年代末,苏联理论界因确定东方社会性质(主要是现代中国社会性质)的需要展开了亚细亚生产方式的第一次讨论。苏联世界古代史学界也参与其中。与政治理论界斯大林派和托派的激烈思想交锋甚至政治冲突有所不同,古代史学界着眼于远离现实的古代东方,所以讨论气氛还是相当民主的。典型的例子就是尽管在 1929 年为了配合讨论《真理报》发表了列宁《论国家》的记录稿,但苏联古史学界大多数人仍敢于坚持古代东方是封建社会的传统认识,这其中不仅包括古史专家赫瓦斯托夫、图拉耶夫、尼科尔斯基,还包括在奴隶制普遍说发展史上颇为有名的斯特卢威。但斯特卢威与其他人有所不同,他的观点变化很大。讨论之初,他支持亚细亚生产方式的解释;后来又回到封建生产方式的立场;而到了 1933 年,他在一次学术研讨会上又成为第一个论证古代东方为奴隶制社会的史家。他在报告中指出:“根据我们掌握的巴比伦尼亚和埃及的史料,古代东方的经济结构是奴隶制的结构。”这个论断以及相应的论证为当时极端缺乏史料支持的泛奴隶制社会的说法提供了所谓的史实依据。

众所周知,马克思、恩格斯对上古阶级社会的论述(从《德意志意识形态》到《家庭、私有制和国家的起源》)主要出自古典材料,所以他们关于古希腊罗马为奴隶制社会的认识可以说是在具体分析了古典社会的一些样本之后通过归纳逻辑得出来的,并非一些人说的纯粹思辨的产物。形态学研究的基本方法就是尽可能收集样本材料,特别是要为整个世界划定一个统一的形态模式,需要收集古代世界各个文明地区的样本。从马克思、恩格斯的有关著作看,他们在利用古典文献材料方面,与当时的专业史家基本处在同一水平。但在古代东方史方面,他们却只能利用为数很少的三四手史料,并非古代东方的文献和实物史料,也几乎没能利用当时埃及学、亚述学、印度学等专业史学的研究成果。这意味着他们对于古代东方的社会经济形态的研究,极端缺乏可靠的样本。由于证据不足,马克思、恩格斯(尤其是马克思)在做出宏观结论的时候非常注意分寸,不把话说绝,所以我们在本文开头才提出他们关于奴隶社会普遍性的认识是在归纳逻辑基础上通过演绎逻辑推导出来的一种科学假说。

后来列宁在《论国家》中虽然说几十、几百个国家都经历过奴隶占有制社会,但从《列宁全集》中也看不出作者曾经做过几十、几百个样本的收集整理工作。所以斯特卢威的结论对奴隶制社会普遍说的完善具有重要的意义,他是第一位从社会形态角度、利用亚述学和埃及学史料论证古代东方为奴隶制社会的史学家,并且是第一个从专业史学角度论证奴隶制社会形态的基本条件是奴隶劳动在数量上占有优势的人,这就为后来由斯大林确立绝对化的奴隶制普遍说的统治地位奠定了史学基础。

不过斯特卢威的看法在发表时和发表后一段时间(1934 年)还只是苏联史学界的一家之言,受到广泛的批评。多数学者认为古典世界是奴隶制社会,古代东方是封建社会。尼科尔斯基指出斯特卢威扩大了奴隶的定义,把不属于奴隶的劳动者,如乌尔第三王朝王室大地产中的劳动者“古鲁什”当成了奴隶。卢利叶、久梅涅夫、别列表尔金、科瓦列夫等人则分别指出古代埃及社会经济中占优势的是农奴制或其他依附人制，斯特卢威关于古代埃及从事灌溉工程的劳动者是奴隶，希腊斯巴达、克里特、色萨利的依附人是奴隶的说法是没有根据的。

但这种正常的学术讨论在 1934 年底基洛夫遇刺后中断，政治大清洗运动和随之而来的个人崇拜导致思想领域的一言堂，行政领导的指示代替了学术讨论，个人意志垄断了马克思主义的解释权，并不一定被列宁认可的列宁关于社会形态更迭理论的陈述成为唯一正确的解释，斯特卢威的论证很自然地得到了官方的确认。作为这一发展的逻辑结果，1938 年发表的《联共(布)党史简明教程》中正式将包括奴隶制社会在内的五种社会经济形态的模式规定为历史唯物主义的一个基本公式。该书集中了斯大林对马克思主义的基本诠释，所以斯大林把《联共(布)党史简明教程》称为“马克思主义的宣言歌之歌”。因而如果说绝对化的奴隶制社会普遍说是由斯大林最终确立的，那是符合历史事实的。

现在反思起来，《联共(布)党史简明教程》对奴隶制社会普遍说从苏联向国外的广泛传播并因而成为国际性的史学问题这一点起了决定作用。由于 20 世纪上半叶各国共产党人的主要精力集中于阶级斗争和夺取政权，马克思主义的理论普遍准备不足，因此这本小书就以它浅显易懂、提纲挈领的陈述成为全世界共产党人提升理论修养的标准教科书。人们不必研读原著，翻阅参考读物，不必进行认真的思考，一切在这里都有泾渭分明的明确表述。而且书中的每一章结尾都有一节定理式的“简短的结论”，人们只要牢记书中的各种“原理”，就似乎等于基本掌握了马克思主义。所以，这本书仅在苏联就出了 300 多版，约 4300 万册。在其他社会主义国家以及各国共产党内的印数也不会小于这个数字。它以速成的方式培养出几代马克思主义者，但也使几代马克思主义者将该书中对马克思、恩格斯思想断章取义的误读和曲解当作真正的马克思主义和苏共党史。这样一来，奴隶制社会的普遍性就上升到科学规律的地位，成为所有接受“马克思主义 ABC”课程教育的人背得烂熟的定理之一。直到苏联解体前，各社会主义国家的世界古代史和地区古代史都是按照这一解释范式编写的，其典型代表也是对各国马克思主义史学具有示范性影响的著作便是苏联科学院编写的《世界通史》第一、二卷（1955～1956年），书中把奴隶占有制社会看作世界历史发展的主导线索，是历史发展统一性和规律性的体现。

需要指出，马克思、恩格斯同列宁、斯大林尽管在定性语气和表述的明确性方面有程度的差别，但在奴隶制社会的定性标准方面却是完全一致的，这就是“数量”的标准。根据这一标准，奴隶制社会即意味着奴隶劳动大规模排挤了自由人劳动、奴隶制生产关系在社会经济基础中占有支配或统治的地位，决定了社会阶级结构、政治的上层建筑的基本属性。后来马克思主义史学关于奴隶制社会的解释均是在此基础上展开的。

从理论上讲，马克思和恩格斯关于奴隶制社会的定性标准是完全正确的，因为质是一事物区别于其他事物的内在规定性，具有明确的内容和清晰的外在表现，而这种外在表现就是一定的量（规模、程度、等级、层次等）。所以量与质是密不可分的，没有一定的量，就不会有一定的质，量是质的存在方式。正因为如此，马克思、恩格斯在论及奴隶制占统治地位时总是使用规模量和程度量，即奴隶数量增多，农民人口被奴隶人口排挤。这种处理方法显然比后来为奴隶制普遍说辩护的学者孤立使用的“质”的标准要好得多，它的前提是必须有历史事实的充分支持。而遗憾的是，这恰恰是“量”的标准的致命弱点，20世纪60年代开始的新一轮争论，归根结底正是基于古代奴隶制量的事实对普遍说的挑战。

第三节　现代东西方学术界关于奴隶制社会普遍说的论争

苏联科学院的《世界通史》前两卷问世后不久，新一轮更大范围内的讨论便开始了。它的起因既同古代史研究的进步相连，又与战后两大阵营的对立以及斯大林去世后苏联国内的政治形势有关。

1955年，美国史家威斯特曼的《古希腊和罗马的奴隶制》一书问世，其基本观点是否定奴隶劳动在古希腊和罗马社会生产中的优势作用，从而否定了苏联史学界以数量为标准的古代西方社会的奴隶制性质。随后在第十一届国际历史学大会(1960 年于斯德哥尔摩召开)上,古典奴隶制问题成为大会古代史组讨论的主要议题,东西方学者展开了热烈的争论。英国史家芬利说得好,奴隶制已不再是一种历史现象,而是一个马克思主义和非马克思主义之间的政治问题了。苏联史学界把这一争论看作资产阶级史学对马克思主义史学的挑战,因此在会后积极准备应战。但此时苏联国内形势已发生巨大变化,苏联史学界在反思这段历史时将苏共二十大对斯大林个人迷信的批判看作苏联史学新发展的开端,便反映了这种变化。所以,旧的教条主义的论证方法被抛弃,取而代之的是从事实出发的理性方法。这直接导致古罗马史专家乌特琴科和施塔耶尔曼的纲领性论文《论奴隶制史的几个问题》的问世。该文在反对威斯特曼等人低估古典奴隶制的同时,也实事求是地指出,在苏联流行的关于奴隶制社会的种种解释需要根据新的史实加以修正,如应当坚决抛弃以数量为标准,而应注重以质量为标准,意即奴隶制生产方式体现了古代社会生产关系的发展趋向。在抛弃数量标准的前提下,还应抛弃战俘奴隶为奴隶主要来源以及奴隶革命埋葬奴隶制社会的提法,注意奴隶在社会阶级和等级关系中的地位,等等。这就为奴隶制普遍说的辩方定下了质的标准的基调。

同年,苏联科学院决定由古史专家杰林、林兹曼、巴甫洛芙斯卡娅、乌特琴科主持编写“古典世界奴隶制史研究”丛书,并于 1963 年出版了丛书的第一部专著。此后近二十年间,该丛书出版了其中的 10 部专著,其编年和地域范围包括古希腊罗马各时期的奴隶制,它相应地也促进了对古典世界之外的奴隶制的研究。就史料收集与考察范围的广度和系统性而言,国外同类著作尚无出其右者。值得注意的是,这套书在编写过程中,其重心有逐渐偏离它的“应战”初衷的趋向,实际上成为苏联史家从史料本身而不是从本本出发认真研究古代奴隶制史和清理自己以往论点、论据的一项庞大的工程。而且随着时间的推移,泛奴隶制的处理方法逐渐淡化,一些过去坚持奴隶制普遍说的学者逐渐改变了自己的认识。典型的例子是著名亚述学家贾可洛夫。他起初同乌特琴科、施塔耶尔曼、列文、伊林等人一样,提倡与数量分离的质量标准,认为在低下的生产力条件下,奴隶制剥削从经济角度讲是最实际的方式,其原因在于古代生产过程简单，自由人劳动同奴隶劳动相比不可能有多高的效率。在这种情况下，奴隶因其劳动时间处于主人充分支配之下，其主人可以榨取更多的收入，所以便出现其他依附居民，如王室、神庙的半自由农民以及债务人逐渐转化为奴隶的趋向。但两年后，贾可洛夫改变了自己的看法，明确否定奴隶制生产方式在古代的主导地位，将整个早期文明社会定名为“古代生产方式”阶段，理由是古典奴隶制只是个别的现象，大多数古代社会都不能归入奴隶制社会形态。

其他较晚出版的相关著作也有同样的特点。它们均避开讨论奴隶制社会的普遍意义问题，就事论事（奴隶的数量、奴隶的类别、奴隶劳动的不同表现形式和在社会生产中的作用、奴隶的来源、奴隶的法律地位、奴隶的等级、奴隶的生活等），有些具体结论甚至是不利于奴隶制普遍说的。

这场迟至20世纪80年代中期才告结束的讨论，虽然没有在对马克思、恩格斯经典著作的理解和古代东方社会形态的认定问题上取得一致意见，却在否定古代东方奴隶劳动的决定作用这一点上达成了共识。由丹达马耶夫主编的《古代东方的社会关系与依附形式问题》一书开篇便申明：“在苏联的古代东方研究领域，已有大量涉及奴隶的法律地位以及奴隶劳动在生产中所起作用的文献。由于最近二十年发表的研究成果，这一看法已经确立，即奴隶劳动在古代东方的主要生产部门中不起决定作用，而这恰恰是指在农业和手工业当中，不管是在王室经济、神庙经济还是在私人经济当中均是如此。”倘若奴隶劳动既不在私人经济中也不在王室或神庙经济中占据主导地位，占据支配地位的是非奴隶的劳动者，那么古代东方又如何能称作奴隶制社会？这等于否定了奴隶制普遍说具有合理性。正因为如此，连第一位对古代东方奴隶制社会属性加以论证的斯特卢威，也再度推翻了自己的观点，认为古代两河流域与埃及的经济建立在亚细亚生产方式基础之上。

同时代的西方古代史学界虽然没有直接介入亚细亚生产方式的争论，但却对古典世界的奴隶制继续进行了深入具体的研究。其工作方向集中于两点：一是对古代奴隶制具体细节的提纯和再现，包括填补古代奴隶制画面的各个细部和对以往的认识进行查核与改正；一是从宏观层面对奴隶制做出新的价值评估。在这个方向上，西方史家一致否认奴隶制社会的普遍意义，坚持古代东方的封建社会性质。但在对古希腊罗马社会性质的判定上却各执己见。关于各家的解释，笔者曾做过较为充分的评析，概言之，以芬利和圣克鲁瓦为代表的肯定论者认为古希腊罗马是奴隶制社会，其根据是社会富有者的财富建筑在剥削奴隶基础之上。但他们认为希腊和罗马的奴隶制社会为历史上特殊的、局部的现象。历史上只有五个真正的奴隶制社会，即古代的希腊和罗马、近代的美国南方、加勒比岛屿和南美的巴西。否定论者以威斯特曼、琼斯为代表，认为古典文明并非建立在奴隶制基础之上。

这样一来，东西方史家在奴隶制问题上便出现了一些共同或相似之点。如在古代东方和古典奴隶制的史实认定上，东西方史家是一致的，无论各家对古代东方社会形态标以怎样的代号(封建的、前封建的、亚细亚的、古代的)，但都认为奴隶劳动在社会生产中处于次要地位。对古典世界奴隶制的规模量、程度量的估计也大体一致，分歧仅在于价值评估上。或者，换句话说，东西方史家在定量分析方面彼此没有多少区别，区别仅限于定性分析方面。但这种区别在20世纪80年代已不再表现为马克思主义史学界和非马克思主义史学界之间的分歧，而仅表现为一般的学术分歧，因为同样的分歧不仅存在于东西方史学界之间，也存在于东西方史学界各自的内部。

20世纪80年代以来，我国史学界也围绕五种生产方式和作为一个普遍历史阶段的奴隶制社会经济形态的存无等问题展开了热烈讨论。以胡庆钧、周自强、廖学盛等为代表的学者认为五种生产方式是马克思主义唯物史观的基本原理，坚持奴隶制社会经济形态在古代世界的普遍性；以胡钟达、朱晞、启良等为代表的学者则强调五种生产方式并非马克思主义的原典学说，奴隶制社会经济形态不具普遍意义。这场绵延至今的讨论活跃了学术气氛，大大深化了史学界对世界古代史相关理论问题和古代东西方历史发展共性和特性等问题的认识。

奴隶制普遍说从一种科学的假说转化为铁的规律、又从铁的规律复转为一种假说的过程再次说明，在思想史领域，能够避免绝对化和教条化变形的重大理论是不多的，甚至是极为少见的；同时也说明真理是相对真理和绝对真理的统一，实践是验证真理的唯一标准。限于篇幅，我们无法在史学认识论方面对这一问题展开深入讨论。但这里至少可以提一下马克思、恩格斯的真理观及其属于真理观范畴的规律认识来作为本文的结尾。马克思、恩格斯虽认为客观规律是自在的，但却将客观规律和对客观规律的认识（真理认识）区别开来，把相对性赋予了人心中的真理，认为一切认识都是一定历史条件下的认识，历史条件达到什么程度，人们便能认识到什么程度。这即是说，一定历史范围内的人对真理或规律的认识始终是有限的，受到既定历史条件的制约，因此任何反映在人们头脑中的规律认识都不是绝对的、超时空的。譬如他们多次指出，人类历史由于资料是永远不完善的，因此，谁要用不变的、终极的真理的标准来衡量它，将是无知和荒谬的，科学永远不能通过对绝对真理的发现而达到认识的终点，因为"整个人类历史还多么年轻，硬说我们现在的观点具有某种绝对的意义，那是多么可笑……"这种发展的、实践的真理观至少比现代科学哲学的同样看法早了几十年。正因为如此，马克思、恩格斯在陈述自己的见解时从来都避免以客观规律的代言人自居，经常的表达方式是"我的观点是""按照我们的观点"等。因此，将马克思、恩格斯关于奴隶制社会普遍性的观点赋予绝对意义的做法是背离马克思、恩格斯观点的原意的，是近现代马克思主义者对马克思、恩格斯思想的错误诠释。

【延伸阅读】

1. 顾銮斋：《谈雅典奴隶制民主政体创立问题的研究》，《齐鲁学刊》1998 年第 3 期。

2. 郭小凌：《西方奴隶制认识的历史考察》，《北京师范大学学报》1990 年第 2 期；《奴隶制：一个历久未衰的论题》，《世界历史研究年刊》1996 年第 2 期；《古代世界的奴隶制和近现代人的诠释》，《历史研究》1996 年第 2 期。

3. 何顺果：《马克思社会形态演进论考释》，《北大史学》1998 年第 0 期；《马克思"资本原始形成"理论研究——重读〈资本主义生产以前的各种形式〉》，《史学理论研究》1998 年第 2 期；《生产方式≠社会形态》，《世界历史》1998 年第 3 期；《世界历史：马克思的概念及思想体系——兼谈西方全球史学的成就与局限》,《世界历史》2011 年第 4 期。

4. 胡庆钧主编:《早期奴隶制社会比较研究》,中国社会科学出版社 1996 年版。

5. 胡钟达:《试论亚细亚生产方式兼评五种生产方式说》,《中国史研究》1981 年第 3 期;《再评五种生产方式说》,《历史研究》1986 年第 1 期。

6. 廖学盛:《从古希腊罗马史看奴隶占有制社会的若干问题》,《历史研究》1995 年第 5 期。

7. 马克垚:《"西欧奴隶制向封建制过渡"的再认识》,《经济社会史评论》2018 年第 3 期。

8. 田昌五:《古代社会形态析论》,学林出版社 1986 年版。

9. 吴宇虹:《古巴比伦法典与秦汉法典比较:私有奴隶制和国家公有奴隶制》,《东北师大学报》(哲学社会科学版)2006 年第 6 期。

10. 吴于廑:《古代的希腊和罗马》,生活·读书·新知三联书店 2022 年版。

11. 徐松岩:《关于希腊奴隶制的理论和实际》,《世界历史》2000 点第 1 期;徐松岩等:《论古典时代雅典奴隶制经济走势》,《西南大学学报》(社会科学版)2009 年第 6 期。

12. 颜海英:《罗马时期埃及的奴隶制》,《世界历史》1997 年第 4 期。

13. 杨共乐:《罗马"债务奴隶制"考略》,《世界历史》1998 年第 1 期。

14. 于殿利:《古巴比伦社会存在债务奴隶制吗?》,《世界历史》2004 年第 4 期。

15. 张金光:《关于中国古代(周至清)社会形态问题的新思维》,《文史哲》2010 年第 5 期。

16. 张奇方:《关于"五种生产方式"问题的意见——给〈历史研究〉编者的信》,《历史研究》2001 年第 2 期。

17. 朱晞:《为马克思辩:原始社会向奴隶社会发展是一种伪马克思学说》,学林出版社 1999 年版。

18.[英]佩里·安德森著,郭方等译:《从古代到封建主义的过渡》,上海人民出版社 2016 年版。

19. 马克思:《〈政治经济学批判〉序言》,《马克思恩格斯选集》第 2 卷,人民出版社 2012 年版。

20. 恩格斯:《家庭、私有制和国家的起源》,《马克思恩格斯选集》第4卷,人民出版社2012年版。

21. 列宁:《论国家》,《列宁选集》第4卷,人民出版社2012年版。

22. 斯大林:《论辩证唯物主义和历史唯物主义》下卷,《斯大林文选》,人民出版社2012年版。

23.[美]威廉·威斯特曼著,邢颖译:《古希腊罗马奴隶制》,大象出版社2011年版。

【思考与讨论】

1. 奴隶制社会普遍说是怎样提出来的?
2. 试述国内外学术界关于奴隶制社会的讨论。
3. 结合中外学术界的相关讨论,谈谈你对五种生产方式理论体系的认识。

第十五章　宗教的产生与发展

宗教作为一种历史现象，一种意识形态，在人类历史上产生过重大影响，是世界历史的重要组成部分。宗教是怎样产生的？宗教在历史上经历了哪些发展阶段？每个阶段的特点如何？世界三大宗教是如何发展演变从而成为世界性宗教的？搞清这些问题对于学好世界史是十分必要、大有裨益的。

第一节　宗教的产生

恩格斯在《反杜林论》中指出："一切宗教都不过是支配着人们日常生活的外部力量在人们头脑中的幻想的反映，在这种反映中，人间的力量采取了超人间的力量的形式。"①这个论断是恩格斯在总结近代西方宗教学的优秀成果的基础上提出来的，是马克思主义关于宗教的经典性定义。通俗地说，宗教是人们意识中对于统治着他们的自然力量和社会力量的一种歪曲、虚幻的反映，是把人间的力量幻想为上帝、神祇等超人间力量的实体而加以信仰和崇拜。宗教相对于其他社会现象，有自身特有而又为历史上各种宗教所共有的最基本的东西，这就是宗教的基本要素。这些要素可以分成两大部分：一是内在的要素，包括宗教观念和宗

① 《马克思恩格斯选集》第 3 卷，人民出版社 2012 年版，第 703 页。

教感情。宗教观念是指宗教意识在认识上的表现，是宗教意识的理智化，具体表现为灵魂观念、神灵观念等。宗教感情是宗教意识在情绪上的表现，是宗教意识的情感化，具体表现为敬畏感、依赖感、神秘感等。二是外在的要素，包括宗教的行为和活动、宗教的组织和制度。宗教行为是宗教观念通过身体动作和语言形式的外在体现，表现为禁忌和戒律、宗教礼仪等。宗教礼仪规定信徒在什么时间、什么情况下应该说什么、做什么以及怎样说、怎样做。例如，天主教和东正教有七项圣礼：洗礼、圣餐礼、坚振礼、告解礼、授职礼、婚配礼、终傅礼。伊斯兰教则有所谓“五功”。宗教作为一种社会实体，有自己相对固定的组织机构和制度。比如，天主教实行教阶制，新教实行主教制、长老制和公理制。一个比较完整的成型的宗教，便是上述内外四种因素的综合。

关于宗教的产生，19 世纪下半叶起，由于达尔文生物进化论的问世，传统的宗教神启论得到破除，许多学者提出了各式各样的宗教起源理论。自然神话论是近代宗教学关于宗教起源问题的第一种学说，由德国学者提出。这一学说认为，宗教的来源及其最早的形式为自然神话，神话和宗教中的神，都是自然物的人格化，尤其是较大星辰的人格化，而有些神则是某些自然力和自然现象（如狂风暴雨、雷霆闪电）的人格化。1871 年，英国人类学家、宗教学家泰勒在《原始文化》一书中创立了宗教起源的万物有灵论。泰勒认为，原始人出于对睡眠、做梦、出神、死亡等生理和心理现象的观察与猜测产生了灵魂观念，然后把灵魂观念应用于万物，产生了万物有灵论；应用于死去的祖先，产生了祖先崇拜；应用于非生命的自然物，产生了自然神和自然崇拜。在此基础之上出现了多神教、一神教。由此，泰勒得出结论：万物有灵论是一切宗教的源头。第三种学说是图腾论。弗洛伊德认为，图腾崇拜不仅是一切宗教的起源，而且是一切文化、道德和社会组织的起源。另外，还有实物崇拜说、祖灵论、前万物有灵论等。上述各种宗教起源论，大体上都是学者根据自己所了解和掌握的宗教学、人类学、民族学的资料总结出来的，每当有新的发现，就出现新的宗教起源论。因此，尽管有各种宗教起源论，但没有任何一种学说能得到学术界的公认。西方学者由此得出结论：关于宗教起源的研究是一种得不到科学结论的“伪科学”，宗教学应完全放弃此类性质的研究。这就造成了宗教起源研究的衰落。我们认为，上述宗教起源论虽然各有缺陷，但它们都从不同侧面总结了有关事实，通过这些学说，我们对宗教起源的认识越来越清楚、越来越全面。

宗教起源的原因，还是应当到社会物质生活条件中去寻找。宗教并不是与人类相伴而生的，在人类出现后的很长时间里，并没有宗教的存在。考古学资料完全可以证明这一点，例如在北京猿人遗址中就没有发现宗教观念的痕迹。造成这种状况的原因在于当时人类社会的生产力过于低下，生产活动极端简单，生产范围极端狭窄，人们还不能认识周围的许多自然现象对于人类的生活价值，对它们没有抱什么期望。到氏族社会阶段，人们的生产范围有所扩大，经过无数次的生产实践，人类的抽象思维能力有了提高，逐步认识了许多自然现象与人们经济生活的联系，从而对自然现象抱有某种希求，产生了利用自然、控制自然的欲望。在此基础上，自然现象才逐渐被神化。由此可见，宗教是原始社会发展到一定阶段的产物。

第二节　宗教的发展阶段及其特点

宗教在产生后随着人类社会的演进而发展变化。恩格斯具体说明了宗教发展的历史进程和宗教在不同历史阶段所展现出的历史形态。他在全部著作中共提出了三种不同的说法：第一种，宗教经历了从“自发宗教”到“人为宗教”的发展。这是恩格斯在《布鲁诺·鲍威尔和早期基督教》中提出的。宗教的这种发展是人类历史从原始社会向阶级社会发展在宗教上的反映。第二种，宗教经历了从“部落宗教”到“民族宗教”再到“世界宗教”的发展。“部落宗教”存在于氏族时代，也被称为“氏族宗教”。“民族宗教”存在的社会实际上是民族集团所组成的早期国家，当时的民族宗教实际上是维护民族国家的上层建筑，所以“民族宗教”又可称为“国家宗教”。至于“世界宗教”，则是“世界帝国”的产物。第三种，由于对神的信仰是宗教的核心，恩格斯又根据神灵观念的演变把宗教的历史发展划分为“自然宗教”“多神教”“一神教”几个阶段。以上三种分类是从不同角度对宗教发展进程所做的历史性说明，彼此间有着紧密的联系。原始时代的自发宗教在其社会内容上，总的说来是氏族制社会的反映，一般属于部落宗教或氏族宗教类型。在信仰和崇拜对象上，恩格斯认为最初是对自然力的崇拜，属于自然宗教类型，但随着自然力的人格化，神灵观念也形成并发展起来，从自然宗教演进为多神教类型。人为宗教包括民族宗教和世界性宗教阶段(见图 1)。民族宗教既有多神的，也有一神的。埃及、巴比伦、中国、印度等古代国家的宗教属于多神教一类，而犹太教作为一种国家宗教，却是典型的一神教。世界宗教也并不一定都是一神教。基督教和伊斯兰是典型的一神教，而佛教比较复杂，不同教派有不同的情况。大体上，大乘佛教信奉神格化的真如佛性和三世诸佛，可以视为具有泛神论性质的多神教。

宗教历史形态分类
- 自发宗教——部落或氏族宗教
  - 自然宗教
  - 多神教
- 人为宗教
  - 民族宗教或国家宗教
    - 多神教(古代奴隶制时代各个国家的宗教)
    - 一神教(犹太教)
  - 世界宗教
    - 多神教(大乘佛教)
    - 一神教(基督教、伊斯兰教)

图 1　宗教历史形态分类

自发宗教也就是部落或氏族宗教，也被称为原始宗教。表现为自然崇拜、动植物崇拜、祖先崇拜、图腾崇拜等形式，其中图腾崇拜是自然崇拜、动植物崇拜和祖先崇拜结合在一起的一种宗教形式。原始宗教虽然表现形式各异，但有一些共同的基本特点。第一，自发性。这些崇拜并不是某个个人或某个集团为了某种目的而有计划地创造的，而是氏族全体成员在与大自然做斗争的共同生产劳动中形成的，是集体思维的产物，没有任何欺骗和编造的成分。第二，氏族性。原始宗教都是以血缘关系为纽带的整个氏族的崇拜，而不是个别人的崇拜。不仅敌对氏族之间的保护神是敌对的，就是友好氏族间的保护神也都是各自保佑自己的氏族，具有孤立性和排他性。第三，地域性。地理环境对原始宗教的内容和形式都有很大影响。从崇拜对象来说，河海渔业氏族以龙神、海神为主要崇拜对象，山林狩猎氏族以山神、兽神为崇拜对象，而草原游牧氏族则以天神、畜神为崇拜对象。第四，功利性。一般说来，原始宗教的根本目的是满足现实生活的需要，而不是像后来的人为宗教那样为了死后升天堂或成仙成佛。例如，自然崇拜的主要目的是获得丰富的生活资料，祖先崇拜主要是了为祈求祖灵给子孙带来幸福。可见，原始宗教的目的是为人而非为神，为现实而非为来世，具有很大的功利性。这些特点的形成，归根到底是由原始时代的氏族制度和社会经济条件所决定的。

随着氏族制度的解体，自发宗教日益衰微，代之而起的是以私有制和阶级社会为依托的人为宗教。人为宗教是相对于自发宗教而言的。它不像原始宗教那样是在全体氏族成员间自发形成的，而是多少借助有意识的人为力量发展起来的。当然这并不排除其中有某些自发的成分。人为宗教的初级阶段即为早期奴隶制国家的国家宗教。原始社会末期，各氏族、各部落间进行了激烈的斗争。有些部落被消灭，它们崇拜的氏族神也随之消失；有的部落强大起来，它们崇拜的氏族神的权威也随之扩大，被征服的部落也被迫供奉崇拜它。各氏族、部落相互斗争的结果是产生了为数众多的奴隶制小国。这些各自独立的小国，一般都有自己的保护神，这些保护神大多是由胜利部落的氏族神转化而来的。小国林立的局面并不长久，互相间的争霸吞并导致统一奴隶制国家的出现。在这一过程中，被灭亡小国的保护神日益退出历史舞台，群神割据的局面被统一的至上神取代。到此为止，宗教的发展走完了由氏族神到分散的国家守护神再到统一的至上神的历程。古代埃及、古代两河流域、古代印度的宗教史可以具体说明这一历程。例如，古代埃及在统一王国建立之前，各州崇奉的保护神多为动物形象，牛、羊、狮、虎、鳄鱼、兔……曾分别被各州奉为神圣。上下埃及统一后，当某个州成为统一王国的政治中心（首都）的时候，那里的地方神也就相应地升格为全国的最高神。在古王国初期及以前，鹰神荷鲁斯是王权的主要保护神；但在第五王朝以后，对太阳神拉的崇拜发展起来；中王国以后则主要崇拜阿蒙神。与此同时，仍容许多地区崇奉自己的地方神。

古代世界各国的国家宗教有以下几个方面的共同特点：第一，宗教是为维护王权服务的。国家崇奉的主要神灵与统治国家的君主被宗教肯定有极为密切的关系，或者认为王权来自神授，或者认为他们之间有血缘亲属关系。第二，出现了专门从事宗教事务的神职人员。他们作为神与人的中介人的身份出现在社会上，普通人的神权进一步被剥夺。第三，阶级社会的国家宗教虽然具有明确的阶级属性，成为维护统治阶级利益的工具，但作为国家体制的一部分，它把信仰作为全体民众的强制性义务，人民没有任何个人选择的余地。因此，国家宗教具有民族宗教的特征。

随着生产力的提高和各地区、各国家间经济、政治、文化等方面联系的加强，形成了一些世界性的奴隶制帝国。在这一过程中，阶级社会初期的民族宗教和国家宗教有了沟通和交流的机会，并且通过沟通和交流，有些宗教被淘汰了，有些则扩大了影响，逐步发展为世界性宗教。佛教、基督教和伊斯兰教是影响至今的世界三大宗教。世界性宗教的出现是宗教发展史上的一个新阶段。它具有不同于自发宗教和国家宗教的一些基本特点。第一，自发宗教和国家宗教都具有地域的局限性和种族的狭隘性，不同氏族和不同国家崇奉的对象主要是本氏族和本国家的保护神，彼此存在差别，而且往往互相排斥。世界宗教超越了血缘和国家的界限，在不同种族、不同国度里找到了自己的信徒。佛教的佛、基督教的上帝和伊斯兰教的真主已不再是某一种族和国家所专有的崇拜对象，而且具有了超种族、超国家的普世性。第二，自发宗教和国家宗教是“祖传宗教”，世界宗教为“创建宗教”。原始宗教的产生完全是自发的，是原始社会漫长历史发展的产物，其创始人绝不是某个有名有姓的人，而是全体氏族成员。国家宗教虽然在其开始阶段已具有“人为”的特点，但本质上是传统原始宗教的国家化，是历史传统的延续。这种自发宗教人为化、原始宗教国家化的过程，是伴随着部落联盟国家化的进程同步发展的，往往也有一个漫长的过程。在某个氏族和国家中，任何人从出生之日起就不得不接受传统的宗教信仰，不是出于个人的信念和独立的选择，而多是迫于传统的压力。世界性宗教的产生不是传统宗教的复制，而是对它的改革，在基本教义上有反传统信仰的特征。它们是某一或某些特殊的个人按照自己的宗教信念创建的新型宗教。这种新宗教在其开始阶段都是通过创建人的传教活动来争取人们的信仰，最初的信徒们基本上是出于个人的选择而接受它的。第三，宗教组织的不同。自发宗教和国家宗教的信仰者是氏族公社的所有成员和国家管辖下的全体民众，因此，社会的体制直接就是宗教的体制，社会的组织直接就是宗教的组织，氏族长老、国家君王往往就是主持宗教仪式活动的祭司长，在社会的组织结构之外没有也不需要有独立的教会组织。世界宗教最初都是教主个人创建的宗教，其信奉者是一个一个地皈依入教的，因此必然是社会的少数，而且独立于传统的信仰体制之外。他们在新信仰的基础上建立了自己的教会组织，例如，早期佛教徒建立了“僧伽”组织，早期基督教建立了教会，穆罕默德的信徒则组织了严密的穆斯林公社。独立的宗教组织的出现，加强了宗教领袖对全体信徒的控制力，大大加强了宗教的社会作用。当然，世界宗教的这三大特点是相对的，具有历史的阶段性，主要存在于它们创建的初期。随着地位的变化，这些特性也发生变化，甚至趋于消失。

第三节　世界三大宗教

佛教是最早兴起的世界性宗教。它产生于公元前 6 世纪末、前 5 世纪初的印度。其创始人乔达摩·悉达多被尊称为“释迦牟尼”或“佛陀”。原始佛教是无神论的，佛陀从未以神自居，他活着的时候，弟子们也从未以神待之。他只是一个到处游行说教的游方僧，目的在于对抗婆罗门教。但是佛陀死后，随着时间的流逝，他渐渐被神格化了。原因是多方面的，佛陀的涅槃境界本来就是一种超自然的神秘境界，在僧院的修行生活中，这种神秘性日益被强调和夸大。佛陀作为第一个达到涅槃境界的佛，当然也就成了超自然的神圣存在。另外，为了传教，需要向听众夸大佛陀的功德和品格，于是便编造出大量关于他的神话故事。历史上的乔达摩·悉达多就这样变成了一个神话人物，最后变成了真正的神。

佛教的教义适合奴隶主阶级的需要，从开始就得到摩揭陀等国君主的支持，瓶沙王、阿阇世都成了佛教的信徒。印度社会的各阶层纷纷加入佛教。这种状况造成了佛教的分化。古代印度没有纸,佛陀传教只是口头宣传,不立文字。佛陀死后不久,大弟子迦叶为防止分歧,曾在王舍城召集了有 500 名佛教徒参加的会议,各自根据回忆把佛陀的言论整理汇总,形成了最早的佛教经典和戒律。佛教史把这次集会称为"第一次结集"。相传在会议期间,另一批佛教徒也召集了有 500 名佛教徒参加的会议,整理佛陀的言论。这反映了佛教的早期分化。佛陀死后一百多年,教团内部在戒律等问题上的分化更趋明朗化。佛教僧众在毗舍离城开会,就所争论的问题展开辩论,即佛教史上的"第二次结集"。公元前 3 世纪,摩揭陀国孔雀王朝强大起来,建立了统一的奴隶制国家。阿育王在武力征服后,利用佛教来进行统治。他皈依佛教,大兴佛法。他主要关心的是用佛教来统一印度的精神和文化。为此,他力图使国家官吏变成宗教导师,把忠实于佛法作为官吏的标准,使各地佛教寺院成为负责地区教育和社会事业的中心。这样,佛法不再仅仅是个人解脱之道,而是有了社会的、政治的、文化的内容。本来是出世主义的佛教变成了入世主义的救世福音。他在华氏城召开了有 1000 名佛徒参加的大会,编辑三藏经典,史称"第三次结集"。他派遣佛教传教师到邻近各国,甚至远及北非和东欧。由于阿育王的努力和孔雀王朝的国威,佛教不仅成为国教,而且越出国界,第一次走向世界。

1 世纪,贵霜帝国的统治者迦腻色迦像阿育王一样,特别提倡佛教。他召集了佛教的"第四次结集",对三藏进行注释。由于社会转型、阶级关系复杂、各种宗教思潮相互影响,佛教在这一时期分裂为大乘佛教和小乘佛教。贵霜帝国及其以后,佛教的发展和传播出现了一个有趣的现象:一方面,佛教再一次从印度走向世界,大乘佛教从中亚越过葱岭进入中国,再进而传到朝鲜和日本;小乘佛教向南传入斯里兰卡,再传入东南亚诸国。佛教成为名副其实的世界宗教。另一方面,在印度本土,佛教面临印度教的激烈竞争。10 世纪后,印度教取得优势。到 13 世纪初,佛教在印度几近溃灭。

佛教在两汉之际传入中国,隋唐时期是佛教在中国的鼎盛时代。随着与中国文化的交融汇合,在中国出现了各种佛教宗派,其中影响较大的有天台宗、法相宗、华严宗、禅宗和净土宗。

基督教是世界上信徒最多的第一大宗教，它最初是作为犹太教的一个支派出现的。它继承了犹太教的一神论和救世主观念以及创世神话等，同时又接受犹太教的《圣经》而称之为《旧约全书》。但与犹太教又有很大不同。首先，基督教除了信奉耶和华为宇宙的唯一真神外，还信奉耶稣为救世主，是上帝之子，为了拯救人类降临人间。最大的区别在于基督教打破了犹太教只有犹太人是上帝选民的狭隘性，主张不分民族，不分阶级，只要信奉耶稣，遵守教义，都可以成为教徒，得到上帝的拯救与赐福。

基督教从1世纪中叶产生到392年，被学术界称为"原始基督教"或"早期基督教"。原始基督教具有革命性，因此遭到罗马当局不断镇压。但是在当时社会陷入危机，人们普遍意志消沉、出现信仰危机的状况下，基督教得到广泛传播，到3世纪后期，罗马帝国境内已有1800多个教堂。社会中上层加入基督教，导致该教本身发生一些变化。首先是产生了专门的神职人员，形成主教、长老、执事三级教职制，并由有产者把持。其次是教义发生了一些变化。到2世纪中叶，《新约全书》基本定型。它主张服从罗马皇帝的统治，承认奴隶制的合理性，宣扬无原则的忍耐和超阶级的爱。基督教逐渐蜕变为统治阶级的工具，罗马统治者对基督教的态度也由镇压转为利用。到392年，皇帝提奥多西一世颁布法律，禁止其他一切宗教活动，定基督教为国教。

罗马帝国在社会各方面的差异，反映到意识形态领域，就是基督教逐渐形成东、西两大派。西部教会以罗马为中心，东部教会以君士坦丁堡为中心。在以后几个世纪里，东、西两派为争夺地位、争夺权威、争夺地盘，长时间内钩心斗角。1054年，基督教会正式分裂，东部教会以"正宗"自居，称为"正教"，我国一般称"东正教"；西部教会以"普世性"自许，自称"公教"，我国一般称"天主教"。东正教会实行主教制，它在历史发展的过程中从未形成独立的政治力量，长期依附于政权。在拜占廷帝国时期，东正教是帝国的国教，一切听命于皇帝。1453年拜占廷帝国灭亡后，东正教的中心转移到俄罗斯。16世纪，莫斯科正教会独立，成为使用古斯拉夫语的俄罗斯正教会，受沙皇控制，并成为国教。18世纪后，东欧一些国家的正教会亦先后摆脱君士坦丁堡牧首的管辖而独立。目前，独立自主的东正教会有君士坦丁堡、俄罗斯、亚历山大里亚、安提阿、耶路撒冷、格鲁吉亚、塞尔维亚、罗马尼亚、保加利亚、塞浦路斯、希腊、阿尔巴尼亚、波兰、捷克、美国等 15 个正教会。

与东正教会不同，中世纪的天主教会控制了西欧的政治、经济和文化，成为封建神权统治的巨大国际中心。这种局面的形成经历了漫长的过程。5 世纪后，西罗马帝国多次遭到蛮族入侵，政局混乱。罗马主教利奥一世(440～461 年)乘机要求皇帝授予特权，并自封为教会领袖，从而控制了西罗马帝国的教会，由此奠定了教皇制的基础。476 年，西罗马帝国灭亡后，日耳曼国家中最强大的法兰克王国的国王克洛维于 496 年皈依基督教，并拉拢收买当时西方世界唯一的知识阶层——教士，教会乘机拥有了大量土地。随着法兰克王国的武力扩张，基督教传播到西欧的广大地区。8 世纪中叶，法兰克国王矮子丕平为报答教皇支持，将拉文那到罗马的大片土地赠予教皇，标志着教皇国的建立。为了使教皇国的存在更具有合法性，罗马教皇又伪造了文件《君士坦丁的赠礼》。800 年，查理曼称帝，教皇利奥三世为他加冕。由此发端的帝王由教皇加冕的仪式，是“君权神授”说的具体象征。加洛林帝国分裂后，罗马教皇失去了强大的政治支柱，此后西欧又遭到诺曼人和阿拉伯人的入侵。在长达两个世纪的混乱中，教皇地位下降，教会的世俗化严重。在这种形势下，产生于 3～4 世纪的修道院制度具有很大吸引力，本尼狄克特修道院的规章制度盛行起来。10 世纪，在克吕尼修道院的影响下，形成了旨在振兴教会、提高教皇地位的克吕尼运动。1073 年，克吕尼派高级教士希尔德布兰德当选为教皇，是为格里高利七世。他于 1075 年颁布的《教皇敕令》是教皇建立世界统治的纲领性文件。11 世纪下半叶至 12 世纪初，以格里高利七世为代表的罗马教皇与神圣罗马帝国皇帝进行了长期的主教授职权之争。通过 1122 年的《沃姆斯宗教协定》，皇帝对主教的控制权被削弱了。1198～1216 年英诺森三世在位期间，教皇的权势达到极盛。他发动了第四次十字军东征，试图建立对世界的神权统治。在天主教会的高压下，10 世纪末西欧兴起了异端运动，并于 12 世纪末 13 世纪初达到高潮。著名的异端派别是法国的阿尔比派和意大利北部的“信徒兄弟会”。

随着西欧各国王权的加强和民族国家的日益兴起，天主教会的势力走向衰落。1308～1378年的阿维农之囚是转折点。1378年，教廷迁回罗马后，由于亲法派和亲意派之间的矛盾，出现两教皇并立的局面。1409年后甚至出现三个教皇鼎立的局面，直到1417年选出教皇马丁五世后，长达40年的“天主教会大分裂”才结束，但是天主教会的世俗权威大大下降了。

在这一过程中，欧洲兴起了宗教改革运动。14世纪，英国的约翰·威克里夫最早提出宗教改革的主张。15世纪初，捷克的约翰·胡斯也提出类似的观点。1517年，德国神学教授马丁·路德发表《九十五条论纲》，揭开了欧洲大规模宗教改革的序幕。宗教改革运动中产生的基督教新教派，学术界习称为“新教”，包括七个主要宗派：路德宗、加尔文宗、安立甘宗、公理宗、浸理宗、贵格宗、卫斯理宗。

可见，基督教并非一个统一的整体，它包括天主教、东正教和新教三大支派。基督教可以说是1世纪中期产生的以信仰耶稣基督为核心的各教派的总称，有绝大多数教派所共同承认和实行的教义、教规、组织制度。教义的基本信条有四：第一，信三位一体的上帝。上帝有圣父、圣子、圣灵三个位格，其中圣父在天，圣子为耶稣基督，圣灵是上帝与世人的中介，给人以启迪。这三个位格并非三个独立的神，而是同一个本体，属于一个上帝的三个部分。第二，信原祖原罪。第三，信基督救赎。第四，信灵魂不灭和世界末日。教规是十诫，其内容是：除上帝外，不拜别的神；不许制造和敬拜偶像（天主教无此条，另增一条为“勿贪他人妻”）；不许妄称耶和华的名；当守安息日为圣日；须孝敬父母；不许杀人；不许奸淫；不许偷盗；不许作假见证陷害人；不许贪恋他人财物。基督教的组织为教会，是制定与解释教义、执行教规、管理信徒和传教的机构。其组织制度大体有四种：教皇制、主教制、长老制和公理制。

基督教的传播和发展大致可分为三个阶段：第一阶段是从犹太教内的小宗派发展为打破民族藩篱的罗马帝国的世界性宗教的阶段，与此相应的是超越民族界限的罗马奴隶制帝国的建立。第二阶段是从地中海沿岸的古代文明世界的宗教发展为整个欧洲地区所有后起民族共有宗教的阶段，与此相应的是在罗马帝国废墟上形成的各蛮族国家的封建化。第三阶段是从欧洲、北非和西亚部分地区的宗教发展成为遍布于各大洲的世界第一大宗教的阶段，与此相应的是资本主义的兴起及其在全世界的扩张。基督教最早在唐初传入中国，当时称为“大秦景教”，简称“大秦教”或“景教”。16 世纪以后，随着欧洲殖民者的扩张，传教士纷至沓来，基督教在中国广为传播。解放前夕，中国有天主教徒 200 万人左右、新教徒 100 万人左右。

伊斯兰教又称“回教”、“天方教”或“清真教”，是继佛教、基督教之后又一个世界性宗教。它产生于公元 7 世纪初的阿拉伯半岛。创始人穆罕默德于 610 年公开传教。622 年“徙志”后，穆罕默德在麦地那建立了政教合一的穆斯林公社，是为阿拉伯统一国家的雏形。630 年征服麦加后，由于麦加固有的商业和宗教地位，伊斯兰教在阿拉伯半岛迅速传播。到 632 年穆罕默德逝世时，阿拉伯半岛已在伊斯兰教的旗帜下基本实现统一，政教合一的国家初步形成。此后，随着阿拉伯国家的对外扩张，伊斯兰教开始向半岛以外传播，成为世界性宗教。这一过程可以分为四个阶段：四大哈里发时期、倭马亚王朝时期、阿拔斯王朝时期和奥斯曼土耳其帝国时期。到 8 世纪中期，地跨亚、非、欧的阿拉伯帝国形成。在被征服地区，阿拉伯统治者强制推行伊斯兰教，谁不信仰伊斯兰教，谁就要交纳很重的人头税。伊斯兰教传播到了帝国的各个角落。阿拔斯王朝时期是伊斯兰文化史上的黄金时代，在商业和文化交流中，伊斯兰教进一步传播。1453 年，奥斯曼土耳其人攻陷君士坦丁堡后，伊斯兰教在东南欧广为传播。与此同时，伊斯兰势力从西南欧被清除，到 15 世纪末，伊比利亚半岛的居民大都恢复了基督教信仰。伊斯兰教向亚洲东南部的扩张主要是通过商业活动进行的。

史学界一般把 651 年大食首次遣使入唐进贡作为伊斯兰教传入中国的一个标志。8 世纪中叶，唐肃宗借大食兵马平定安史之乱。平乱后，许多大食士兵留居中国，娶妻生子，繁衍后代。加之当时唐朝与大食等伊斯兰教国家交往频繁，有陆路和海路两条路线，从海路来的大食人、波斯人留居广州、泉州、扬州等地。这些因素使得唐朝成为伊斯兰教在中国广为传播的时期。到了宋代，信仰伊斯兰教的人不仅增多了，而且有了一定的政治势力。而元代已有“回回遍天下”之说。明朝统治者对伊斯兰教也采取怀柔政策，使伊斯兰教得到更大发展，促使回族最终形成。

伊斯兰教义是通过《古兰经》体现和固定下来的，有六条基本信仰，称“六大信仰”或“六信”。第一，信仰安拉是唯一的神，简称“信安拉”；第二，信穆罕默德是安拉的使者，简称“信使者”；第三，信《古兰经》是安拉“启示”经典，简称“信经典”；第四，信世间的一切事物均由安拉前定，简称“信前定”；第五，“信天神”，亦即天使、天仙；第六，信“末日审判”“死后复活”，简称“信末日”“信后世”。伊斯兰教的教规即所谓“五功”，包括念功、拜功、课功、斋功、朝功。

由于伊斯兰国家实行政教合一，宗教与社会上的政治斗争有着密切的联系，因此伊斯兰教内部一直存在尖锐的教派斗争。穆罕默德死后不久，伊斯兰统治集团内部因争权夺利，围绕哈里发继承人问题进行了公开的斗争，以致分裂成两个互相对立的派别——逊尼派和什叶派。这种最初的政治派别后来发展成宗教派别，斗争一直延续至今。逊尼派是伊斯兰教的正统派，人数最多，分布最广。在宗教上，该派除了尊奉《古兰经》外，还按六部“圣训集”建立自己的学说。在政治上，它承认前四大哈里发都是穆罕默德的合法继承人。倭马亚王朝时期，逊尼派拥护当权派的统治，代表了叙利亚的阿拉伯贵族利益。其后又反映了各个时期封建地主阶级当权集团的利益和愿望，获得了历代哈里发的支持，发展较快。世界上的穆斯林多为逊尼派。什叶派认为只有穆罕默德的后裔和亲属才有资格获得哈里发的职位，因而否认三个哈里发的合法性，承认并神化阿里及其后裔。该派代表了两河流域的阿拉伯人和波斯贵族的利益，同时在一定程度上反映了下层人民的利益。它时常根据政治需要来解释《古兰经》，甚至自编“圣训”。什叶派虽然是少数派，但在如伊朗、也门等国家则占统治地位。现在的什叶派主要分布在伊朗、伊拉克、也门、巴基斯坦、阿富汗、叙利亚、印度等地区。

综上所述，宗教是社会发展到一定阶段的产物，并且随着社会的发展而发展变化，经历了原始宗教、国家宗教、世界性宗教等发展阶段，在每个阶段呈现出明显的特点。

【延伸阅读】

1. 陈麟书等主编:《宗教学原理》,宗教文化出版社 2003 年版。

2. 陈钦庄等:《基督教简史》(修订版),人民出版社 2008 年版。

3. 杜继文主编:《佛教史》,江苏人民出版社 2006 年版。

4. 金宜久主编:《伊斯兰教史》,江苏人民出版社 2006 年版。

5. 吕大吉:《宗教学通论新编》(第 2 版),中国社会科学出版社 2010 年版;《哲学与宗教学研究》,中国社会科学出版社 2016 年版;吕大吉等:《马克思主义宗教理论研究》,中国社会科学出版社 2011 年版。

6. 世界宗教研究所马克思主义宗教观研究课题组编:《马克思恩格斯论宗教》,人民出版社 2010 年版。

7. 孙亦平主编:《西方宗教学名著提要》,江西人民出版社 2002 年版。

8. 唐逸主编:《基督教史》,中国社会科学出版社 1993 年版。

9. 王晓朝:《宗教学基础十五讲》,北京大学出版社 2003 年版。

10. 吾敬东:《再论一神宗教的起源》,《华东师范大学学报》(哲学社会科学版)2008 年第 3 期。

11. 徐新:《犹太教的独一神论》,《宗教学研究》2014 年第 1 期。

12. 游斌:《基督教史纲》,北京大学出版社 2010 年版。

13. 张志刚:《宗教学是什么》,北京大学出版社 2016 年版。

14. 赵敦华:《〈创世记〉四大神话的历史还原》,《北京大学学报》(哲学社会科学版)2009 年第 5 期。

15. 卓新平:《宗教思想论》,中国社会科学出版社 2020 年版。

16.[美]米尔恰·伊利亚德著,吴晓群等译:《宗教思想史》,上海社会科学院出版社 2011 年版。

【思考与讨论】

1. 试论宗教产生的原因。
2. 恩格斯是怎样划分宗教发展阶段的?
3. 如何理解宗教的本质?
4. 佛教、基督教、伊斯兰教是怎样发展为世界性宗教的?

第十六章　西方古典文化的特征及其传承

西方学术界通常将古代希腊罗马称为“古典时代”或“古典世界”，并将古代希腊罗马文化界定为古典文化。“古典”一词源于拉丁文classicus，意思是“第一流的”“最上乘的”。实际上，当罗马人在全面吸收古希腊文化时就曾赋予它以典范的含义。自文艺复兴时代以来，西方人便赋予整个古希腊罗马文化以典范的、第一流的含义了。因此，所谓的西方古典文化便是由希腊人开创并在罗马人那里得到发扬光大的一种文化传统或文化体系。它以其典范楷模和启迪之功而成为近现代西方文化发展的源泉和动力。

第一节　古典文化的特征[①]

西方古典文化首先由希腊人开创，罗马人又依据其民族特点并结合自己的创造，在有选择地广采博收与融合古希腊文化的基础上，不断灌注以新的内容，从而使之发扬光大，最终形成一种别具一格的文化传统或文化体系。当然，古希腊文化和古罗马文化也各有其不同的特征。早在奥古斯都时代，罗马著名诗人维吉尔就已经道出了两者各自的旨趣。他认为，希腊人的天才在于文化艺术领域的创造，而罗马人则在于以威

① 本节的撰写主要参照了朱龙华先生的有关论述。

力统辖天下万民，在世界“建立和平的秩序”[①]。也正如论者所言：“希腊可称为光荣，人类精神自由创造，自由思索，自由信仰之光荣；罗马可称为伟大，权力、纪律和一致之伟大。”[②]这是由各自的民族性格、历史传统、社会和自然环境等因素造成的。但是，古希腊、罗马文化作为一种一脉相传的同质的文化，在历史的长河中凝聚成了一种有其独特内涵和体系的文化传统。在此，我们对西方古典文化的特征进行大致概括。

1. 民主与法制精神

古希腊人所创设的民主政治制度是古典文化中最富魅力的文化成就之一。而雅典的民主政治则是其中的楷模。在雅典，公民民主制达到了极致。一切官职均由选举和抽签产生，权力的世袭、垄断和特权制得以废除。这种民主政治制度体现了三权分立、主权在民和政治上人人平等的原则。这是古代世界发展最充分、最完备、最典型的民主形式。民主和法制是密不可分的。民主政治必然要求健全的法制，而法制则会保证民主政治得以顺利实施。希罗多德早就体会到了其真义。他借别人之口宣传民主政治的首要优点在于“它的美好的名声，那就是，在法律面前人人平等”[③]。而伯里克利在阵亡将士葬礼上的讲演中更具体阐述了民主政治的特点。他讲道：“我们的制度是别人的模范。我们的制度之所以被称为民主政治，因为政权是在全体公民手中，而不是在少数人手中。解决公私争执的时候，每个人在法律上都是平等的；让一个人负担公职优先于他人的时候，所考虑的不是某一个特殊阶级的成员，而是他们有的真正才能。”[④]

罗马共和时代也曾实行过民主政治，虽然日后的罗马走向了帝制，但民主体制和民主思想的影响却一直贯穿其中。帝国时代，帝国范围内罗马公民权的扩大和统一以及遍及帝国境内的自治城市的繁荣，不仅使民主政治得以延续，而且还对古典传统的发展有着重大的意义。因为正如论者所言：“古典文化首先是城市的文化、公民社会的文化，只有奠基

① ［古罗马］维吉尔著，杨周翰译：《埃涅阿斯纪》，译林出版社 1997 年版，第 170 页。

② ［古希腊］桑达克主编：《西方文化史略》，（台北）华冈出版社 1986 年版，第 8 页。

③ ［古希腊］希罗多德著，王以铸译：《历史》，商务印书馆 2009 年版，第 271 页。

④ ［古希腊］修昔底德著，谢德风译：《伯罗奔尼撒战争史》，商务印书馆 1960 年版，第Ⅱ部分，第 4 页。

于这种更大范围的公民权与自治城市发展的基础上，古典文化的广延才不至于使其传统遭到削弱，反而有所加强。”①更为重要的是，由古希腊人创始的古典法律精神在罗马人那里得到了光大。虽然罗马人在法理探讨上不如希腊人，但在具体的司法实践中却不断开拓进取，并最终使罗马法成为法理精深、系统完备的体系。可以说，在法律面前人人平等的信条，在罗马人那里获得了更广泛意义上的实现。

古典文化中的民主和法制精神对后世产生了广泛而持久的影响。可以说，中世纪的市民民主和法律体系，以至近现代社会的民主和法律体系，都是在它直接或间接影响下经过发展和演变而确立起来的。

2. 科学与理性精神

从泰勒斯开始，古希腊人终于摆脱了神话思维方式而走向理性思想发展的道路，于是他们也就开始从神话王国进入到自然王国的探索旅程。正是在对宇宙和自然以及人类社会本身的无穷探究中，古希腊和罗马人初步建立了其科学体系。而现代科学体系就是在此基础上发展起来的。实际上，在泰勒斯时代，大多数希腊人仍然愚昧无知，并对科学心存蔑视。而泰勒斯也清醒地认识到，他的责任就是让科学和智慧的光芒照亮全城，把愚昧完全赶走。也正是通过古希腊科学家的努力，希腊传统的宗教信仰遭到怀疑，一种理性的思维方式才建立起来；也正是这种新的思维方式改变了人们看待问题的方法，并激发了他们无穷的创造力，使他们在许多科学领域都有所发现，有所创建。

古希腊人所发现的这种理性就是通常所谓的自主的理性。它不是依赖于任何超自然的神和外在的权威，而是依靠人的智慧和思维能力对事物的一种把握和理解。可以说，在古希腊，自主理性精神获得了充分的发展。他们在探究一切事物时都将之放到理性的审判台上加以考察。对此，古希腊哲人柏拉图在《申辩篇》中就曾讲道，苏格拉底主张凡是为一个人的理智所判断为错误的东西就不应该去想和做。古罗马人不仅继承了古希腊文化中的科学精神，并在实用科技方面取得了辉煌的成就，而且还继承了这种理性主义精神。学界所谓的罗马文化质朴务实的

---

① 朱龙华：《罗马文化与古典传统》，浙江人民出版社 1993 年版，第 229 页。

精神实际上就是一种理性主义的精神。在西塞罗的言论中，我们仍然体味到它的真义。他讲道："我们称之为人的那种动物，被赋予了远见和敏锐的智力，他复杂、敏锐、具有记忆力、充满理性和谨慎，创造他的至高无上的神给了他某种突出的地位；因为在如此众多的不同种类的生物中，他是唯一分享理性和思想的。而又有什么——我并不是说只是人心中的，而是天空和大地中的——比理性更神圣呢？而理性，当其得以完全成长并完善时，就被正确地称为智慧。"[①]即便是罗马帝国的一些皇帝也将其理想奠定在人性和理性的原则之上，如安东尼王朝的皇帝。可以说，在西方的古典时代，理性的思维方式已经成为该时代的一种占主导地位的思维方式。尤其是，这种理性的思维方式还被古希腊哲人和科学家发展成为一种严密的逻辑推理形式和初步的经验主义的科学方法，并成为后世思想家和科学家进行科学和哲学探索所必不可少的工具，而近代西方的科学和理性精神就是以之为基础发展起来的。

3. 人文主义精神

古典文化中充满着一种浓厚的人文主义精神。那么这种人文主义的特征是什么呢？西方著名的古典文化学者安·邦纳曾对此做过精彩的论述："全部希腊文明的出发点和对象是人，它从人的需要出发，它注意的是人的利益和进步，为了求得人的利益和进步，它同时既探索世界也探索人，通过一方探索另一方。"[②]邦纳的这一概括也同样适用于古典时代的罗马。或者说，它也是对整个古典时代人文主义特征的概括。

古典时代的人文主义体现在神与人之间的关系上就是所谓的"神人同形同性论"。在古希腊人看来，神只不过是人的最完美的体现而已，神与人一样也有七情六欲和喜怒哀乐，也具有诸如勇敢与懦弱、善良与残忍、宽容与嫉妒等人所具有的品格。因此，它与古代东方宗教那种把神看作不食人间烟火、威严无比、高不可攀的宗教观念是大相径庭的。古希腊人这种宗教观念意欲"用神的形象体现人的智慧与美质所能达到的最高境界"，神也只不过是人借以表现其理想的对象罢了。因此，古希

① [古罗马]西塞罗著，沈叔平、苏力译：《国家篇 法律篇》，商务印书馆 2017 年版，第 162 页。

② 转引自[美]鲍·季·格里戈里扬著，汤侠声、李昭时等译：《关于人的本质的哲学》，生活·读书·新知三联书店 1984 年版，第 29 页。

腊宗教带有一种人文主义的色彩。而古罗马不仅接受了古希腊人的神，而且也完全接受了它的这种宗教精神及其渗透其中的人文主义思想。同时，不论是在古代希腊还是在古代罗马，僧侣并没有形成一个享有特权的阶层，因此在社会公共领域和私人领域，他们也无法起到权威的主宰作用。当然，在古代希腊和罗马，人们的宗教观念也是相当浓厚的，但与古代世界其他地区相比，其宗教思想所体现出的人文主义精神却是其中一个突出特点。

西方古典时代的这种人文主义精神可以说已经渗透到了文化领域的各个方面，如政治生活领域中的民本主义，文学作品中对人的情感、人性、人的价值和尊严的大胆描绘和讴歌，艺术作品中对人体的着力刻画和赞美，古典建筑学中“维特鲁威人体”对人文主义的弘扬，等等。其中，古希腊智者学派代表人物普罗泰戈拉的名言“人是万物的尺度”，伯里克利在阵亡将士葬礼上的话“人是第一重要的，其他一切都是人的劳动成果”，索福克勒斯在《安提戈涅》中的一句台词“天下奇事虽多，却没有一件比人更奇异”，都成为古典文化中著名的人文主义的格言，而古罗马诗人泰伦斯、著名政治家和学者西塞罗等对人性的深入阐发和强调也为后人所服膺。可以说，人文主义是古典文化的一个主题。

4. 庄重典雅、优美和谐的文艺风格

对于西方古典文艺风格，18 世纪著名的艺术史家温克勒曼曾作过精彩而恰当的概括：“高贵的单纯和静穆的伟大。”朱龙华则进一步补充道：“古典风格以庄重典雅、优美和谐为重要特征，或如温克勒曼所说，那是一种高贵的单纯与静穆的壮伟，它讲求形式与内容、现实与理想、规范与自由、纯净与丰富之间的辩证统一，平衡以至最高度的和谐，这些关系的过度倾斜和破坏则是非古典的。”[①]古希腊人则是西方古典风格的创立者。当然，这种风格是在他们不断实践的基础上逐步成熟起来的，其形成的时间当在公元前 5 世纪的古典盛期，而此种风格是古希腊的人文主义、现实主义、理性主义和追求自然与人之和谐的精神在艺术领域的体现。它在雅典的神庙建筑和雕刻艺术中得到最完美的体现，而帕特农

① 朱龙华：《罗马文化与古典传统》，浙江人民出版社 1993 年版，第 403 页。

神庙则是典范之作。

古罗马人在模仿古希腊文艺方面达到了心领神会的程度。在奥古斯都时代，罗马艺术家在充分吸收希腊艺术成果(尤其是其中的新古典派)的基础上所形成的庄重肃穆的奥古斯都风格，就是在帝制的条件下对希腊古典风格的一种继承，这在奥古斯都广场与和平祭坛上得到了集中体现。而在帝国前期，古罗马艺术一方面延续了奥古斯都风格，另一方面则又糅合了希腊化派的因素，从而形成了所谓的“新帝国艺术”，这在帝国初期的建筑、艺术中都有体现。其中，最具代表性的便是众所周知的“拉奥孔群像”。自文艺复兴到18世纪的理性主义时代，它始终被崇奉古典传统的无数学者和艺术家视为体现古典艺术理想的典范之作。温克勒曼对古典艺术风格的那一高论就是以之为典型依据而做出的。不过，在20世纪50年代之前，学者们大都将这尊雕像错误地归入希腊艺术行列，但后来的考古事实表明，它恰恰是罗马帝国初期的作品，并体现了新帝国艺术的特点。这也充分说明罗马人对古典艺术精神的理解达到了炉火纯青的地步，古希腊和罗马有着一脉相传的艺术风格和艺术精神。尤其在建筑艺术方面，古罗马人还将古典传统风格加以发扬光大，从而创造了“作为世界统治者的世界建筑”。

古典文艺风格和精神有赖于合理的形式去体现和表达它，因此古典时代的文学和艺术也形成了一套行之有效的并为人们所普遍遵循的富有特色的表现形式。例如，建筑中的柱式(多利亚、爱奥尼亚和科林斯)和拱柱的组合，艺术中的人体中心(“维特鲁威人体”)和人体比例，文学中的史诗和悲剧的规格(三一律)及各种诗词格律，等等。可以说，这些形式或格式与其内容密不可分，从而使古典文艺风格独步于古代世界文学艺术之林。

古典艺术风格及其表现形式不仅成为文艺复兴时代的学者和艺术家们所追逐和模仿的对象，而且还对18～19世纪的欧洲新古典主义运动产生了极大的影响。

第二节　古典文化的传承

古罗马帝国后期，古典文化传统开始式微。随着基督教成为罗马帝国国教，教会为了在精神和文化领域获得唯我独尊的地位，便加紧了对古典文化的破坏和毁灭过程。由于古典文化被教会斥为异教之物，所以许多古典建筑和艺术品遭到破坏，大学和图书馆被关闭，古典作家的著作成为禁书。当时的一位大主教洋洋得意地宣称："古代作家的书已经在地球上销声匿迹了，西塞罗、苏格拉底和荷马（更不必说那些被基督教徒恨之入骨的数学家和天文学家）都被扔在顶楼和地窖里被忘却。"从此，古典文化也就逐渐被以神学和道统为主的基督教文化取代，并随之坠入黑暗的深渊。但是，在基督教文化占统治地位的中世纪，作为古代人类智慧之结晶的古典文化不会也不可能完全丧失。那么，它在日后的历史中是如何传承的呢？

1. 古典文化知识的存留

在西罗马帝国灭亡后的两个世纪里，虽然古典文化处于濒临灭绝的境地，但仍有少数学者在孜孜以求地挽救它。这些学者都是受古代文化教育培养的最后一代。如波埃修（480～525 年）曾将亚里士多德的一些著作翻译成为拉丁文并撰写了评注，他编写的几何、代数、音乐和逻辑著作则成为中世纪的教科书。卡西奥多勒斯（约 477～约 565 年）不仅编写了《概览》一书（其中第二卷是有关"自由七艺"的概要），而且还建立了一个收藏古希腊著作译本的图书馆。伊西多尔（约 560～636 年）编写的《词源》则是一切古代和神学知识的汇集。他们的著译作品也就成为中世纪初期学者了解古典文化的一条通道，尽管这条通道极为狭窄。

虽然基督教文化与古典文化是一种不同类型的文化，但实际上，基督教神学也没有完全割断它同古典文化的联系，基督教哲学就是在吸收古典哲学的基础上发展起来的。尤其是到 5 世纪，奥古斯丁吸收了柏拉图的哲学思想，从而促成了基督教神学和古希腊哲学的第一次大融合。因此，人们也将奥古斯丁主义称为"柏拉图—奥古斯丁主义"。整个中世纪的思想进程都受到了它的影响。

而在民族大迁徙的浪潮中仍然得以延续和发展的拜占廷帝国(即东罗马帝国),在整个中世纪时代则成为古典文化(尤其是古希腊文化)的一个堡垒。它对于古典文化的保留和传承都起了巨大的作用。同时,在拉丁基督教世界,也仍然有许多古典著作劫后余生,幸免于难。它们大都被尘封在各地的修道院或私人图书馆中。

2. 古典文化在东西方的复苏

8～10世纪,古典文化开始在东方的阿拉伯帝国和西方的加洛林王朝同时复苏。查理大帝在位时采取了一系列措施,力图实现教育和文化的复兴。为此,他延聘欧洲各地著名学者加入这一行动,并多次颁布诏令,要求全国各教区和修道院设立学校。同时,与之相关联的书籍抄写和图书馆也随之兴起,一批拉丁古典书籍得到抢救和复制,如西塞罗、恺撒、维吉尔、塔西佗、李维、卢克莱修、贺拉斯、奥维德等古典作家的著作。我们今天看到的大部分拉丁古典作家的典籍都是依据这一时期的复制本印制而来的。也正是在抄写、复制古典拉丁著作的过程中,修道士与古典文化建立起了某种联系,有些教士甚至因迷恋于古典拉丁作家的著作而不能自拔。加洛林文艺复兴虽然并没有出现令人赞叹的学术创新,但它对于古典拉丁文化的传承却起了不可低估的作用。不过,随着维京人的南下,这一复兴运动也告中断。

如果说,加洛林王朝在拉丁基督教世界主要致力于拉丁古典文化的复苏,那么阿拉伯帝国则着重致力于古典希腊文化的学习和研究。在750～850年的100年间,阿拉伯人掀起了规模宏大的翻译运动,史称“百年翻译运动”。这是阿拉伯帝国全盛时代大规模文化建设活动的组成部分之一。在这次翻译运动中,阿拉伯人不仅翻译了大量古代波斯和印度的典籍,而且还翻译了大量古希腊人的著作。众所周知,在希腊化时代,希腊人曾将希腊文化的种子播撒于西亚、北非的广大地区。直到阿拉伯人征服这些地区之时,许多传播希腊文化的城市仍然存在,其中著名的有波斯的军迪沙普尔、伊拉克的哈兰、叙利亚的埃德萨和安条克、埃及的亚历山大城等。在这场翻译运动中,精通希腊文化的聂斯托利派基督徒成为中坚力量。尤其是帝国的统治者成了这场翻译运动的倡导者和有力的支持者，如曼苏尔、拉希德和麦蒙。尤其是麦蒙，他本人醉心于古希腊哲学，每当苏格拉底、柏拉图、亚里士多德的著作被翻译成阿拉伯文后，他总是先睹为快。不仅如此，为了将学术研究和翻译运动纳入正轨，他还于830年在巴格达图书馆的基础上修建了著名的“智慧馆”。这是一个集图书馆、研究院和翻译中心于一体的综合学术机构。同时，麦蒙还派人到拜占廷帝国的首都君士坦丁堡等地搜求古希腊典籍。于是，从各地运来的古籍不断充实到智慧馆。这样，在麦蒙的主持下，数百名学者和翻译家进行了大规模的有组织、有计划的翻译活动，从而使“百年翻译运动”步入鼎盛阶段。在这场翻译运动中，几乎所有重要的古希腊科学家和哲学家的著作都被翻译成阿拉伯文。这不仅有力地促进了阿拉伯科学和哲学的发展，而且对古希腊文化的传承起了巨大的作用。在对古典文化的保存和传承方面，与大致同时代的“加洛林文艺复兴”的成就相比，阿拉伯人的“百年翻译运动”取得的成就更为辉煌，影响也更为深远。

3. 古典文化在西方复兴的第一次浪潮

从11世纪开始，历经劫难的拉丁西方人终于走出了“黑暗时代”，步入复兴和扩张之路。在扩张过程中，他们重新回到了充满生机与活力的地中海世界，并与阿拉伯、拜占廷帝国等展开了富有成效的文化交流活动。正是在西班牙、西西里和西亚等东西方文化交流的前哨，拉丁西方人重又接触到久违的古典希腊文化。于是，从11世纪末到13世纪末，一场历时长久、规模宏大的“翻译运动”在拉丁基督教世界如火如荼。在这次翻译运动中，通过阿拉伯文、希伯来文和希腊文而翻译成拉丁文等西方文字的古希腊典籍达200多部。而参与翻译运动的翻译家则多达90多位，其中有的在其一生中翻译作品达80余部。可以说，在这场大规模的翻译运动中，几乎所有古希腊的科学和哲学著作都被译为拉丁文等西方文字。这不仅促使了各门学科在拉丁基督教世界的迅速复兴，而且古希腊文化中的自由和理性精神也得以复活，从而导致普遍的理性在中世纪拉丁基督教世界的确立。

与此同时，罗马法复兴的浪潮也从意大利蔓延到了法国、德意志、西班牙等欧洲大陆各国，罗马式建筑艺术也在拉丁基督教世界走向兴盛。

无怪乎现代西方许多学者将12世纪称为“文艺复兴”的世纪了。可以说，这是西方世界第一次较大规模的古典文化复兴的浪潮。

4. 古典文化在西方复兴的第二次浪潮

文艺复兴时代是西方历史上的一个重大转折时期。这一时期，新兴资产阶级知识分子在复兴古典文化的旗帜下展开了对中世纪基督教会和神学的批判。于是，一股强劲的古典文化复兴的浪潮再次蔓延西方世界。

文艺复兴时代的人文主义者对古典文化的崇拜达到了无以复加的地步。他们以特殊的热情学习古希腊语，并积极投入到搜集、挖掘、整理和重新翻译古希腊原文典籍的运动中。他们在寺院和教堂图书馆里，耐心细致并满怀希望地从积满厚厚灰尘的故纸堆中寻找他们所需要的东西。结果，他们在这些被人遗忘的角落里取得了重大收获，发现了一些古典著作的珍本甚至孤本。这些珍本大都已腐朽、脱落。他们小心翼翼地修复这些“被野蛮的狱卒囚禁的文雅犯人”。不甘寂寞的美第奇家族和教皇也加入了这一行列。科西莫将巨资投入古希腊典籍的搜集之中。教皇尼古拉五世还是教士时便因购买古典书籍而破产，做了教皇后依然故我。他自己曾毫不掩饰地说：“假我以资材，当成就两桩事业，即书籍与建筑，及后为教皇，两者都付诸实施。”①直到去世时，他仍欠有债务。但是，他却将800册古希腊手稿留给了世人。许多人文主义者到希腊做学术旅行，当他们带着数以百计的古希腊典籍回到意大利时，人们就像迎接凯旋的将军一样欢迎他们。而许多人文主义者则因购买古典稿本而负债累累。1453年，当君士坦丁堡在奥斯曼土耳其人的围攻下陷落时，许多拜占廷学者带着抢救出来的古希腊手稿流亡到意大利。他们在各地教授希腊语，从而为古典文化在西方的复兴增添了活力。正是由于人文主义者的努力，古希腊典籍才得以传世。我们今天所见到的古希腊著作，大部分就是在这一时期搜集、整理出来的。

同时，拉丁古典文化也对人文主义的文化艺术风格产生了重大影响。这一时期，“人本主义史学家则把一切思想和一切叙述翻译成装扮

---

① 转引自[瑞士]雅各布·布克哈特著，何新译：《意大利文艺复兴时期的文化》，商务印书馆1979年版，第183页。

成西塞罗体的拉丁文，至少是黄金时代的拉丁文”[①]。与这种文学上的西塞罗主义相伴的则是艺术领域内维特鲁威建筑艺术的复活以及古物搜求和收藏之风的盛行。人文主义者千方百计地探寻古典艺术品，而古罗马城则成为这一运动的中心。至文艺复兴时代末期，罗马已聚集了无数的古物，其中大多是古罗马人的作品，但也有少数古希腊后期的原作。正是这些作品成为文艺复兴时代的艺术家进行创作的源泉。

中世纪盛期的文艺复兴是一次有限的古典文化的复兴。基督教徒翻译与研究的只是古希腊哲学和科学著作，而且他们是在信仰至上的前提下按照那个时代的思维方式去解读古典文化的。而文艺复兴时代的人文主义者则完全冲破了这一局限，将探寻的目光投向了古典科学、哲学、文学和艺术等各个领域。他们立足于人文主义的新视角，重新审视和解读古典文化的真义，并站在时代的高度，对之进行了新的阐释。正是在古典文化的启发下，他们奏响了响亮的“人的颂歌”，而在这片颂歌声中，中世纪的幽灵退到了黑暗的角落里。

实际上，古典文化复兴的浪潮并没有随着文艺复兴时代的结束而终结。在18世纪，启蒙运动的兴起导致了古典文化的继续复兴。在该世纪，古物搜求之风不仅有增无减，而且还从罗马扩散到了意大利和欧洲的其他城市。于是，英、法、德等国家取代罗马成为这一运动的新的中心。这些国家的人们蜂拥到威尼斯、神秘的庞贝古城和希腊本土、小亚细亚去凭吊、猎奇、探宝。尤其是在德国，一些艺术家还在理性的旗帜下掀起了一场“复古”运动，他们反对洛可可艺术的那种过分注重豪华和享受而缺乏思想的艺术风格，主张回到古典主义去，从而导致了一个新的艺术流派——新古典主义的出现。该流派曾盛行于德国与法国，并在绘画和建筑、雕刻等方面取得了重大的成就。温克尔曼便是这场运动的积极倡导者。新古典主义的艺术家注重从古典艺术中获取养分，所以每当遇到难以解决的问题时，他们便从古典文化和艺术中寻求答案。如法国的新古典主义艺术大师达维德曾谈道，他鼓励学生去创作伟大题材的诀窍是“快去翻翻普鲁塔克的书”。同时，启蒙运动思想家在高举理性的大

① [意]贝奈戴托·克罗齐著，[英]道格拉斯·安斯利英译，傅任敢译：《历史学的理论和实际》，商务印书馆2017年版，第182页。

旗对传统的基督教神学进行批判时，古典文化再次成为他们赖以获取思想素材的宝库。所以，古典文化还成为理性主义运动的导师。

19 世纪以后，伴随着考古学的出现和发展，古典文化的神秘面纱逐渐被揭开，从而促使古典文化更大规模地复现。这一世纪，考古学的篝火在意大利、希腊本土、小亚细亚等地陆续点燃，著名的罗马城、庞贝古城、雅典卫城、奥林匹亚城、克里特和迈锡尼文明等遗址纷纷被发现和挖掘出来，一些古典文物和书籍也时有发现。这种状况一直延续到 20 世纪，以至今天。这样，古典文化逐渐显露出它的全貌。同时，在西方各国，古典学也作为一门学科逐渐得以确立。

【延伸阅读】

1. 陈恒主编：《新史学：意大利文艺复兴时期的文化与社会》，大象出版社 2017 年版。

2. 侯建新：《交融与创生：西欧文明的三个来源》，《世界历史》2011 年第 4 期。

3. 吴晓群：《希腊思想与文化》，中信出版社 2021 年版。

4. 徐新编著：《西方文化史》，北京大学出版社 2002 年版。

5. 裔昭印主编：《世界文化史》（增订版），北京大学出版社 2010 年版。

6. 张广智主编：《世界文化史》（古代卷），浙江人民出版社 1999 年版。

7. 朱龙华：《罗马文化与古典传统》，浙江人民出版社 1993 年版；《罗马文化》，上海社会科学院出版社 2012 年版。

8. 赵林：《基督教与西方文化》，商务印书馆 2013 年版。

9. [英]彼得·伯克著，刘君译：《意大利文艺复兴时期的文化与社会》，东方出版社 2007 年版。

10. [美]伊迪丝·汉密尔顿著，徐齐平译：《希腊方式——通向西方文明的源流》，浙江人民出版社 1988 年版。

【思考与讨论】

1. 试析古典文化的主要特征。
2. 如何认识古典文化的现代性?
3. 举例说明古典文化的传承与发展。
4. 试论古希腊与古罗马文化的异同。
5. 简述古典文化的复兴。

第十七章　西欧封建等级制度

西欧封建等级制度(feudal hierarchy),一般指西欧封建主之间依据土地占有和人身依附关系而形成的一种等级关系。由于我们从社会形态的角度来理解封建制度,其上下限与中世纪大致相同,因此封建等级制度又称为中世纪等级制度。在这种制度下,等级的划分及其之间的关系首先以一种人身的依附关系为依托,这种人身依附关系,在西欧典型地表现为封君封臣制度。

第一节　封建等级制度的起源与发展

封君封臣制源于一种服从与保护的关系,由罗马的家丁护卫制与日耳曼的亲兵制融合发展而来。罗马帝国晚期政治混乱,许多大地主都养家丁以自卫。大地主与家丁之间结成一种主从关系,前者供应后者以衣食装备,而后者则负担前者家庭财产的护卫之责。与此同时,日耳曼人中盛行亲兵制,亲兵制中军事首领与亲兵的关系与罗马家丁护卫制具有相似的特点,这使得作为征服者的日耳曼人似乎熟悉而易于接受这种制度。于是亲兵制与家丁制渐趋合流,由此产生了一种新的制度——封臣制。起初,国王将封臣召进宫内供养,后来由于封臣人数增加,这种方式难以实行,国王遂以封赐土地代之,让封臣自养。所赐土地只能终身使用,不可世袭,称为“采邑”。查理·马特任法兰克宫相时大力推广采邑制，由此建立起以土地关系为纽带的封君封臣制。加洛林王朝统治时期，封建主纷纷割地称雄，与国王分庭抗礼，封建割据日烈，王权日衰，封君封臣制得以快速发展。作为这种发展的重要表现，除了土地采邑化外，官职和许多教职也采邑化了。

封君封臣关系的建立需要举行一定的仪式，即臣服礼和宣誓效忠礼。起初，这二者是单独进行的，直到8世纪才结合起来。仪式一般择良辰吉日举行，受封者解刃、脱帽、下跪，合掌置于封君掌中，说“阁下，我是您的人了”，以示自己的一切将听任封君的处置。然后封君也说一句话表示愿意接受他，并与之拥抱亲吻，而后还要举行宣誓效忠礼，目的是用基督教的力量巩固彼此的关系。这时，封臣站立，将手放在《圣经》或圣徒的遗物上宣誓，表示要忠于封君，爱其所爱，恶其所恶，鞠躬尽瘁，矢志不渝。这样，封君封臣关系就算结成了。

君臣关系结成后，双方互有义务。11世纪的封建法学家把封臣对封君的义务归为三项：一是“效忠”。即从消极方面讲，封臣不得做危害封君之事，包括不得损伤封君的肢体，不得泄露他的秘密或出卖他的城堡以致危害他的安全，不得在司法审判或其他与封君名誉有关的事件中伤害封君，不得损害他的财产，不得给封君制造麻烦等。[①] 二是“帮助”。其中最重要的是奉召为封君服军役，它是封君封臣关系的核心。封臣要自备战马武器、顶盔贯甲为封君作战、守城、管理庄园或护封君出巡，大封建主还要带定额骑士共往。服役期限一般为每年40天，倘若超期，他们可自动回家。然战事未了，封君若要封臣继续服役，必须负担臣子所需费用，且支付报酬。另外，封臣还须在封君危难之际提供金钱支持，如负担封君被俘时的赎金。这项负担最初由封臣自愿缴纳，后来发展成为一种强制性赋税。另外，在封君长子成年晋封为骑士、长女出嫁时也须提供资助，这些费用统称为“协助金”。三是“劝告”。封臣应出席封君法庭，为封君出谋划策。封君对封臣也有义务，封君不得对封臣的生命财产造成威胁，还要在封臣受到攻击时出兵相救。更重要的是封君要维持封臣的生活供应，这或为封臣提供食宿；或赐予采邑，使其自养。后者后

---

① James, H. R, *Readings in European History*, Volume I, Boston, 1994, p. 184.

来渐成主导形式。

上述仅仅是封建君臣关系,或者说是封建等级的一个环节,封君封臣关系的实际表现则要复杂得多。一个人往往兼封君与封臣于一身,同时既有若干个封君,也有更多的封臣,“这就给这种表面似乎和谐一致的关系增加了很多混乱”[①]。如在一臣多君的情况下,若两位封君不和,问题就出现了:他应该支持哪位封君?后来演变的结果是,在众君中选择一位主君,再后来一个封臣又不止一位主君了。总之,封君封臣关系在实践中表现异常复杂,所以恩格斯说它“造成了一团乱麻般的权利和义务”[②]。

这种复杂的封君封臣关系是由西欧独特的土地占有关系决定的,即封土制。封土即转化为世袭领地的采邑。早在查理·马特时期,已有采邑世袭的现象存在。后来,这种情况越来越多。877年,秃头查理颁布《克尔西敕令》,正式承认采邑世袭。此后,“采邑”一词渐渐不用,而以封土代之。到封建社会盛期,封土制与封君封臣制紧密地在一起。封土的封受仪式也紧跟在行臣服礼和宣誓效忠礼后立即进行,一般是封君以小树枝、权杖、一块草皮等作为封土的象征赐予封臣。这样,封君封臣关系就不仅仅表现为一种忠诚与否的关系,而是有了深刻的经济内涵。例如,1167年,在香槟伯爵亨利一世授予巴托洛缪主教封土的仪式上,路易斯伯爵说:“为了那块封土,主教已经许诺并约定为亨利伯爵提供一个骑士,为他评判、服役。”而封臣向封君宣誓时更是少不了诸如“我向某某效忠是因为我接受了他所赐予的封土”[③]之类的言辞。

一块土地经过分封成为封土。封君与封臣对之都有相应的权利。封君有扣押权、收回权、监护权、转封权等,封臣则有占有权和使用权。随着封土继承制的深入与普及,到12世纪,封臣还可以自由买卖、转移封土。而封土经过多次封受之后,其上就层层叠叠凝固了多层的权利和义务。这一方面使得土地所有权问题变得模糊不清,封君与封臣之间成为一种个人之间互相制约、互相依赖的关系;另一方面又使封土呈现出

① 马克垚:《西欧封建经济形态研究》,人民出版社2020年版,第101页。

② 《马克思恩格斯全集》第21卷,人民出版社1965年版,第453页。

③ H. R. James, *Readings in European History*, Volume I, Boston, pp. 176-183.

一种等级性，所以我们往往称西欧封建土地所有制为等级所有制。西欧封建等级制度，就是依据这种等级所有制以及以之为基础的封君封臣制而建立的。

第二节　封建等级制度的表现形态

在这种等级所有制的基础上，大小封建主依据封君封臣关系形成了不同的等级，有不同的贵族头衔。如约1220年编成的德国文件《萨克森之镜》，把封建等级划为七等：第一等是国王；第二等是直属国王的教会大贵族；第三等是直属国王的世俗大贵族；……第七等是骑士。[①] 但这种划分在西欧并不具普遍性，较为普遍的是自贵族以下公、侯、伯、子、男诸爵的划分。

公爵(duke)，地位仅次于国王或亲王，是最高等级的贵族。他们人数不多，却财富充足，势力强大。公爵封号最初是被授予那些部落首领的，他们原是一方之王，即便臣服也保持着相当大的自治权。公爵领地后来逐渐发展成为独立的大公国，如士瓦本、法兰克尼亚、勃艮第等。

侯爵(marquis)，指那些管理和控制几个郡的贵族，往往来自世家大族，地位仅次于公爵。他们一般是边防长官、封疆大吏。后来，一些公爵扩张势力，侯爵多被吞并，而一些伯爵则自称为侯爵以抬高自己的地位。所以，侯爵数量较少，且仅在几个国家存在。

伯爵(count)，位在侯爵之下，原是地方豪强或公爵的代理人。他们人数较多，且由于直接控制封土，发展很快，并成为侯爵的竞争对手。某些伯爵势力膨胀，盛极一时，如法国的安茹伯爵、香槟伯爵等。

子爵(viscount)，仅存在于英、法两国，原指高级贵族的侍从。在法国马康奈地区，他们是伯爵的助手。子爵变动频繁，有的成为无地贵族，也有的逐步脱离领主控制，独建城堡，取得领主权。

男爵(baron)，通常依附于国王或大封建主，人数较多，有时势力

① 《中国大百科全书·外国历史》，中国大百科全书出版社1992年版，第327页。

很大。

在男爵之下还有骑士(knight)。骑士原指受过正规训练的骑兵，10世纪末和11世纪初，他们作为一个独立的阶层在欧洲出现。人数众多，以战斗为业，有的也为大贵族看门守院、拱卫城堡等。

值得注意的是，封建等级制在宗教生活中亦有鲜明的反映，即教阶制。罗马教皇处于教会金字塔之巅；其下是由红衣主教组成的枢机主教团，凡由教皇任命的大主教均受其控制；大主教任命小教区或大教堂的主教；执事和神父等低级神职人员又在其下。教阶制除在等级划分、依附关系等方面与世俗等级制相似外，还有诸多独特之处，这里不一一胪列。

以上所述是西欧封建等级制度的典型形态，这种形态是通过各国的具体表现而概括出来的。实际上，不同国家的等级划分和等级概念并不相同。例如，德国的伯爵比法国的伯爵拥有更多的行政权力，英国的男爵地位则明显高于大陆各国的男爵，而子爵仅存于英、法。另外，等级并非绝对不可逾越，随着时间的推移，各等级之间不断变动。比如，英国的伯爵14世纪以后才低于侯爵，而11世纪法国堡主势力的兴起和发展使得其他等级相对削弱。

法国是“欧洲封建主义的中心故土”①，封建等级的划分与上述典型形态最为接近。国王名义上是全法兰西封建主的最高宗主，但实际控制的土地极为有限。其下是公爵、伯爵，他们大多领地辽阔，割据一方，而在公爵领、伯爵领内，又分为许多小封建主，各自为政。在法国，封建主遵循“我的附庸的附庸，不是我的附庸”的原则。封君只有通过其封臣，才能联系到更下一级的封建主。因此，法国封建主之间的私战并不受国王的限制，他们彼此争夺，混战不休，致使法国的封建等级关系异常复杂。

德国的封建等级制度在12世纪初基本建立。公爵势力强大，他们“似乎是天生的领袖”，建立了强大的部落公国，行使“国家主权”；另外，“伯爵也在其世袭的领地内行使这种主权”。而“与之相比国王不和民

① [英]佩里·安德森著，郭方等译：《从古代到封建主义的过渡》，上海人民出版社2016年版，第114页。

意”，往往徒有其名。[①] 为了加强王权，团结直接忠诚于皇帝的封臣，12 世纪时，腓特烈一世曾进行等级改革，设立帝国直属诸侯等级和帝国骑士。但他们却趁机扩大自己的势力，致使分裂加剧，甚至在 13 世纪末形成了七大选侯选举皇帝的制度。因此，在 15 世纪末德国的封建等级中，除“七大选侯之外，还有十几个大诸侯，二百多个小诸侯，上千个独立的帝国骑士”[②]。

在英国，自诺曼征服之后，威廉一世凭借广袤的王室土地和强大军事威慑力大举分封，建立了以国王为中心的封建等级制度。他在 1086 年实施对全国土地财产的调查，获得了征调贡税、军役的依据，还进而在索尔兹伯里召开所有领主参加的宣誓大会，要求他们对国王行臣服礼，保证永远效忠之。这就“突破了欧洲大陆式的封建等级体制中的层次间隔，使国王获得了对各级封臣的财产和人身支配权，增强了英国的‘国王附庸的附庸，也是国王的附庸’的封建领有制特色”[③]。但实际上，英王连其直接封臣都难以控制，更不用说封臣的封臣了。英国等级关系的五级划分直到 13～15 世纪方才定型，顺序依次是伯爵、男爵、公爵、侯爵、子爵。

意大利的封建等级制度受城市繁荣与教会势力的双重影响很深，因此仅在几个地区得到较为完善的发展，如北部的皮埃蒙特和伦巴德、南部的那不勒斯和西西里王国等。在这些地区，土地大多被分成无数大小不等的封地，由领主、陪臣（vassus，即封臣）及陪臣的附庸占有。“这样就形成了一种复杂的等级制度，为首的是国王，而最后一个等级是普通的将士，即一领主的贵族陪臣（有时不掌握土地）。中介等级中，有的陪臣同时又是领主。这样，其等级排列就是：大陪臣或大公（公爵、侯爵、伯爵、主教、寺院主持），其次是陪臣（在法国是男爵，在伦巴德是军政长官）和次陪臣。”[④]

---

① ［德］赫伯特・格隆德曼著，张载扬等译：《德意志史》，商务印书馆 1999 年版，第444 页。

② 周一良、吴于廑主编：《世界通史・中古部分》，人民出版社 1972 年版，第 40 页。

③ 阎照祥：《英国贵族史》，人民出版社 2000 年版，第 41 页。

④ ［意］路易吉・萨尔瓦托雷利著，沈珩等译：《意大利简史》，商务印书馆 2013 年版，第 95 页。

第三节 封建等级集团的基本特征

虽然封建主阶层内部形成了不同等级,但当面对其他阶层特别是生产者阶层时,他们又具有强烈的集团意识。值得注意的是,在12世纪后的西欧,骑士阶层常用来指代整个封建主阶层,而骑士制度则是等级制度的代名词。这种称谓的出现,经历了一个骑士与贵族融合的过程。最初,骑士与贵族有身份上的差别,骑士在贵族之下,随从作战,并无头衔。但12世纪以后,骑士也定居一地,过上了贵族优雅的生活。他们自诩高人一等,还不时借助与贵族通婚来抬高身份。而一些大贵族也愿意招揽出色的骑士以壮声威。为了保持封建等级集团的质量,后来约定俗成:凡欲成贵族者,必须首先经过骑士的封授礼,获得骑士身份。这样,骑士与贵族日益合流,一个封闭、高贵的封建等级集团形成了。

这是一个享有特权的集团。在中世纪西欧特定的土地所有权下,统治权与所有权合一,公法与私法合一。一块土地的占有者同时也是政治上的统治者。因此,封建贵族在其领地内既是领主、地主,又是法官,不仅拥有对封臣的领主权和对土地的占有权,还手握一方行政、军事和司法大权。

这是一个注重血统的集团。他们与一般自由民之间有难以跨越的鸿沟:只有贵族的儿子才能继承骑士的采邑、封号和特权。随着封臣对土地处分权的增强,严格的世袭制度也应运而生。于是父姓变得愈加重要,血统变得更为严格;清晰的谱系成为贵族出身的依凭,而注重家族特有的徽章则是他们保持血统纯洁的最重要的表现。

这是一个专职作战的集团。在中世纪的西欧,封建贵族被称为嗜血者,而他们也都认为作战是他们的天职。当时,王权衰微,私战频繁,封建主们整日舞刀弄枪,准备随时出征。无仗可打时,他们倍感乏味,便制造出一些类似战争的游戏,例如举办比武大会,以展示他们的勇武,增添乐趣。

这是一个处处都遵循和显示骑士风度的集团。贵族子弟七八岁时即被送到另外的贵族之家充当侍从。在那里,他须学习骑士"七艺":骑马、射箭、打猎、击剑、下棋、吟诗、游泳。及至弱冠，他通过晋封而成为骑士，此后他将以征战为生。他必须忠诚而勇敢，慷慨而热情，优雅而浪漫。这种独特的生活方式成为他们区别于其他阶层的重要标志。

第四节　封建等级制度的衰落

封建等级制度的建立，对西欧社会的发展产生了重大影响。在中古早期，王权衰微，社会秩序混乱不堪，封建等级制度实际上在这种表面的无序中发挥着有序的作用，“早期过度的、野蛮的个人主义转化为服从法律和秩序的精神，具体化为宗主权、封臣地位、忠诚、服务和契约的权利与义务的制度”。但其消极影响也是显而易见的，贵族间私战频繁，行政效率极其低下，封建割据更是后患无穷。日益发展的商品经济和海外贸易受到阻碍，新兴的地方贵族、城市市民都要求代表国家主权的中央政权强大起来。而王权“在混乱中代表着秩序，代表着正在形成的民族而与分裂成叛乱的各附庸国的状态的对抗”，因而不断发展起来。等级君主制的建立，扩大了国王的财源。国王进而凭借新式的军队和先进的武器荡平割据，建立专制，这直接导致了封建等级制度的衰亡。

封建等级制度的瓦解，从其理论上形成之时起就开始了。其根源在于由封建地产运动引起的封土制的衰落。封土制形成以后，各级封臣都企图将封土占为私有。随着封建关系的发展，到 13 世纪，限制封土转移的法律规定开始松动，1290 年《买地法》的颁布是使封土性质蜕变的一个重要标志。从 14 世纪起，商品货币关系的发展加快了地产运动，地产转移受封建法的束缚越来越少，封土的继承和买卖变得频繁起来，并与服军役脱离了关系，这使得封君要组建一支可以随时出征的军队日益困难。于是封君便寻求变通办法，先是以货币代替封土来换取封臣的军役支持。14～15 世纪，合同制又代之而兴，封君和封臣签订合同，封臣提供一定数目的士兵，而封君允以若干报酬。这就使得原来以土地封受为基础的封臣制逐渐衰落。

随着时代的发展，封君即使费尽周折征来骑士，也不能满足战争变化的需要了。14～15世纪,战争的规模急剧扩大,军费不断增加;武器日益改进,热兵器取代了冷兵器,步兵重新成为战争的主力。这需要一支庞大的、作战能力强的常备军,传统的骑士制度显然无法适应这一变化,于是雇佣兵制度得到了迅速发展。他们持有先进武器,运用先进战术,逐渐主导了战争。百年战争时,英王爱德华三世仅用大弓武装的两万雇佣军就打败了庞大的法军,而火枪的出现更使封建军事制度走向彻底崩溃。

封建等级制度在剧烈的社会动荡中走向了尽头。等级之间的界限被打破了,社会的阶层变动更加频繁。旧贵族衰落了,他们渐渐失去了战斗的能力和特权,却又固守传统的生活方式,奢侈腐败,生活糜烂。但他们的收入已大为减少,入不敷出非常严重。他们或举债度日,或转让特权,或经商谋生。新的阶层渐渐兴起。拥有土地、财富的新贵族成为国家的权贵。更为瞩目的是,那些成分复杂的平民中产者抓住商品货币经济发展的契机,积累巨额的财富,并在政治生活中渐渐与贵族发生联系或平分秋色。而王权同他们的结合更使他们冲破了封建等级制度的藩篱,走到了社会和政治的前台。

【延伸阅读】

1. 陈志坚:《"为他人的利益而占有财产"——中世纪英国的地产托管、封土保有与家产继承》,《历史研究》2009年第3期。

2. 冯天瑜:《"封建"考论》,湖北人民出版社2018年版;《封建》,江苏人民出版社2023年版。

3. 黄春高:《西欧封建社会》,中国青年出版社1999年版;《"封建主义的悖论"与中古西欧封建国家》,《世界历史》2007年第6期。

4. 黄艳红:《千年之变:一种西欧封建社会解释的兴衰》,《史学理论研究》2018年第2期。

5. 荆腾:《政治的"封建"与历史的"封建"——论现代政治观念与西欧"封建"概念的界定》,《政治思想史》2017年第4期。

6. 刘城:《英国与法国封建社会的构成:社会群体的角度》,《武汉大学学报》(人文科学版)2012年第5期。

7. 马克垚:《封建经济政治概论》,人民出版社2010年版。

8. 孟广林:《西欧“封建主义”刍议——对冈绍夫〈何为封建主义〉的思考,《清华大学学报》(哲学社会科学版)2017 年第 4 期。

9. 倪世光:《骑士制度与西欧封建社会特征》,人民出版社 2020 年版。

10. 钱金飞:《7-14 世纪中国与西欧封建社会发展比较新论》,《思想战线》2020 年第 4 期。

11. 王亚平:《试论西欧中世纪封建王权的“合法性”》,《史学集刊》2004 年第 4 期;《试析中世纪晚期西欧土地用益权的演变》,《史学集刊》2010 年第 5 期;《西欧中世纪社会等级的演变》,人民出版社 2018 年版。

12. 徐浩:《简论马克思的西欧封建社会形态理论》,《史学理论研究》2018 年第 1 期。

13. 朱孝远:《中世纪欧洲贵族》,广东人民出版社、华夏出版社 1996 年版。

14. 恩格斯:《论封建制度的瓦解和民族国家的产生》,《马克思恩格斯全集》第 21 卷,人民出版社 1965 年版;《法兰克时代》,《马克思恩格斯全集》第 19 卷,人民出版社 1963 年版。

【思考与讨论】

1. 试论等级与阶级的关系。
2. 西欧封建等级制是怎样产生的?
3. 试论西欧封建等级的划分和非典型性表现。
4. 西欧封建等级制是怎样解体的?

第十八章 西欧法律传统与资本主义的兴起

资本主义启动的基本条件之一，是需要一定数量的社会资金与财富，而后者不可能一蹴而就，总是需要相当一个时期的有效积累以及有助于这种积累的生产环境和社会环境。历史表明，西欧中世纪晚期和近代早期出现的具有划时代意义的经济增长，与法律及法律制度之间存在着深刻的内在联系。本章仅从有助于经济增长的外部环境的角度探讨西欧的法律传统，或者说，不是一般地讨论西欧的法律传统，而是将其当作生产过程中一个间接或直接的重要环节来探讨。顺便说明，这里所说法律，不仅作为一个约束人行为的规则体，而且包括法律活动和使法律得以运行的制度、程序、法律规范以及思想价值观念。

第一节 前原始积累

"资本主义"(capitalism)一词的词根是资本(capital)。虽然人们早已认识到资本不是单纯的货币，货币需要一定的社会条件才能转化为资本主义意义上的资本，但资金的积累与集中毕竟是资本形成也是资本主义生产启动的前提之一。

西欧资本主义兴起时，资金从何而来？曾经颇为流行的一种说法是，对外来自海外殖民与掠夺，对内来自对小生产者尤其对农民的剥夺。此说不无一定的理由，但不是充足的理由。将有限理由认定为充足理由，势必造成历史知识乃至历史观的误区。先说海外殖民与掠夺问题，以西方为例，上古的希腊城邦、罗马帝国，中古早期的北欧海盗维京人，都有过著名的海外掠夺与殖民的历史，但所获财富似与资本主义无缘。近代以来，英国最先兴起资本主义，但进行海外殖民与掠夺的带头羊不是英国，而是葡萄牙和西班牙。后者并未因成功的、大规模的海外掠夺而产生资本主义，而是仍然步履蹒跚，久久地滞留于农业社会。英国的海外殖民与掠夺促进了国内的资本主义，首先是因为国内已具备了资本主义生长与生成的机制与环境。英、葡史例从正、反两方面说明，海外掠夺仅是西欧资本主义发生的外部条件之一，根本依据则在于本国的内部环境。倘若不是把资本主义肤浅、简单地仅理解为一笔财富而是视作一个有系统的社会机制的话，那么我们说，逐渐形成的社会机制不可能在一个早晨靠暴力掠夺形式。

对农民的剥夺也是如此。这种剥夺已有几千年的历史，在世界各地区都有发生，但剥夺本身并不产生资本主义。用巧取豪夺的手段剥夺农民并将土地大规模地集中起来，曾在中国封建时代的历史上多次出现，但它从未产生新的生产和生活方式。英国的圈地运动尤其是圈地运动后期，不时伴有对农民的暴力驱逐，从而加快地产集中，应当承认，这对资本主义农场的形成有一定的促进作用。不过，也不可把这样的作用夸大。农业资本主义生产方式的出现，是英国农村上百年乃至几个世纪发展的结果，在圈地运动前业已基本形成，圈地运动中的暴力不过是促进剂；而且，最新研究成果表明，圈地运动中的暴力规模远不像人们以往渲染得那样大。圈地运动是农业生产方式的变革，是主要靠经济的、市场的手段完成的。此外，如果说圈地运动使一部分农民与土地相分离并成为雇工的话，那么，首先应当说明农民此前已经历了较为普遍与充分的发展，其中一部分积累起可观的动产和不动产，并成为有一定经济实力的雇工经营的农业资本家。

原始积累是指资本主义正式确立前一种带有某些强制色彩的资金聚敛活动，西欧的海外殖民和圈地运动即属此类。西欧的原始积累所以能够成功，是因为在所谓原始积累之前，西欧已经经历了长期的普遍积累，笔者以为可称之为“前原始积累之积累”。说到底，发展资本主义的资金，主要不是来自海外掠夺，也不是圈地运动中对农民的掠夺，而是取决于国内整个农业生产力水平，取决于基本生产者个体的生产、消费、剩余与积累的状况，以及与之相应的生产、流通机制和相应的法律契约关系。

西欧学者估计，13 世纪至 14 世纪前后，大部分欧洲农民的粮食收成达到种子的 3～4 倍；而在 9 世纪时平均收成很少能超过种子的 2 倍。也就是说，中世纪中期的粮食单位产量比中世纪早期增长 100%以上。[①] 16 世纪，西欧农作物产出率比中世纪中期(13～14 世纪)高出 1 倍以上，而比早期(9 世纪)则高出 2～3 倍；最先兴起资本主义的英格兰和尼德兰在农作物增产方面明显地走在了前头。

中世纪的西欧农民不仅逐渐提高了单位产量，还不断开拓垦殖面积。到 11 世纪末，西欧已经积蓄了足够的经济实力发动对中东的军事殖民，这就是 1095～1099 年第一次十字军东征。繁荣发展的另一个方面就是大规模的开垦荒地和移民运动，史称"拓边运动"或"边疆运动"。运动使大量的森林、山地和沼泽被开辟为耕地和牧场，西欧大地古老的风貌由于拓荒者的工作而改变，大体确定了今后 500 年的耕地面积。

尽管土地单位产出率明显增长和垦殖面积大规模扩张，有人可能认为人口的增长会削弱甚至会完全抵消这些经济成果。从宏观上看，西欧中世纪人口一直在缓慢增长。虽然 14 世纪的黑死病使前一时期过快膨胀的人口锐减，但人口不断增长的大趋势没有改变，到 15 世纪末叶，西欧人口已超黑死病前达到的水平。值得注意的是，人口在发展，但有助于生产增加的因素也在发展。后者不仅包括土地的开垦和土地的有效使用，还包括社会分工规模的不断扩大和深化，如新兴城镇的出现和乡村市场的发展，劳动力的自由流动和迁徙，货币地租和商品经济的流动等。更为重要的是，到 16 世纪末叶，首先在荷兰和英国第一次出现了现代意义上的经济增长，诺斯等称之为"真正的增长"。英、荷虽然人口持

① 参见[意]卡洛·M.奇波拉主编，贝昱、张菁译：《欧洲经济史》第 1 卷，商务印书馆 1988 年版，第 153～154 页。

续增长，实际生活水平仍然分别提高了35％和50％。[①]

其实，现代意义上的经济增长，即人均产量的增长，就是劳动生产率的增长。侯建新教授曾对英国中世纪中期和晚期两个阶段的农业劳动生产率进行考察与比较。农业劳动生产率仅限于农耕范围，即指一个中等典型农户在一年内生产出多少农产品。据推算，英国13～14世纪农户的劳动生产率为103蒲式耳，即2369公斤；15～16世纪的劳动生产率为240蒲式耳，即5520公斤，提高130％。又据推算，15～16世纪，一般英国农户产品的商品率达到80％，也就是说，大部分产品进入流通市场。[②] 我们推算的数据或许有误差，但不会与实际相差太远。这一时期农业劳动生产率的提高一向被国际学术界所公认。

劳动生产率的提高，势必推动商品率和储蓄率的提高。毋庸置疑，1500年之后，绝大多数农民都能拿出相当比例的剩余产品进一步改善自己的生活质量并投入到再生产中去，农民个体财产普遍呈现出稳定、持续的正向积累，从而使农业成为资本主义生长的温床。这是考察西欧资本主义发生时绝对不能忽视的一个基本事实。

农民中的一部分成为英国约曼（Yomen）那样的富裕农民，因而这一时期西欧小所有者的人数不断增加，其中的佼佼者大量租进、购进土地，不断扩大地产和经营规模，最后和一些商人和企业主一起进入资本家的行列。可是农民中间的大部分人后来则逐渐被资本主义所吞噬，沦为无产者，但社会总体上还是发展了。当人们完全自发地从事历史创造活动的时候，这样的历史悲剧是不足为奇的。然而，完整的历史过程不容割裂。

英国、荷兰等西欧国家的历史证明，资本主义的原始资本首先来自国内生产的需求，而资本本身也主要来源于国内，海外殖民与掠夺只是外因条件。实际上，正因为国内有了最初的机制与需求，才有了近代意义上的海外殖民和海外贸易以及后者对国内资本主义机制的进一步刺

① 参见［美］道格拉斯·诺斯等著，厉以平、蔡磊译：《西方世界的兴起》，学苑出版社1987年版，第161～162页。

② 参见侯建新：《现代化第一基石——农民个人力量与中世纪晚期社会变迁》，天津社会科学院出版社1991年版，第35～76页。

激和支援。由于当时西欧都是农业国家,国内资金无疑基本来自农业、农村和农民。痛苦、暴力与某种程序的无序确是西欧剧烈转变时期的社会表象之一,这是新生儿诞生前的阵痛与不安,但它们并不是原始积累的本质。因为人类社会曾经历过无数次的痛苦、暴力与无序,并没有因此而产生资本主义。什么是原始积累?原始积累不排除暴力积累,但主要还是市场积累,更重要的是它开辟并导向市场积累;还有一点要特别指出,即上述所谓的"前原始积累之积累",不仅是物质积累的历史,同时也是精神积累的历史。显然,这样的积累是与整个西欧社会母体发育密切联系在一起的,尤其不能无视农民个体的普遍发展——包括生产者个人财产财富的积累和个人权利的发展,以及与这种积累和发展密切相联系的社会法律体系。

第二节　习惯法:财产积累的保护机制

生产者个人财产和财富的有效积累,不仅源于劳动生产率的提高,还因其劳动成果受到一定程度的保护,从而减少或避免了来自封建主和封建政府的任意侵夺。西欧历史的研究成果告诉我们,在整个中世纪的大部分时间里,这种对任意侵夺的抵制基本是成功的。这集中表现在农民赋役量的限定上:假定每周为领主服役两天,一旦规定下来,就成为惯例,记录在案,几乎很难改变,往往固定为一个"不变量"。但是生产者自己支配的每周其余几天的生产效率,却是一个"可变量":生产者劳动经验的增多、产品市场的扩大,以及对这一部分劳动力的支配越来越有保证,都会不断激励他提高劳动效率。因此,马克思指出,即使在劳役地租的条件下,西欧农奴也有财产和财富的独立发展。为什么西欧生产者能够相对有力地保护自己的劳动成果,从而使个人和社会长期、稳定和有效地积累起财产和财富?为什么惯例一类的习惯法在人们的经济生活和社会生活中占有这样重要的地位?这里将不得不涉及西欧的法律传统。

西欧中世纪法律政治体系最突出的特征,在于同一社会内部各种司法管辖权和各种法律体系的共存与相互制衡。多元的法律体系，在政治和经济方面反映了多元的社会力量：教会与王权相对，王权与城市相对，城市与领主相对，领主与商人相对，等等。正是这种社会力量的多元性和法律体系及司法管辖权的多元性，使法律的最高权威性成为必要和变得可能。多元的法律体系包括教会法、封建法、商法、城市法、普通法和庄园法等，这些法律体系各有其不同的内容和管辖范围。不过，法制的基本原则如法律关系的互惠性以及包括"参与裁判制"在内的审判程序等，也有相同、相似或相互交叉的一面。诸种法律体系中，显然庄园法与农民生产生活的关系最为密切。

庄园法与西欧的其他法律在这一点上大多相似：它们基本上都是一部习惯法。在中世纪西欧人的观念里，并不以统治者的意志或他们颁布的什么规定为当然合法，而是将过去存在了相当时期的事情和做法推认为合理、合法。最初时的统治者似乎也不完全反对这样的观念，他们在法律方面的工作，主要是搜集、整理在社会与民众中业已实行的习惯做法，经修饰后置于某种"法令"或"条例"里，以期人人皆知，人人皆行。12 世纪由私人编辑的忏悔者爱德华法律，记载着征服者威廉寻找盎格鲁-撒克逊习惯法的事迹，说他在征服后的第四年召集地方上通晓法律的贵族了解他们已在实行的惯例和习惯；同时，由各郡遴选出 12 人，用宣誓的方式忠实地说出他们实行的法律及习惯。英国王室颁布的普通法大约自 13 世纪开始通行，但普通法也是建立在村庄或庄园的习惯法基础上的。

庄园法是公众认同的、很久以来通行的规则和习惯做法。它们世代沿袭甚至被赋予某种神秘色彩。这些不成文的惯例，最初存在于人们的"集体记忆"中，也存在于相传下来的口诀乃至歌谣里。在某一地区，当发生纠纷或争议时，往往请教村里公认的"智者"或"长者"，由他们澄清惯例的细节并做出解释。他们关于惯例的解释会对裁决产生重大影响，所以他们又被称为"贤人法庭"。随着社会的发展，人们要求习惯法以更明确的形式表现出来，然而，成文法在西欧各个国家和地区似乎都姗姗来迟，在庄园档案资料最为齐备的英格兰，人们发现最早的庄园成文法出现于 13 世纪下半叶，而且成文法并非像人们想象的那样专门成册，而是散见在庄园的有关文献中。这些成文惯例(written customals),主要见于记载判例的庄园案卷(court rolls),其次见于记载每个佃户劳役量或货币租税量的庄头账簿(reeve account)、劳役惯例簿(custumal)和货币租税清册(rental)等。这些文献是法庭审理和判决时的基本依据。

在11世纪以前的数个世纪里,农奴和其他佃户的劳役及其他义务是比较繁重的,规定也不甚明确。到11、12世纪,各种类型的劳役和义务开始有了具体而明确的规定;而且人们还开始赋予这种限定一种普遍性,即不仅适用于个别庄园或个别地方,还适用于特定地区甚至特定国家内的全部庄园,在某些情况下,适用于西欧整个基督教世界内的所有庄园。除对每周劳役天数或折算后的货币租数量,还对以往未做出限定的其他义务(包括可能偶然出现的情况)也做出了相应的规定。比如,劳役日恰逢中途遇雨,工作量如何计算?收获季节的"帮工"问题如何处理?围绕这些问题,庄园《惯例簿》都有具体规定。另外,在分配问题上,事无大小,佃户与领主似乎都要经过一番激烈的讨价还价。

中世纪的西欧人认为,这些由习惯限定的权利和义务,包括农奴占有土地的权利,都具有法律效力,一旦发生争议——即使领主与佃户发生争议,也应依据法律在法庭范围内解决,如同领主制裁一个农奴也要在法庭范围内解决一样。而在法庭上,领主仅仅是主持人,法官则是全体出席人,被称作"诉讼参加人"(suitors)。一种流行的观念认为,任何过失都是对共同体的冒犯,因此共同体的成员既是公诉人又是法官,享有出席法庭并依法裁决的权利。司法是领主的特权,他收取败诉人的罚款,他及庄官可以对侵犯领主特权的庄民进行指控,也可以对判决施加影响,但他却不能代替法庭作出判决。法学家梅特兰说:"在理论上,被告不是接受领主,而是接受法庭出席人全体的审判。"①这就是西方法律体系中著名的"参与裁判制"。13世纪以后,有些地区的庄园法庭由一个由12人组成的陪审团进行裁决,结果也是以法庭即整个共同体的名义作出的。显然,西欧中世纪庄园法庭实际上具有两重性:既有保证封建主实行超经济强制的一面,也有对封建主政治和经济特权进行限制的

① F. Pollock & F. W. Maistland, *The History of English Law Before the Time Edeward*, London, 1921, p.593.

一面。在庄园管理中表现出的除法庭干涉以外不受任何干涉的司法独立性的传统，使西欧农民即使在农奴制最严酷的时期也能够或多或少地保持一些个人权利，这或许是农奴竟有财产和财富独立发展的最隐蔽的秘密之一。而包括农奴在内的农民个人财产的普遍、有效的积累，虽然是静悄悄的劳动和有序的法律交涉，却逐渐从根本上削弱着封建制度的统治基础。正如当代法律史学家、哈佛大学教授伯尔曼指出："在所谓封建制度下的法律，不仅维护当时通行的领主与农民的权力结构，而且还对这种结构进行挑战；法律不仅是加强而且也是限制封建领主权力的一种工具。"①

当佃户的权利受到领主侵犯而又不能得到法庭保护时，自由佃户可以越过庄园法庭向领主的封建上司或王室法庭申诉冤情。如果佃户的身份是农奴，那么他们无权上诉，但他们可以集体对领主提出要求，有时还可以以集体拒服劳役的方式施加压力。作为最后一种手段，他们可以逃离到城市、新垦区或另一个庄园。总之，习惯法、参与裁判制以及法庭内外的斗争，保证了小农生产的连续性与正向积累，给农民带来了缓慢的却也是巨大的经济利益。

封建主并非不打算极力扩大地租额部分，然而，如上面我们所看到，这种试图打破习惯法的努力十分艰难并且很少成功。即使地租等封建赋役有所浮动，也是有限度的，而且地租的浮动追不上农民收益的增长。经济史学家陶内估计，"农民每交给领主一个便士，就往自己口袋放进六个便士"。显然，地租的增长远不能吞掉农民增产的全部，何况许多庄园的地租长期稳定。这样，随着土地产出率的增长，地租在土地产值中所占的比例，由劳役地租时的 1/3 缩减到 1/5、1/6 甚至 1/18，而留在农民手里不断增多的产品大部分进入市场，其中一部分成为扩大再生产的资金，成为中世纪晚期西欧市场经济蓬勃发展的广泛基础。② 我们看到，西欧法律传统为生产性经济活动提供了一定程度的保护机制，不论社会财富的积累，还是生产和市场的扩大，都与之密切相关。法律是观念，是

① [美]哈罗德·J·伯尔曼，贺卫方等译：《法律与革命——西方法律传统的形成》，法律出版社 2008 年版，第 531 页。

② R.Torny, *The Agrarian Problem in the Sixteenth Century*, London, 1912, p.120.

意识形态，同时也是生产过程中的一个极其重要、不可或缺的环节。同样的生产技术和生产条件，倘若没有它的调节与规范，可能就会产生出完全不同的经济效益。正是在这个意义上，哈罗德·伯尔曼将法律与资本等同，他说："这样的法律调整本身就是资本的一种形式。"①

第三节　"王在法下"传统与非生产性消费限制

马克思有一个著名的观点：消费也是生产。这是指包括统治者在内的人们的日常消费对生产有重大意义和影响。西欧的法律与法律体系，一方面限定地租与劳役量，避免封建主的过分和任意侵夺，以保证小农经济连续、稳定的有效积累；另一方面限制全国性的赋税，以抑制王权与封建政府的非生产性消费，从而有助于整个社会的生产性积累与开发。

"国王靠自己收入生活"，是西欧封建时代的一个基本原则。按照这样的原则，像其他封建领主一样，国王及王室的一切花费均出自他个人的封建领地，即自己直接管辖和经营的王室领地。对于王室领地之外的土地和农民，国王无权谋取收益。这里没有全国性的封建地租，更没有常备的赋役制度。实际上，和其他封建主一样，在中世纪相当长一段时期内西欧的国王和皇帝尚没有固定的住所。他终年在其所管辖的领地之间巡行，不仅为监督地产管理，也是为了维持自身和家庭的供给，因此被称为"就食巡行"。食物不得不在当地消费，因为把食物运到某个集中地的费用过于昂贵，由此可见王室的一般消费水平。一经定都，国王一般不再外出巡行，而由各地将应纳物品送至王宫。而无论是巡行消费还是地方朝贡，消费物品一般都来自国王个人领地；领地之外，国王不享有这种权力，臣民也无这种义务。一直到伊丽莎白一世时期，英国政府官员的薪俸都出自王室领地的收入。捐助教会，偶尔为之，且数额不大，所出皆为个人收入。建造、修建宫室一般也出自国王个人收入。这些都与"国王靠自己收入生活"的原则相符合："收入"指国王领地的收入，"生

---

① ［美］哈罗德·J·伯尔曼，贺卫方等译：《法律与革命——西方法律传统的形成》，法律出版社 2008 年版，第 545 页。

活”的范围应与“私人政府”的概念联系起来考虑，指除战争以外的一切生活事务。而战争一般涉及全国和国内多数人的利益，所以不属于国王私事，其花费也就必须从国王个人收入以外的国税税款支付。①

按照西欧法律制度，只有在特殊情况下如爆发战争而国王收入又远不足用时，才设法从一般的国民那里得到补贴，所以称作补助金(subsidy)。为了达到这一目的，国王和他的代理人必须向征税对象说明征税理由，在取得对方理解的基础上，进而商议征收数量、方式等事宜，这就是西方征税协商制的由来。最初的协商对象是贵族会议一类的组织，议会成立后，批准权转到议会手里。关于征税协商制，几乎没有什么常规，一次一协商，再征再协商。也就是说，国王在王室领地之外拿走每一马克，都要经过批准，而在王室领地内又受习惯法制约。总的来看，西欧各国王权征税主要是与本国的议会打交道。议会实际上是一种更高形式的征税协商组织，在这种制度下，以第三等级为主体的纳税人通过更规范的法律手续审查、批准和监督国王的税收，史称“议会授予制”。

关于征税项目，在法国主要是商税、户税和盐税；在英国，13 世纪开始征收动产税，到 14 世纪随着进出口贸易的增加，王室愈来愈依靠关税和贸易税。征收后，每次对税款的用途都做出严格的规定，如 1348 年英国下院批准国王征收 1/15 的动产税，指定其“只能用于苏格兰战争”，即专款专用，严禁挪作他用，尤其不能用于王室的私人消费。每次议会都指定专门的工作班子，监督税款的支出，其主要目的正是在于限制将国税移用于王室成员及政府官员的生活消费。即使用于战争的征税议会也可以拒批，事实上英、法诸国都有过议会拒批国王请求的史例。如 1512 年和 1523 年，亨利八世以对法国进行战争为由要求征税，下院认为此战不明智，于是拒绝批准。

有时议会也讨论和批准王室要求的某些特殊款项，但是讨论过程中总是锱铢必较，国王难以如意。在 1504 年议会上，亨利七世要求补偿因王子受封骑士及长女出嫁所用至少 9 万英镑(实际用去不到 12500 英镑)，议会大哗。著名空想社会主义者托马斯·莫尔曾慷慨陈词，反对此

---

① 参见马克垚主编:《中西封建社会比较研究》，学林出版社 1997 年版，第 404～405 页。

举。最终亨利只获得3万英镑。议会总是尽可能限制征税次数，压缩征课数额。即使在专制王权的都铎时代，王朝财政一直处于拮据状态。难怪据说亨利八世一天在伦敦街头遇到商人杰克的运呢车队时，曾满怀妒意地说："这个纽伯里的杰克，简直比我还富有！"伊丽莎白时期，货币贬值，但征税数额仍大幅度下降，女王的多次抗争均以失败告终。女王深知，对于下院议员来说，牺牲他们的生命比打开他们的钱袋更容易些，所以她不得不时刻注视着政府的各项开支，并一再勒紧自己的钱袋，以致周围大臣不断抱怨、嘲笑她的吝啬。女王迫于国库空虚，而大臣们经常不能按期如数领取薪俸，便赐给他们各种专卖权，让他们凭此与国民争利，转嫁财政危机。专卖范围从糖、盐等日用品直至经营对外贸易，严重干扰、侵犯了国民正常的生产与经营活动。因此，自16世纪70年代起，下院即开始批评一些专卖人的非法勒索，到80年代，攻击的矛头则直指女王本人，斗争非常激烈，议员们在议会指出专卖权"将全体人民的利益送给私人，最后将是人民沦为乞丐"。他们还指责专卖公司为"国家的吸血鬼"，认为："如果我们让这些吸血鬼逍遥法外……我们辛勤劳动所得的一切，都会因为最高权力签发的一张特许状而被剥夺殆尽。"①

对王室特权的有力限制，经济方面乡绅受益最大，因为他们同一部分富裕农民与市民既是主要的生产经营者，也是最重要的纳税人。当然，作为生产者，他们也是限制领主特权的最大受益人。乡绅的兴起伴随雇工阶级的出现，并与贵族衰落形成鲜明对照。在政治领域，乡绅也成长为一支不可忽视的力量。在财政部、枢密院等政府机构中，乡绅正在分享贵族的权力。议会也是如此，16世纪下院的400多个席位中，乡绅占据绝对多数。至于地方上的行政管理，更是几乎完全被乡绅把持。

约曼一类的富裕农民，是仅次于乡绅的另一个迅速壮大的阶层。约曼最初指具有自由身份并有资格履行荣誉服役的年轻人。但后来"约曼"一词变成了一个经济概念，用以指称任何殷实富裕的农民。在许多情况下，约曼和乡绅是不大区分的。16世纪的牧师兼历史学家富勒在一首诗中说得好："一个杰出的约曼，就是一位款步而至的乡绅。"一名法

① 转引自赵文洪：《中世纪英国议会与私有财产神圣不可侵犯原则的起源》，《世界历史》1998年第1期。

国见证人把英国农场主描写为“享有人生一切舒适”，是“地道的体面人”。“虽然亲手扶犁，但他们的农庄与住宅不比城市的资产者逊色”；他的帮工“动身去犁地前先要喝茶”。又说：“这个乡下人冬天穿礼服，他的妻女穿戴俏丽，简直可被当作我们传奇故事中的牧羊女。”在荷兰，称上层农民为“富翁”。他们对农作物尤其对蔬菜实行农场式的精耕细作，收获后在阿姆斯特丹等城市街头出售。布罗代尔描述道：“乡村富翁在各地均可遇见，他们一身穿黑，不加大衣，但‘他们的妻子则佩戴银首饰和金戒指’。”①

乡绅—农场主阶级很快就与他们本来就有着千丝万缕联系的城市市民的上层结为一体，事实上融为一个阶级，即资产阶级的前身。这样，最先在英国和荷兰继而在西欧大部分地区，传统的社会结构发生了深刻的变化。以往，人们进入社会上层，依凭的是政治身份与特权，而且必须从事政治和军事活动，但到 16 世纪前后情况就大不一样了。尽管传统的封建等级以及循着等级晋升的方式依然存在，但包括贵族制度在内的身份等级制度已不那么显赫；另外，出现了非特权身份的普通人以实业求发展的道路。从事农业和手工业的商品生产与交换，也就是无论力农、从工还是经商，同样可以使人发达与荣耀，和贵族一样体面，一些人甚至比贵族还富有；他们同样可以送子弟进牛津、剑桥读书，同样可以产生像培根那样的著名国务活动家。

如果说，在以行政权力支配一切的传统社会中，社会分流只凭身份和政治这样的唯一途径因而可称为“单轨社会”②的话，那么，这一时期至少出现了身份与实业、政治与经济这样双轨并存而且后者越来越强劲的趋向。这样，在中世纪晚期和近代早期，西欧不仅改变了传统的两极社会结构，出现了使整个社会重心下移的中产阶级，而且在政治与社会关系中也打破了主要依靠身份与特权进行统治的单一局面。西欧中世纪虽然有过王权、教权、诸侯权以及村社共同体等多种社会力量共存，并

---

① [法]费尔南·布罗代尔著，施康强、顾良译：《15 至 18 世纪的物质文明、经济和资本主义》第 3 卷，生活·读书·新知三联书店 1993 年版，第 190 页。

② 关于“单轨社会”概念的提出及其有关论述，详见侯建新：《现代化第一基石——农民个人力量增长与中世纪晚期社会变迁》，天津社会科学院出版社 1991 年版，第 377～384 页。

有一定程度的相互制约，但诸种权力在一点上是相同的，即无一不是以身份特权为特征。但这一时期，在西欧也是在人类历史上，第一次出现了以契约关系为依托、以新的生产方式为基础而争得政治发言权的社会集团。西欧的法律传统在漫长的中世纪无疑推动了这样的转变，而新兴社会集团的形成与壮大又反过来进一步推动了西欧法治与法制的发展，并成为西方民主政治的基础。历史正在掀开新的一页。经济支配力不断削弱并不断替代政治支配力。最终，契约关系、金钱货币关系完全替代了身份政治关系。不过，这已不是过渡的社会特征，而是资本主义正式确立后的事情了。

【延伸阅读】

1. 蔺志强：《13世纪英国的国王观念》，《世界历史》2002年第2期；《中古英国政府对地方特权的政策初探》，《中山大学学报》(社会科学版)2010年第3期；《"自由"还是"特权"：〈大宪章〉"Libertas"考辩》，《历史研究》2016年第3期；《中古英格兰特许状伪造及王权应对》，《历史研究》2022年第3期。

2. 王亚平：《西欧法律演变的社会根源》，人民出版社2009年版；《浅析13世纪西欧提出的"主权论"》，《世界历史》2010年第4期。

3. 张倩红、艾仁贵：《神权与律法之下：希伯来王国的"有限君主制"》，《历史研究》2013年第6期。

4. 赵文洪：《私人财产权利体系的发展——西方市场经济和资本主义的起源问题研究》，中国社会科学出版社1998年版。

5. [英]S. F. C. 密尔松著，李显冬译：《普通法的历史基础》，中国大百科全书出版社1999年版。

6. [美]迈克尔·E.泰格著，纪琨译：《法律与资本主义的兴起》，上海辞书出版社2014年版。

7. [加]埃伦·米克辛斯·伍德著，夏璐译：《资本主义的起源：一个更长远的视角》，中国人民大学出版社2015年版。

【思考与讨论】

1. 何谓"前原始积累"？这一概念的提出对认识资本主义兴起具有

怎样的意义？

2. 试析习惯法在英国中古与近代早期历史中的作用。
3. 试述西欧资本主义兴起过程中财产积累的法律保障机制。
4. 举例说明英国中古与近代早期“王在法下”的基本原则。

第十九章　古代世界由分散到整体的趋势

我国历史学家吴于廑先生把世界历史的主要内容概括为“对人类历史自原始、孤立、分散的人群发展为全世界成一密切联系整体的过程进行系统探讨和阐述”[①]。美国历史学家斯塔夫里阿诺斯在他的代表作《全球通史：1500年以前的世界》中写道：“本书是一部世界史，其主要特点就在于：研究的是全球而不是某一国家或地区的历史；关注的是整个人类，而不是局限于西方人或非西方人。”[②]近年来，随着全球一体化趋势的加强，越来越多的历史学家用这种全球史观来指导世界历史的研究和著述。一般认为：“只是随着地理大发现，西方国家的海外殖民扩张，以及世界市场的形成，过去长期存在的各国、各地区、各民族间的相对隔绝状态才在越来越大的程度上被打破，整个世界在经济、政治、文化等各方面才逐步形成为密切联系的、互相依存又互相矛盾的一体。”[③]在这种观点的影响下，史学界普遍忽视对古代世界由分散到整体这一历史过程的研究。虽然斯塔夫里阿诺斯指出“早在欧洲人地理大发现之前的漫长数千年中，人类各部分实际上已在相互影响”，[④]吴于廑先生也发表了

① 吴于廑、齐世荣主编：《世界史·古代史》上卷，高等教育出版社2011年版，“总序”第1页。

② [美]斯塔夫里阿诺斯著，吴象婴、梁赤民译：《全球通史：1500年以前的世界》，上海社会科学院出版社1988年版，第54页。

③ 吴于廑、齐世荣主编：《世界史·近代史》上卷，高等教育出版社2011年版，“前言”第1页。

④ [美]斯塔夫里阿诺斯著，吴象婴、梁赤民译：《全球通史：1500年以前的世界》，上海社会科学院出版社1988年版，第55页。

《世界历史上的游牧世界与农耕世界》[①]等文章，但这种状况仍然没有得到改变。马克思指出："世界史不是过去一直存在的；作为世界史的历史是结果。"[②]就是说，人类历史由各民族、各地区、各国家之间闭塞状态发展为密切联系为一体的世界历史，经历了一个漫长的过程，地理大发现后世界在短时期内联系成一个整体正是古代世界由分散到整体这一趋势的结果。

第一节　原始社会人类的交往

在原始社会的旧石器时代，人类过着采集和狩猎的生活，收获物除维持基本的生计外，几乎没有剩余，交换几乎不可能发生，各个原始公社之间极端闭塞。然而，同样由于生产力的落后，随着地理气候条件的变化，早期人类不得不寻找新的获取食物的基地，于是开始了大规模的迁徙。从到目前为止的考古资料看，人类最初的活动范围主要局限于东非和南非。到直立人阶段，已扩大到亚欧大陆的广大地区，我国发现的北京人、元谋人、蓝田人，德国发现的海德堡人等便是证明。到旧石器时代晚期，人类迁徙的范围进一步扩大，一部分从亚洲东北部经白令海峡进入美洲，一部分从中国华南地区经东南亚迁入澳大利亚。人类完成这一过程经历了三百多万年的时间。在迁徙过程中，原始生产技术和社会组织得到传播，人类历史向世界历史的迈进从此开始。

在新石器时代，人类在采集和狩猎的基础上，发明了原始的农耕和畜牧业，由食物的采集者转变为食物的生产者。世界上最早的农耕中心有西亚、东亚和东南亚、中南美三个地区。当时，农耕具有无比的优越性，它促使农耕地区人口大量增长，使农业中心不断向周围扩展。西亚两河流域最早培植的大麦和小麦，在3000多年的时间里沿东西两个方向扩展到伊朗、印度河流域和欧洲的广大地区。东亚和东南亚培植的水稻、中南美洲培植的玉米、豆类等也同样向周围地区传播。这种传播使

---

① 该文发表于《云南社会科学》1983年第1期，本章主要参照该文写成。

② 《马克思恩格斯选集》第2卷，人民出版社2012年版，第710页。

农耕地区慢慢地连成了片，以至于在亚欧大陆上形成了一个长弧形的农耕和半农耕地带，东起中国的黄河和长江流域，经过印度的印度河和恒河流域，中亚、西亚的阿富汗、伊朗和安那托利亚，西至欧洲从地中海沿岸到波罗的海以南、从乌克兰到不列颠的广大地区，甚至包括与亚欧大陆毗连的地中海南岸的北非地区。这就是绵亘于亚欧大陆东西两端之间的农耕世界。

人类最初发明农业的时候，农耕和畜牧往往是结合在一起的。但是，由于自然条件的不同，人类逐渐沿两条道路发展。雨量充足、灌溉方便、土地肥沃的地带，越来越走上了农耕的道路，并且随着农耕的不断扩展形成了亚欧大陆上的农耕世界。雨量较少但草原辽阔的地带，则以畜牧为主，形成广大的游牧地带。在亚欧大陆上，上述农耕世界基本偏南，而游牧地带基本偏北，几乎与农耕世界平行。它东起西伯利亚，经中国的东北地区、蒙古、中亚、咸海与里海以北、高加索、南俄罗斯，直到欧洲中部，这就是亚欧大陆上与农耕世界并列的游牧世界。在这两个世界之间是连绵的山峦，从亚欧大陆东端起，有兴安岭、燕山、阴山、祁连山、昆仑山、兴都库什山、高加索山和喀尔巴阡山，形成农耕世界与游牧世界的分界线。当然，两者之间的南北划分并非绝对，在偏南的地方，也有从事游牧的部族，阿拉伯半岛的游牧部族就是突出的例子。

农耕世界和游牧世界形成后，两者之间的差别越来越明显。农耕地带生产增长速度和人口的增长率都高于游牧地带，生产的发展导致社会分工日益加深，使越来越多的人脱离农耕，从事手工业、商业、社会管理、宗教祭祀等活动。这样，农耕地区较早地突破了原始公社间的闭塞状态，出现了更大范围内的社会联合，并产生了与之相适应的公共权力，诞生了文明。公元前四千纪后期，西亚两河流域南部最早兴起了很多以城为中心的小国，稍后，尼罗河流域、印度河流域、黄河流域、爱琴海地区也都先后出现了早期国家。人类从此告别了原始时代，进入阶级社会。在广大的游牧地区，由于生产力发展的缓慢，原始的部族制度长期存在，社会长期处于落后状态。

第二节　文明时代农耕世界之间的交往

进入阶级社会后，农耕世界各地区间的交往增多，从而开始了更大范围内、更深程度上的横向发展。交往是随着经济和政治的发展而日益增多的，社会经济发展的水平是交往增多的决定性因素。交往一般是通过和平的方式进行的。通过商人、使节、游历者、学问家、求道和布道者，生产技术、各地特有物产、艺术品以及文字、科学知识、思想、宗教信念等，都在日渐扩大的范围内得到直接和间接的交流，人们的活动空间和视野都因此开阔了起来。这种和平交往突出表现在丝绸之路的开辟。公元前138年，张骞奉汉武帝之命出使大月氏，途中遭匈奴扣留，到公元前126年才得以回归。公元前121年和前119年，霍去病、卫青率军两次大败匈奴，控制了河西走廊，使匈奴人远走漠北，这时张骞又奉命出使乌孙(在今巴尔喀什湖东南伊犁河地区)。司马迁把张骞的两次出使称为"凿空"，正是因为他开通了前往西域各国的道路。据《汉书·地理志》记载，张骞开辟的道路有两条：北道在塔克拉玛干沙漠以北沿塔里木河西行，南道在塔克拉玛干沙漠以南沿阿尔金山、昆仑山北麓有河水之地西行。东汉时班超经营西域，于公元97年派甘英出使大秦(罗马)。甘英到达安息西部边界，准备渡海，被安息船夫劝阻。这是中国使者在丝绸之路上到达的最西点。从中国直达叙利亚安条克的长达7000余公里的丝绸之路得以开通。丝绸之路开通后，中国的丝绸大量运销西方，在罗马成为贵族富人们的穿着时尚，这条道路也因此而得名。然而，丝绸之路的意义绝不限于丝绸的转运。正是通过这条道路，中国的造纸术和印刷术传入中亚和西亚，后来又转传欧洲。波斯的工艺图案，罗马帝国的玻璃器皿、毛织品通过此道传入中国，印度的宝石、香料、佛教和佛教艺术，伊斯兰教、阿拉伯的天文历法和医术，也由此道传入中国。除陆路外，《汉书·地理志》还记载了一条汉代通往西方的海路。它从中国的广东或广西出发，沿中南半岛和马来半岛海岸南下，在马来半岛东岸某处登陆，到西岸再乘船西行到印度，返回时不再走陆路，大概要绕过马六甲海峡。据《后汉书》记载，公元 166 年，罗马帝国皇帝马可·奥勒留派使节由海路到达中国。由此可见自红海、阿拉伯海、经孟加拉湾至中国的南海间海路的畅通。这条海路十分重要，尤其是陆上丝绸之路不通的时候。印度在汉和帝时曾多次派使节经陆路来中国，到东汉晚期，由于西域通道的中断，公元 159 年、161 年印度使节来中国就改由海路了。唐宋时期阿拉伯商人活跃于中国东南沿海，明代郑和下西洋，都得益于这条海路。除了贯通亚欧大陆东西的陆路和海路交流外，其他地区性的经济和文化交流就更为频繁了。

我们在强调和平交往重要性的同时，绝不应忽视另一种形式的交往，即暴力交往。和平交往是随着社会经济的发展自然发生的，是经常性的，但往往受到政治等人为因素的阻碍，因为许多当权者并没有主动交往的意识。在这种情况下，暴力起着和平交往所不能替代的作用，尽管它是间歇的，具有破坏性的。正如马克思所说："在真正的历史上，征服、奴役、劫掠、杀戮，总之，暴力起着巨大的作用。"[①]一次猛烈的冲击以后，随之而来的往往是闭塞状态的被打破。古代奴隶社会一般经历了从文明中心小国林立到大国统一的历程，虽然它是社会发展到一定阶段的产物，但暴力是直接原因，美尼斯统一埃及、萨尔贡统一两河流域都说明了这一问题。统一国家的出现意味着更大范围的直接交往。

历史上出现的一系列大帝国更是暴力征服的结果，这些帝国对于打破地区间的种种限制、沟通经济文化交流所起的作用是显而易见的。经过居鲁士、冈比西、大流士等几代统治者的征服，公元前 6 世纪形成了地跨亚、欧、非三洲的波斯帝国。波斯帝国把两河流域、尼罗河流域、印度河流域等人类最早的文明地区统一在一个政府之下，为西亚和北非的经济文化交流提供了广阔的舞台，也为波斯人吸收、利用其他民族的文化创造了条件。大流士实行的铸币制度和驿道制度又促进了这种交流。波斯文化无论是政治思想、典章制度、法律，还是文字、艺术、神话、建筑等方面，都吸收了较多的外来因素。正如古希腊著名史学家希罗多德所说："波斯人比任何其他民族都更喜欢仿效外国人的习惯。"

---

① 《马克思恩格斯选集》第 3 卷，人民出版社 2012 年版，第 291 页。

公元前334～前325年的亚历山大远征导致了地跨欧、亚、非的亚历山大帝国的建立。亚历山大的英年早逝使他的帝国迅速崩溃，但他所开创的局面并非昙花一现，希腊及希腊统治的东方从此进入一个新的历史时代，即希腊化时代。所谓希腊化，原来主要是指随着希腊统治的扩展，希腊文明也传播于东方各地，东方被希腊化了。但这只不过是问题的一个方面，实际上希腊文明也受到东方文化的影响，而来到东方的希腊人更是像亚历山大那样深深东方化了。只不过由于约定俗成，“希腊化”一词仍然被使用。希腊化时代的特点是希腊文明与东方文明的交流与融合，这表现在政治、经济、文化等方面。政治方面，在希腊马其顿地区，由于照搬东方君主制，君主政治代替了城邦政治；而在埃及、叙利亚、两河流域以及小亚、中亚等原属东方文明的地区，从亚历山大起建立了许多自治城市，据说亚历山大在东方建立的以“亚历山大”命名的城市就有70多座。新城居民大部分是希腊人，可以按公民身份享有一定的自治权利和一些免税特权，并在经商、担任官职等方面较当地居民得到更多照顾，因此这些城市成为东方体制中带有希腊色彩的据点。经济方面，希腊与波斯帝国的界限被打破，希腊与东方贸易变得畅通无阻。东方各地之间，由于在原有商业网点之外又新增由希腊城市和希腊商旅组成的国际化网点，彼此间的联系也得到增强，由中亚经伊朗、两河流域而达叙利亚和埃及的商业网正在形成，为丝绸之路西段的开通准备了条件。文化方面，希腊文明与东方文明交汇的结果更是璀璨夺目。波斯帝国时期，希腊文明虽已传入地中海东部沿岸，但并没有深入内地，而且大多是间接传播，希腊人接受东方文化也同样如此。亚历山大远征后，这种藩篱不再存在，文化交流可以充分开展，希腊文明随远征军的足迹和新建城市的网点而深入西亚和中亚内陆，最远可达印度西北部和帕米尔高原。当时人曾形容说，即使在远隔万里之外的亚洲腹地，也有希腊悲剧家和哲学家的著作被人传诵。1964年法国考古队在阿富汗东北边境的阿伊哈努姆的考古发掘完全可以证明这一点。另外，在希腊化文化取得的成就中，东方文明遗产的作用是非常巨大的。作为建于埃及土地上的新兴文化之都，亚历山大城的文化创树无一不受到东方文化的影响，在自然科学和工程技术方面尤为突出。

罗马由台伯河口的一个小城邦发展为统一意大利半岛、征服地中海世界的罗马帝国，为亚欧大陆西端的地区性交往以及亚欧大陆东西端之间空前的经济文化联系创造了条件。罗马帝国经济发展的特点之一在于城市的繁荣和国内外贸易的发达。在帝国西部，新建的罗马城镇星罗棋布，有许多直接发展为今日欧洲的著名都市，如伦敦、维也纳、贝尔格莱德、里昂等。罗马和高卢商人沿莱茵河、多瑙河到达北海和波罗的海，同不列颠和斯堪的纳维亚等地进行贸易。在帝国东部，罗马商人驶出红海，经阿拉伯到达印度和斯里兰卡，在屋大维时期开始利用季风远航印度，据记载每年有百艘商船往返于埃及和印度。这种发展促成了罗马与中国的直接交往。中世纪时期，天主教欧洲发动了长达近两百年的十字军东征。它以野蛮的方式扩大了西欧同近东的交往，西欧封建主在东方不仅见识到比欧洲发达的物质文明，而且也学到了那里的思想文化，给落后的欧洲注入了活力。

第三节　游牧世界对农耕世界的三次冲击

在游牧世界和农耕世界之间，也进行着和平的或暴力的交往。游牧世界需要农耕世界的粮食、布帛、金属工具等，农耕世界需要游牧世界的马匹和皮革。双方一般通过互市来满足各自的需要。然而，游牧世界的流动性和农耕世界开疆辟土的需要也导致双方时常发生矛盾。在世界古代史上，游牧部族向农耕世界发起了三次强有力的冲击。第一次冲击开始于公元前3000年代，断续绵延至公元前1000年代。冲击主要来自塞姆人（闪米特人）和印欧种人。塞姆人有许多独立的分支，其中的阿卡德人和阿摩利人先后进入两河流域南部，建立了阿卡德王国和古巴比伦王国；亚述人进入两河流域北部，与当地的胡里特人结合，建立亚述国家；而迦南人则建立了腓尼基诸邦，并成为巴勒斯坦地区的最早居民。公元前17世纪从西亚经巴勒斯坦长驱南下征服埃及的喜克索斯人也是塞姆人的一支。操印欧语的各部族原生活在黑海和里海北岸，他们分几支迁入农耕地区：一部分移入小亚细亚，后来建立了赫梯国家；一部分迁入马其顿一带，其中的阿卡亚人后来向中希腊和南希腊迁徙，建立了迈锡尼文明；一部分从多瑙河沿岸进入意大利；还有一部分占领了中亚的阿姆河平原，称为“雅利安人”。在这一时期后半期，雅利安人进一步南下，一支进入伊朗高原，后来繁衍为米底人和波斯人；一支进入印度河流域，而印欧语的多利亚人从北希腊南下，迈锡尼文明灭亡。第二次冲击浪潮开始于 2～3 世纪，延续至 7 世纪。这次冲击的最初发动来自匈奴人、突厥人，后来还有进入黄河流域的鲜卑和拓跋各部。他们在长江以北地区建立了十多个政权，这种局面直到唐朝才告结束。在亚欧大陆中部，被匈奴人赶走的月氏人的一部分建立贵霜帝国。而亚欧大陆西部罗马帝国遭受的冲击最为强烈，不仅有西迁的匈奴，而且有日耳曼人、斯拉夫人等。日耳曼人的入侵直接导致西罗马帝国的灭亡，并在其废墟上建立了多个日耳曼国家。7 世纪，游牧的阿拉伯人侵入农耕世界，建立起地跨亚、非、欧的阿拉伯帝国。游牧世界的第二次冲击随之结束。第三冲击爆发于 13 世纪。主要入侵者是蒙古人和与之联合的突厥人，冲击范围是空前的，包括东亚、南亚、西亚、东欧和中欧。这次冲击波到13 世纪末渐渐平息。14 世纪，自称是成吉思汗后裔的突厥首领帖木儿对中亚、西亚、印度的入侵，只能算是这次大冲击的余波。

游牧世界对农耕世界的三次冲击推动了人类历史由分散向整体的发展。在冲击的过程中，两者间的联系增强，彼此都从对方那里学到了自己所缺少的某些技术。如埃及从喜克索斯人那里学到了制造和使用战车的技术，中国的赵武灵王从北方胡人那里学到了骑射之术，侵入农耕世界的游牧部族学到的东西就更多了。蒙古和突厥人的入侵是三次冲击中破坏最强烈的一次，即使这样，他们在大肆破坏之后还把有技巧的工匠带走，成吉思汗远征花剌子模时是如此，帖木儿征服中亚、西亚时也不例外，这就在很大程度上向游牧世界传播了农耕世界的生产技术。那些在冲击以后在农耕世界定居来下来的游牧、半游牧民族，几乎都放弃了以游牧为主的生活，走上了农耕化道路，逐步适应并吸收了定居地的生产技术、生产方式、社会阶级制度、道德伦理、思想文化等，从而渐渐融入农耕世界，成为农耕世界历史发展的新因素，赫梯人、喜克索斯人、匈奴人、突厥人、日耳曼人、阿拉伯人、蒙古人都是如此。这样，冲击的最终结果是农耕世界的范围越来越大。另外，游牧民族建立起的大帝国同样促进了亚欧大陆的经济文化交流。古代亚欧大陆交通由于汉帝国和罗马帝国的崩溃而中断了千年之久，蒙古帝国把它予以恢复，而且还扩大了其范围。阿拉伯帝国除了发展亚欧大陆的陆上交通外，还发展了连接红海、印度洋、西南太平洋的海上交通。

综上所述，古代世界由分散到整体的趋势是显而易见的。在和平的和暴力的交往中，亚欧大陆的农耕世界之间、农耕世界与游牧世界之间的交往越来越密切。

当然，对于古代世界的这种横向联系不能估计过高。不论是陆上还是海上，当时交换的物产较多是贵重珍品，数量不大，来往也不多。最大的局限在于，在前资本主义时代，占支配地位的是闭塞的、狭隘的、基本上是地方性自给自足的农本经济。农本经济不发生根本性的变化，这种闭塞状态就不会仅仅由于发生了和平或暴力的交往而被彻底打破。不仅如此，这种交往主要限于亚欧大陆和北非的部分地区。撒哈拉沙漠以南的非洲地区与外界的联系还很少，而美洲中部和南部的阿兹特克人和印加人的国家则完全处于与世隔绝的状态。随着地理大发现和世界市场的形成，这种局面才得到完全改变。

【延伸阅读】

1. 陈志强：《论吴于廑“整体历史观”》，《世界历史》2013 年第 2 期。

2. 刘景华：《吴于廑先生对整体世界史观学术渊源的探讨》，《武汉大学学报》(人文科学版)2013 年第 6 期。

3. 刘文明：《全球史理论与文明互动研究》，中国社会科学出版社 2015 年版；《全球史概论》，北京大学出版社 2021 年版。

4. 刘新成：《全球史观在中国》，《历史研究》2011 年第 6 期；《文明互动：从文明史到全球史》，《历史研究》2013 年第 1 期。

5. 孟广林：《世界历史研究的通观——吴于廑先生的学术境界》，《史学集刊》2013 年第 4 期。

6. 吴于廑：《世界历史上的游牧世界和农耕世界》，《云南社会科学》1983 年第 1 期。

7. 夏继果：《理解全球史》，《史学理论研究》2010 年第 1 期。

8. 徐蓝:《吴于廑先生的世界历史观与我的世界历史教学》,《武汉大学学报》(人文科学版)2013 年第 6 期。

9. 杨巨平:《“全球史”概念的历史演进》,《世界历史》2009 年第 5 期。

10. 朱寰:《世界历史社会阶段划分刍议》,《世界历史》2010 年第 4 期。

11. 赵林:《农耕世界与游牧世界的冲突融合及其历史效应》,《武汉大学学报》(人文科学版)2002 年第 6 期。

12.[德]塞巴斯蒂安·康拉德著,杜宪兵译:《全球史是什么》,中信出版社 2018 年版;陈浩译:《全球史导论》,商务印书馆 2018 年版。

13.[美]柯娇燕著,刘文明译:《什么是全球史》,北京大学出版社 2009 年版。

14.[美]霍华德·斯波德克著,陈德民译:《全球通史》,上海社会科学院出版社 2018 年版。

【思考与讨论】

1. 试论 1500 年以前世界历史由分散到整体的基本趋势。

2. 试论公元前后游牧世界对农耕世界的冲击及影响。

3. 举例说明世界历史上人类交往与文化交流的主要方式。

4. 近年学术界关于全球史观主要提出了哪些观点?

后 记

本书是在《世界通史教程·古代卷》(2015 年版)的基础上修订而成,《世界通史教程·古代卷》初版于 1999 年,具体编写分工如下:导言,顾銮斋、夏继果;上编第一、二章,丁瑞忠;上编第三章,朱立、刘英伟;上编第四章,陈德正、李慎令;上编第五章,邹远修;上编第六章,李慎令;上编第七、十二章,宋慧;上编第八章,李增洪;上编第九章、下编第六章,万昌华;上编第十章,史晓云;上编第十一章、下编第二章,顾銮斋;下编第一章,陈德正;下编第三章,张庆服;下编第四、八章,夏继果;下编第五、七章,王瑞聚。全书由顾銮斋、夏继果统稿、定稿,齐涛最后审定。

2000 年进行再版修订,由顾銮斋 、夏继果主持,在内容上做了较大改动,上编由原来的十二章调整为十章,纲目也做了相应调整;下编部分章节进行了撤换、重写。其中,上编上古部分由陈德正博士修改。具体分工如下:导言,顾銮斋、夏继果。上编第一、二章,丁瑞忠;第三章,朱立、刘英伟、邹远修;第四章,陈德正、李慎令;第五章,邹远修;第六章,李慎令、宋慧;第七章,李增洪、万昌华、夏继果;第八章,李增洪、史晓云;第九章,顾銮斋;第十章,宋慧。下编第一章,陈德正;第二章,顾銮斋、王秀芹;第三章,施治生;第四章,郭小凌;第五章,夏继果;第六章,徐善伟;第七章,李化成;第八章,夏继果。全书由顾銮斋、夏继果统稿、定稿,由齐涛最后审定。

2004 年上半年进行了第三次修订,由顾銮斋、夏继果共同完成,最后由齐涛审定。为充分反映教学改革的要求,这次修订对目录、导论以及正文都做了认真的推究、调整与修改，并在“导读”部分增加了一些最近出版、发表的论著目录。特别是在下编专题部分增编了“西欧法律传统与资本主义的兴起”一章。

2008年，在保持第三版内容、结构基本不变的情况下，由顾銮斋、夏继果负责进行了第四次修订。

2014年下半年，进行了第五次改版修订，仍由顾銮斋、夏继果共同完成，山东大学历史文化学院博士生李萍提供了近年来世界古代史出版、发表的最新论著目录，最后由齐涛统稿、定稿。

本次修订，因为近代卷和现代卷未能同时进行，在征得丛书总主编齐涛和本卷主编顾銮斋、夏继果同意后，书名更改为《世界古代史》，单独出版。本次修订工作仍由顾銮斋、夏继果主持，增加孙丽芳为副主编，负责书稿的修订和出版工作。本次修订主要是对书稿中的一些史实和观点进行了勘误和更新，同时将各章后的“导读”修改为“延伸阅读”，并增补了学界新近有代表性的研究成果，以便于学生深入了解和学习。

有关中国古代的历史，详见《中国通史教程・古代卷》，本书不再专门论述，特此说明。

本书的出版得到山东省和山东大学教革项目“全球史与跨国史课程群建设”、山东大学出版基金、山东大学高质量教材建设专项和山东大学历史文化学院“历史学科一流学科建设经费”的资助和支持，在此表示感谢。

由于编者水平有限，书中难免存在不足，敬请各位读者批评指正。